L'ORDRE DU TEMPLE SOLAIRE

Arnaud Bédat, Gilles Bouleau, Bernard Nicolas

L'ORDRE DU TEMPLE SOLAIRE

Enquête et révélations sur les Chevaliers de l'Apocalypse

Libre Expression

Données de catalogage avant publication (Canada)
Nicolas, Bernard
L'Ordre du temple solaire : enquête et révélations sur les chevaliers de l'Apocalypse
ISBN 2-89111-707-7
1. Ordre du temple solaire. 2. Sectes - Québec (Province). 3. Sectes - Suisse.
I. Bouleau, Gilles. II. Bédat, Arnaud. III. Titre.
BP605.O75N52 1997 289.9 C96-941497-8

Photo de la couverture
MICHEL PONOMAREFF/GAMMA-TF 1

Maquette de la couverture
FRANCE LAFOND

Création graphique
DIDIER THIMONIER

© TF 1 Éditions, 1996, pour l'édition française

© Éditions Libre Expression
2016, rue Saint-Hubert
Montréal (Québec) H2L 3Z5

Dépôt légal :
1er trimestre 1997

ISBN 2-89111-707-7

L'homme n'a aucune raison d'être. Que nous mourions tous maintenant, le soleil ne s'arrêtera pas de briller.
LUC JOURET, 1983

On aurait dû partir six mois avant Waco. Mais ce que nous ferons sera plus spectaculaire.
JOSEPH DI MAMBRO, 1994

Prologue

Il ne se passe jamais grand-chose dans un village comme Morin Heights, 4 000 habitants, à une centaine de kilomètres au nord de Montréal. C'est une station de villégiature, au cœur des Laurentides, qui vit au rythme des saisons : l'hiver, on y dévale les pistes de ski alentour ; l'été, la jet-set québécoise aime y passer ses week-ends, affectionnant le côté sauvage et paisible qui fait depuis longtemps sa réputation. En ce début d'automne 1994, dans ce coin perdu du Canada, on savoure l'été indien ; le temps est splendide, l'air est doux, le ciel sans nuages, le sol jonché de feuilles mortes. Tout respire le calme et le bonheur de vivre.

Le mardi 4 octobre, comme tous les matins, Murray Flynn, un entrepreneur en transports routiers de la région, se rend à son travail. À la sortie du village, il emprunte le chemin Belisle pour traverser la forêt et voit soudain des flammes jaillir du toit d'un bâtiment circulaire de couleur verdâtre. Il est 8 h 40. Flynn appelle les pompiers de son téléphone portable puis court pour porter secours, mais toutes les portes sont verrouillées.

Ernie Woods, le chef de la police de Morin Heights, débarque le premier sur les lieux : « Quand je suis arrivé, racontera-t-il plus tard, tout le centre de l'habitation n'était qu'une boule de feu. Avec un levier, j'ai réussi à ouvrir la porte de derrière pour tenter de voir s'il y avait quelqu'un à l'intérieur. En entrant, j'ai aperçu des sacs d'essence accrochés aux poignées des portes. Je me suis dit : mon Dieu, il vaut mieux ne pas rester ici*[1]. »

Quand les sapeurs-pompiers de Morin Heights réussissent à leur tour à pénétrer dans la maison du 199A, chemin Belisle, ils

* Les appels de note numérotés renvoient aux sources, en fin d'ouvrage, pp. 275 et suiv.

découvrent deux corps carbonisés dans la chambre à coucher, au premier étage : celui d'une femme d'une soixantaine d'années, étendue sur le lit, et celui d'un homme, plus jeune, gisant non loin d'elle à même le plancher, le dos appuyé contre le mur. Dans la penderie de la chambre, comme dans plusieurs pièces des deux maisons contiguës et jumelles, les 197 et 199, ils retrouvent différents dispositifs de mise à feu, confectionnés de manière artisanale et reliés à des bidons ou à des sacs d'essence. Les experts en détermineront l'heure exacte de déclenchement grâce aux minuteries, qui n'ont pas toutes fonctionné : 5 h 01 [2].

Le lendemain, les agents de la Sûreté du Québec procèdent à une fouille systématique de ce qu'ils appellent l'« unité 199 », le bâtiment jouxtant le chalet carbonisé. Au sous-sol, dans un réduit sous l'escalier, ils découvrent alors trois autres cadavres, enroulés dans des tapis : celui d'un homme, d'une femme et d'un enfant. Il s'agit d'un couple et de son bébé. Leurs corps sont couverts d'hématomes et lardés de coups de couteau : ils ont été battus, puis sauvagement assassinés.

À 6 000 kilomètres de là, en Suisse, ce même mardi 4 octobre, des habitants de Cheiry, un petit village de 280 habitants au cœur de la Broye, dans le canton de Fribourg, font gaiement la fête à « La Lembaz ». L'unique restaurant du lieu vient de rouvrir et on y pend la crémaillère dans une ambiance conviviale. À minuit, peu avant l'heure de fermeture, certains clients ont le regard attiré par des flammes qu'ils distinguent très nettement à travers les arbres. Elles proviennent de la ferme de « La Rochette », un ancien élevage de chevaux, bâtiment isolé sur une pente herbeuse en lisière du Grand Bois, à quelques centaines de mètres des premières habitations. L'alerte est aussitôt donnée. Edmond Thierrin, lui, est déjà en route. Il fonce en voiture vers l'incendie avec son neveu Fernand Thierrin, commandant du corps des pompiers du village. Quelques minutes auparavant, il a été réveillé par des craquements de tôle. De sa fenêtre, il a vu des flammes s'élever de la grange attenante à la ferme. Sur place, les deux hommes constatent que toutes les portes de la maison sont verrouillées. Ils brisent alors le carreau de la fenêtre de la cuisine, au rez-de-chaussée, pénètrent dans le corps de logis de la ferme et découvrent, dans une chambre du premier étage, étendu sur le lit, un homme dont la tête est recouverte d'un sac en plastique. Ses lunettes à ses pieds. Ils le reconnaissent sans peine : c'est Albert Giacobino, le propriétaire de « La Rochette », un retraité rondouillard et bon vivant qui aimait à évoquer ses souvenirs de la « mob », comme on appelle ici la mobilisation de l'armée suisse durant la Deuxième Guerre mondiale. Il habitait la ferme depuis quelques années. Meurtre ou suicide ? On imagine que le vieil homme a peut-être mis le feu à sa ferme avant de se donner la mort.

Les flammes se propagent à très vive allure. En quelques minutes, toutes les dépendances sont complètement détruites. L'incendie a été provoqué par un dispositif de mise à feu relié à une minuterie et à une vingtaine de bonbonnes de gaz. Les pompiers du village, secondés par les hommes du centre de renfort d'Estavayer-le-Lac, le bourg voisin, luttent longuement pour tenter de maîtriser l'incendie. « Nous avons fouillé le bâtiment de fond en comble, se rappelle Fernand Thierrin. Il était déjà 4 h 45 quand nous avons débouché dans une salle de réunion, au sous-sol. On devait y avoir fait la fête peu avant car il y avait des bouteilles de champagne un peu partout. Au centre de la table, il y avait une rose rouge, seule dans un vase. Puis, en y allant un peu à tâtons, on a trouvé une porte cachée : on l'a enfoncée... [3] » Et soudain, sous leurs yeux, l'horreur : vingt-deux cadavres allongés sur le sol. La plupart d'entre eux sont criblés de balles – on retrouvera une soixantaine de douilles de calibre 22 long rifle –, la tête recouverte d'un sac-poubelle et les mains liées. Certains portent des capes de cérémonie rituelles, noires, blanches ou dorées. Dernière découverte, juste à côté des dépouilles, une salle aménagée en sanctuaire, tapissée de tissu rouge écarlate et de grands miroirs. Sur un autel triangulaire, un calice doré. Au mur, un portrait peint : un personnage ressemblant au Christ.

À 2 h 58, toujours cette même nuit du 4 au 5 octobre, à une centaine de kilomètres de Cheiry, dans le village de Salvan, au cœur des Alpes valaisannes, un client de l'Hôtel de la Balance téléphone à la police municipale de Martigny. Il vient d'apercevoir un chalet en flammes, au lieu-dit « Les Roches de cristal », sur la route des Mayens. Deux agents de la police de l'autoroute, en patrouille non loin de là, sont dépêchés sur les lieux. Entretemps, deux autres chalets, situés légèrement en contrebas, se sont embrasés à leur tour.

Là encore, toutes les portes sont verrouillées. Punaisée sur l'une d'elles, une feuille de papier où a été hâtivement écrit à la main : « De retour jeudi 6.10. » Les sapeurs-pompiers se heurtent par ailleurs à des volets fermés, cloués à l'extérieur. « J'ai enfoncé la porte, témoignera l'un des sauveteurs, et j'ai vu des corps. Il y en avait partout : dans le salon, dans les chambres. Ils semblaient dormir. » Tout comme à Cheiry, plusieurs des victimes, certaines presque totalement calcinées, portent des capes de cérémonie de différentes couleurs. Il y a là des hommes, des femmes et des enfants : une fillette paraît dormir paisiblement, dans un lit, son nounours à côté d'elle.

Combien sont-ils ? Les enquêteurs entament une macabre comptabilité : dans le premier chalet, ils recensent quinze corps, répartis sur trois étages. Dans le second chalet, ils relèvent la présence de dix cadavres, deux au rez-de-chaussée, six au premier étage et deux autres sur la mezzanine. Total : vingt-cinq morts. Un premier examen rapide sur les dépouilles ne permet de déceler aucune trace de balle ou de violence. En revanche, des médicaments (hypnotiques, morphine et somnifères), du matériel d'injection, des « lettres-testaments * », sont très vite découverts dans les décombres encore fumants des chalets. Comme à la ferme de Cheiry, les policiers retrouvent des dispositifs de mise à feu.

Morin Heights, Cheiry, Salvan : cinquante-trois morts. Trois lieux pour un étrange massacre qui stupéfie le monde. Le premier flash tombe à 6 h 55, au matin du 5 octobre. Quelques minutes plus tôt, un pompier de Cheiry a spontanément appelé la Radio suisse romande, qui est la première à révéler la tragédie.

Dans les rédactions, on déplie en toute hâte des cartes pour repérer ces deux villages perdus au milieu de nulle part. Caméras de télévision de tous les pays, journalistes, photographes se précipitent sur les lieux et se bousculent dans une pagaille indescriptible. On parle d'une secte apocalyptique : l'Ordre du Temple solaire (OTS). On cite le nom de deux mystérieux gourous : l'un s'appellerait Luc Jouret, l'autre Joseph Di Mambro.

À Cheiry, l'auberge du village est trop petite pour contenir tous les professionnels des médias présents. Le juge d'instruction, André Piller, est contraint de tenir ses premiers points de presse en plein air, pour ne mécontenter personne. L'air grave, la mine sévère, le magistrat ne cache pas son embarras et son désarroi : « Nous ne comprenons pas. » Ces mots résument bien l'état d'esprit de ces premières heures.

---

* Voir en annexe, p. 319.

1

Le mystère des cinquante-trois morts
Octobre 1994

« Personnellement, je n'ai pas du tout eu l'impression d'être en face d'une image d'horreur, c'est pour ça que j'utilise le terme de suicide. On voit bien que ces personnes ont choisi cette manière de faire... »

Alors que le juge suisse André Piller vient de découvrir, de ses yeux, dans la chapelle souterraine de la ferme de Cheiry, des cadavres criblés de balles, et notamment ceux d'enfants et d'adolescents, son impression se résume d'ores et déjà à une seule conviction : « C'est un suicide collectif. » Un suicide auquel tous les adeptes d'une étrange secte apocalyptique auraient volontairement souscrit.

Dans les premiers jours qui suivent la tragédie, le magistrat et les enquêteurs sont complètement débordés. À tel point qu'ils n'hésitent guère à se contredire les uns les autres et à se renvoyer la balle. D'abord, le juge Piller parle de plusieurs victimes « portant des traces d'injection ou de perfusion ». Quelques heures plus tard, il rectifie : « Une seule personne porte des traces d'injection. » Un porte-parole de la police affirme, lui, qu'un pistolet 22 long rifle a été découvert à Cheiry. Le lendemain, le juge explique qu'aucun pistolet n'a été retrouvé. Il annonce pour les jours à venir des « découvertes surprenantes » sur les finances de la secte. Deux ans après, on attend toujours.

La dispersion des lieux de la tragédie complique d'emblée la situation. En Suisse, l'instruction judiciaire relève en effet de la compétence des cantons : Cheiry – où l'on retrouve vingt-trois cadavres – est dans le canton de Fribourg ; Salvan – où l'on dénombre vingt-cinq victimes – est dans celui du Valais. Pour couronner le tout, le siège « légal » de la secte est situé à Genève. Ainsi trois juges se retrouvent simultanément à la tête du même dossier, divisé en trois enquêtes distinctes. On tentera bien de résoudre cette incohérence du fédéralisme helvétique en mettant sur pied une cellule de crise baptisée « Hélios », censée centraliser toute l'opération. Au bout du compte, on sait aujourd'hui que cette « collaboration » entre les différents cantons – ainsi qu'avec le Canada qui avait à élucider la mort de cinq personnes – fonctionna relativement peu : les enquêteurs réussirent à coopérer tant bien que mal, mais non les magistrats. Des policiers canadiens avouèrent rapidement leur dépit : « La Suisse nous a muselés. »

Car, chacun de leur côté, les trois juges suisses entendent mener leurs propres investigations et en récolter tous les fruits. Jamais ils n'ont eu à traiter une affaire aussi déroutante, aussi exceptionnelle que le massacre de l'Ordre du Temple solaire. Ils pourraient faire appel à la police fédérale à Berne pour mener l'enquête. En fait, ils auraient dû le faire en raison de l'utilisation d'explosifs. Mais ils n'y pensent pas, ou ne veulent pas y penser. Aujourd'hui, dans son bureau du Ministère public de la Confédération, le procureur Carla Del Ponte, une femme de fer qui fait trembler la mafia italienne et les narcotrafiquants internationaux, le reconnaît du bout des lèvres : « C'est vrai, j'aurais bien aimé m'occuper de ce dossier, mais on ne me l'a pas demandé. [1] »

Le juge fribourgeois André Piller est, pour les journalistes rassemblés autour de la ferme de Cheiry, un magistrat en or. Toujours prêt à répondre à leurs questions, devant un micro ou une caméra. « S'il vous plaît, monsieur le juge, quelques mots en allemand pour la chaîne ZDF ! » « For CNN, please Mr Piller, can you say something in english ? » Comme l'observe alors ironiquement Le Monde, « le juge Piller persiste à jouer la carte de la communication avec un sens aigu du suspense et un amour non dissimulé de la chose médiatique [2] ». Il nourrira cependant à l'égard de la presse des rapports contradictoires, tantôt d'amour passionnel, tantôt de haine tenace.

Mais ce n'est pas encore le cas dans les heures qui suivent le drame. Les équipes de télévision et les photographes peuvent compter sur l'entregent du juge qui autorise très vite l'accès au lieu du drame : les images de vingt-trois corps enveloppés dans des linceuls blancs devant les ruines fumantes de la ferme de « La Rochette » feront rapidement le tour du monde.

Rien de tel à Salvan, dans le Valais, l'autre scène de la tragédie. Là, les journalistes se heurtent non seulement à des barrages policiers qui empêchent l'accès aux chalets incendiés mais aussi au mutisme obstiné du juge Jean-Pascal Jaquemet, un moustachu aux allures campagnardes. Même la presse locale est exaspérée, c'est tout dire. Ne lit-on pas dans le *Nouvelliste du Valais*, d'ordinaire très respectueux envers ses autorités : « En pratiquant la politique de la langue de bois, le juge Jean-Pascal Jaquemet s'est mis à dos toute la République. Il a souverainement agacé la presse internationale, habituée à beaucoup plus de considération et de tact de la part d'un magistrat. Il a aussi beaucoup déçu les bénévoles et pompiers salvanins qui, après avoir côtoyé le pire et découvert vingt-cinq cadavres, auraient aimé comprendre. En se fendant d'un communiqué bidon, le juge Jaquemet a surtout laissé grande ouverte la porte à toutes les suppositions. [3] »

Les médias les plus fortunés louent des hélicoptères pour survoler les lieux du drame. Les journalistes interrogent les habitants du village qui se sont réveillés dans un décor de film catastrophe. Les informations tombent au compte-gouttes : l'un des trois chalets appartiendrait à un certain Jo Di Mambro, l'autre à un docteur, Luc Jouret, le troisième à un financier nommé Camille Pilet. On évoque des Québécois portés disparus qui seraient au nombre des victimes et qui ont loué des appartements dans la région quelques jours plus tôt. On parle d'une secte « biologique », dont le nom serait le « Temple du soleil ». Un électricien appelé sur les lieux par la police parvient, encore très choqué, à décrire ce qu'il a aperçu : « J'ai vu le corps carbonisé d'un enfant, c'était affreux. » Un pompier sous le choc lui aussi lâche quelques mots : « Voir tous ces corps privés de vie, c'était quelque chose d'irréel... »

En ce matin du 5 octobre, alors que les radios ne cessent de commenter la tragédie qui s'est jouée quelques heures plus tôt, un homme se présente spontanément dans les locaux de la Sûreté de Genève, boulevard Carl-Vogt. Il va aider les enquêteurs à sortir de l'impasse. Comme nombre de personnes, il a entendu en se réveillant les premiers flashes d'information. Il s'appelle Thierry Huguenin. Pendant des heures, ce jeune prothésiste dentaire raconte. Minutieusement, il explique aux enquêteurs de la Sûreté tout ce qu'il a vécu, durant plus de quinze années, au sein de l'Ordre du Temple solaire. Les méandres de la secte n'ont aucun secret pour lui : il retrace tout depuis le début. Il énumère les noms des adeptes qu'il connaît, les repaires cachés de la secte, en France, au Québec et en Australie, où pourraient peut-être se trouver d'autres victimes. « Je me suis littéralement vidé [4] », explique-t-il aujourd'hui. Et surtout, Thierry Huguenin * révèle l'inimaginable, il est le dernier à avoir vu vivants les deux gourous, dont la police et les médias ne savent alors encore à peu près rien : Joseph Di Mambro et Luc Jouret.

La veille, Thierry Huguenin se trouvait en effet sur les lieux du drame. Le matin du 4 octobre, Jo Di Mambro l'avait convoqué pour, avait-il assuré, lui remettre l'argent qu'il lui promettait depuis si longtemps en compensation de travaux effectués naguère pour la secte. La suite, Thierry Huguenin l'a racontée depuis, notamment dans un livre ** indispensable pour qui veut comprendre la vie à l'intérieur de la secte.

En arrivant sur place, dans l'après-midi du 4 octobre, Thierry voit d'abord la dernière maîtresse de Jo Di Mambro, Maryse Severino, qui l'attend en contrebas, dans l'ombre du premier chalet : « J'ai éprouvé un choc en la voyant. Elle, si apprêtée d'ordinaire, avait le teint blême, les cheveux défaits, les lèvres décolorées. " Ah, Thierry, m'a-t-elle crié, nous avons un gros ennui, Jo vient de perdre les clés ! " Jo apparut sur le balcon de son chalet sur lequel on peut accéder par un escalier extérieur. Lui aussi était méconnaissable : " Thierry, a-t-il soufflé d'une drôle de voix, je ne peux pas te donner l'enveloppe, elle est dans mon chalet qui est fermé. " Il n'avait plus aucune lumière dans le regard et il s'exprimait comme s'il parlait du fond d'un coma profond. [5] »

Thierry suggère alors de faire venir un serrurier : « Maryse s'est dirigée vers le chalet aux volets bizarrement clos. Jo m'a fait asseoir sur une de ses chaises de jardin. Maryse est revenue et nous avons attendu le serrurier tous les trois sans plus échanger un mot. Je ne savais plus que penser. Tout s'entrechoquait dans ma tête : ces clés perdues, l'attitude étrange de Jo et de Maryse, mon besoin vital d'argent, ces volets fermés... Le serrurier est arrivé mais, au lieu de le conduire à sa porte d'entrée, Jo l'a emmené vers le chalet de Luc et lui a demandé d'ouvrir la porte du rez-de-chaussée qui donne sur un studio indépendant du

* Bien qu'il ait longuement été interrogé par la Sûreté, Thierry Huguenin n'a jamais été auditionné personnellement par le juge Piller.
** *Le 54ᵉ*, Paris, Éditions Fixot, 1995.

reste de la maison. Pendant que nous regardions le serrurier s'affairer, Luc Jouret est brusquement apparu. Pas rasé, les yeux hagards. Il ne m'a pas regardé. " Tu as besoin d'argent, Jo, pour payer le serrurier ? " " Non, non, ne t'inquiète pas, je m'arrangerai. " Luc est remonté à l'étage et nous sommes restés plantés là, dans le dos de l'artisan. Soudain, j'ai été submergé par une vague de panique intolérable. Une angoisse comme je n'en avais jamais connue. J'ai su que je devais m'en aller immédiatement, mais je restais paralysé sur place, obnubilé par cet argent qu'on me devait et dont j'avais tant besoin. Le pêne a cédé, et une odeur d'essence épouvantable nous a sauté au visage quand le serrurier a ouvert la porte. Nous avons tous fait un pas en arrière. J'ai dû pousser un cri. " Ils sont venus remplir la cuve à mazout hier soir, a dit Maryse. Luc m'a dit qu'elle avait beaucoup débordé. " Elle se moquait de moi. Jo Di Mambro pénétra dans la pièce et ouvrit le tiroir d'un buffet. Il en sortit une clé qu'il regarda avec surprise. " Ce n'est pas celle de mon chalet ", murmura-t-il. » Thierry poursuit : « Je me suis décidé d'un coup. " Tant pis, ai-je dit, au revoir. " Ils n'ont pas dû comprendre que je partais ou, peut-être, la présence du serrurier ne leur a pas permis de réagir immédiatement. Je suis remonté en courant et me suis précipité au volant de ma voiture. [4] »

Quelques heures plus tard, la secte s'était sabordée...

Rétrospectivement, devant les policiers de Genève, Thierry Huguenin comprend qu'il est passé très près de la mort. Il en est convaincu : Jo Di Mambro a bel et bien cherché à l'attirer dans un traquenard. Il aurait dû être la cinquante-quatrième victime du massacre de l'Ordre du Temple solaire. Cinquante-quatre comme les cinquante-quatre templiers de Saint-Antoine, brûlés vifs le 12 mai 1310...

À l'autre bout de Genève, ce même matin du 5 octobre, durant le petit déjeuner, un homme d'une soixantaine d'années écoute distraitement les informations. On n'y parle que des événements de la nuit, de ces dizaines de cadavres que les pompiers sont en train de retirer des décombres. « Eh bien, lâche-t-il en bougonnant, ça fait autant de barjots en moins sur la planète ! » Cet auditeur qui n'a pas sa langue dans sa poche est Jean Vuarnet, ancien champion olympique de ski alpin reconverti avec succès dans les affaires. À côté de lui, Édith, sa femme, ne bronche pas.

« À midi, je suis rentré à la maison pour déjeuner, raconte-t-il aujourd'hui. Mon fils Patrick était devant la télé. Au journal de la mi-journée, ils ont montré les images des deux chalets carbonisés. Soudain, j'ai eu un frisson. Il me semblait reconnaître l'endroit où nous étions allés dîner, Édith et moi, l'année passée. Patrick sortait alors avec une certaine Dominique Bellaton. Ils nous avaient invités un soir dans le chalet de la jeune femme. Le dîner s'était bien passé. Quelques mois plus tard, ils s'étaient séparés. Je me suis adressé à Patrick : "Dis donc, Granges-sur-Salvan, ce n'est pas là où vous nous aviez invités Dominique et toi ?" Mon fils regardait fixement la télé. Il n'a même pas détourné ses yeux de l'écran pour me répondre : " Si, si... Le chalet qui brûle, là, c'est le sien. " J'étais sidéré. Il n'y avait pas le moindre filet d'émotion dans sa voix. Je lui ai demandé si Dominique vivait encore sur place. " Oui, a-t-il répondu calmement, ça ne m'étonnerait pas qu'elle soit parmi les victimes*. " »

Jean Vuarnet est atterré. Il se rend compte non seulement que son fils fait partie de cette « bande de barjots », mais qu'il n'est pas le seul : Édith, son épouse, est elle aussi engagée à fond dans la secte apocalyptique. Évidemment, Jean Vuarnet ne s'était douté de rien. Et le plus stupéfiant reste à venir.

Deux jours après les massacres, son épouse et son fils trouvent dans leur courrier une grande enveloppe jaune contenant de très curieuses lettres-testaments rédigées par les gourous avant de disparaître. Cet ultime message photocopié a été posté le lendemain du drame, le 5 octobre à 11 heures du matin, depuis la poste des Eaux-Vives à Genève. On peut y lire un charabia ésotérique qui, en temps normal, ferait plutôt sourire : « La Grande Loge Blanche de Sirius a décrété le rappel des derniers Porteurs authentiques d'une Ancestrale Sagesse. (...) C'est avec un amour insondable, une joie ineffable et sans aucun regret que nous quittons ce monde. Hommes, ne pleurez pas sur notre sort, mais pleurez sur le vôtre. Que notre amour et notre paix vous accompagnent dans les terribles épreuves de l'Apocalypse qui vous attendent**. »

Qui a donc posté ce salmigondis de fin du monde ? L'ancien champion olympique ne tardera pas à l'apprendre : c'est à son propre fils Patrick Vuarnet que Jo Di

---

* Jean Vuarnet, *Lettre à ceux qui ont tué ma femme et mon fils*, Paris, Éditions Fixot, 1996.
** Lire en annexe l'intégralité de ces testaments, pp. 319 et suiv.

Mambro a confié cette ultime mission. Mais Jean Vuarnet l'ignore encore quand il conseille à Patrick de se présenter devant les enquêteurs dans les locaux de la Sûreté de Genève. Lors de son premier interrogatoire, le 10 octobre 1994, Patrick Vuarnet n'est pas bavard. C'est un jeune homme effacé, très secret, qui n'aime guère se livrer. Il commence à énoncer quelques platitudes et à maquiller les faits. Il connaît, dit-il par exemple, Jo Di Mambro « depuis l'été 1993. Tout de suite, précise-t-il encore, j'ai eu une excellente relation avec lui, il est devenu mon père spirituel. »

Il explique ensuite que l'après-midi avant le drame il s'est rendu à Salvan pour reconduire différentes voitures à des compagnies de location auxquelles elles avaient été louées, simplement parce que Jo Di Mambro le lui avait demandé.

Le parrain de l'OTS lui aurait alors confié qu'il s'apprêtait à partir pour le Canada. Rien ne l'a surpris dans le comportement de Jo Di Mambro. Ou plutôt si, un petit détail : « Lorsque je suis parti, Jo m'a serré la main, ce qui est particulièrement surprenant compte tenu du fait qu'il ne serrait jamais la main. » Il raconte avoir trouvé ensuite un bien curieux courrier dans sa boîte aux lettres : « J'ai reçu une lettre dactylographiée et anonyme venant de la Rose-Croix. Je ne sais pas d'où elle a été postée, ni quand. Le timbre était suisse. J'en ai déduit qu'il s'agissait de la même lettre que celle dont il avait été question dans les médias. »

Un inspecteur fait alors irruption dans le bureau d'interrogatoire et lance, l'air de rien : « Une petite question, monsieur Vuarnet, ne possédez-vous pas un téléphone portable ? » « Oui, pourquoi ? » Patrick Vuarnet vient de tomber dans le piège. « N'avez-vous pas reçu un appel le 5 octobre au matin, alors que vous vous trouviez au bureau de poste des Eaux-Vives à Genève ? » Le portrait-robot que les gendarmes viennent d'établir grâce au témoignage de l'employée de la poste ne sera finalement d'aucune utilité car le jeune homme laisse tomber : « Oui, c'est moi qui ai posté les lettres-testaments. » Et il explique : « Je l'ai fait à la demande de Jo Di Mambro. En effet, lorsque je suis retourné à Salvan le 4 octobre, en fin d'après-midi, Jo m'a remis deux valises contenant des lettres. Il m'a demandé de poster les lettres deux ou trois jours plus tard. Jo m'a rappelé le soir même vers 20 heures chez mes parents. Il m'a intimé l'ordre de poster ces lettres immédiatement. Il avait un ton très cassant. Je lui ai demandé s'il n'était pas possible de reporter cela au lendemain. Il a finalement été d'accord. Le lendemain matin, je me suis donc rendu à la poste des Eaux-Vives. Toutes les lettres étaient adressées dans des pays du monde entier. J'ai vu des noms tels que Bill Clinton, François Mitterrand, Charles Pasqua et d'autres encore. Le fait que Jo me demande d'emporter ces lettres et de les poster ne m'a pas surpris. Cela n'avait rien d'anormal... »

Alors que Patrick Vuarnet fait ces aveux aux policiers, les médecins légistes de l'Institut médico-légal de Lausanne, eux, s'activent autour des quarante-huit cadavres de Cheiry et de Salvan. L'identification des victimes se révèle longue en raison de l'état des corps. « Je n'y reconnaîtrais même pas mon frère », lâche, découragé, le médecin légiste Thomas Krompecher, un personnage à la Simenon très rodé à ce genre d'exercice : c'est déjà à lui qu'avait fait appel Scotland Yard lors de la catastrophe aérienne de Lockerbie en 1988. Au compte-gouttes, les premiers noms commencent à être publiés : on confirme le décès de Jocelyne Grand'Maison, une journaliste de Québec, de Camille Pilet, le pourvoyeur de fonds de la secte, de Robert Falardeau, un haut fonctionnaire canadien, du maire québécois Robert Ostiguy * et de son épouse, puis de Joselyne Di Mambro, l'épouse du maître de l'OTS. Les téléspectateurs helvétiques et québécois découvrent même un soir le juge Piller déambulant dans la morgue de Lausanne, entre les cadavres des Templiers gisant sous leurs draps, alors que les spécialistes s'affairent : une séquence qui choquera les familles des victimes. Mais le magistrat a accepté l'offre que lui a faite une équipe de télévision de le suivre dans ses investigations. On le verra ainsi durant cinquante minutes, au volant de sa voiture, à son bureau, dans les ruines de Cheiry...

Les enquêteurs saisissent à Genève des documents bancaires et différents papiers au domicile des proches de la secte, retrouvent des voitures de luxe dans le garage d'une propriété appartenant à l'OTS, multiplient les interrogatoires. Durant toute l'instruction, ils entendront des centaines de témoins. Très exactement quatre cent onze personnes, précisera bien plus tard le juge Piller. Cela fait toujours moins que le nombre d'adeptes de l'OTS recensés en 1994 : cinq cent soixante-seize membres.

---

* Robert Ostiguy était maire, depuis 1993, de la commune de Richelieu, dans la banlieue de Montréal.

Parmi le flot de cameramen et de photographes qui se bousculent à Salvan dans les premières heures qui suivent la tragédie, un reporter de la Télévision suisse romande, Alex Décotte, filme en très gros plan le cendrier d'une BMW à demi calcinée parquée devant l'un des chalets, appartenant à l'une des victimes*. Il y filme distinctement trois numéros de téléphone, griffonnés à la hâte sur un petit morceau de papier à moitié froissé. Deux d'entre eux correspondent à des appartements de Villars-sur-Ollon, loués par des victimes québécoises quelques jours avant le drame. Le troisième, précédé de l'indicatif de Paris, est celui d'un chef d'orchestre genevois : Michel Tabachnik. Le personnage n'est pas n'importe qui : il est l'élève et l'ami de Boulez et de Xenakis, les maîtres de la musique contemporaine. Mais ce qui lui vaut désormais l'attention des médias, ce n'est plus son indéniable talent de compositeur, mais bien son très long compagnonnage avec la secte tragique.

Quand il fait la connaissance de Jo Di Mambro en 1977, par l'intermédiaire de sa première épouse, Michel Tabachnik est un chef d'orchestre en pleine ascension. Il a 35 ans et beaucoup d'ambition : un trait de caractère marqué chez ce surdoué qui, à l'âge de 16 ans, dirigeait le petit ensemble musical du collège de Calvin, à Genève, où il a fait toutes ses classes. Fils d'une mère pianiste et d'un père tromboniste à l'Orchestre de la Suisse romande, il a déjà un brillant parcours derrière lui : il a dirigé, une saison durant, l'Ensemble Inter-Contemporain. Ses compositions sont jouées à l'étranger mais aussi au Festival de Metz, aux Festivals de Royan ou de La Rochelle.

Michel Tabachnik et Jo Di Mambro se découvrent bien vite des points communs : ils aiment tous les deux diriger, ils ont la même rondeur de bon vivant et, surtout, ils partagent la même passion pour les sciences occultes et l'ésotérisme. Entre 1977 et 1994, on les retrouve partout ensemble : en Suisse, en France, au Québec, en Italie, en Égypte... Jo Di Mambro et Michel Tabachnik se suivent sur tous les continents. Ils habitent sous le même toit pendant cinq ans, de 1979 à 1984, dans la demeure de la

---

* On prétendit un peu hâtivement que cette BMW 735 I immatriculée à Genève appartenait à Jo Di Mambro. En fait, c'était celle de Camille Pilet, le mécène de l'OTS. Jo Di Mambro, lui, roulait à l'époque dans une Citroën XM beige.

secte à Saconnex-d'Arve, près de Genève. En 1984, lorsque Michel Tabachnik signe un contrat avec l'Opéra de Toronto, Di Mambro le suit au Canada. En 1988, quand Michel Tabachnik s'installe à Montreux, Di Mambro achète un appartement dans le même immeuble. Jo et Michel sont inséparables. Michel Tabachnik participe activement aux rituels, compose de la musique pour la secte, dessine les plans d'une chapelle... Plus prosaïquement, car l'homme ne vit pas seulement de spirituel, il a touché plusieurs dizaines de milliers de francs de l'OTS pour la rédaction d'« enseignements » à l'usage des fidèles adeptes. Des sommes d'argent encaissées sur le compte de sa société panaméenne Startone.

Comme Patrick Vuarnet avant lui, Michel Tabachnik se présente spontanément devant les enquêteurs de la Sûreté de Genève dans la matinée du 7 octobre, deux jours après le drame. Il débarque à l'aéroport de Cointrin tout proche, en provenance du Danemark. Il semble abasourdi. Il l'avoue d'ailleurs aux inspecteurs : « Je suis choqué. » Il demeure toutefois assez lucide pour entonner le mensonge qu'il ne cessera de répéter par la suite : « Je tiens à dire que je n'ai strictement rien à voir avec la secte, soit le noyau dur qui entourait Jouret et Di Mambro. (...) Je réalise que, depuis quinze ans, j'ai été la caution de Di Mambro et que j'ai été manipulé dans un objectif dont je n'ai jamais soupçonné la portée. [6] » Il faudra attendre l'instruction du second drame de l'OTS, dans le Vercors, quatorze mois plus tard en décembre 1995, pour qu'enfin Tabachnik reconnaisse devant les policiers français : « Si vous me parlez de mon appartenance claire à l'OTS, je suis d'accord pour dire que j'en faisais partie pleine et entière jusqu'en 1990... »

L'emploi du temps du chef d'orchestre la nuit du drame de Salvan est facilement vérifiable : les 4 et 5 octobre, il était à Copenhague où il dirigeait un concert. Entre le 26 septembre et le 3 octobre, période qui correspond au carnage de Cheiry, il était à Gênes, en Italie, où, affirme-t-il, Jo Di Mambro aurait dû le rejoindre le dimanche 2 octobre : « Je lui ai téléphoné le 3 octobre, car il aurait dû venir la veille à mon concert à Gênes. Il m'avait appelé pour me dire qu'il était malade. Je l'ai contacté sur son téléphone portable, comme je le faisais toujours, au numéro 077.24.47.92. Depuis mardi en fin de journée, ce portable ne répondait plus, car j'ai essayé à plusieurs reprises de l'appeler depuis le Danemark. » Michel Tabachnik redoute particulièrement la presse. Il est prudent, il ment par omission. Ce

premier interrogatoire porte un curieux tampon qui barre en dia-
gonale le haut de la première page : « À ne pas joindre au dossier *. »

En ce 7 octobre, Michel Tabachnik ressort en homme libre
des bureaux de la Sûreté de Genève. Mais un doute tenaille le
chef d'orchestre : deux jours après la tragédie, les médecins
légistes n'ont pas encore réussi à identifier les deux gourous de
l'Ordre du Temple solaire. Sont-ils morts ou sont-ils vivants ?
    Le soir même, un mandat d'arrêt international est lancé
contre Luc Jouret et Jo Di Mambro pour « homicides et incendies volontaires ». Le juge valaisan Jaquemet confirme quelques
jours plus tard que tous les deux étaient bien à Salvan les heures
précédant le drame : ils ont été vus par différents témoins dont
Thierry Huguenin, le rescapé du massacre, et Patrick Vuarnet.
    Toutes les polices du monde sont désormais aux trousses
des gourous portés disparus. « Si Di Mambro et Jouret n'ont pas
péri avec les autres, c'est que je me suis fait couillonner sur
toute la ligne », lâche mystérieusement Patrick Vuarnet à un
journaliste de *L'Express* [7]. L'avenir, hélas, allait le conforter
dans la justesse de sa « foi » : le 10 octobre [8], le médecin légiste
confirme officiellement la mort de Jo Di Mambro, le « parrain »
de l'Ordre du Temple solaire. Son empreinte dentaire, apportée
en Suisse par des agents de la Sûreté du Québec, qui la tenaient
eux-mêmes d'un dentiste des Laurentides, permet de dissiper les
derniers doutes.
    Quant à Luc Jouret, que certains médias imaginaient déjà
en cavale en Amérique du Sud, comme naguère Josef Mengele
ou Klaus Barbie, il est formellement identifié trois jours plus
tard à l'Institut médico-légal de Lausanne. Là encore, l'examen
du dossier dentaire lève le mystère. Le médecin légiste Thomas Krompecher précisa en outre que « la reconnaissance de
certaines particularités physiques » avait également permis
l'identification formelle du gourou.
    Luc Jouret, Jo Di Mambro : deux hommes, deux destins.
Qui étaient-ils vraiment ? Que sait-on réellement d'eux ?

_____

* Voir en annexe, p. 296.

2

Jo Di Mambro, le maître enchanteur
1924-1977

« Joseph courant à perdre haleine à mes côtés, avant qu'un obus nous fracasse, c'est le souvenir le plus fort qu'il me reste de lui. Un garçon qui a peur[1]. »

Gilbert n'a jamais oublié Joseph Di Mambro. Il fut son copain voilà cinquante ans et, avec lui, il a partagé l'horreur de la guerre, la fuite sous les bombardements, la faim et l'humiliation. Cette image lui revient sans cesse de ces courses éperdues vers la forêt de Valbonne, en juin 1944, aux côtés de Jo, Marcel et les autres, pendant que les Américains bombardent aveuglément Pont-Saint-Esprit, leur village. « C'était un petit bourg, on se connaissait tous », ajoute Gilbert, avec une pointe de nostalgie.

Aujourd'hui, le copain de Jo vit reclus dans un petit appartement, près de Toulon. Cet autodidacte, musicien, poète parfois, finit sa vie à l'ombre d'une vieille contrebasse. Il ne s'est jamais marié, et n'a pas eu d'enfant : « À quoi bon faire des malheureux ? »

Avec des gestes lents, il retire le napperon de dentelle confectionné par sa sœur, qui le surveille depuis sa cuisine, dépose quelques documents-souvenirs sur la toile cirée et dit qu'il ne croit plus en rien. « Les blessures des jeunes de cette époque, vous comprenez, elles ne peuvent pas disparaître. Et Joseph Di Mambro, comme nous tous, il a souffert et gardé ces blessures. »

Nous sommes en juin 1944, les Américains sont là, et ils tapent fort. Avant, lorsque Pont-Saint-Esprit était encore en zone libre, Jo et ses copains ne savaient rien des réalités de la guerre. Tout a changé lorsque les Allemands ont investi la région, au pas de l'oie et bottés de noir. Le film, toujours le même, défile sous les yeux de Gilbert : « Ici, la guerre ne fut que privations, humiliations et peur. Les boches raflaient tout ce qu'il y avait de bon dans les fermes et culbutaient nos femmes. Nous tremblions en croisant des soldats de la Wehrmacht en goguette. Je me souviens de ce copain qui en a interpellé deux. La veille, sa sœur avait été violée. Il leur a parlé en patois. Les deux Allemands ne comprenaient rien, ils ont souri et, sans rien dire, ont tiré. Jeannot a été tué devant chez lui, sous nos yeux. Il n'avait pas 20 ans. Jo était là, il a vu ça. C'est miracle qu'on s'en soit sorti. »

Parmi tous ceux qui ont connu Joseph Di Mambro, enfant, adolescent, puis jeune homme taciturne et ambitieux, qu'ils soient membres de sa famille ou de ses amis, Gilbert est le seul à avoir accepté de nous parler de Jo. Tous les autres l'ont renié ou oublié. Les siens parce que le nom de Di Mambro est lourd à porter, ses amis parce que Jo les a trahis en devenant un criminel. Gilbert, lui, témoigne : « Moi, je veux me souvenir du mec bien qu'il était avant de s'égarer. »

Joseph Léonce Di Mambro est né le 19 août 1924, dans la petite ville de Pont-Saint-Esprit dans le Gard.

Raphaël, son père, est un immigré italien, ouvrier verrier. Fernande, sa mère, est couturière. Raphaël et Fernande auront deux autres enfants, un garçon et une fille.

« On pouvait pas lui reprocher d'être un ouvrier, au vieux Raphaël, ajoute Gilbert. À part la verrerie ouvrière, il n'y avait rien au pays. Pendant la guerre, la verrerie a fermé parce que les Allemands s'en foutaient du verre. Eux, ils avaient besoin d'armes. Alors, le père de Di Mambro, il a fait comme les autres.

« Mange macaroni, mange macaroni, c'était ça qu'on gueulait sans arrêt aux enfants de réfugiés italiens. Pour eux, c'était la pire insulte. Joseph l'a entendue souvent. Vous savez bien, les mioches sont méchants. »

À l'école, Joseph n'est qu'un « sale rital ». Il ne sait pas ce que cela veut dire, mais il souffre. Tout petit, il règle volontiers ses comptes à coups de poing. Avec ses copains d'infortune, les Italiens, il bataille pour conquérir une parcelle de la cour de récréation. Les macaronis ont la main ferme et la rage en plus, comme s'ils avaient une revanche à prendre sur la vie.

Joseph, enfant plutôt fluet, se place rarement en première ligne, ce qui ne l'empêche pas de rentrer chez lui le visage tuméfié et la blouse grise en lambeaux. En silence, la douce Fernande use de tous ses talents de couturière pour réparer le vêtement avant que Raphaël revienne de l'usine. Car le père ne plaisante pas avec la discipline. Lorsqu'il a quitté son village natal, en Italie du Nord, pour se réfugier en France, Raphaël savait qu'il devrait se fondre dans la masse, se faire tout petit. Humble il est né, humble il restera.

Joseph Di Mambro avouera plus tard qu'il n'aimait que sa mère, qu'il a surnommée Noune. Lorsqu'elle mourra, bien des années plus tard, près de lui à Saconnex-d'Arve, il ressentira une peine immense.

En revanche, il déteste son père et sa sœur. Son père parce qu'il n'a d'autre ambition que de réussir une vie d'ouvrier, et qu'il ne lui a offert qu'un statut de pauvre. Jo ne lui pardonnera jamais d'avoir courbé le dos.

À propos de sa sœur, une ancienne adepte se souvient que Jo racontait « qu'un jour, au cours d'un voyage en train, elle avait penché sa tête par la fenêtre, et que le choc violent avec un pilier l'avait décapitée. Il jubilait comme un enfant qu'elle ait eu une fin pareille. Mais il n'a jamais dit pourquoi il n'aimait pas sa sœur, ni si cette histoire était vraie », ajoute ce témoin.

La guerre n'a qu'une vertu, elle met tout le monde à égalité. Il n'y a plus d'immigré, de Français, de paysan ou d'ouvrier, tout le monde a faim.

« C'était ça notre obsession, manger quelque chose. On se débrouillait. Nous, à la ferme, on arrivait à cacher de la nourriture. Mais les Di Mambro, en ville, ils ne pouvaient pas ; alors, Jo, comme les autres, il a eu mal au ventre. Mais, il ne se plaignait jamais. D'ailleurs, il parlait pas trop. Même les mots, il les économisait », ajoute Gilbert.

Impasse Latour, chez les Di Mambro, on ne parle pas de religion. Fernande va à l'église, parfois, et il arrive que Jo l'accompagne. Il ne comprend rien à la messe en latin, mais il aime l'ambiance, la lumière, les chants et la musique. Il se demande souvent pourquoi ces hommes et ces femmes s'agenouillent devant ce « seigneur » qu'on ne voit jamais.

Très tôt, Jo se persuade qu'il n'est pas un enfant comme les autres. Il méprise les médiocres, qui jouent à se faire peur. Des voleurs de pommes sans envergure. Il les observe. Décidément, il ne les aime pas, même s'il se balade avec eux dans les ruelles de Pont-Saint-Esprit.

Déjà prudent, il s'en éloigne lorsque certains d'entre eux se rapprochent des maquisards. Et comme dans le même temps il évite l'occupant, Jo est clandestin dans sa propre ville. « C'est normal, précise Gilbert, il avait l'âge du STO, il avait tout intérêt à ne pas se faire remarquer. »

Les derniers mois de la guerre, les Allemands, sentant le vent de la défaite, vont s'affoler et faire la chasse aux résistants et aux réfractaires du travail obligatoire. « Tous les jeunes en âge de partir se cachaient. Jo aussi. Il y avait une coupe de bois dans la forêt de Valbonne. Le charbon de bois faisait tourner les usines. Ceux qui ne voulaient pas partir en Allemagne se mêlaient aux bûcherons. Dans la journée, Jo y était parfois. Il y en a même qui ne rentraient pas le soir. Ils vivaient cachés dans la forêt. Des hommes des bois, avec la trouille au ventre. Jo avait la trouille, comme les autres, et je suis sûr que cette angoisse du lendemain, il l'a eue toute sa vie, comme beaucoup de gars de cette époque. », explique Gilbert.

Pensant peut-être qu'il éviterait le travail obligatoire et le départ vers l'Allemagne, Jo se marie le 11 mars 1944. On ne sait rien ou presque de sa première épouse, sinon qu'elle lui donnera un enfant, Bernard, et qu'elle enseignera la musique, dans le Gard.

Dans les maisons de Pont-Saint-Esprit occupée, on survit derrière les volets fermés. Après le débarquement en Normandie, le 6 juin 1944, la Gestapo voit des terroristes partout, et les arrestations arbitraires se multiplient. Des hommes, qui ne sont parfois que des adolescents, et des femmes, sont entassés dans les cellules de la Citadelle, vestige de l'ancienne ville fortifiée. Ceux qui informent, cachent ou nourrissent les résistants sont emmenés ou exécutés sur place, selon l'humeur des Allemands.

Jo se méfie de tout le monde, à commencer par ses meilleurs copains. « Il était déjà très secret, se souvient Gilbert, il était avec nous, mais sans vraiment partager. Il semblait avoir son monde à lui dont nous ignorions tout. Avec le recul, je pense que c'était une façon de se préserver.

« On ne savait jamais comment il occupait ses soirées, après le couvre-feu ; enfin, moi, je m'en doutais un peu. On avait appris le violon, tous les deux. Je crois d'ailleurs que ça nous a sauvés pendant la guerre. Un jour, un de mes oncles, qui aidait les résistants, a été dénoncé. Les Allemands, surexcités, ont tout cassé chez lui, ils ont arrêté toute la famille et ont brûlé la maison. Après, ils ont commencé à s'intéresser aux proches et aux amis. Ils sont venus chez moi et chez les Di Mambro. On craignait le pire mais, en fouillant, ils ont trouvé plusieurs violons. Leur officier était musicien, et il s'est calmé tout de suite. Ils sont repartis. Les Di Mambro ont été épargnés, eux aussi. On peut dire que c'est grâce à la musique. »

Jo, fils d'ouvrier, émigré de surcroît, n'a pas fréquenté l'école bien longtemps. Il en souffre et se réfugie dans la musique. Un monde à lui, imprenable.

Plus tard, au sortir de la guerre, toujours aux côtés de Gilbert, il fait partie d'un orchestre musette qui anime les bals pour redonner le goût de la fête, perdu en quatre ans d'occupation. Là encore, son compagnon de l'époque se souvient d'un Joseph secret. « Avec son violon, il jouait en mesure bien sûr, mais nous savions tous qu'il ne rêvait que de solo. »

Seuls ses proches amis savent que Jo pratique le spiritisme. Autour d'un guéridon à trois pieds, assisté de deux ou trois « complices de l'au-delà », il dialogue avec les anges. La table de bois est leur voix : un coup, c'est A, deux coups, c'est B, etc. Ces « esprits d'ailleurs » n'aiment pas la lumière et l'échange entre mortels et immortels se fait dans la pénombre, à la bougie. Même s'il ne le montre pas, Jo est un jouisseur et il prend un réel plaisir à voir ses copains, mains étalées sur la table, mâchoires serrées, le regard vide. Et si, pour une raison inconnue, l'esprit n'est pas là, Jo peut le remplacer et, discrètement, faire parler la table ronde.

Dès sa première expérience « spirituelle », Jo se révèle tour à tour sincère et manipulateur. Il ne changera pas jusqu'à sa mort, cinquante ans plus tard.

En attendant, aux yeux de ses copains, Jo est un privilégié. Si jeune et déjà sage, au point de communiquer avec l'invisible. Il est toujours en marge du groupe, s'entoure de mystère, et ses réponses laconiques aux questions qui lui sont posées intriguent et attirent. En apparence pourtant, le jeune homme n'est guère différent des autres. Il n'est ni beau, ni beau parleur, mais il fascine. Déjà il est énigmatique.

Comme pour conjurer le mauvais sort qui l'a fait naître chez les pauvres, Jo ouvre une bijouterie. Il a appris le métier et n'a pas son pareil pour réparer les montres de gousset. En devenant bijoutier, il accède au rang de notable. Toute sa vie, Jo sera obsédé par le paraître. Il s'entoure donc d'or et de diamants, symboles du luxe.

Di Mambro attendant le client, debout sous son enseigne donne l'image du commerçant sympathique et jovial.

Après la guerre, la reconstruction. Les Allemands sont partis en courant, les ruines sont restées et, à Pont-Saint-Esprit comme ailleurs, on pense plus à l'essentiel, manger, qu'au superflu. La bijouterie ne marche donc pas très fort. Peu importe pour Jo, ses ambitions sont ailleurs. Il voudrait exploiter ses talents de médium. Autour de son guéridon magique, Jo sait créer un climat propice aux révélations, et il attire de plus en plus de « clients ».

Une rumeur court la ville. Ce bonhomme étrange a un don. Il vous promet la fortune ou le retour d'un être aimé un peu trop volage. Il se dit aussi rebouteux, guérisseur, il calme la douleur d'une brûlure et fait disparaître les verrues par l'imposition de ses mains.

Mais cela ne lui suffit pas. Jo va donc s'inventer un destin. Pour ne plus avoir faim, ne plus être pauvre, ne plus avoir honte.

Au début des années 50, Jo Di Mambro découvre l'existence de cercles ésotériques. Un de ses copains, apprenti boucher et amateur du guéridon intersidéral et des mystères de l'au-delà, lui a prêté quelques livres, mais il n'y a pas compris grand-chose. Il n'a retenu qu'une idée essentielle : il y a un secret. Et pour le connaître, il faut approcher ceux qui en sont les détenteurs, les héritiers. Jo veut devenir un initié.

À l'époque, l'ordre le plus actif est l'Amorc : l'Ancien et mystique ordre de la Rose-Croix*. Gilbert est aux côtés de Jo, en 1955, quand des responsables de l'Amorc viennent animer une conférence à Pont-Saint-Esprit. Il se souvient du regard de Di Mambro. « Il n'a pas cillé durant deux heures, comme s'il se nourrissait en silence et, à la fin, il a prononcé seulement un mot... il a dit : " C'est ça ". »

Officiellement, l'Amorc est un mouvement philosophique, non religieux, apolitique, ignorant les distinctions de race ou de position sociale. L'ordre affirme vouloir perpétuer dans le monde moderne un héritage culturel et spirituel transmis, à travers les siècles, par les initiés rose-croix. Les premiers de ces initiés auraient fait partie des Écoles de mystère de l'Égypte antique. Rien n'échappait aux rosicruciens. L'univers, la nature, l'homme n'avaient plus de secret pour ces « êtres supérieurs ».

---

* Le siège de l'ordre est situé à San Jose, en Californie, et l'organisation est représentée dans la plupart des pays du monde.

L'héritage, réservé à une élite, ne doit pas être délivré au plus grand nombre. L'Amorc ne fait pas de prosélytisme. Les philosophes puis, plus tard, les alchimistes et les Templiers se chargeront d'initier d'autres hommes, choisis selon leur mérite. Jusqu'au début du XXe siècle, l'initiation se fait oralement (les archives et donc les preuves sont rares). Depuis, des documents circulent entre membres de l'Amorc, pour leur permettre d'atteindre les douze degrés de la connaissance.

Jo Di Mambro trouve dans l'Amorc une organisation à la mesure de ses ambitions. Ce bijoutier sans diplôme se passionne pour l'étude de la conscience humaine : mémoire, raisonnement, visualisation et création de l'esprit. À peine intégré au groupe de Nîmes, il étonne par ses facultés d'adaptation. Il apprend rapidement.

Tous les jeudis – ce jour est réputé permettre un meilleur travail sur soi –, Jo se rend au siège de sa Loge avec, pour seul bagage, les monographies qui lui ont été confiées la semaine précédente et sur lesquelles il a dû méditer, comme les autres membres de l'Amorc. Dans sa quête de ce que ses maîtres nomment la « lumière cosmique », Jo franchit les étapes de la connaissance. L'Amorc enseigne que Jésus lui-même suivit une formation en Égypte, en Israël ou en Inde. L'ordre raconte aussi sa vie auprès des Esséens, les gardiens des Écritures, purs parmi les purs, qui ne cessèrent de critiquer les gardiens du temple de Jérusalem.

Jo découvre les lieux hautement symboliques des champions du « secret ». Rennes-le-Château, par exemple, dans l'Aude, où un prêtre déniche, à la fin du siècle dernier, des parchemins si importants que des hommes venus du monde entier se précipiteront dans le petit village pour savoir. Savoir quoi ? Que Jésus, descendant du Roi des Juifs, épousa Marie-Madeleine, qui lui donna deux beaux enfants. À la mort du Christ, Marie-Madeleine fuit vers le Sud de la France et ses enfants se marièrent à des princesses wisigothes. Plus tard, le lien se fit avec les Mérovingiens et, depuis, le Christ aurait toujours eu des héritiers. À ce jour, ils ne se sont pas fait connaître.

Bien des siècles plus tard, Jo est donc un des disciples de ces mystiques qui n'ont vécu que pour changer le monde et le cours des événements.

À l'Amorc, il découvre la notion de Dieu, ce Dieu que chaque être incarne. Il apprend ce qu'est l'âme universelle, la conscience cosmique, la vie après la mort, la vie avant la vie, la réincarnation.

Di Mambro développe des capacités psychiques, en particulier un extraordinaire pouvoir de concentration, qu'il ne pensait pas posséder. Il remarque l'importance du rituel et de la mise en scène, il est impressionné par certaines cérémonies interminables au cours desquelles quelques « frères » entrent en transe. Il prend conscience de la puissance de ce pouvoir psychique de l'initié sur celui qui souhaite le devenir. Il sait déjà qu'il s'agit d'une arme, il en mesure les effets. En 1956, il devient responsable de la Loge Debussy * de l'Amorc, à Nîmes, et le restera jusqu'en 1958.

Au cours de ces années, jusqu'en 1960, Di Mambro parfait sa formation d'initié. En réalité, il teste toutes les techniques de manipulation qu'il resservira à ses templiers. Jo, se souvenant de son récent passé de guérisseur, excelle dans les techniques de magnétisme et d'imposition des mains. Selon ses anciens « frères », il jouit aussi de certains dons en matière de visualisation. Jo baisse la tête lentement, comme pour s'isoler. Ses yeux restent ouverts mais il semble déjà loin. Durant de longues minutes, il est prostré. Chacun retient son souffle. Puis Jo revient à lui et explique « qu'il a vu une colonne de lumière partant de la terre vers le ciel. Tout au bout de la colonne, au-delà des nuages, un œil énorme observe un homme agenouillé qui a le regard tourné vers les cieux [1] ».

Jo a une voix de fausset, le verbe approximatif et, dans toute autre assemblée, personne ne l'écouterait. À l'Amorc, il force l'admiration. Et nul n'osera mettre en doute la fin de son histoire : « C'est d'ici, de Nîmes, que partait la colonne de lumière que j'ai vue. Et l'homme à genoux, sous l'œil bienveillant, c'est chacun d'entre vous, mes frères [1] ! »

C'est encore chez les Rose-Croix que Jo réussit à parler avec les plantes, les animaux, les légumes, tous ces éléments qui vivent près de l'homme, près de l'âme. À l'Amorc, on vous apprend que tout n'est que vibration, que le monde s'est créé par frottements d'atomes, et que les cellules qui forment le corps humain n'obéissent ni au temps ni à l'espace. Elles sont immortelles. On y enseigne la technique de la « pensée positive » qui permet à celui qui la reçoit d'évoluer vers la perfection et d'entrer en relation avec ces âmes universelles qui peuplent le cosmos et qui ne demandent qu'à se réincarner chez l'homme méritant. Jo Di Mambro croit en la réincarnation. Il est

---

* C'est là qu'il rencontre Guy Bérenger, un homme qui ne le quittera plus. Ce technicien nucléaire est mort à 60 ans, à Cheiry. Tué de trois balles dans la tête.

convaincu qu'il a été l'un des grands esprits des temps anciens, sur les bords du Nil ou du Jourdain.

De même est-il persuadé qu'avec ses « frères » il peut générer une puissance occulte, inconnue du simple mortel, et ainsi avoir sa part dans l'évolution de la vie sur cette terre. C'est le Médifocus. Le même jour, au même moment, des milliers d'hommes et de femmes se concentrent, plusieurs heures s'il le faut, et adressent une « force-pensée » en direction de la personne à atteindre. Dans cet exercice, le frère rose-croix n'est qu'une force d'appoint, un opérateur. Seul le Grand Maître, et lui seul, peut désigner la cible. Le message est transmis dans les autres loges rose-croix, en France et dans le monde.

Un des amis de Jo Di Mambro, rose-croix lui aussi, se souvient de ce soir où l'exercice consiste, par la seule force de concentration du groupe, à générer une puissance invisible pour inciter le général de Gaulle à ne pas abandonner l'Algérie aux Algériens. À l'époque, le Grand Maître de l'Amorc pour les pays francophones est Raymond Bernard*. Chaque membre convoqué s'est muni d'une photo du Général. Sur la convocation, les rosicruciens découvrent un nom de code, destiné à garantir la confidentialité de l'opération. Le spectacle est fascinant : hommes et femmes réunis, les yeux rivés sur une photo posée devant eux, adressent par la pensée un message au président de la République française. L'exercice se prolonge et quelques frères rose-croix commencent à montrer des signes de lassitude.

À la fin de la séance, la lumière revenue, Jo relève la tête, transfiguré, livide, « comme s'il était de retour d'un très long voyage[1] ». L'opération est un fiasco, Charles de Gaulle n'ayant pas capté le message des Rose-Croix, mais la magie de l'instant restera dans les mémoires de tous ceux qui ont eu le privilège de partager « le secret ». Cette opération politico-mentale peut prêter à sourire mais, de tout temps, elle a fasciné les cercles de pouvoir, en particulier en Afrique**.

---

* Raymond Bernard est d'abord Grand Maître de la juridiction française de l'Amorc, dans les années 60, avant de devenir Légat Suprême pour l'Europe. Son fils Christian lui succédera à la tête de l'Amorc-France. L'Amorc-Europe a compté jusqu'à cent soixante mille membres (statistiques 1986).

** Au Zaïre, le président Mobutu reçoit les membres de l'Amorc comme des diplomates. Au Togo, le Grand Maître de l'Amorc se déplace en voiture officielle. Au Gabon, ce même Raymond Bernard aurait reçu du président Bongo la plus haute distinction du pays. Au Cameroun enfin, l'influence des Rose-Croix atteint les plus hautes sphères du pouvoir.

Jo Di Mambro a désormais intégré cette armée de l'ombre et ne vit plus que pour un monde revisité. Il a parfaitement compris que la puissance occulte pouvait lui permettre d'atteindre enfin la place que méritait un « esprit supérieur ». Mais il ne veut plus se contenter de théorie. Il brûle d'impatience de mettre en pratique tout ce qu'il a appris. Comme un homme de troupe après ses classes.

À cette époque, il découvre les Templiers. Eux sont de vrais soldats. Il se passionne pour leurs aventures, leurs combats, un mélange d'histoire et de légende. Dans ses rêves, Jo, dont l'imagination sera toujours fertile, s'imagine lancé au grand galop, aux côtés de ces fiers chevaliers portant la cape blanche, protégeant les pèlerins jusqu'en Terre sainte. Par la pensée, il se transporte au XIIᵉ siècle, intrépide soldat du Christ, prêt à tout pour sa mission. Il songe peut-être à une entrevue avec saint Bernard, qui, en son abbaye de Clairvaux, ne cesse de vanter les valeurs chrétiennes de ces hommes hors du commun *.

En songe, il devient milicien du Christ en 1127. Il n'hésite pas à faire vœu de pauvreté, de chasteté et d'obéissance, et assiste à la naissance d'un ordre international des templiers, si puissant que les papes ou les rois ne pourront plus le contrôler.

Une croix rouge pattée barre désormais leur manteau blanc. Nous sommes en 1146 et les Templiers recrutent. Chez les nobles, il est de bon ton d'envoyer un de ces enfants parmi ces troupes d'élite. Jo pense à ces hommes qui ont influencé la diplomatie, la politique et la religion durant un siècle. Les lettres de change marquées du sceau des Templiers envahissent le monde. Les premiers banquiers en quelque sorte. Et ce pouvoir inquiète les rois.

Au début du XIVᵉ siècle, Philippe le Bel décide de se débarrasser des Templiers, qui ont perdu toute légitimité en Terre sainte depuis que les Sarrasins ont conquis Jérusalem. Certains sont arrêtés, leurs biens confisqués. Jacques de Molay, leur Grand Maître, réussit à détruire livres et documents avant d'être emprisonné. Sous la torture, les Templiers parlent de leurs pouvoirs cachés, des drogues qu'ils utilisent pour se soigner. Ils se disent alchimistes et maîtres maçons, initiés à la sagesse

---

* En 1983, Di Mambro, grand manitou de la Golden Way, affirmera à Luc Jouvet que lui, Luc, est la réincarnation de saint Bernard de Clairvaux. Il organise à cette occasion une cérémonie à Saconnex-d'Arve, entouré des fidèles de la secte.

suprême. Jacques de Molay périt sur le bûcher et le pape ordonne la suppression de l'ordre des Chevaliers du Temple en 1312 *.

Ce voyage dans le temps, Jo le fera souvent, sans doute pour se rapprocher de ces hommes auprès desquels il aurait tant voulu cheminer. Mais là s'arrête la ressemblance. Ce n'est pas tant la chevalerie et les valeurs qu'elle symbolise qui attirent Jo, mais le pouvoir et le plaisir de l'exercer.

En 1966, Di Mambro se marie pour la deuxième fois. À peine divorcé de sa première femme, il épouse Hélène Ghersi, une femme forte et blonde, arborant un éternel chignon, et qui ne quitte jamais ses lunettes de myope. Le couple reste à Pont-Saint-Esprit, ville natale du jeune marié, âgé de 42 ans.

Un an plus tard, en 1967, Jo Di Mambro rencontre un homme qui va lui permettre de s'enrichir et de tester ses talents d'aigrefin. La victime, Albert Boiron, est un quinquagénaire tranquille qui habite Bollène, la ville voisine, juste de l'autre côté du Rhône. Il travaille comme technicien au Commissariat à l'énergie atomique, à Pierrelatte, à vingt kilomètres à peine de Pont-Saint-Esprit. M. Boiron possède des dons de bricoleur, d'ajusteur; il est aussi très minutieux. En quelques semaines, Di Mambro parvient à convaincre son nouvel ami de se lancer dans la joaillerie. Albert Boiron quitte le CEA et s'associe avec ce Di Mambro si chaleureux et si persuasif.

Les deux hommes s'entendent bien mais continuent de se vouvoyer. Ils installent leur atelier chez Jo qui occupe un modeste appartement, au premier étage d'une maison du centre-ville de Pont-Saint-Esprit. Le tandem s'est réparti les tâches. Albert confectionne des bijoux avec de l'or acheté à des négociants. Jo se charge de les vendre chez les bijoutiers du Gard et du Vaucluse. Parfois, Bernard, le fils aîné de Jo, vient aider à l'atelier.

Les mois passent, Jo et sa femme Hélène rendent de temps en temps visite aux Boiron, qui s'apprêtent à emménager dans une maison qu'ils font construire à Pont-Saint-Esprit. Au fil de la conversation, Jo initie son associé à l'univers surnaturel, lui parle ouvertement des Rose-Croix, de réincarnation, de spiri-

---

* À chaque futur membre de la secte, Di Mambro révèlera qu'il est la réincarnation de l'un de ces templiers. « Il faisait le coup à tout le monde », expliquent aujourd'hui d'anciens adeptes.

tisme. Albert Boiron est sous le charme et commence à prendre goût à ces récits de l'au-delà.

Professionnellement, Jo est un associé idéal. Efficace, prévenant, toujours élégamment vêtu. Après deux ans d'une collaboration fructueuse, les deux partenaires décident de développer leur affaire. La nouvelle maison d'Albert vient justement d'être terminée et il propose d'aménager l'atelier au sous-sol, où l'espace ne manque pas. Di Mambro accepte. Quelques semaines après le déménagement, Albert s'aperçoit que son stock d'or a disparu, de même que tous les bijoux en cours de finition et ceux prêts à être livrés. Joseph Di Mambro aussi a disparu. Lesté de quelques centaines de grammes d'or, M. Jo s'est volatilisé. Albert Boiron dépose une plainte, prend un avocat mais il est trop tard. Il ne retrouvera jamais son or et ne reverra plus jamais son ex-associé qui a pris le large.

En fait, Di Mambro et sa femme sont en Terre sainte, à Tel-Aviv, accompagnés de leurs deux premiers enfants, Virginie et Cyril. Plus tard, à l'intention de ses fidèles, Jo inventera une histoire rocambolesque pour justifier ce séjour israélien. Il expliquera que le Grand Rabbin en personne lui a demandé de reconstruire le temple de Jérusalem, en lui proposant beaucoup d'argent. Jo, qui prétend que l'argent ne l'intéresse pas, aurait refusé.

En février 1969, Hélène Di Mambro attend un troisième enfant. Jo pense que si ce bébé naît en Israël son destin ne peut être qu'exceptionnel. Le 18 novembre 1969, à Tel-Aviv, Hélène Di Mambro met au monde un garçon que Jo a choisi de prénommer sobrement Siegfried, Élie*.

En fait, en Israël comme en France, Jo demeure un passionné d'occultisme. Une lettre, écrite en 1969 à son ami Guy Bérenger, est explicite. Il parle déjà de « nourriture libérée des vibrations négatives » et de « mystérieuse manifestation des maîtres sous une forme visible », puis il annonce « l'ère nouvelle qui avance à grands pas » et qui mènera l'humanité à « la paix cosmique. » Autant de thèmes qu'il cultivera tout au long de sa vie.

---

* Élie, des années plus tard, précipitera la perte de son père en dénonçant les trucages durant les rituels et les détournements de fonds effectués au détriment des adeptes. Élie Di Mambro a été retrouvé mort à Salvan, le 5 octobre 1994, tout comme son père.

Pensant s'être fait oublier, Jo revient à Pont-Saint-Esprit en 1972. Il abandonne ses activités de bijoutier et devient psychologue. Le créneau est porteur. Les gens perdus, en souffrance ou en recherche, sont légion.

Les premières traces judiciaires laissées par Jo Di Mambro datent de cette époque : condamné à six mois de prison pour abus de confiance et chèques sans provision.

Désormais repéré, Jo entre en clandestinité. Il vivra caché, ou croyant l'être, jusqu'à la fin de ses jours. Le Temple sera son refuge. Il va rejoindre ces illuminés, investis d'une mission divine, chargés de sauver la terre d'Occident des maux qui la menacent : le matérialisme, les communistes et la perte des valeurs spirituelles. Comme de nombreux membres de l'Amorc, Jo Di Mambro va donc rallier des groupes dont l'organisation s'apparente à une armée secrète : les Templiers.

Depuis la fin de la Deuxième Guerre mondiale, les commanderies templières se multiplient. Mouvements clandestins ou simples associations, ils donnent l'impression d'être en concurrence, alors qu'ils ne sont que des branches se nourrissant de la même sève : la nostalgie d'un ordre mondial totalitaire et le culte de la race supérieure, la race blanche. Hitler a tracé la voie, il a échoué. Les Templiers, porteurs de la croix et des valeurs chrétiennes, doués de pouvoirs surnaturels, capables de converser avec les morts, se jurent, eux, de réveiller le monde avant l'Apocalypse.

Jo Di Mambro se rapproche des hommes les plus actifs, regroupés sous la bannière de l'Ordre souverain et militaire du temple de Jérusalem (OSMTJ). L'ordre, créé au début du XIXᵉ siècle, réunit pêle-mêle quelques sincères en quête de spiritualité, des policiers véreux infiltrés ou ambitieux, des « employés » de services secrets, des hommes d'affaires avides de pouvoir, de faux nobles et de vrais escrocs, manipulateurs manipulés qui, sous leurs capes frappées de la croix rouge, préparent le grand soir, une nouvelle Nuit des longs couteaux. Les membres de l'OSMTJ se retrouvent régulièrement à Genève.

Le grand public ignore bien sûr les objectifs cachés de ces hommes, qui n'hésitent pas à défiler dans les rues de Genève, comme s'ils étaient membres d'une simple confrérie. Contrairement à certains amateurs du coup de poing qui ont du mal à dissimuler leur violence sous une cape, Jo est insoupçonnable : l'homme est petit, rond, ses yeux sont cachés par des lunettes sombres, et un postiche bon marché masque mal un crâne déjà dégarni.

Les Templiers de Genève, que Jo Di Mambro va fréquenter dès le début des années 70, possèdent des succursales en Allemagne, où des contacts sont établis avec les leaders de l'extrême droite. Au Portugal, le chef des Templiers a quelques amis choisis dans les rangs de la police politique de Salazar. La succursale italienne rassemble des hommes d'affaires, quelques mafieux et des représentants de la classe politique. En France, l'influence de cet ordre templier est bien connue des services du contre-espionnage et va très vite intéresser au plus haut point une structure qui a fait couler beaucoup d'encre et de sang : le SAC*.

Le chevalier Di Mambro va tout naturellement se rapprocher du SAC qui a décidé d'infiltrer quelques mouvements templiers. L'Ordre souverain et militaire du temple de Jérusalem, celui qui a accueilli Jo, est le premier touché.

Di Mambro côtoie la bande de Charly Lascorz, ancien délégué régional du Service d'action civique. Charly est entrepreneur : il a créé sa société, l'ETEC, Études techniques économiques et commerciales. Il s'agit d'une entreprise qui, moyennant finances, se met au service d'industriels en difficulté passagère.

Les « relations » du SAC au plus haut niveau de l'État permettent quelques passe-droits, grassement rémunérés par les chefs d'entreprise reconnaissants. De même, le SAC propose-t-il ses services pour « casser du gréviste » ou chasser le communiste. Il fait office de service de renseignements, fournissant, à la demande, des dossiers compromettants pour l'adversaire politique de son client.

Ancien barman, Charly Lascorz jette son dévolu sur les croisés modernes, de plus en plus nombreux et influents. Il perçoit très vite le bénéfice qu'il peut tirer d'une prise de pouvoir chez les Templiers. Les hommes y sont riches, parfois puissants, souvent fanatiques, obsédés par le secret et obéissant aux ordres sans poser de questions.

Aidé de quelques « patriotes », Lascorz s'installe donc chez les Templiers de l'OSMTJ, très proche du mouvement d'extrême droite Ordre nouveau. Il réussit à placer ses hommes et à créer la zizanie au sein de l'Ordre. Jo choisit le camp du SAC.

---

* Le Service d'action civique est un mouvement créé en 1955 autour du général de Gaulle, pour assurer sa sécurité ainsi que le service d'ordre des meetings gaullistes. Le recrutement y est éclectique : on trouve au SAC des « gros bras », des barbouzes, des militants d'extrême droite et, aussi, quelques fidèles du Général.

Dans ce que *Le Canard enchaîné* des années 70 appelle le « théâtre d'ombres », Jo se sent bien. Ses talents occultes, son sens des affaires tordues, son goût du secret, en font un soldat de choix qui, plus tard, sortira du rang et oubliera, sans doute, le respect de la hiérarchie. En attendant, ancien membre de l'Amorc, de l'Ordre souverain et militaire du temple de Jérusalem, sympathisant du SAC, Joseph Di Mambro représente un maillon solide de la longue chaîne de l'extrême droite française *.

Les faits d'armes de ces chevaliers modernes, sauveurs de l'Occident, font régulièrement la une des journaux à sensation.

En 1970, plusieurs membres du SAC, dont certains conservent une cape templière dans leur garde-robe, sont condamnés pour avoir dérobé quelques caisses d'armes et de munitions sur la base militaire d'Istres. En 1972, une bande de faux-monnayeurs est surprise en plein travail d'imprimerie. Ce jour-là, leur carte du SAC et leur statut de chevalier ne les protègent pas.

Templiers, membres du SAC... et chimistes parfois. En mars 1973, un laboratoire de transformation de drogue est découvert à Marseille. Les laborantins sont arrêtés, ayant sans doute confondu alchimie et chimie. Mais ces chevaliers du Temple montrent surtout un goût prononcé pour les armes : achats, ventes, stockages, entraînements, rien n'est négligé par ces patriotes porteurs de la croix.

Tels sont les hommes qui traceront l'avenir de Jo Di Mambro et feront du petit escroc de Pont-Saint-Esprit un apprenti du crime.

Parmi ces chevaliers de la mort que Jo Di Mambro a croisés sur sa route, Julien Origas va lui permettre de donner à ses projets de trafiquant d'âmes et de manipulateur une tout autre dimension.

Origas, qui se fait aussi appeler Humbert de Frankenburg,

---

* Le SAC est également impliqué dans la tuerie d'Auriol. En juillet 1981, Jacques Massié est assassiné avec toute sa famille. Bilan : six morts, dont un enfant. Jacques Massié, inspecteur de police à Marseille, était membre du SAC, mais aussi et surtout templier depuis 1977. Les assassins ont été arrêtés, mais l'énigme d'Auriol n'a jamais été totalement résolue. Une thèse fait état d'une livraison d'armes vers l'Italie. Une loge maçonnique, la Loge Propaganda Due (P2), dirigée par Licio Gelli, aurait passé commande de ces armes.

est de ces faux initiés, faux religieux, qui ont provoqué la résurgence templière en France, immédiatement après la Deuxième Guerre mondiale. Comme Jo Di Mambro, il papillonne dans le monde de l'occulte, avant de connaître la consécration en la cathédrale de Chartres, en 1968.

Les rares fidèles qui pensaient profiter de la sérénité majestueuse de la cathédrale, ce 23 septembre 1968, vont être déçus. Dans le couloir menant à la crypte, deux hommes arborant un brassard portant la croix celtique dissuadent les visiteurs d'aller plus loin. Leur ton est ferme, ils ont des ordres de leur chef : nul ne doit passer s'il n'est pas invité à la cérémonie. Les organisateurs de ce rituel ne sont pas des religieux. La réunion est clandestine et, officiellement, les autorités du diocèse ignorent tout de ce qui se passe dans la crypte.

Le maître de cérémonie est Raymond Bernard, responsable de l'Amorc. En vertu des pouvoirs qu'il s'est lui-même attribués, Raymond Bernard s'apprête à adouber un certain Julien Origas, à le faire chevalier Rose-Croix, avant de le couronner roi de Jérusalem sous le nom de Baudoin VI.

Ce « souverain » a déjà une longue carrière d'homme de l'ombre. Pendant la Deuxième Guerre mondiale, Origas travaille pour la Gestapo à Brest. En novembre 1948, il est condamné à quatre ans de prison par le tribunal militaire de Rennes.

Cependant, ces années derrière les barreaux ne le changeront pas. Sous le masque, un visage rassurant orné de la barbe du sage, se cache le militant antisémite, anticommuniste, nostalgique de ces cinq ans de terreur où il a cru que l'ordre nouveau était définitivement en place, que le complot judéo-communiste était enfin déjoué, que la race blanche et les valeurs d'un Occident fort allaient imposer leur loi sur la terre... « au nom de Dieu ». Là où les nazis avaient échoué, les chevaliers de cette fin de siècle réussiraient.

Vieux routier de l'ésotérisme, il pense se conférer une légitimité en endossant une cape templière.

En 1952, Origas fait déjà partie d'un mouvement néo-templier, l'Ordre souverain du Temple solaire, aux côtés de Jacques Breyer, un nom célèbre dans les milieux occultistes*. En 1968, les Templiers italiens, qui orientent alors toute la mou-

---

* Pour le commun des mortels, Jacques Breyer avait la particularité d'écrire des textes auxquels personne ne comprenait rien. Pour les immortels initiés, il était l'homme qui, en 1952, au château d'Arginy (Rhône), avait reçu la visite des maîtres incarnés qui lui auraient confié la mission de réhabiliter l'ordre du Temple.

vance templière en Europe, décident la création de l'Ordre rénové du Temple (ORT). Quatre ans plus tard, en 1972, Julien Origas en deviendra le Grand Maître.

Jo Di Mambro connaît la réputation de cet homme qui a déjà tant donné pour la cause. Il restera en contact permanent avec Origas, assistant avec l'attention d'un élève appliqué à la mise en place des commanderies de l'Ordre rénové du Temple en France*.

Aujourd'hui, un des rares spécialistes capables de retracer l'histoire tortueuse de l'Ordre rénové du Temple – qui « enfantera » l'Ordre du Temple solaire – est un policier. Roger Facon est resté simple inspecteur de police, dans un petit commissariat du Nord de la France. C'est en souriant qu'il explique que ses vingt ans d'engagement à « traquer le fasciste, caché sous la cape blanche[2] », lui ont interdit tout avancement. Roger Facon s'est infiltré partout. À l'Amorc, dans divers ordres templiers, et il a écrit une vingtaine de livres sur le sujet.

Pour le juge Fontaine, qui instruit le dossier OTS, son témoignage est capital. Roger Facon a été l'ami, le confident et le complice d'un ancien officier durant la guerre d'Algérie, Jean-Marie Parent, qui avait découvert avec stupéfaction que de nombreux agents des services de renseignement français fréquentaient les cercles ésotériques et les sectes.

Après ses années de service, Parent a voulu en savoir un peu plus sur le fonctionnement de ces groupes subversifs, et ses relations anciennes lui permirent d'intégrer certains d'entre eux. Parent infiltrera ainsi l'Ordre rénové du Temple, et sa réussite sera telle qu'Origas en fera le numéro deux de son organisation, avant de le démasquer.

Mais l'ami de Roger Facon aura eu le temps d'apprendre que l'Ordre rénové du Temple a été créé clandestinement à Rome, puis installé en France en 1968, à partir du fichier rosicrucien de l'Amorc, et avec la « bénédiction » de Raymond Bernard, le Grand Maître français.

L'ORT a été voulu par des maîtres occultes, représentant la maison mère du Temple et résidant indifféremment à Rome, à

---

* Officiellement, l'Ordre rénové du Temple n'est qu'une association philosophique rassemblant des hommes de bonne volonté, poussés par un même désir d'enrichissement spirituel dans un monde désespérément matérialiste. En réalité, ces templiers sont membres d'un de ces mouvements sectaires très proches de l'extrême droite, qui ont fleuri après la Deuxième Guerre mondiale.

Turin ou à Zurich. La structure française de l'ORT devait faire la jonction entre l'Allemagne, la Belgique, l'Italie et la Suisse.

Julien Origas effectue souvent le voyage dans ces pays. Personne ne connaît ses supérieurs hiérarchiques, dont le nom de code est « Cardinal blanc » ou « Maha ». L'objectif de ces « maîtres » est de « préparer l'Europe à des temps difficiles ». En vérité, l'ennemi est facilement identifiable au milieu du charabia ésotérique : il est communiste.

Comme beaucoup d'autres, Raymond Bernard et Origas ont pour mission d'installer des maisons secrètes, à la fois lieux de culte et de stockage. Il s'agit de choisir des sites discrets et enterrés de préférence. Dans les caches, les Templiers déposent armes, explosifs, passeports diplomatiques, postes radio-émetteurs, faux papiers et argent liquide.

L'Amorc, par la voix de Raymond Bernard, a toujours affirmé s'être vite désolidarisé d'Origas, jugé « trop » extrémiste. C'est faux. Au cours des années 70, l'Amorc reconnaît chapeauter d'autres groupes templiers, dont l'ORT. Le bulletin interne des Rose-Croix assure d'ailleurs la promotion de l'Ordre rénové du Temple, et de nombreux rosicruciens rejoignent les troupes d'Origas. Aux yeux des dirigeants Rose-Croix, l'Ordre rénové du Temple est la seule organisation templière traditionnelle digne de ce nom. La confusion est telle que certains membres seront persuadés que l'Amorc et l'Ordre templier sont dirigés par les mêmes hommes*.

Dans son enquête, Roger Facon révèle encore qu'Origas et Di Mambro se rencontrent en 1969 à Paris, alors que le premier tente de relancer une maison d'édition parisienne, l'Omnium littéraire, qui peut lui servir utilement de paravent.

Origas est d'abord subjugué par Jo avant de le traiter d'escroc, ce qui, dans sa bouche, ne manque pas de sel. Il semble qu'à cette époque déjà Di Mambro ait des vues sur l'Ordre rénové du Temple, et Origas se méfie. Il est vrai que Jo, jouant le rôle du psychologue, guérisseur de l'âme, est déjà repéré par la police et la justice.

Se sentant un peu à l'étroit à Pont-Saint-Esprit, Di Mambro s'installe, en 1974, près d'Annemasse pour y créer un Centre de

---

* Il semble que le Grand Maître de l'Amorc avait reçu ordre de reprendre en main un certain nombre de militants pouvant se révéler incontrôlables, tel Julien Origas.

préparation à l'âge nouveau (CPAN). Aujourd'hui, les premiers stagiaires ayant fréquenté le CPAN ont oublié les vertus des séances de méditation thérapeutique de M. Jo. En revanche, ils se souviennent qu'ils devaient remplir un questionnaire et préciser l'état de leur patrimoine avant d'obtenir le droit d'entrer en transe.

La petite entreprise d'escroquerie de Jo Di Mambro ne peut fonctionner qu'avec l'assentiment de ses maîtres, des hommes qui l'ont accueilli, initié puis lui ont permis de surnager dans les eaux troubles de l'ésotérisme. Mais cela, ses fidèles l'ignorent.

Ils préfèrent croire l'histoire d'un Jo pauvre comme Job, qui atteint Annemasse à bord d'une 4L cabossée et réussit à attirer de plus en plus de clients grâce à ses seuls talents de guérisseur. Un Jo chargé d'une mission divine par un certain Maha, un être désincarné qui l'aurait obligé à quitter son Midi natal pour Genève, où des hommes et des femmes ont besoin de lui. Jamais personne ne mettra en doute cette légende, née de l'imagination fertile de M. Jo.

En réalité, sa vie durant, Jo Di Mambro a mêlé habilement vérités et mensonges. Lorsqu'il évoque l'existence de ces « maîtres supérieurs » lui donnant des ordres, les adeptes le croient. Aujourd'hui, les rescapés de l'Ordre du Temple solaire affirment que Jo « inventait tout ça » pour exercer une pression supplémentaire sur ses fidèles. Pourtant, Di Mambro, Origas ou Raymond Bernard avaient un « maître ».

Le Grand Maître de l'Amorc aurait confié à Roger Facon que derrière un nom de code, « Cardinal blanc » ou « Maha », se cachait le leader d'une société secrète chargée d'établir des passerelles entre certains services spéciaux occidentaux et des organisations d'extrême droite. Le recrutement de Julien Origas et de Jo Di Mambro est donc logique, ces deux hommes provenant du même creuset de l'extrême droite européenne.

Dans son enquête, Roger Facon retrouve la trace de Jo Di Mambro dans les années 75, à Turin. Il y fréquente quelques lieux secrets où se rassemblent avocats, hommes d'affaires, personnalités politiques suisses ou italiennes, appartenant à un mystérieux « Cercle Doré ».

Ces hommes représentaient diverses loges maçonniques d'Italie et de Suisse. Un ancien membre de l'ORT se souvient du mystère qui entourait les déplacements d'Origas ou de Jo Di Mambro. « Lorsque j'ai ouvert les yeux, je me suis aperçu à quel point les Rose-Croix dirigeant notre groupe étaient loin de l'image traditionnelle de cet ordre... Dans les textes, ces hommes sont des êtres essentiellement spirituels, vivant dans la plus totale pauvreté, à l'écart du monde. [3] » Les amis d'Origas et de Di Mambro vivent dans des propriétés somptueuses, circulent dans des voitures de luxe ou arborent des plaques diplomatiques. Ils ne se déplacent qu'en toute sécurité. Les parcours sont compliqués. Et on change souvent de voiture, comme dans les mauvais romans d'espionnage. On vit en permanence dans la crainte. « Nos leaders étaient eux-mêmes soumis à une mystérieuse organisation, mondialiste, voulant édifier un monde nouveau et tentant d'influer sur les événements... c'était de la barbouzerie dangereuse... [3] »

Les voyages réguliers en Italie de Di Mambro et d'Origas, cette obsession du secret qui les pousse à ne rien révéler de leur mission, sont d'autres indices de la réalité d'une structure templière supérieure. Un ordre dirigeant qui compte dans ses rangs l'ancien aumônier et mauvais génie de Mussolini, Gregorio Bacolini *, et, parmi ses relations, la Loge Propaganda Due (P2), dirigée par un certain Licio Gelli **.

Dans les milieux ésotériques, cette loge reste un exemple pour de nombreux ordres chevaleresques. Gelli en devient Vénérable Maître en 1975 et, dès lors, entreprend un travail de sape de la démocratie italienne. Sa spécialité : compromettre les hommes politiques en s'ingérant dans leur vie privée, et échanger leur silence contre une adhésion à la P2.

Gelli ne peut se contenter de régner sur une troupe rassemblée sous la bannière fasciste, il vise le pouvoir. La première étape sera la déstabilisation des hommes en place, et l'attentat de Bologne la plus sanglante démonstration de la puissance de la P2. Maître Licio fréquente aussi les banquiers du Vatican, les chefs des services secrets italiens, et il établit des relations régulières avec quelques dictateurs.

---

* Julien Origas était un légitimiste prudent. Au mariage de sa fille, trois cents invités se retrouveront au château d'Auty, dans le Tarn-et-Garonne. La messe est célébrée par Gregorio Bacolini.

** Gelli, membre des brigades fascistes dans sa jeunesse, puis soldat SS dans une division de chars allemande, réussit sa reconversion après la guerre. Sa puissance financière lui permet de fréquenter des hommes influents et, au début des années 70, il commence à avoir des vues sur une loge de type maçonnique, la P2. La P2 fut accusée d'avoir fomenté une révolution en Italie. Après l'attentat de la gare de Bologne, en 1980 (quatre-vingt-cinq morts), l'Italie découvre que des hommes politiques, des industriels, des policiers et des militaires font partie de cette loge d'extrême droite.

Mais c'est dans les cercles ésotériques que Gelli est le plus à l'aise. La P2 a atteint une telle puissance en Italie que les autres ordres, les Templiers par exemple, sont obligés de s'en rapprocher. C'est le cas de l'Ordre souverain et militaire du temple de Jérusalem, dont Jo Di Mambro fit partie, et de l'Ordre rénové du Temple de Julien Origas, ami de Jo et futur père spirituel de Jouret.

À la fin des années 70, Jo multiplie les voyages en Italie. Deux à trois fois par mois, il se rend à Turin ou à Rome. C'est là qu'il prend ses ordres, espérant secrètement que ces maîtres l'autoriseront à tenter un rapprochement avec Origas qui donne quelques signes de fatigue.

Di Mambro sait aussi qu'Origas est très lié à Licio Gelli. Si le Vénérable patron de la Loge P2 s'oppose à une telle association, Jo devra se retirer et continuer à végéter à la tête d'un groupuscule. Son orgueil démesuré ne saurait le supporter.

Pendant que Jo ronge son frein, Julien s'organise.

En novembre 1974, Origas diffuse un document top secret dans toutes les commanderies de l'ORT, afin que les chevaliers entreprennent une formation pour l'utilisation de radio-émetteurs, comme au bon vieux temps du renseignement militaire, quand il combattait aux côtés des nazis. Tous les centres de l'ordre sont en alerte, et les messages transmis par radio sont codés. Mieux encore, pour ceux qui vivent à la campagne, il est conseillé d'élever des pigeons voyageurs. Car le temps presse, les « rouges » vont attaquer. En réalité, Origas a mobilisé ses troupes pour une simple grève des employés des PTT, dans laquelle il a discerné un signe avant-coureur du déferlement de l'Armée rouge.

En 1975, le Grand Maître paranoïaque de l'Ordre rénové du Temple exige que deux gardes du corps l'accompagnent dans tous ses déplacements et que les « hommes de troupe continuent l'entraînement au karaté et au tir ».

De 1970 à 1980, les groupes templiers se multiplient, comme s'il s'agissait de brouiller les pistes. Des passerelles relient ces divers mouvements. Ainsi l'Ordre rénové du Temple de Julien Origas sait pouvoir compter sur quelques sympathies à l'Ordre souverain et militaire du temple de Jérusalem, fréquenté par Di Mambro. Certaines cérémonies communes sont même organisées. En fait, aucun de ces groupes ne peut fonctionner en complète autarcie, et les velléités d'indépendance sont vite réprimées.

Ces détails concernant la naissance de l'Ordre rénové du Temple sont déterminants lorqu'on sait que Jo Di Mambro, rosicrucien et ami d'Origas, était dans la lignée de ces soldats de la nuit, et que Luc Jouret puisera dans le fichier de l'ORT pour créer l'Ordre du Temple solaire.

Luc Jouret : itinéraire d'un enfant blessé
1947-1983

Mais comment peut-on s'appeler Napoléon ? Aujourd'hui encore, les enfants de Napoléon Jouret ne comprennent pas comment leur père a pu être affublé de cet impérial prénom. Il y eut certes un ministre belge baptisé Valmy (il en souffrit, dit-on) mais aucun autre Napoléon n'a été recensé en Wallonie depuis la défaite de l'Empereur à Waterloo.

Napoléon Jouret n'en fit pourtant aucun complexe. Ce prénom lui allait comme un gant de velours dissimulant une main de fer. « Mon père respirait l'autorité, se souvient Bernard Jouret, le frère aîné de Luc, aujourd'hui directeur de l'Institut géographique national de Belgique. Il avait le culte du travail ; c'était un homme d'une grande honnêteté. [1] »

Jeune diplômé en langues germaniques (néerlandais et allemand), Napoléon épouse Fernande Jeanmotte, née en 1923, de quelques années sa cadette. Napoléon trouve un emploi de fonctionnaire territorial. Fernande reste au foyer. Le couple s'installe à Dour, près de Mons. Une maison sobrement bourgeoise, confortable, à l'écart du village, dans la verdure. La frontière française est à trois kilomètres. Maubeuge et Valenciennes à vingt kilomètres à peine.

En 1946, déjà parents d'un premier garçon, Bernard, né l'année précédente, Napoléon et sa femme décident de tenter l'aventure. Loin de Dour et de ses brumes.

Le Congo belge a grand besoin de cadres métropolitains. Les trois piliers de l'édifice colonial belge – administration, missions chrétiennes et compagnies minières – ouvrent largement leurs portes aux Belges désireux de s'expatrier sur les rives du fleuve Congo. L'aventure coloniale du royaume est alors à son apogée. Jusqu'en 1908, cet immense territoire de plus de 2,3 millions de kilomètres carrés (soixante-seize fois la surface de la Belgique !) reste propriété personnelle de Léopold II. Pour conquérir le bassin du Congo et venir à bout des chefs autochtones, le roi a dilapidé une partie de son immense fortune. Il a même fait appel à Henry Stanley qui, quelques années plus tôt, en 1871, était parvenu à retrouver Livingstone sur les rives du lac Tanganyika. La geste coloniale belge fut rapidement entachée de pillages, de massacres et de travaux forcés. Les exactions du colonisateur furent d'abord dénoncées publiquement par quelques missionnaires. Au début du siècle, l'affaire prit une dimension internationale. En 1903, le Parlement britannique évoqua même au cours d'une session houleuse les méthodes « scandaleuses » utilisées par Sa Majesté Léopold II pour asseoir son pouvoir dans son jardin colonial privatif.

En cette année 1946, après plusieurs semaines de traversée et huit cents kilomètres de piste, la famille Jouret arrive à Kikwit au sud-est de la capitale Léopoldville. Dans un premier temps, Napoléon Jouret renoue avec les tâches administratives. Fonctionnaire de l'administration territoriale, il est de ces Belges qui parviendront à faire du Congo la colonie la plus étroitement administrée du monde. Ces milliers de fonctionnaires blancs interventionnistes, paternalistes, tenteront de pénétrer jusqu'au cœur du Congo. Ils y imposeront un modèle d'agriculture, d'éducation et d'encadrement.

Un an après son arrivée au Congo, la famille Jouret s'agrandit. Un deuxième garçon, Luc, naît le 18 octobre 1947. Rapidement, le nouveau-né connaît de graves problèmes de santé. Coqueluches à répétition, complications pulmonaires puis, à neuf mois, crise de rachitisme. L'enfant ne parvient pas à fixer la vitamine D, sa croissance semble compromise. Napoléon et Fernande Jouret hésitent quelques mois mais le climat équatorial, l'absence d'équipements hospitaliers aux normes métropolitaines interdisent de prolonger plus longtemps le séjour à Kikwit. Luc a alors 18 mois. Le couple Jouret et ses deux garçons rentrent en Belgique.

Trois ans plus tard, le petit Luc est rétabli grâce aux soins attentifs de sa mère. Napoléon décide alors de tenter une nouvelle fois l'aventure loin de la Wallonie. Retour au Congo avec la famille un peu plus nombreuse. Un troisième garçon, Roland, est né en 1951. Les Jouret s'installent à Matadi, près de l'embouchure du fleuve Congo, à deux cents kilomètres de Léopoldville.

Napoléon Jouret est toujours amoureux de l'Afrique mais il a épuisé les charmes de l'administration territoriale. À 35 ans passés, il décide de changer de métier. Ses diplômes et sa parfaite maîtrise de l'allemand, du néerlandais et de l'anglais lui permettent d'enseigner. Il sera donc professeur de langues germaniques au cœur de l'Afrique noire. L'alphabétisation, l'enseignement primaire et secondaire au Congo font alors la fierté des colons belges. Officiellement, en 1954, 37 % des enfants congolais sont scolarisés. Un taux comparable à celui de pays européens développés comme l'Italie. En fait, l'échec scolaire est très important. Sur douze élèves entrant en primaire, un seul achève le cycle d'études. Passionné par l'enseignement, Napoléon Jouret ne ménagera pas ses efforts pour apprendre à ses élèves les subtilités des déclinaisons allemandes et les secrets de la prosodie néerlandaise.

Il est professeur d'école moyenne, équivalent belge du collège français. Ses élèves ont entre 12 et 15 ans. « Dans ses classes, il y avait bien sûr une majorité d'enfants blancs, se souvient Bernard Jouret, mais aussi quelques noirs. [2] »

Plusieurs générations d'enfants au Congo puis en Belgique suivront l'enseignement de Napoléon Jouret, professeur doué et désintéressé. « Il n'a jamais fait payer un seul cours de rattrapage, confirme Bernard Jouret. Après l'école, il prenait en charge les élèves les plus faibles pour les remettre à niveau. Toujours gratuitement. »

Les années passent, sous un soleil de plomb et les bougainvillées. Luc est resté un enfant fragile, « chouchouté par sa mère qui restera toujours très vigilante » selon son frère Bernard. La famille déménage de nouveau. Direction Luluabourg (aujourd'hui Kananga), à 1 000 kilomètres à l'intérieur des terres. Napoléon enseigne, Fernande et les trois enfants suivent. « On a tous gardé un souvenir très heureux de ces années à Matadi puis à Luluabourg, témoigne Bernard Jouret. Il n'y avait pas encore de troubles indépendantistes. Le Kasaï est une région magnifique. »

1954. Luc a six ans et demi. Il joue dans une rue de Luluabourg. Soudain, un cycliste lancé à toute allure le renverse. Fracture du crâne. Pendant plusieurs jours, Fernande et Napoléon craindront pour la vie de leur fils. Cette fois, l'Afrique c'est fini. Retour définitif en Belgique pour toute la famille. L'aventure africaine se termine dans les larmes.

Les Jouret reprennent leurs habitudes à Dour. Les garçons, Bernard, Luc et Roland, vont à l'école du village.

1956. Naissance du dernier enfant, Jacqueline. Fernande remplit à la perfection son rôle de mère de famille attentive, chaleureuse, disponible. Napoléon a repris son métier d'enseignant inauguré sous d'autres tropiques. Plus tard, il changera de nouveau de métier. Conjuguant ses talents d'administrateur et de pédagogue, il deviendra responsable administratif d'une école de Mons.

S'il reste, jusqu'au bout, dans le milieu de l'enseignement public, s'il tente de sensibiliser ses élèves aux questions de morale et de citoyenneté, c'est que Napoléon Jouret a une passion : la laïcité. C'est son combat, son sacerdoce. Dans une Belgique profondément marquée par le cléricalisme, où les prêtres sont rémunérés sur fonds publics, où l'enseignement reste encore étroitement contrôlé par l'Église, M. Jouret se bat. Pour mener sa croisade, pour faire reculer les « cathos », pour faire triompher ce que son fils Bernard appelle aujourd'hui « sa morale laïque », Napoléon Jouret comprend vite qu'il faut s'organiser.

Au milieu des années 60, il fait le tour de ses collègues enseignants, de ses amis, de ses relations. En 1965, il parvient à créer une association, Pensée et Humanisme laïcs. Son but officiel est clairement affiché : lutter contre l'empreinte du catholicisme en Wallonie. Dès la première assemblée générale du groupe, à Charleroi, Napoléon Jouret est élu président. « Son élection allait de soi, explique Marcel Voisin, à l'époque professeur de français à Mons et membre de l'association. C'était un costaud, une locomotive, un type d'une énergie folle, bâti à chaux et à sable. Pas un maître à penser, mais un personnage marquant. Très critique par rapport à la société belge. Il bouffait du curé, tendance marxisto-voltairien. [3] »

Jusqu'à l'épuisement, Napoléon Jouret donnera des conférences, animera des séminaires, soutiendra les cours de morale laïque dispensés aux enfants des écoles. Il crée des sections de Pensée et Humanisme laïcs dans plusieurs régions de Wallonie et rêve de couvrir toute la Belgique.

Militant progressiste, Napoléon se mue en père Fouettard lorsqu'il rentre à la maison. Tyran domestique à l'occasion, il ne supporte pas la contradiction et ne plaisante pas avec l'autorité paternelle. Il impose son pouvoir, au besoin par la violence. Marcel Voisin, le compagnon de lutte antipapiste, est aussi le professeur de Jacqueline, la fille cadette des Jouret. « Je me souviens l'avoir vue pleurer en arrivant à l'école. Elle s'est confiée à moi, avouant que son père menait la vie dure à toute la famille, qu'il était exigeant, qu'elle en avait assez. »

Bernard, l'aîné, affirme ne pas avoir souffert de l'autoritarisme napoléonien. « Mais je crois que Luc en a gardé un mauvais souvenir, corrige-t-il. En tout cas, il a quitté la maison violemment, vers 21 ans. » Des années plus tard, le Dr Jouret n'hésitera pas à confier à quelques-uns de ses patients combien cette éducation martiale lui avait pesé. « Il disait que son père avait été inutilement sévère, qu'il ne lui avait laissé aucune liberté, se souvient Gilbert Leblanc, que Luc Jouret a soigné pendant plus de dix ans, en Belgique puis en France. Pour cette raison, il se montrait partisan d'une éducation très ouverte, sans contraintes, pour que les gamins s'épanouissent. C'est pour ça, me confiait-il, qu'il aimait par-dessus tout la liberté. Il pensait à la sienne, bien sûr.[4] »

Luc Jouret enfant et adolescent trouve sa liberté dans le sport. Tout à fait rétabli après avoir surmonté maladies infantiles et fracture du crâne, il commence à ressembler à son père. Comme lui, il est grand, musclé et svelte. Excellent judoka, très bon en athlétisme, il rêve de devenir professeur d'éducation physique. Il poursuit ses études sans forcer son talent. En mai 1966, il décroche son certificat d'humanités, au collège voisin de Saint-Guislain.

Comme son père, dont il rejette pourtant le modèle, Luc est un passionné. « C'était un jeune homme plein d'allant, dit son frère Bernard. Un idéaliste qui monte à la capitale. »

Luc s'inscrit à l'Université libre de Bruxelles, l'une des plus prestigieuses de Belgique, section éducation physique. Son frère Bernard, plus âgé de deux ans, est lui aussi étudiant à l'ULB. Il est en deuxième année de géographie et partage sa chambre d'étudiant avec Luc. Tous deux sont boursiers. Le salaire unique de M. Jouret père interdit les dépenses inutiles. « On était très proche cette année-là, explique Bernard. Luc était vraiment sympa, sociable, convivial. L'argent ne l'intéressait absolument pas. C'était un idéaliste sérieux. Très engagé. L'atmosphère à l'université de Bruxelles était bouillonnante. C'était la période pré- et post-Mai 68 en France. À l'ULB, tout le monde était un peu Mao ou Che. Luc l'a été successivement. Avec plus de conviction et de ferveur que moi et la moyenne des autres étudiants. J'étais moins virulent. »

Luc se passionne aussi pour les demoiselles. Ce qui lui vaudra cette appréciation d'un professeur : « Serait encore meilleur étudiant s'il étudiait moins les étudiantes... »

1967. Luc va fêter ses 20 ans. Il fait toujours autant de sport. Judo, athlétisme, escalade. Un jour, il ressent une première douleur aux hanches. Lancinante, rapidement insupportable mais difficile à localiser avec précision. Consultation de plusieurs spécialistes et diagnostic immédiat : Luc souffre d'une coxarthrose. Bien qu'il sorte de l'adolescence, ses hanches sont déjà usées, abîmées par l'arthrose. Les médecins ne parviennent pas à expliquer avec certitude pourquoi il est atteint de ce mal qui, chez certains sujets, dégénère en paralysie. Aujourd'hui encore, la mère de Luc Jouret se dit persuadée que l'activité sportive intense de son fils est à l'origine de cette coxarthrose.

Le diagnostic étant posé, Luc va vivre quatorze mois épouvantables. Le plus souvent immobilisé dans son lit, incapable de suivre les cours de l'université, seul face à sa souffrance et à l'impuissance des médecins. Son univers se réduit aux quatre murs de sa chambre d'étudiant à Bruxelles, loin de ses parents restés à Dour.

Pendant de longs mois, il pense qu'il ne pourra plus jamais marcher normalement. Plus jamais faire de sport. Toutes ses passions lui sont interdites. Le corps médical qui s'agite autour de son lit ne lui prodigue ni espoir ni réconfort. Les traitements restent inefficaces, douloureux, désespérants.

Ces médecins embourgeoisés, dûment diplômés, qui ne soignent que par allopathie, il les cataloguera rapidement. Ce sont des Diafoirus. Ils brandissent leurs radiographies, griffonnent d'interminables ordonnances, assènent des certitudes aussitôt démenties, ne tiennent aucun compte de l'état psychologique du malade.

C'est terminé. Luc, qui à l'époque n'a pourtant aucune compétence médicale, ne fera plus jamais confiance à « cette médecine-là ».

Il est désemparé. Son année universitaire est évidemment gâchée. Il comprend également que même si par miracle il parvient à remarcher il ne pourra plus redevenir l'athlète qu'il était auparavant. Les enseignants lui font comprendre qu'il doit abandonner tout espoir de reprendre le cursus du professorat d'éducation physique. Il s'est métamorphosé. Ses muscles ont fondu et son moral est au plus bas.

Au fil des conversations avec ses copains étudiants qui lui rendent visite dans sa chambre, Luc entend parler, pour la première fois, de macrobiotique, d'homéopathie et de médecines douces. On lui parle d'un médecin japonais installé en Belgique, adepte de l'homéopathie. Rendez-vous est pris. Le médecin observe son jeune patient pâle, amaigri, déprimé. Il balaie en quelques minutes toutes les prescriptions accumulées par ses confrères allopathes. Pour s'en sortir, explique-t-il en substance à Luc, il faut suivre à la lettre ses indications, à l'exclusion de tout autre traitement. Il ne faudra plus mélanger les genres. Il faudra s'imposer un régime alimentaire draconien, exclusivement à base de céréales et d'eau. Luc acquiesce et signe un contrat moral avec ce médecin à la fois ferme et attentif.

Un an et quelques centaines de bols de céréales plus tard, Luc va mieux. Ses jambes, encore terriblement maigres, le font moins souffrir. Il retrouve un peu de mobilité et de souplesse. Mais son rêve de gosse, devenir « prof de gym », lui est désormais interdit. Il doit choisir une autre voie, se réorienter dans le maquis des filières enseignées à l'Université libre de Bruxelles. Luc s'essaie à la médecine et s'inscrit en première année. Chez tout autre étudiant, cela serait ressenti comme une promesse d'ascension sociale mais Luc n'a pas encore fait son deuil de sa carrière professorale avortée.

Cette année sera encore douloureuse. Fréquemment victime de rechutes qui le laissent paralysé, le nouvel étudiant en médecine n'arrive pas à se déplacer jusqu'au laboratoire de la faculté où sont dispensés les travaux pratiques. Redoublement obligatoire. Il faut recommencer de zéro, après deux années d'études perdues.

« Il a énormément souffert durant cette période, se souvient son frère Bernard. Il a fait preuve d'une volonté incroyable. Il a remonté la pente peu à peu. Il a finalement vaincu cette coxarthrose. Luc était très orgueilleux de nature et je crois que cette victoire sur lui-même et sur la maladie ne l'a pas rendu modeste. »

Semaine après semaine, Luc recouvre ses forces. Il reprend du poids, recommence à marcher sans douleur, à courir, à se reconstruire un corps. Cette rééducation menée en solitaire durera plus d'un an. Il retrouve peu à peu les capacités d'un sportif de bon niveau. Ces mois d'épreuve seront décisifs. Il en sortira convaincu des vertus de l'homéopathie, convaincu aussi que la médecine occidentale traditionnelle est « dépassée ». Bien après sa guérison complète et pendant des années, Luc Jouret continuera à ne manger que des céréales et à ne boire que de l'eau.

Parallèlement à ses études de médecine qu'il poursuit avec facilité et parfois même avec éclat (il passera en troisième année « avec distinction », c'est-à-dire avec les félicitations du jury), l'étudiant Luc Jouret veut absolument aller voir « ailleurs ». Il veut s'ouvrir aux autres médecines. L'homéopathie bien sûr, mais aussi l'acupuncture ou l'iridiologie. Sa bibliothèque d'étudiant s'enrichit d'ouvrages nettement en marge de l'enseignement dispensé dans les amphithéâtres de la faculté. Il discute, s'informe, assiste aux conférences traitant de l'hypnose et de la macrobiotique.

Durant sa maladie, ses engouements politiques restent intacts. Comme bien d'autres étudiants à l'époque, Luc est fasciné par la Chine populaire. Le campus de l'université de Bruxelles se couvre d'affiches à l'effigie du Grand Timonier. Plus que partout ailleurs en Europe occidentale, la Chine de Mao imprègne les esprits étudiants en Belgique. Depuis 1963, un parti communiste prochinois (le premier en Europe) s'est implanté à Bruxelles. Son fondateur s'appelle Jacques Grippa*.

Luc Jouret fréquente alors avec assiduité l'Union des étudiants communistes (version pékinoise, bien sûr). L'empire du Milieu a tout pour lui plaire. Sur un même territoire cohabitent la Chine moderne, illustration du maoïsme triomphant, et la Chine éternelle, creuset d'une médecine millénaire dont il ne cesse de découvrir les pouvoirs. Luc décide de se rendre en Chine pour étudier tout cela sur place.

Le pèlerinage en Chine est à l'époque soumis à certaines conditions. Aucun visa n'est délivré par les services officiels chinois, puisque ceux-ci n'existent pas en Belgique. Il faudra attendre la reconnaissance de la Chine communiste par l'ONU en octobre 1971 et l'ouverture d'une ambassade à Bruxelles en 1972 pour obtenir des visas par la procédure classique auprès des services consulaires. En 1968, lorsque Luc Jouret décide de partir, seule l'association Belgique-Chine est habilitée à délivrer des visas pour le paradis chinois. Officiellement, il faut être l'invité des autorités de Pékin. Des délégations d'ingénieurs, de députés (parfois de droite), d'architectes, de médecins, seront

---

* Jacques Grippa était issu du parti communiste de Belgique aligné sur Moscou. Ce « PC Moscou » compta jusqu'à huit mille membres, et le « PC Pékin » moins de quatre mille. Les affrontements entre les deux partis seront fréquents. En 1965, au cours d'une campagne législative, un colleur d'affiches du PC Pékin abat en pleine rue un « traître » du PC Moscou.

ainsi conviées à venir découvrir, sous escorte attentive, la Grande Muraille de Chine, les communes populaires, les combinats sidérurgiques et toutes les réalisations édifiantes de cet autre pays du communisme « réel ». Le prix du séjour était volontairement modique. Pendant longtemps, le gouvernement chinois a pratiqué ce « dumping » idéologique. Le coût du voyage ne devait en aucun cas dissuader les hommes de progrès de découvrir le pays du président Mao. À charge pour les voyageurs, de retour en Occident après un séjour enchanteur, de prêcher la bonne parole.

Très peu d'étudiants pouvaient prétendre partir pour la Chine. Quelques dizaines par an, tout au plus. Comment Luc Jouret, sympathisant mais non membre de l'association Belgique-Chine, a-t-il pu obtenir son billet pour Pékin ?

Ceux qui l'ont croisé à cette époque ont le souvenir d'un jeune homme vibrionnant, motivé et, déjà, incroyablement charmeur. « C'était un enthousiaste, très convivial, intelligent, romantique aussi », explique son frère Bernard. Quelques heures de conversation avec ce brillant étudiant ont dû convaincre les responsables de l'association que Luc Jouret serait un hôte digne de la Chine et, à son retour, un prosélyte zélé.

Luc Jouret expliquera par la suite à ses interlocuteurs à quel point ces quelques semaines en Chine l'ont enrichi. Il a tiré beaucoup d'enseignements de ces acupuncteurs, du spectacle de cette médecine « pauvre », douce, apaisante, soucieuse de l'homme plus que du patient. Des années plus tard, dans ses curriculum vitae, le Dr Jouret mentionnera toujours cette initiation *in situ* à l'acupuncture chinoise.

Le 28 juin 1974, Luc Jouret reçoit son diplôme de docteur en médecine, chirurgie et accouchements, délivré par le président du jury de l'Université libre de Bruxelles. Le tout nouveau diplômé a 26 ans. Il a décidé d'accomplir son année de stage loin de Bruxelles, où il étouffe. Il veut vivre, c'est la mode, son retour à la terre. Il porte son choix sur la province de Luxembourg. D'ordinaire, quand les Bruxellois émigrent dans cette région dominée par les Ardennes belges, c'est le temps d'un week-end, guère plus. C'est un peu leur Normandie. Ni trop loin (deux cents kilomètres), ni trop dépaysant (on y parle le français).

Dans ce royaume de Belgique exigu, la bourgeoisie aisée apprécie avant tout l'espace. C'est précisément ce que la province de Luxembourg, accolée au grand-duché du même nom, a de mieux à offrir. Ses forêts de sapins, ses prairies plantées d'herbe grasse, ses vaches bicolores, et ses fermes recyclées en résidences secondaires.

Luc Jouret, lui aussi, prend l'autoroute, tous les week-ends, vers la belle province luxembourgeoise. Mais il va travailler. Il a trouvé un poste de médecin remplaçant à Neufchâteau, chef-lieu de 2 700 âmes, à cent soixante-dix kilomètres de Bruxelles. Le médecin titulaire, allopathe de stricte observance, se repose le samedi et le dimanche. Le Dr Jouret en profite pour apprendre sur le terrain le métier de médecin de campagne. Il ne va pas tarder à se faire connaître.

« Un jour, se souvient Gilbert Leblanc, qui deviendra un fidèle patient de Luc Jouret, j'ai été pris d'un mal de dos terrible. Ma femme m'a conduit chez le médecin de Neufchâteau. C'était un samedi. Je me suis installé dans la salle d'attente. J'ai vu un type entrer, très beau, très jeune, des yeux fantastiques. C'était le Dr Jouret. Tout de suite, il m'a parlé d'homéopathie, il m'a demandé si j'accepterais d'être soigné par cette méthode. En quelques minutes, il m'a convaincu. Il avait un charisme fou, une force de conviction incroyable. Ce n'était pas un baratineur. Il ressentait ce qu'il disait. »

Luc Jouret et son patient Gilbert Leblanc deviennent amis. Le 31 décembre 1975, Gilbert Leblanc a pris de nouveau rendez-vous chez le Dr Jouret qui assure un remplacement pendant les vacances de fin d'année. « Il m'a ausculté avec une infinie patience, il m'a écouté, il m'a prescrit des médicaments homéopathiques et la consultation a duré des heures. On a passé toute la soirée du réveillon ensemble ! »

Bientôt, le Dr Jouret soignera, par homéopathie, l'épouse de Gilbert Leblanc qui souffre de troubles hépatiques et de mauvaise circulation. Elle en sera soulagée. D'autres malades de cette région rurale peu au fait de la révolution homéopathique consulteront ce médecin venu de la capitale qui parle si bien et sait si bien écouter.

En 1976, après un an de remplacements à Neufchâteau, Luc Jouret ouvre un cabinet à Bruxelles tout en revenant chaque fin de semaine dans les Ardennes. Pourquoi ce retour à Bruxelles ? Ce n'est pas une remise en cause de son choix de vie rurale mais il souffle dans la capitale belge comme un vent nouveau en matière de médecine.

Depuis le début de l'année 1976, le monde journalistique et médical ne parle que des Philippines. Des guérisseurs accompliraient là-bas des prodiges. Des malades eczémateux, cardiaques, cancéreux auraient été guéris grâce aux pouvoirs magiques de ces rebouteux tropicaux dotés de pouvoirs surnaturels. Par imposition des mains ou par application d'un coton imbibé d'huile de coco bénite, ces médecins de l'impossible auraient déjà guéri des milliers de malades.

Parmi les pratiques les plus répandues à Manille, la « piqûre d'énergie », spécialité du maître-guérisseur Dominguez[5]. Il presse son index ou son majeur contre la peau du malade. Cette piqûre sans seringue à peine administrée, le patient se relève, un peu groggy, mais visiblement requinqué. Plus impressionnant encore, l'incision de l'abdomen avec un doigt suivie de l'extraction de filaments de chair. Le même doigt referme la plaie. Il n'y a aucune cicatrice.

La guérisseuse Joséphine Simpson[5], autre vedette installée dans la région des Basses-Terres, bientôt promue à une gloire planétaire, fait encore mieux. Elle parodie sans vergogne une scène fameuse entre Yves Montand (le valet Blaze) et Louis De Funès (Don Salluste) dans *La Folie des grandeurs*. L'insupportable Don Salluste mijote dans un bain chaud. Montand-Blaze entreprend de lui nettoyer à fond les oreilles. Il saisit un mouchoir, le fait entrer par une oreille et ressortir par l'autre. Petit va-et-vient énergique. Bruit de gonds mal graissés. Fous rires dans les salles de cinéma.

Dans sa maison transformée en chapelle, Joséphine Simpson ne fait pas autre chose. Elle utilise le même truc que l'accessoiriste du film de Gérard Oury. Elle peut aussi, pour varier les plaisirs, introduire un coton dans la cuisse d'un malade et le faire ressortir quinze centimètres plus haut. Aux premiers journalistes occidentaux dépêchés sur place, elle explique modestement qu'elle « ne peut pas expliquer ce pouvoir. Le succès de l'opération dépend de la volonté de Dieu ». Joséphine peut aussi faire sortir une feuille de tabac du ventre d'un malade. « Le mal s'est matérialisé en végétal[6] », explique-t-elle. D'autres guérisseurs parviennent à extraire un oignon (non épluché), une tumeur, un ganglion. D'autres radiographient leurs patients à l'aide d'un drap.

La presse française et belge commence à rendre compte de ces expériences singulières. Plusieurs hebdomadaires, d'ordinaire peu versés dans le sensationnel, consacrent leur une aux

« magiciens des Philippines ». Les journaux télévisés et les magazines d'information (« L'événement » sur TF1, « Question de temps » sur Antenne 2) envoient leurs limiers à Manille.

C'est à ce moment que les choses se gâtent pour les guérisseurs. Certains journalistes, prudents, se sont renseignés auprès de prestidigitateurs avant leur départ. Ces professionnels de l'illusion leur ont conseillé d'être vigilants. Attention aux diversions, aux objets dissimulés sous les tables, gare aux changements rapides de mains et aux éternuements des comparses qui détournent les regards au moment où on réalise le trucage.

L'un des premiers à apporter la preuve de la supercherie est René Haquin, journaliste médical au quotidien bruxellois *Le Soir*. Parti aux Philippines pour enquêter, il en revient avec un trésor : une pièce de tissu prétendument tachée par le sang d'un malade opéré à mains nues. Analyse dans un laboratoire belge et réponse quelques jours plus tard : le sang examiné est d'origine animale. Il s'agit de sang de lamantin, mammifère marin que l'on trouve dans l'embouchure des fleuves tropicaux et en abondance dans la baie de Manille.

Lorsqu'il découvre dans la presse les exploits de ces guérisseurs à mains nues, Luc Jouret n'est pas surpris. Instinctivement, intellectuellement, il y croit. Quelques mois auparavant, discutant avec Gilbert Leblanc, son patient devenu ami, le Dr Jouret se renseigne sur les us et coutumes de la verte province de Luxembourg où il vient une fois par semaine.

« C'est une région agréable, lui explique Gilbert Leblanc. À deux heures de voiture de Bruxelles, on n'est pas trop touché par le modernisme. Les traditions sont encore bien vivantes. Il y a encore des rebouteux dans la région, docteur.

– Il ne faut pas rire de ça, répond sèchement Luc Jouret. C'est très sérieux. Les rebouteux ont de vrais pouvoirs. »

Le jeune médecin est déjà en quête d'une médecine « globale » qui soignerait l'Homme après l'avoir longuement écouté et compris. Une médecine humaniste et non parcellisée. Une médecine sans spécialistes pontifiants qui défilent d'une chambre de malade à l'autre en ne s'intéressant qu'à des pathologies, à une vessie, à des lombaires ou à un électrocardiogramme. D'expérience, il sait que cette médecine-là est impuissante. Elle dissimule son inhumanité derrière un langage abscons qui exclut le malade. Il se souvient encore de la ronde caquetante des spécialistes autour de son lit lorsqu'il était paralysé par la coxarthrose.

Toute sa vie, Luc Jouret saura jouer avec virtuosité de cette contradiction. Il usera et abusera de son titre de médecin tout en expliquant que le corps médical n'a pas le monopole de la connaissance et que ses confrères allopathes sont des incapables.

Dès les premiers articles de presse, Luc Jouret pressent que ces chirurgiens philippins sans diplôme, sans bistouri, qui ne parviennent pas eux-mêmes à expliquer l'origine de leurs dons, représentent l'avenir de la médecine. Rapidement, il entre en contact avec les réseaux qui organisent, depuis la Belgique, des « charters » pour Manille. Dès le printemps 1976, on se rend aux Philippines comme on va à Lourdes. Quand on n'a plus rien à perdre, quand la médecine vous condamne. Les images diffusées à l'époque montrent des Boeing des Philippines Airlines déversant sur l'aéroport de Manille leur cargaison de désespérés. Des enfants myopathes, des adolescents leucémiques, des aveugles, des adultes que l'on transporte à dos d'homme de l'avion au tarmac puis en chaise roulante.

Selon le Pr Jean Dierkens, médecin psychiatre et psychanalyste, qui rencontre Luc Jouret à cette époque et qui deviendra un ami proche, Luc n'a fait que « suivre ses malades [7] ». Plusieurs patients venant de Namur auraient demandé au bon Dr Jouret de les accompagner dans leur pèlerinage philippin.

Au cours d'un de ses premiers voyages, Luc Jouret accompagne à Manille un garçonnet de 18 mois, Thierry, atteint d'une tumeur. Le Pr Dierkens croit se souvenir que ce bébé condamné par la médecine a été soigné à Manille par imposition des mains et a été soulagé « en une heure ou deux ».

« En allant chez les guérisseurs, précise Jean Dierkens, Jouret avait l'esprit très clair. Sans aucun préjugé. Sur place, il a vu des transformations prodigieuses, en quelques minutes. Il s'est dit : "Je ne sais pas ce qui se passe, mais c'est extraordinaire." »

Au cours de ces premiers voyages au pays des thaumaturges, Jouret ne doute pas de la bonne foi des guérisseurs. La preuve : ils sont parfaitement désintéressés. Pour une opération aussi délicate que l'ablation d'une tumeur au cerveau, les magiciens de Manille se font payer deux ou trois dollars. Malheureusement, cette quasi-gratuité des soins n'aura qu'un temps. Les médias américains, eux aussi, s'intéressent aux miracles philippins. Des malades désespérés mais riches, venus du Texas ou de Californie, se rendent à Manille en avion privé et font flamber les prix. Ils offrent des centaines puis des milliers de dollars à ces modestes surhommes qui vont leur sauver la vie. En quelques mois, plusieurs guérisseurs vedettes deviennent richissimes. Le guérisseur le plus coté, Tony Agpaoa, soigne à prix d'or des patients venus du monde entier dans sa fastueuse demeure de Manille.

« Les guérisseurs ont été pourris par les Américains, juge le Pr Dierkens. Luc s'en est aperçu. Le mercantilisme de certains guérisseurs l'a profondément déçu. Il a aussi été atterré par le comportement de malades qui, se sentant guéris, s'empressaient d'aller explorer les bordels de Manille. Au cours de ses voyages ultérieurs, il s'est éloigné de Manille et des grandes villes. Il partait avec ses malades très loin, à plusieurs journées de voiture, dans de tout petits villages philippins, pas encore contaminés par l'argent. »

Lorsque Marcel Voisin, vieux compagnon de lutte agnostique de Napoléon Jouret, apprend que Luc partage la foi des guérisseurs, il s'étonne. « Luc était un garçon absolument charmant, nuancé. Quand j'ai su qu'il s'était embarqué dans cette histoire de guérisseurs philippins, je me suis dit : si son père apprend ça, lui, le rationaliste pur et dur, il va lui flanquer une de ces fessées ! »

De fait, en Belgique, plus personne ou presque ne peut ignorer les prises de position du beau Dr Jouret en faveur des chirurgiens à mains nues. La presse s'en fait l'écho. La RTBF, télévision belge francophone, consacre même un long reportage à un symposium qui réunit à la fin de 1976, à Bruxelles, la crème des médecins spécialistes appelés à trancher une fois pour toutes la question posée par les miracles de Manille.

Alignés sur une estrade devant une salle comble, une douzaine de mandarins. Moyenne d'âge, 50 ans. Devant chacun d'eux, un carton avec leurs nom et qualité. Au milieu de cet aréopage de professeurs, un jeune homme : Luc Jouret, 29 ans. Il porte une cravate sans fantaisie, une chemise claire, un costume sage de notable bruxellois. Il a les cheveux ondulés prolongés de rouflaquettes et un visage d'ange. Devant ses confrères, il défend seul la cause des guérisseurs philippins. Le Dr Collard, radiologue, ouvre les hostilités : « J'ai radiographié un malade revenant de Manille. Sa tumeur au cerveau a continué à grossir. »

Un autre ponte, le Pr Newissen, brandit un examen de laboratoire : « On a pu prouver que les tissus prélevés sur les personnes opérées étaient en fait d'origine animale. »

Un intervenant, un seul, adoptera une position médiane sans accabler Jouret : le Pr Dierkens, encore lui. « Tout ce débat a commencé de manière beaucoup trop passionnelle », déclare-t-il la tribune, jouant en quelque sorte le rôle de modérateur.

C'est alors au tour de Luc Jouret de s'exprimer. Calmement, d'une voix claire, il plaide. « Le problème est de savoir le pourquoi des améliorations constatées et j'émets une hypothèse personnelle : je crois que le pouvoir de ces gens réside dans leur force magnétique parce que j'ai assisté à des phénomènes là-bas – j'ai moi-même suivi des expériences, grâce à leur aide – qui sont réellement extraordinaires.[8] »

Le Dr Jouret prétend avoir assisté à plus de cent cinquante opérations sans anesthésie. C'est sans doute vrai. Il a probablement vu ou cru voir cela. Mais lorsque les preuves de la supercherie s'accumuleront, il modifiera sa ligne de défense. À son ami Gilbert Leblanc qui s'étonne de le voir épouser cette cause étrange, Luc Jouret fera cet aveu : « Il y a des manipulations, c'est sûr. Mais il se passe quand même quelque chose. »

« Jouret croyait au pouvoir des rebouteux, précise le Pr Dierkens. En Belgique ou en France, ils extraient des grenouilles ou des cailloux du corps des gens. Ils extraient ces choses-là parce qu'elles correspondent à notre imaginaire occidental. Parce que les gens veulent ça. Jouret avait compris que les guérisseurs philippins agissaient exactement comme les rebouteux d'ici. Ils ont un vrai pouvoir, un magnétisme bien réel auquel ils ajoutent un élément théâtral. Du sang, un kyste ou un lambeau de chair. Sur le fond, Luc ne parlait pas de guérisons mais de soulagements des douleurs. Il me disait : " Je l'ai vu, mais je ne sais pas l'expliquer. " »

L'Ordre des médecins de Belgique, lui, n'a rien vu de tout cela. Les apparitions de l'histrion Jouret à la télévision et à la une des journaux agacent les hiérarques de l'Ordre, connu, par ailleurs, pour son conservatisme et son opacité. Le conseil provincial de l'Ordre des médecins du Brabant sévit : le Dr Jouret est officiellement blâmé. La sanction suivante étant la suspension provisoire. « Cette expérience philippine l'a laissé doublement déçu, explique Jean Dierkens. Le comportement des malades et des guérisseurs l'a instruit sur la nature humaine. C'est pour cela qu'il a voulu trouver autre chose, ailleurs. »

Douze ans plus tard, en 1989, Luc Jouret évoquera cet épisode des guérisseurs dans un livre, *Médecine et Conscience*, le seul qu'il ait jamais publié. Il fera de ces événements une relecture plutôt positive. « En 1977, aux Philippines, après avoir accepté sans a priori de côtoyer les fameux guérisseurs " à mains nues ", j'ai pu aborder, au cours d'expériences vécues à leur côté, " l'inexplicable " comme composante à part entière de certaines manifestations particulières des forces vitales. Jaloux de mon intégrité scientifique, en butte aux sarcasmes et malgré les tentatives qui n'ont pas enrayé ma démarche, je découvris une perception complémentaire de l'identité humaine et de la nature (...) Bien qu'analphabètes pour la plupart, ces guérisseurs me permirent à travers leurs pratiques et leurs explications (pauvrement étayées il est vrai, du moins d'un strict point de vue médical) de percevoir une autre dimension que celle du corps physique (...) J'avais osé " franchir un pas dans l'interprétation des phénomènes inexpliqués, après avoir accepté ce qui, d'ordinaire, est largement refusé, voire trop facilement dénigré, non sans a priori, par la raison ". [9] »

L'épisode des guérisseurs marque une seconde rupture dans l'univers de Luc Jouret. Un nouveau dérapage vers l'irrationnel. La coxarthrose avait convaincu le jeune homme de 19 ans que la médecine « moderne » était inopérante. Le pouvoir des magnétiseurs philippins prouve au médecin de 30 ans que soigner est un don, pas un métier.

Luc Jouret poursuit ce que son frère Bernard appelle « son parcours romantique de jeune homme orgueilleux ».

Il continue de recevoir sa clientèle dans son cabinet bruxellois mais rêve d'autre chose. En fait, il est toujours en quête du Graal médical. Il multiplie les expériences, les voyages. Il interroge tous ceux qu'il croit dépositaires d'un pouvoir de guérison. Il lit des traités de yoga, des thèses sur la phytothérapie, et tout ce qui se publie en matière d'homéopathie.

Toujours convaincant, toujours charmeur, toujours assoiffé d'inédit, il parvient à se faire admettre au départ d'une expédition dans la cordillère des Andes. Ses compétences médicales, sa forme physique et son expérience d'alpiniste lui permettent de partir pour le Pérou. Il restera cependant toujours évasif sur son expérience sud-américaine. Les curriculum vitae qu'il distribuera pendant ses conférences évoqueront sobrement son expérience de « médecin de haute montagne dans les Andes ».

Cette parenthèse andine pèse peu, dans son souvenir, au regard de ses voyages en Inde. Il s'y rendra à deux reprises au moins. Luc Jouret va s'immerger dans un monde qui le marquera à jamais. Aujourd'hui, ses proches et en particulier sa mère Fernande, qui vit toujours dans la région de Dour, s'accordent à dire que l'aventure indienne a métamorphosé le Dr Jouret.

De Bénarès à Calcutta, Luc Jouret découvre ce qu'il cherche depuis toujours. Huit cents millions de vies irradiées par la foi. Le dénuement comme source de vérité. Le panthéon hindou et ses trente-trois millions de divinités. L'hindouisme comme un mode de vie. Le feu. Les torches. La crémation. Le rituel de la mort. La beauté des femmes. L'abolition des frontières entre monothéisme et polythéisme. La nourriture. L'encens. Pendant le reste de sa vie, tous les lieux où il habitera, de la Belgique au Canada, seront imprégnés de cette odeur pénétrante d'encens. Il transportera toujours avec lui suffisamment de bâtonnets pour ne pas être en rupture de stock.

S'il est séduit, envoûté par l'Inde, c'est qu'à ses yeux rien dans ce pays n'est tout à fait profane. Après des années de recherches, de tâtonnements, il sent qu'il frôle la vérité : l'Homme global, immergé dans une vie sociale et une vie spirituelle indissociables. L'homéopathie, telle qu'elle se pratique en Inde, rassemble toutes ces vertus.

C'est au cours de son premier voyage qu'il rencontre Krishna Macharia. Ce maître à penser est un érudit, homéopathe, expert en écritures sacrées. En sanskrit ou en langage brahmanique, on l'appellerait gourou. « Ce qui a séduit Luc chez cet homme, c'est sa pureté, résume Jean Dierkens. La vie de Krishna Macharia était conforme à ses idées. Il n'avait aucun meuble, dormait sur une natte à même le sol. »

Mais par-dessus tout, Krishna Macharia réconcilie enfin science et conscience. Ses actes thérapeutiques sont dictés par l'observation du malade, la connaissance encyclopédique des substances homéopathiques et de leur dilution. Avec un instinct, un don, une inspiration qui résistent à toute analyse rationnelle.

Luc Jouret est conquis. Dès lors, et jusqu'à la fin, il se réclamera de cet héritage hindou et du parrainage de Krishna Macharia. Il parviendra même, avec le Pr Dierkens, à faire venir le maître hindou en Belgique à plusieurs reprises. Le sage-homéopathe-théologien donnera des conférences dans les universités belges. À chaque fois grâce au tandem Dierkens-Jouret.

Entre deux séjours d'apprentissage en Inde, Jouret retrouve Bruxelles en semaine et les remplacements à Neufchâteau les samedi et dimanche. Des grippes, du cholestérol, des rougeoles. Des pathologies d'Occidentaux repus.

Lorsqu'il retourne en Inde, quelques mois plus tard, Luc est accompagné. Il veut faire partager son expérience à la jeune femme dont il est amoureux. Elle s'appelle Marie-Christine Pertué. Elle a 26 ans. Son visage ne retient guère l'attention. Cheveux châtains, la voix mal assurée. Elle est timide, pas vraiment belle (« franchement quelconque » témoigneront les admirateurs de Jouret, qui trouvent sa compagne « insuffisante »).

Marie-Christine (que Luc et leurs proches appelleront toujours Christine) est en admiration devant son compagnon. Elle n'ignore pas qu'avant de le connaître il a multiplié les aventures, sans avoir à forcer son talent de « belgian lover », tant son charme est ravageur.

Mais elle sait que ce qui les unit est d'une autre nature.

Christine est née au Mans en 1952. Elle a grandi dans la Sarthe, dans une famille bourgeoise. Passionnée de freudisme et de psychanalyse, elle s'orientera insensiblement vers la sophrologie. Comme Luc, elle s'intéresse à l'harmonie des corps et des âmes. Les propos que lui tient son futur mari ne lui semblent donc pas exotiques. Leurs centres d'intérêt sont communs. Le voyage en Inde va les rapprocher plus encore.

Luc refait avec Christine une partie du chemin initiatique parcouru seul quelques mois plus tôt. Agra, Bénarès, Jodhpur. Chaque pas est marqué par la présence de Krishna Macharia. Luc fait partager à sa compagne son enthousiasme, ses découvertes. Il y parvient sans mal. Christine, elle aussi, succombe. Comme Luc, elle est bouleversée par la cérémonie d'offrande à la lumière, l'arati, au coucher du soleil. Fascinée par les récits de pèlerinage, notamment la Kumbha Melâ qui, tous les douze ans, attire des millions d'Indiens dans la ville d'Allahabad. En 1977, l'année précédant la visite de Luc et Christine, la cérémonie avait attiré dix-huit millions de personnes.

Pour les Hindous, mourir à Allahabad est une grâce et une délivrance. Cela permet de rompre le cycle des renaissances. Des milliers de croyants au seuil de la mort convergent vers Allahabad (la ville de Dieu) pour y pousser leur dernier soupir. Dans le soulagement et la félicité. Dans son livre *Médecine et Conscience*, Luc Jouret, nourri du souvenir d'Allahabad, évoquera ce rendez-vous avec la mort joyeuse et fustigera les Occidentaux cartésiens « prisonniers du concept absurde du trépas [10] ».

D'un commun accord, Christine et Luc décident de sceller leur union en Inde. Ils se marient religieusement selon le rite hindou, en présence de Krishna Macharia. Une cérémonie qui marquera à tout jamais les deux jeunes gens. Luc montrera souvent ses photos de mariage à ses amis. Des années plus tard, quand ils seront séparés puis divorcés, Christine restera toujours auprès de Luc. Elle le suivra dans sa dérive sectaire. Jusqu'à la fin. Dans son esprit, il importait peu que la vie les ait séparés puisqu'ils s'étaient un jour mariés selon un rite ineffaçable.

Ceux qui croisent Luc Jouret à son retour d'Inde ont vraiment conscience de côtoyer un « type formidable », résume Jean Dierkens. « Le Jouret de ces années-là était incomparable. Brillant, compétent, enthousiaste, faisant ce qu'il disait. Je l'ai vu parcourir plus de cent kilomètres pour aller aider une femme qui se mourait, sans faire payer d'honoraires, ça va de soi. Il était dévoué, consciencieux, honnête. C'était un idéaliste en renoncement total de lui-même. »

Aucun des témoins de cette époque rencontrés en Belgique n'infirme ce jugement. Le Dr Jouret est un praticien remarquable. Son diagnostic est sûr, son écoute exceptionnelle, son dévouement incontestable. Napoléon Jouret vivait son métier d'enseignant comme un sacerdoce, son fils Luc, lui aussi, se donne corps et âme à ses patients.

En mai 1978, l'histoire chaotique du royaume de Belgique rattrape Luc Jouret.

L'ancien Congo belge, décolonisé dans le sang en 1960, est de nouveau en voie d'implosion. Le général-président Mobutu ne contrôle plus les événements. En février 1978, une tentative de putsch est déjouée à Kinshasa. Le président, célèbre pour ses tenues léopard et ses comptes en Suisse, a réussi à rétablir la situation d'extrême justesse. L'économie est à la dérive, la corruption mériterait d'être inscrite dans la Constitution tant sa pratique est généralisée. Le mobutisme (corps de doctrine du bien-aimé président, fondé sur le retour aux valeurs et aux traditions africaines) n'est qu'une farce tragique. La Belgique et la France, protecteurs naturels du Zaïre, le savent mais se gardent bien d'y remédier.

Le pays potentiellement le plus riche d'Afrique inquiète sérieusement son ancien tuteur colonial. Cette inquiétude n'est en fait qu'une charité bien ordonnée. L'immense Zaïre est à l'époque une succursale des grandes entreprises belges. La Société générale de Belgique est, de très loin, le premier groupe financier du Zaïre. La Gécamines, qui contrôle l'exploitation des immenses richesses minières du pays, n'est zaïroise qu'en apparence. Les capitaux, le pouvoir de décision, les cadres dirigeants viennent de Bruxelles. La Belgique investit chaque année plus de un milliard de dollars au Zaïre. Vingt-cinq mille ressortissants belges vivent en permanence dans l'ancienne colonie. Dix-huit ans après l'indépendance, l'ex-Congo belge reste une chasse jalousement gardée par ses anciens maîtres. La France et son président « africanophile » Giscard d'Estaing veillent. Ils attendent qu'une défaillance ou une faute d'inattention des Belges leur ouvre un peu plus grand les portes de ce coffre-fort qu'est le Zaïre.

Le sous-sol de l'ancien Congo belge, et en particulier celui du Shaba (ex-Katanga), est un don du ciel. Troisième exportateur mondial de cuivre, premier producteur mondial de cobalt et de diamants industriels. Au Shaba, où que l'on creuse, on trouve du zinc, du platine, de l'or, du cadmium, de l'uranium (qui servit aux Américains pour élaborer leur première bombe atomique).

Le 13 mai 1978, à l'aube, lorsqu'un bataillon de « gendarmes katangais » (qui ne sont plus ni gendarmes ni katangais depuis longtemps) s'empare en un quart d'heure de l'aérodrome de Kolwezi puis du centre-ville, les chancelleries prennent peur. Encadrés par des conseillers cubains, cette troupe vient tout simplement de prendre le contrôle, via quelques points névralgiques, de la région la plus riche d'Afrique.

Kolwezi n'a d'intérêt que stratégique. C'est une ville jardin post-coloniale, à 1 200 mètres d'altitude, étalée sur des kilomètres. Ses cent mille habitants ne parlent et ne vivent que de la mine. Aux postes de commande, deux mille sept cents Européens. Ingénieurs, cadres, techniciens, coopérants et leurs familles logés dans de superbes villas ombragées. Blancs et Noirs vivent dans des mondes à part tout en se côtoyant. Au restaurant, l'Européen dépense en un repas deux fois le salaire mensuel du serveur zaïrois.

Les choses n'ont pas beaucoup changé depuis le départ de Napoléon Jouret et de sa famille du Congo, en 1955.

Les rebelles « katangais », nouveaux maîtres de la ville, appartiennent au Front de libération national du Congo. Leur raid, préparé de longue date, porte un nom de code : opération « Colombe ».

Ils veulent prendre le contrôle des fabuleuses richesses du Shaba (70 % des ressources du Zaïre), précipiter la chute de Mobutu et éloigner à tout jamais les Européens de cette région. Le chef de cette troupe de trois mille hommes s'appelle Nathanaël M'Bumba. Il fut officier dans l'armée régulière et a su prendre conseil auprès des Cubains sur la meilleure manière d'agir. Il a compris qu'il fallait frapper lorsque les parrains européens sont au repos. À Paris et à Bruxelles, ce samedi 13 mai marque le début du long week-end de la Pentecôte. Les décideurs, les ministres, les présidents et les rois jardinent dans leurs maisons de campagne. Le timing est parfait.

Pourtant, dans les deux capitales, on a vite pressenti le danger. Cette fois, il ne s'agit pas de l'incursion d'une bande armée venue de Zambie, pour rafler des fusils rouillés et quelques caisses d'alcool. À Bruxelles, le Premier ministre Léo Tindemans réunit un conseil extraordinaire (le premier d'une longue série) pour mettre au point la riposte. À Paris, le président Giscard d'Estaing et le ministre des Affaires étrangères Louis de Guiringaud, épaulés par les inévitables cellules et officines africaines de coopération et de renseignement, tentent aussi de prendre la mesure des événements.

L'intervention est jugée indispensable et urgente.

Sur le terrain, il est clair que les Européens jouent le rôle d'otages. On compte à Kolwezi et alentour environ 2 700 Blancs dont 1 700 Belges, 400 Français, 75 Américains et 25 Britanniques, plus une poignée de Grecs et d'Italiens. Très tôt, les rumeurs de massacre se propagent de Kolwezi à Paris et à Bruxelles, via Kinshasa.

L'opinion publique belge, dans une large majorité, se sent encore proche, sentimentalement et économiquement, de l'ancien Congo. Les sujets du roi Baudoin ne semblent pas hostiles à une intervention. Dans ce cas, il faudra faire appel à des conscrits. Et rappeler des sursitaires possédant une qualification particulière.

Luc Jouret a eu le choix comme les autres jeunes Belges. Il aurait pu opter pour un service civil. « Lui préférait faire de l'exercice », résume Jean Dierkens. En choisissant les commandos parachutistes, il pouvait assouvir ses envies de crapahutage. Les risques d'aller à la guerre sont assez minimes. La Belgique n'attend pas d'invasion prochaine et n'envisage pas d'annexer ses voisins dans l'immédiat. En mai 1978, Luc a 30 ans révolus. Mais il est médecin, sportif, initié au parachutisme. Il est donc rappelé et fait partie de ceux qui auront l'honneur de sauter sur Kolwezi.

Aujourd'hui encore, on peut s'interroger sur cet épisode guerrier. Comment le citoyen Luc Jouret, ludion politique assez peu discret, promenant ses yeux de braise des groupuscules Mao aux cercles de soutien à Che Guerava, a-t-il pu être malgré tout sélectionné pour cette mission délicate au Zaïre ? Dès cette époque, il était déjà, semble-t-il, fiché par les services de renseignement belges. Son périple en Chine et ses accointances avec les milieux communisants, au moins jusqu'à la fin des années 70, avaient laissé quelques traces. De plus, cette intervention armée ouvertement néocoloniale ne semblait pas répondre aux choix intimes de Luc Jouret. À ses anciens copains de faculté qui s'étonnent de son nouveau rôle de baroudeur à la Bigeard, Luc Jouret répond qu'il infiltre l'armée et que cela ne peut être que bénéfique pour la cause qu'il continue de défendre, en dépit des apparences.

« La veille de son départ pour l'Afrique, Luc a passé la soirée à la maison. On a dîné tous ensemble, on était plutôt inquiets pour lui », se souvient Bernard Jouret.

Un compagnon d'armes, qui restera très proche de Luc Jouret jusqu'aux derniers jours de sa vie, raconte qu'une des premières tâches dévolue au para-commando Jouret fut de vacciner les soldats contre la fièvre jaune. Première incartade. L'officier de santé Luc Jouret proteste contre cette décision, expliquant qu'il ne sert à rien de vacciner des troupes la veille du départ puisque le vaccin n'est efficace qu'après plusieurs jours.

Le sauvetage des Européens de Kolwezi est en principe une opération humanitaire conjointe franco-belge. En fait, les deux voisins, alliés supposés, ne sont d'accord sur rien. Chacun soupçonne l'autre (ce qui, avec le recul, ne manque pas de pertinence) de vouloir agrandir sa part du gâteau zaïrois. Autre divergence : les Français s'accommodent fort bien du dictateur Mobutu cousu d'or à la tête d'un pays en ruine alors que les Belges se débarrasseraient volontiers de Mobutu Sese Seko pour reconstruire sans lui une « néocolonie » mieux gérée et plus prospère, avec à sa tête un autre dirigeant.

Le 19 mai au soir, Valéry Giscard d'Estaing, annonce gravement à la télévision que les paras français ont sauté sur Kolwezi. Fureur à Bruxelles. « La France nous a roulé dans la farine. Les paras de VGE nous ont pris de vitesse. On a été une nouvelle fois floués par les Français. » Les ministres belges ne décolèrent pas. Les Français ont osé.

Osé rompre un *gentleman agreement* qui portait sur la simultanéité des deux interventions. En fait, Giscard a joué au poker menteur.

Ce vendredi 19 mai, à 15 h 40, quatre cents parachutistes du 2ᵉ REP basés à Calvi, en Corse, ont sauté à la jonction de l'ancienne et de la nouvelle ville de Kolwezi. Leur chef, le colonel Philippe Erulin, décrit cette scène surréaliste : « Il y avait un silence total. On aurait dit un décor de théâtre fantôme. Le vide et l'immobilité absolus.[11] » En fait, les Européens sont terrés chez eux ou déjà morts. Les paras repèrent rapidement les premiers cadavres.

Pendant ce temps, les soldats belges attendent, loin de Kolwezi, en vue d'une opération qui, pensent-ils, sera coordonnée avec les Français.

Le corps expéditionnaire belge est prêt depuis longtemps. Le jeudi 18 mai à l'aube, Luc Jouret et mille sept cent cinquante autres paras ont décollé de la base militaire de Melsbroek à bord de cinq Hercule C130 et de deux Boeing 727 de la compagnie nationale belge Sabena, réquisitionnés pour l'occasion.

Le gouvernement belge n'a pas lésiné. Il a décidé d'envoyer au Zaïre des parachutistes, des fantassins, un bataillon de protection des aéroports, des infirmiers, des jeeps armées de mitrailleuses et même des chars légers de type Scorpio. Officiellement, Luc Jouret et ses compagnons ont pour seule mission de reprendre le contrôle de l'aérodrome de Kolwezi pour pouvoir assurer le rapatriement des ressortissants européens. Pas plus.

Les troupes belges mettent un temps infini pour rallier le Zaïre. Croyant avoir tout leur temps, les avions font escale à Madère, à Libreville au Gabon, et enfin à Kamina, une ancienne base coloniale belge à deux cents kilomètres au nord de Kolwezi. Quand les paras belges arrivent enfin à Kolwezi, le samedi 20 mai au matin, ils se retrouvent tels les carabiniers dans l'opéra d'Offenbach.

Tout s'est joué sans eux. Ils arrivent après la bataille, qui fut effroyable.

Les routes d'accès à l'aéroport sont jonchées de cadavres dépecés par les chiens. Quelques heures après leur arrivée, les paras français ont trouvé un premier charnier. Quarante-quatre corps gisant dans une rue. Tous ont été fusillés.

Luc Jouret et ses compagnons ont été affectés au quartier de l'aéroport. Ils y découvrent des enfants égorgés, des cadavres décapités, des ruisseaux de sang. Une barbarie qu'il n'oubliera jamais. « À son retour, il m'a dit qu'il avait vécu des moments terribles, il m'a parlé des agonisants au bord des routes. Il a beaucoup opéré, beaucoup recousu », raconte Bernard Jouret.

En réalité, bien avant l'arrivée des soldats français et belges, les rebelles qui contrôlent Kolwezi ont perdu tout contrôle d'eux-mêmes. Ils ont pillé les maisons des Européens et vidé les stocks d'alcool à l'arrière des cafés. Ils ont bu des litres de whisky et de Simba, la bière locale. Les massacres, les viols et les décapitations ont alors commencé.

Les Européens qui depuis plusieurs jours échappent à la traque des rebelles sont cachés sous les planchers, derrière les bibliothèques, dans les faux plafonds. Ils n'osent plus se déplacer pour boire ou manger. Les hommes de Nathanaël M'Bumba en ont piégé quelques dizaines en hurlant depuis la rue, en français : « Vous pouvez sortir, nous sommes l'armée française, nous venons pour vous sauver », avant de les abattre sur-le-champ.

Depuis, les Blancs ne répondent plus à ces appels. Les soldats belges devront s'égosiller en flamand pour convaincre les familles blanches terrées chez elles qu'ils sont bien leurs sauveurs et qu'il ne s'agit pas d'un nouveau traquenard.

Après un tel spectacle, les compagnons de Luc Jouret deviennent comme fous. Ils perdent tout repère, veulent venger les victimes éventrées. Ils ne pensent qu'à « casser du nègre ». « Luc devait calmer ses camarades, il était effrayé par leur comportement, se souvient Jean Dierkens. Au contact de ces horreurs, la troupe avait contracté une sorte de fièvre d'accoutumance à la poudre, une fièvre punitive. Luc a été atterré de voir certains de ses copains se laisser aller à cet esprit de vengeance. Il a vu des soldats tirer sur n'importe quoi, n'importe qui. »

Luc Jouret fait son travail de médecin. Il soigne les blessures de ses camarades, tout en discutant avec eux. S'agissant des civils, il est souvent trop tard. Les blessures infligées sont trop anciennes et trop profondes. Le problème est plutôt de trouver le temps d'enterrer les morts.

Dix ans plus tard, dans son livre *Médecine et Conscience*, Luc Jouret ne consacrera que quelques lignes à ces jours d'enfer passés à Kolwezi. Sur un mode élégiaque, à la manière du Roland Dorgelès des *Croix de bois*, il évoquera cette violence aveugle. « Médecin militaire, le langage du soldat qui, sur un champ de bataille, ne comprend plus l'incohérence de notre violence m'atteignit dans sa poignante vérité.[12] »

Le 22 mai, deux jours à peine après leur largage sur place, les troupes belges s'apprêtent à repartir. Elles tiennent solidement l'aérodrome et l'hôpital de Kolwezi. Avant leur départ, elles effectuent une ultime tournée dans les rues de la ville en lançant des appels aux éventuels Européens encore cachés.

Les paras belges, les premiers à quitter les lieux (les Français ne partiront que le 28 mai), passent le relais à quatre cents soldats zaïrois. Les Français feront de même en confiant leurs positions à des soldats marocains, obligeamment envoyés par Hassan II. Il n'y a plus rien à craindre. Les troupes rebelles se sont repliées en Angola, via la Zambie.

Quand Luc Jouret et ses compagnons quittent le Shaba, ils connaissent à peu près le bilan de l'opération, communiqué par leurs supérieurs : sept cents civils massacrés, dont six cents Africains et une centaine d'Européens.

De la Golden Way à l'OTS,
un chemin vers la mort
1977-1993

Jusqu'en 1977, Jo Di Mambro a du mal à faire fructifier ses talents de guérisseur. Il végète à Annemasse, un chef-lieu de canton assoupi, près de la frontière suisse. Il monnaie pauvrement ses séances de rebouteux et parcourt les rives du lac Léman au volant d'une Renault 4 cacochyme. Pour tenter d'élargir sa clientèle, il rôde autour des quelques groupuscules ésotériques de Haute-Savoie, de Genève et du canton de Vaud. Il démarche les cercles macrobiotiques, les écoles de yoga, passe et repasse devant les boutiques de produits naturels à la recherche de gogos esseulés.

Il devient membre d'une communauté alternative, Le Cocolet, qui n'attire malheureusement guère les foules. Le métier de guérisseur est vraiment ingrat. À cette époque, Di Mambro déclare des revenus si modestes qu'il n'est pas assujetti à l'impôt sur le revenu.

Jo traverse une période difficile aussi dans sa vie privée. Incapable de résister aux charmes féminins, il se permet quelques infidélités conjugales, délaisse sa deuxième femme, Hélène, épousée en 1966, avant de divorcer officiellement, pour la seconde fois.

À force d'écumer les fonds de vallées alpines à la recherche d'une clientèle, Di Mambro parvient à s'attirer la bienveillance d'une femme professeur de yoga près de Genève. Nicole Koymans a 50 ans. Elle a créé une école de yoga par passion et n'en tire aucun profit. Elle a suffisamment d'argent. Elle a épousé un certain Jean Koymans, ancien associé du flamboyant milliardaire Zino Davidoff, fabricant de cigares mondialement connu.

Jean Koymans dirige alors un magasin de luxe sur une

prestigieuse artère de Genève. Le couple vit dans une demeure patricienne à l'écart de la ville. Les Koymans sont à l'abri du besoin pour plusieurs générations.

Nicole Koymans, passionnée d'ésotérisme, est troublée puis séduite par Di Mambro. Elle est convaincue qu'il possède des dons et fait part de cette rencontre à une amie, Renée Pfaehler, férue d'astrologie. Pendant près de quarante ans, jusqu'à sa retraite en 1974, Renée Pfaehler fut institutrice. Sur le tard, à l'âge de 63 ans, en 1977, elle renoue avec l'enseignement de curieuse manière. Elle utilise ses talents de pédagogue pour initier ses clients au rêve éveillé. Dans son appartement de Genève, elle a installé un indispensable divan et pratique des psychanalyses sauvages. Elle tente de développer chez ses patients la mémoire « antérograde ». Elle leur fait revivre leur vie antérieure pour les libérer du poids de l'existence. Comme sa très chère amie Nicole Koymans avec laquelle elle vivra en couple quelques mois plus tard, Renée Pfaehler n'est pas mue par l'esprit de lucre. L'argent ne l'intéresse pas. À sa manière, c'est une « pure ».

Les deux femmes se rencontrent de plus en plus souvent. Elles parlent de réincarnation, de spiritisme et adoptent rapidement ce Di Mambro qui, à leurs yeux, est « habité ». Di Mambro, si passionné, si désintéressé, vivant chichement mais dont la vie intérieure semble si riche. Jo a immédiatement vu le parti qu'il pourrait tirer de ces deux femmes assoiffées d'absolu. En posant quelques questions innocentes, il a évalué l'état de la fortune de Nicole Koymans. L'affaire lui semble belle. Rapidement, à force de mensonges et de fanfaronnades, Di Mambro s'impose aux deux femmes. Puisqu'elles croient aux êtres réincarnés, Jo leur annonce tout de go qu'il est un être réincarné chargé d'une mission de rédemption. Flagorneur et rassurant à la fois, Di Mambro parvient à se faire aduler de Nicole et Renée.

Autour du trio désormais inséparable, viennent s'agréger d'autres personnes en quête d'au-delà. Parmi elles, Odile Dancet, une comptable savoyarde de 30 ans, adepte du rêve éveillé. Elle accepte de prêter son appartement pour des réunions dont la vedette est Jo Di Mambro. Bientôt, ce sont les voisins de palier d'Odile Dancet, Sabine et Christian Péchot, qui rejoignent le groupe.

Di Mambro a alors une idée lumineuse. Au lieu de se réunir à intervalle régulier, pourquoi ne pas habiter ensemble, un même lieu, afin de vivre jour et nuit cette expérience commune ? Bien sûr, Jo étant impécunieux, il ne propose pas d'acheter une maison à son nom, mais le projet mûrit dans les esprits.

Jo, ragaillardi depuis qu'il a endossé ce rôle de chef de groupe, continue de fréquenter toujours aussi assidûment les cercles occultes et cabalistiques. C'est au cours d'une de ces réunions qu'il rencontre la femme de sa vie. Joselyne Duplessis est une Lyonnaise de 28 ans, belle, élancée, les cheveux châtains, mais d'un abord plutôt glacé. Jo a 55 ans, il est déjà replet, toujours bavard et désespérément chauve. Ils sont faits pour s'entendre. Ils se plaisent. Ils s'aiment et se marient le 19 mars 1977.

Joselyne explique à son mari qu'elle ne peut avoir d'enfants. Jo, déjà père de quatre enfants, n'en conçoit pas de frustration.

Les témoins de l'époque remarquent ce couple étrange, très uni. « Jo et Joselyne s'entendaient très bien, se souvient Jean-Philippe Göbbels qui les rencontre un an après leur mariage. Il existait une incroyable connivence entre eux. Ils devaient tout savoir l'un de l'autre. Ce qui étonnait, en revanche, c'était l'absence totale de tendresse entre eux. Ils ne se prenaient jamais la main, ne s'embrassaient jamais, en tout cas en public. Très rapidement, Joselyne, en tant qu'épouse du " boss ", a été dépositaire d'une partie du pouvoir et de la connaissance. Elle avait de la classe. Elle était très froide avec les membres de la communauté, elle restait distante avec nous.[1] »

Joselyne restera jusqu'à sa mort une épouse dévouée. Elle écrira fréquemment les prêches de son mari, les tapera à la machine, lui épargnera les soucis d'intendance et le protégera. Trompée, trahie, humiliée par Jo au cours de leurs dix-sept ans de vie commune, elle acceptera tout. Elle contemplera sans protester l'incessant ballet des maîtresses. Elle verra naître et grandir Emmanuelle, l'enfant que Jo aura en 1982 avec une autre femme, Dominique Bellaton. Elle acceptera même de s'occuper de cet enfant né d'un autre lit.

Le couple Di Mambro est indestructible. Aucun coup de canif ou de sabre ne peut déchirer le contrat qui unit Jo à Joselyne. Telles ces femmes de chef d'État qui pardonnent toutes les incartades de leur mari, Joselyne a compris qu'en convolant avec Jo elle a épousé une cause qui la dépasse et qui vaut tous les sacrifices.

En 1977, tout semble sourire au jeune marié Di Mambro. Il parade au bras d'une femme de vingt-cinq ans sa cadette et son rêve de communauté est bientôt exaucé. Nicole Koymans,

Renée Pfaehler, Odile Dancet et le couple Péchot* ont en effet accepté de casser leur tirelire pour acheter, à crédit, une maison de trois étages, à Collonges-sous-Salève, à moins d'un kilomètre de la frontière suisse. Jo, qui se pique aussi d'être expert en égyptologie, ne laisse à personne d'autre le soin de baptiser le lieu. Ce sera « La Pyramide ».

La petite communauté prend donc ses quartiers dans l'euphorie. Jo et Joselyne Di Mambro se sont réservés le haut de la maison. Le couple Péchot et Odile Dancet se partagent les étages moins nobles.

Les premiers mois de fonctionnement de « La Pyramide » illustrent déjà ce que sera la vie de la Golden Way puis de l'Ordre du Temple solaire. D'abord, il y a Jo. Impérial, infaillible, flanqué de Joselyne qui rappelle sans cesse à chacun combien il est important de respecter son mari qui n'est pas un simple mortel. Puis il y a les deux vestales, Renée Pfaehler et Nicole Koymans (qui ne dorment pas encore dans la communauté mais y passent le plus clair de leur temps). Elles renseignent discrètement Jo sur les faits et gestes des adeptes, relèvent les manquements à la discipline, prennent bonne note des écarts de conduite. Constamment informé, Jo peut ainsi paraître omniscient. Il sait tout, à tout moment, des détails les plus intimes de la vie des membres de ce phalanstère. Renée et Nicole, qui poursuivent leurs activités professionnelles, servent aussi de rabatteurs. Tout ce que la région compte d'âmes en peine, d'amateurs de chiromancie et d'adeptes du yoga « interpellés au niveau du vécu » converge vers elles. Avec discernement, elles filtrent alors les candidats qu'elles jugent les plus aptes à rejoindre la communauté. En dernier ressort, c'est naturellement Jo qui tranche.

Ses critères de choix sont simples. Il n'en changera jamais. Il recherche des intellectuels, des diplômés, des artistes reconnus (pour le prestige), de riches héritiers (pour leur compte en banque) ou, à défaut, des hommes et des femmes qui acceptent de travailler sans relâche (pour entretenir la maison, cultiver le jardin biologique, curer les toilettes et faire la vaisselle).

Peu à peu, les amis, les relations, les patients des uns et des autres se retrouvent dans la maison de Collonges-sous-Salève. À l'extérieur de la communauté, Renée Pfaehler et Nicole Koymans

---

* Christian Péchot rencontrera plus tard Jean-Léon Paulus qui lui fera découvrir « La Source » à Warnach, en Belgique, et lui fera rencontrer Luc Jouret (voir *supra* chap. 3). En octobre 1994, Christian Péchot et sa femme Christine sont assassinés à Cheiry.

ne manquent jamais une occasion de vanter les mérites de Jo Di Mambro. Elles expliquent combien cet homme est extraordinaire. Elles insistent sur ses dons de médium et sur sa capacité à dialoguer avec l'au-delà. Certains visiteurs ne restent qu'une soirée. D'autres, séduits par cette vie communautaire apparemment empreinte de foi et de partage, deviennent assidus. Quelques-uns, conquis par le bagou du maître des lieux, y resteront jusqu'à la fin de leurs jours.

Un soir de 1977, Renée Pfaehler arrive à Collonges accompagnée d'une talentueuse artiste lyrique, passionnée de futurologie, qui semble intéressée par la vie à « La Pyramide ». Jo exulte. Ainsi donc, pense-t-il, sa PME sectaire peut être attrayante même pour des artistes renommés. La belle et brune cantatrice Evelyne B. * a chanté Ravel, Debussy et Verdi au palais Garnier et à la salle Favart. Di Mambro, qui joua du violon dans sa jeunesse, adore l'opéra. Il voue une sincère admiration aux musiciens professionnels. Apercevant cette femme, membre de la jet-set, il mesure sa chance. Il pense, grâce à Evelyne B., pouvoir entrer en contact avec d'autres artistes qui donneraient à « La Pyramide » un label de sérieux et de crédibilité.

Au cours de la même année 1977, peu de temps après l'arrivée de cette recrue de choix, Di Mambro voit venir à lui un autre artiste, Michel Tabachnik. Le chef d'orchestre, alors âgé de 35 ans, se présente au bras de sa femme Christine, une habituée des cercles mystiques qui a rencontré Joselyne Di Mambro à un cours de yoga. Il avoue à Di Mambro sa passion pour l'ésotérisme. Di Mambro frétille d'aise. Il accueille le couple à bras ouverts. Quelques heures de discussion suffisent pour que naisse entre les deux hommes une amitié indéfectible que rien, jusqu'aux dernières heures, n'altérera.

Michel Tabachnik est subjugué par Di Mambro. Jo, lui, sent qu'il a ferré un poisson de choix.

Il juge très vite le chef d'orchestre. Tabachnik est un homme brillant, intelligent, sûr de lui. Un homme pressé, toujours entre deux concerts, qui fait comprendre à ses interlocuteurs que le temps qu'il leur consacre est un privilège qui se mérite.

Dans sa longue carrière d'escroc, Di Mambro a souvent croisé ce genre de personnage. Il sait merveilleusement les flatter. Il sait qu'il ne va pas révéler à Michel Tabachnik qu'il fait partie

---

* Evelyne B. restera sept ans dans la communauté. D'abord à « La Pyramide », puis à la Golden Way et enfin dans l'OTS. Elle quittera ensuite la secte et poursuivra sa carrière professionnelle.

de l'élite. Pour le séduire, Jo le flagorne, cajole son ego et, argument ultime, lui explique qu'il est indispensable à la survie de la communauté, que sa présence donne une dimension spirituelle incomparable à ce projet communautaire. Jo invoque le destin salvateur qui leur a permis de se rencontrer. Tabachnik tombe dans le piège.

Matériellement, Michel Tabachnik et sa femme ne peuvent pas s'installer dans la maison de Collonges-sous-Salève, trop petite pour accueillir de nouveaux adeptes. « La Pyramide » doit songer à déménager.

Jo voudrait en profiter pour bâtir une fraternité plus solide, composée d'adeptes habitant sous un même toit et vivant à l'écart des soubresauts du monde. Il soumet son projet à son ami Michel Tabachnik. Le gourou du Gard et le chef genevois sont devenus intimes. Jo assiste aux concerts de Michel qui, lui, demande sans cesse conseil à Jo. En gage de sa totale confiance, Di Mambro propose à Tabachnik d'adhérer à l'Amorc puis à l'ORT. Le chef d'orchestre fréquentera ces discrets cénacles pendant plusieurs mois. Puis Jo lui explique qu'il envisage de créer lui-même une fondation qui mêlerait ésotérisme, art, science et médecine. Plutôt que de diriger lui-même cette fondation, Di Mambro propose à Tabachnik d'en devenir le président. Le chef d'orchestre est enthousiasmé. Passionné depuis toujours par la philosophie et l'ésotérisme, Michel Tabachnik n'est pas homme à refuser les honneurs. Il accepte donc la proposition de Di Mambro.

Entre-temps, Jo a trouvé la demeure idéale pour accueillir la fondation à venir. Il a eu le coup de foudre pour une superbe bâtisse entourée d'un parc et de terres arables, à Saconnex-d'Arve, aux portes de Genève. Ce domaine ayant appartenu à l'ordre de Malte n'a qu'un défaut : son prix, bien supérieur aux moyens de la communauté. L'argent manque et Jo rêve secrètement de marbre et de sanctuaires drapés de velours.

Des adeptes proposent de vendre leurs biens, mais chacun sait que cela ne suffira pas. Il faudrait trouver un acquéreur pour « La Pyramide ». Hélas, cette maison n'est pas encore entièrement payée. Le hasard faisant bien les choses, « La Pyramide » est opportunément détruite par un incendie alors que tous les membres de la communauté sont sortis en ville.

La compagnie d'assurances, un peu suspicieuse, interroge

longuement Jo Di Mambro sur les circonstances du sinistre. Faute d'éléments probants, la compagnie accepte de rembourser la maison détruite au terme d'une enquête qui n'a pu conclure à un incendie criminel. L'argent de la prime d'assurance permet l'achat de la superbe demeure de Saconnex-d'Arve. Jo Di Mambro, après vingt ans d'effort, peut savourer les progrès accomplis. Il est le maître incontesté d'une communauté d'une vingtaine d'hommes et de femmes entièrement à sa dévotion. Il habite une résidence princière sans avoir eu à dépenser le moindre franc suisse.

Jo juge que l'heure est venue de changer le nom de la communauté. « La Pyramide » a vécu. Jo, qui ne parle pas un mot d'anglais, pense néanmoins que Fondation Golden Way conviendrait parfaitement. Le mot fondation met en confiance. Les naïfs croiront avoir affaire à une œuvre sans but lucratif. Jo aime aussi beaucoup Golden Way. Cet anglicisme gouleyant a le charme sélect des cartes de crédit distribuées aux cadres dynamiques sous l'étiquette « Gold », pour bien souligner leur appartenance à un club de privilégiés. Fondation Golden Way est à la fois inoffensif, prometteur et élitiste. Jo est ravi de sa trouvaille. Ses fidèles, qui n'ont déjà plus les moyens de le contredire, approuvent en opinant du chef.

Jo insiste pour qu'on entreprenne des travaux afin de rendre la demeure encore plus majestueuse. « Il faut que ça ait de la gueule », ne cesse-t-il de répéter en ce début d'année 1979, au milieu des adeptes qui s'affairent marteau à la main pour embellir les lieux. Jo a compris que cette maison devait être irréprochable aux yeux des visiteurs. Elle doit en imposer sans effrayer. Tous les détails ont leur importance. « Jo avait fait installer des lumières diffuses qui renforçaient le mystère des lieux, se souvient une ancienne pensionnaire de la Golden Way. Quand on franchissait la porte, on se sentait soudain petit, humble. Cette maison avait une âme. »

Les couples s'installent. Christian et Sabine Péchot reconstruisent leur atelier de poterie, après avoir perdu le précédant dans l'incendie de « La Pyramide ». Michel et Christine Tabachnik emménagent dans un superbe loft sous les toits. La cantatrice Evelyne B. occupe un appartement de célibataire à un étage inférieur. Jo et Joselyne Di Mambro se sont bourgeoisement installés dans de vastes pièces lumineuses entièrement refaites à neuf.

Jo n'oublie pas l'indispensable sanctuaire, dans la maison même, pour que les adeptes puissent se recueillir.

« Dès mon installation à la Golden Way, je découvrai la spiritualité, se souvient Michel Tabachnik ému. Di Mambro a trouvé en moi quelqu'un de très sensible, très près des émotions, des sentiments, une sorte de transcendance. Il m'a invité à des séances de méditation, très proches, à ce qu'on m'a dit, de celles de l'Amorc. Quatre personnes sont derrière un pupitre et récitent des textes, les autres sont assises en cercle. Les textes ressemblaient à la genèse d'inspiration cosmique. Nous portions des capes blanches, mais il n'y avait rien de templier, c'était plutôt rose-croix. [2] »

En 1979, un jeune homme, Thierry Huguenin, participe pour la première fois aux réunions de la Golden Way. Prothésiste dentaire, en proie à de graves problèmes familiaux, ce Genevois de 28 ans est en quête de spiritualité. Il consulte régulièrement Renée Pfaehler qui lui fait découvrir le rêve éveillé. Après plusieurs mois de préparation psychologique, sa vie bascule. Renée Pfaehler lui annonce qu'elle va le présenter à un initié, un sage, un Maître. Elle l'emmène dans la banlieue de Genève et le fait pénétrer dans la demeure de Saconnex-d'Arve. D'emblée, il est frappé par la majesté du lieu, les vitraux, les tentures et les quelques traces laissées par les chevaliers de Malte : deux petites chapelles et une croix en cuivre. Thierry Huguenin est autorisé à rencontrer le maître Jo Di Mambro. Il tombe sous le charme.

Vêtu d'un blouson de cuir noir, la chemise ouverte sur la poitrine, Jo ne correspond pas au prototype du séducteur, ni d'ailleurs à celui d'un initié, mais il révèle à Thierry des choses extraordinaires. Il lui apprend ce que furent ses vies antérieures, quel personnage important il fut dans l'Antiquité égyptienne ou chez les Incas. Il en dit juste assez pour que le jeune homme ait envie de revenir pour connaître la suite de sa vie.

Quelques semaines plus tard, Jo organise un séminaire. Thierry, invité pour la première fois, est stupéfait. Tous les participants portent une cape blanche, appelée talare. Ils sont placés en cercle autour de Jo, qui est le seul à arborer une croix rouge sur sa cape. « Au cours de cette cérémonie, raconte Thierry, des flashes crépitent dans la pièce qui est en fait un sanctuaire. Nous avons entendu des sons extraordinaires, un être surnaturel nous est apparu... Je sais aujourd'hui qu'il s'agissait d'une mise en scène. À l'époque, ces phénomènes ont eu pour effet de me plonger, moi et les autres, dans un état de dépendance, comme une drogue. [3] »

Ce soir-là, Thierry Huguenin découvre qu'il est capable de voir l'invisible. Il ressort du sanctuaire ébranlé.

Jo, manipulateur hors pair, l'a pris à part pour lui intimer l'ordre de ne rien divulguer de ce qu'il vient de vivre : « Les maîtres de l'invisible te surveillent », menace-t-il. Ce soir-là, Thierry Huguenin découvre aussi la peur. Elle ne le quittera plus pendant quinze ans. Une peur cultivée chez tous les membres du groupe auxquels il est rappelé sans cesse que prononcer le nom de Di Mambro à l'extérieur de la fondation peut avoir des conséquences dramatiques. Jo est un « missionnaire de l'astral », et les simples mortels, les non-initiés qui ne connaissent pas l'étendue de ses pouvoirs ne doivent pas être informés de l'existence de cet homme d'exception en mission sur terre.

Jouret-Di Mambro, la rencontre

À la fin du mois de mai 1978, Luc Jouret retourne à la vie civile. Sa courte et sanglante expérience militaire l'a profondément marqué. Il retrouve son cabinet médical près de l'université, à Bruxelles, les patients qui viennent consulter, de plus en plus nombreux, et Christine qui, pour l'instant, parvient à le réconforter après le traumatisme de l'opération Kolwezi. Bien sûr, Christine est fragile. Elle mange peu, elle est angoissée. Elle voudrait ouvrir un cabinet de sophrologie pour soulager les malaises psychiques des autres mais a bien du mal à trouver son propre équilibre. Comme Luc, elle est en quête d'harmonie. Elle recherche, en toute chose, la grâce.

Au couple Leblanc qui vient régulièrement le consulter, le Dr Jouret annonce enfin qu'il a rencontré quelqu'un et que, cette fois, c'est sérieux. « Il nous a présenté son amie Christine qui allait devenir sa femme *, se souvient Gilbert Leblanc. Quelques semaines plus tard, il nous a appelés de Bruxelles pour nous dire qu'il était très pris mais que Christine allait venir dans les Ardennes pour essayer de trouver une maison à louer. »

Depuis qu'il assure les remplacements hebdomadaires à Neufchâteau, Luc est tombé amoureux de cette région. Christine et lui sont décidés à quitter Bruxelles. Ils voudraient trouver une maison suffisamment vaste pour y installer le cabinet médical de Luc et le cabinet de sophrologie de Christine, tout en habitant dans la même bâtisse. Ils rêvent d'une maison au calme mais pas

---

* Le « mariage » religieux célébré en Inde en présence de Krishna Macharia n'a aucune valeur juridique en Belgique. Luc et Christine ne se marieront officiellement que deux ans plus tard, le 21 juillet 1980.

trop éloignée de Neufchâteau où Luc s'est déjà constitué une clientèle.

Après plusieurs jours de recherches infructueuses, Christine arrive dans le village de Léglise, à huit kilomètres de Neufchâteau. Elle arpente la rue principale, aperçoit quelques commerces et entre dans l'unique boucherie-charcuterie du village en quête de renseignements. Michel Simon, le patron, et sa femme Micheline sont en train de fabriquer leurs chipolatas maison. Christine leur explique qu'elle n'est pas cliente mais qu'elle cherche une maison à louer, pas trop chère.

Les Simon viennent justement de restaurer entièrement un charmant moulin, à l'écart du village. Christine demande à le visiter. Coup de foudre immédiat. Un portail, un vieux marronnier, une grande pelouse, des massifs de fleurs, une petite rivière et l'ancien moulin, retapé avec amour par Michel Simon.

« Vous avez fixé un loyer ? s'inquiète Christine.

– Heu, non, vous me prenez un peu de court. Disons... 18 000 francs *.

– Ça me semble raisonnable, je vais en parler à mon mari et je vous rappelle. Mais je pense qu'il va adorer. »

Luc a adoré. Le bail est signé le 9 février 1981. L'endroit est idéal. À cinq cents mètres du village, dans un calme absolu. Une deuxième porte, à l'arrière de la maison, permettra aux futurs patients de Luc d'accéder au cabinet sans entrer par la partie privée. Luc installe son cabinet au premier étage, dans une vaste pièce qui s'ouvre par une baie vitrée avec vue sur jardin. À l'opposé, de l'autre côté de la maison, une autre pièce, à peine moins vaste, pourrait accueillir le cabinet de sophrologie de Christine. Le reste de la maison (plus de 220 mètres carrés) servira de logement au couple.

Au-dessus de la porte principale, face au marronnier, une petite chambre que les Jouret vont rapidement calfeutrer et transformer en chapelle. L'encens y brûlera presque en permanence.

Luc se remet au travail dans cette maison où il se sent si bien. Une grande partie de sa clientèle de Neufchâteau vient le consulter à Léglise, bien que la maison soit particulièrement difficile à trouver. Des patients que Luc Jouret traitait à Bruxelles n'hésiteront pas à parcourir cent quatre-vingts kilomètres pour suivre leur docteur bien-aimé. À ceux qui n'ont pas le sens de l'orientation, Luc Jouret adresse toujours le même conseil au télé-

* 3 000 francs français.

phone : « C'est très simple, je vous assure. Vous prenez l'auto-route A4 direction Namur, vous continuez direction Neufchâteau. Vous dépassez Neufchâteau et vous sortez au panneau Léglise. Une fois dans le village, ne vous compliquez pas la vie. Arrêtez-vous devant la boucherie, demandez au patron. Il vous indiquera. » Pendant de longs mois, Michel Simon et sa femme verront défiler devant leur boucherie des patients venus de Liège, de Charleroi, et de Bruxelles, bien sûr.

Les couples Jouret et Simon deviennent amis. Ils se tutoient. « On les a invités à venir souper, rappelle Michel Simon. On s'est tout de suite bien entendu. Surtout avec Luc, parce que Christine, on ne se retournait vraiment pas sur elle. Une fille très banale. Pas faite pour lui.[4] »

Ce que le boucher de Léglise apprécie chez son locataire, c'est son amabilité, sa gentillesse, sa modestie apparente et sa capacité à mettre les gens à l'aise, malgré ses diplômes. Luc n'est pas du genre « Bruxellois qui sait tout et qui vient éduquer les masses paysannes », se souvient un voisin du village.

Michel Simon sent, dès les premières secondes, que le nouveau médecin du village est un passionné, totalement désintéressé. « L'argent ne compte pas, lui dit Jouret, je fais payer les consultations parce qu'il faut bien que je paie ton sacré loyer ! » « Un jour, rapporte Michel Simon, j'envoie à Luc un de mes clients de la boucherie. Un très vieux monsieur du village qui perdait un peu la tête. Le lendemain, Luc passe me voir et m'explique qu'évidemment il n'a pas fait payer le vieillard. J'éclate de rire et je lui dis qu'il s'est fait blouser, que le vieux est en fait le type le plus riche du village ! »

Dans son cabinet flambant neuf de Léglise, le Dr Jouret fait le plein. Il ne se déplace jamais chez ses malades mais on vient se faire soigner par homéopathie de toute la Belgique dans ce village perdu.

Le Dr Jouret n'abandonne pas pour autant ses anciens malades. Un jour, il reçoit Gilbert Leblanc qu'il soigne depuis l'époque de ses premiers remplacements à Neufchâteau, quatre ans auparavant. Gilbert Leblanc souffre encore du dos. Ses douleurs se sont aggravées depuis qu'il a eu un accident de voiture en 1977. En l'absence de Jouret, un autre médecin lui a prescrit des piqûres de cortisone. Il présente l'ampoule à son ami Jouret qui en découvre le contenu. Colère terrible de Jouret qui jette l'ampoule à la poubelle.

« Plus jamais ça, ordonne Jouret, je ne veux plus vous voir

vous balader avec de la cortisone. Vous allez voir un chiroprac-
teur et ça ira beaucoup mieux. »

Quelques mois passent. Le malheureux Gilbert Leblanc est
paralysé sur son lit. « J'ai appelé le Dr Jouret. Il a hurlé au téléphone : " Maintenant, ça suffit, vous suivez mes conseils ou alors
c'est la chaise roulante ! " »

Rétabli, Gilbert Leblanc lui sera à jamais reconnaissant.

Le Dr Jouret sait motiver ses patients. Il est très exigeant
avec eux mais se démène quinze heures par jour sans s'économi-
ser lui-même.

À Léglise, Luc Jouret rencontre le pharmacien du village et
s'en fait un ami. Francis Demasy a presque le même âge que lui.
En 1979, il s'est installé dans une pharmacie exiguë, un peu en
retrait de la rue principale. Dans cette région d'élevage, il vend
presque autant de médicaments vétérinaires que de remèdes pour
humains. C'est aussi vers lui que convergent les patients de Jouret
munis de leur ordonnance de médicaments homéopathiques.
Dans cette bourgade de 400 habitants, presque tous agriculteurs,
l'homéopathie semble une invention d'intellectuels venus de la
ville. En quelques mois, par sa seule force de conviction, le nouveau médecin du village parviendra à convertir les paysans arden-
nais à l'homéopathie uniciste.

Lorsqu'il s'accorde un jour de relâche, Luc Jouret prend sa
bicyclette et va rejoindre Francis, le pharmacien. Ensemble, ils
partent pour de longues balades. Les routes plates sont rares mais
les paysages autour de Léglise sont superbes. Des sapins, des
prairies, des chevaux, des champs de blé. « Une fois, au mois de
juin, on se baladait à vélo avec Luc, se souvient Francis Demasy.
Soudain, à la sortie d'un virage, on aperçoit un champ et, dans le
champ, deux vieux d'une soixantaine d'années qui rentrent les
foins. Il faisait chaud. Ils avaient vraiment l'air d'en baver. Luc
me dit : " On va les aider, sinon ils en ont pour la nuit. " Ça m'a
tellement surpris que j'ai dit oui. On a laissé les vélos, on a
retroussé nos manches et on a aidé ces gens qu'on ne connaissait
absolument pas à rentrer les bottes de foin. Jouret, à cette époque,
c'était ça.[5] »

Le citadin Jouret n'est pas le seul à apprécier le calme et
l'harmonie de cette région des Ardennes belges. Dans la mou-
vance de Mai 68, de nombreux jeunes, Français frontaliers et
Belges, ont tenté le retour à la terre dans cette province qui ne
compte que dix-neuf habitants au kilomètre carré, dix-sept fois
moins que partout ailleurs en Belgique.

Dans les années 70, les Ardennes furent aux Wallons ce que l'Ardèche fut aux Parisiens. Un havre, une autre planète, peuplée de 2 CV, de naturopathes et de fromages au lait entier.

Jean-Léon Paulus est de cette planète-là. Il est né à Florenville, à un kilomètre de la frontière française, non loin de Sedan. À 20 ans, il s'est marié, a eu un enfant avant de divorcer. Faute de diplôme, il travaille comme étalagiste chez un maître tailleur, François Kesseler, installé à Athus, à portée d'arquebuse de Longwy, mais du côté belge de la frontière.

Jean-Léon n'est pas insensible au charme de Josiane, la fille du patron. Ils sortent ensemble, ils se marient, ils quittent Athus la déprimante pour s'installer à Liège. Jean-Léon est un garçon doux, abondamment barbu, artiste peintre à ses heures et particulièrement doué pour le bricolage. Le genre d'amateur capable de remonter pierre par pierre le phare d'Alexandrie en moins d'une semaine...

Josiane a six ans de moins que lui. Elle est née en 1951. Elle a suivi une formation d'ergothérapeute. Elle est très douce, souriante, un peu exaltée. Dès leur mariage, en 1974, Jean-Léon et Josiane veulent partir vivre autrement. Jean-Léon connaît bien la région de Léglise. Florenville, sa ville natale, n'en est qu'à trente kilomètres.

Non loin de Léglise, dans le minuscule village de Warnach, près de la frontière luxembourgeoise, ils trouvent leur Éden. Une ruine. Un corps de ferme inhabité depuis 1945. Tout est à reconstruire, les murs, les charpentes, le toit. Enfin une tâche à la mesure de Jean-Léon. En attendant que la maison soit habitable, le couple s'installe dans une caravane. Quelques mois plus tard, sans aide, la ferme a retrouvé son toit en ardoise, ses murs blancs, son petit escalier de bois qui mène au premier étage. Josiane voudrait ajouter des fleurs aux fenêtres.

Le couple se rend chez un pépiniériste de la région. Le propriétaire et sa femme qui font tout eux-mêmes (arrosage, comptabilité, vente, etc.) s'appellent Jean-Philippe et Nathalie Göbbels. Eux aussi tentent le retour à la terre. Entre deux pots d'azalées et une barquette de géraniums, les couples Paulus et Göbbels se rendent compte qu'ils ont de nombreux points communs. Ils aiment la nature, se moquent de l'argent, méprisent l'idée même d'ascension sociale, refusent d'avoir un patron et ne veulent plus entendre parler de Liège ou de Bruxelles. « On est devenus intimes très rapidement, explique aujourd'hui Jean-Philippe Göbbels. Le soir où ils sont venus acheter les plantes, on est allés boire une tisane chez eux, à Warnach. On a vu qu'ils avaient beaucoup travaillé dans la maison. Ils l'avaient restaurée et cherchaient à la faire revivre. Ils organisaient des expositions de tableaux. Il y avait aux murs des toiles de Jean-Léon, très belles, et des peintures d'artistes de la région. On a discuté. On s'est aperçu qu'on était tous les quatre motivés par la même chose : la qualité de la vie, l'ouverture aux autres, l'amour tout simplement. [1] »

Jean-Léon et Josiane Paulus voudraient faire connaître le village de Warnach. Ils aimeraient faire partager leur expérience de vie. Ils proposent aux Göbbels de fonder une communauté, qu'ils appelleraient « La Source ». La source, parce que ce serait une source de vie, d'idées, de mouvement. « Ce nom et le concept même de communauté, c'était vraiment le fruit d'une époque, sourit Jean-Philippe Göbbels, presque vingt ans plus tard. C'était simple : on était heureux de ce qu'on vivait et on voulait le faire partager. On n'a jamais habité sous le même toit. C'était chacun chez soi, mais on partageait beaucoup de choses. On cultivait les légumes bio ensemble, on parlait de la vie, de la foi. On avançait dans la même direction. C'est sans doute la période la plus heureuse, la plus harmonieuse de notre vie. Je parle de " La Source " avant l'arrivée des Suisses évidemment. Parce que après, c'était plus pareil. »

L'arrivée des « Suisses » à Warnach aura des conséquences incalculables puisque c'est à cette occasion que Joseph Di Mambro va rencontrer Luc Jouret. Les survivants de cette rencontre sont très peu nombreux. Nathalie et Jean-Philippe Göbbels en font partie.

À la fin des années 70, Jean-Léon Paulus n'est pas à la recherche d'un emploi stable mais il a tout de même besoin de gagner un peu d'argent pour améliorer l'ordinaire et organiser les expositions de peinture qui affament un homme plutôt qu'elles ne le nourrissent. Les travaux de rénovation ont été entièrement effectués par Jean-Léon mais les matériaux ont coûté cher et le couple gagne modestement sa vie. Josiane, grâce à son diplôme d'ergothérapeute, a trouvé un poste de directrice d'un institut pour handicapés à Arlon, à vingt-cinq kilomètres de Warnach.

Jean-Léon cherche un boulot d'étalagiste. Il sait transformer une devanture, mettre en valeur des batteries de casseroles, des robes d'été ou des jouets au moment de Noël. Mais cette compétence-là n'est pas très recherchée dans une région vouée à l'élevage des vaches laitières et à la culture des céréales. Jean-Léon a entendu dire que peut-être, du côté de Genève, il serait possible de trouver un emploi saisonnier. Il se résout à quitter Josiane, quelques semaines, pour aller prospecter en Suisse. Il trouve immédiatement un travail dans un grand magasin de la ville. Il y gagne plutôt bien sa vie. Ses employeurs ont repéré son goût très sûr et sa rapidité d'exécution. C'est en travaillant à la décoration du magasin qu'il fait la connaissance de Christian Péchot, venu installer des poteries au même endroit. Péchot est français, né dans le Maine-et-Loire. Son parcours ressemble un peu à celui de Jean-Léon. Piètre élève, par ailleurs très doué pour les disciplines artistiques. Entre deux petits boulots, il se livre à ses passions : la poterie et la poésie. Les deux hommes ont le même âge, à un mois près. Le même refus des conventions et du confort bourgeois, une même soif de vérité et de connaissances. Ils s'entendent bien, parlent de leurs poètes préférés.

Jean-Léon explique à Christian qu'il vit en communauté dans un petit coin de paradis dans les Ardennes belges, qu'il y est bien et qu'il serait heureux de le recevoir sans façon pour un week-end de détente. Christian explique à Jean-Léon qu'il vit aussi dans un petit coin de paradis, près d'Annemasse, avec sa femme Sabine, dans un immeuble où l'on parle plus d'ésotérisme que de charges locatives. Les Péchot ont en effet pour voisine Odile Dancet, comptable de son état, passionnée de sciences occultes. Elle accueille chez elle des réunions de réflexion, de spiritisme, où se manifestent les dons hors du commun d'un certain Joseph Di Mambro. Autour de ce quinquagénaire grassouillet, qui se dit guérisseur, gravite déjà une cour dévouée.

Quand Jean-Léon débarque un soir dans cet immeuble à l'invitation de Christian Péchot, il rencontre en fait sans le savoir ceux qui constitueront le noyau dur de ce qui deviendra bientôt « La Pyramide », puis la fondation Golden Way et enfin l'Ordre du Temple solaire.

Quelques semaines plus tard, Christian Péchot accède au paradis à plein temps. Il vient d'emménager avec sa femme dans une grande maison près de Genève, baptisée « La Pyramide ». Cette demeure est gérée selon le mode communautaire. Ils partagent les frais avec d'autres personnes que son copain Jean-Léon connaît bien maintenant. Jo Di Mambro et sa femme Joselyne, ainsi que l'ancienne voisine de palier des Péchot, Odile Dancet. Dans le jardin de cette maison début de siècle à Collonges-sous-Salève, les membres de la communauté cultivent des légumes biologiques. Convié à « La Pyramide », Jean-Léon est très impressionné. La modestie et l'harmonie des lieux, la gentillesse des occupants de la maison, l'aura et l'autorité naturelle du médium Di Mambro le marqueront à jamais.

Quand il revient en Belgique auprès de sa femme Josiane, Jean-Léon lui parle aussitôt de ce qu'il a vu en Suisse. Il la saoule de noms et du récit d'expériences extraordinaires. Il veut lui faire partager son enthousiasme. Il lui avoue avoir participé à des prières, certes ferventes mais pas très catholiques. Il a découvert là-bas le rôle vibratoire de la pensée. Les habitants de « La Pyramide » se recueillent et méditent enveloppés dans des capes pour mieux s'isoler du monde extérieur. Ainsi ils arrivent à faire le vide, à additionner leurs pensées positives et à rééquilibrer toutes les pensées négatives répandues de par le monde.

Jean-Léon prononce avec admiration devant sa femme des noms qu'elle ne connaît pas encore. Di Mambro, le maître, Renée Pfaehler, la vieille femme sage qui enseigne le rêve éveillé, Nicole Koymans, remarquable professeur de yoga. Josiane écoute et avoue qu'ainsi décrite cette communauté suisse a l'air passionnante.

De leur côté, les membres de « La Pyramide », Di Mambro en tête, n'ont pas oublié ce que leur visiteur belge leur a dit à propos de son paradis des Ardennes belges. Une grande maison tranquille, une communauté pleine d'initiatives, ouverte à l'ésotérisme. C'est toujours bon à savoir. Di Mambro serait ravi d'avoir en Belgique des adeptes ou, mieux, d'ouvrir à Warnach, ce village si paisible, une succursale de « La Pyramide ».

À Warnach, la petite communauté naissante composée des couples Paulus et Göbbels est bien acceptée par les villageois, ravis de voir arriver dans ce village oublié de tous un peu de sang neuf.

Par le plus grand des hasards, d'autres jeunes gens énergiques ont aussi choisi Warnach pour fonder une communauté. Leur leader s'appelle Philippe Moline. Il a alors 27 ans et connaît bien la région pour y être né. Il sort du séminaire et de longues études de théologie suivies à Louvain, au cœur de la Belgique catholique. « On voulait fonder une communauté chrétienne, explique aujourd'hui l'abbé Moline, qui vit toujours à Warnach. Avec deux autres futurs prêtres, on voulait créer un endroit où se mêleraient vie spirituelle et action. La contemplation ne nous suffisait pas. Dans l'esprit, on se sentait plus proche de la communauté de Taizé, en France, que d'un monastère fermé sur lui-même. On a acheté une vieille maison qu'on a commencé à retaper à grand-peine. On a baptisé l'endroit " Les Frênes * ". À deux cents mètres de là, il y avait la mini-communauté des Paulus et des Göbbels, qui étaient aussi des néo-ruraux.[6] »

Le catholique Philippe Moline et les écolos de « La Source » vont tout de suite sympathiser. Ils se tutoient, s'entraident, échangent des conseils de bricoleurs. À « La Source », Josiane Paulus donne des cours de yoga. Le futur abbé Moline (il ne sera ordonné qu'en 1981) est du genre moderne, très loin de Rome et de ses préceptes qu'il juge franchement archaïques. Sans état d'âme, il va donc apprendre les finesses du yoga chez les Paulus. En retour, le dimanche, les Paulus vont à la messe. L'église du village est à cinq mètres de leur maison. Sans route à traverser.

« On parlait souvent de Dieu, du sens de la vie, et puis on partageait le même goût de la nature qui est si belle ici, poursuit l'abbé Moline. À "La Source", j'ai suivi des cours de cuisine végétarienne, on est sortis ensemble pour des promenades de découverte des champignons. Moi-même, j'ai donné des conférences sur les plantes médicinales, l'une de mes passions. Je savais que chez eux il y avait des prières d'un genre particulier. Ils avaient aménagé un petit débarras pour en faire un lieu de recueillement. Ils priaient autour d'une bougie. En tant que futur curé, vous pensez bien que je n'étais pas convié à ces cérémonies. Évidemment, poursuit l'abbé Moline, pourtant large d'esprit, je trouvais ça un peu bizarre. Mais les gens du village n'en savaient rien. Pour eux, " La Source " était une petite bande d'écolos plutôt sympas et très bien intégrés. »

Lorsque, plusieurs fois par an, « La Source » organise des expositions de peinture, les gens du cru se réjouissent de voir des têtes nouvelles dans le village. Les expositions ont lieu dans la grange rénovée par Jean-Léon. Le reste du temps, la communauté vit paisiblement entre les séances de yoga, la fabrication du pain au levain et l'entretien du jardin garanti sans engrais chimiques. La communauté s'élargit avec l'arrivée d'un troisième couple, les Barthélémy.

Le calme des lieux va être rapidement troublé par les visites de plus en plus rapprochées des Suisses. Tous les mois, quelquefois tous les quinze jours, Jo Di Mambro et son fan-club débarquent à Warnach.

« En venant ici, Di Mambro et les siens ont apporté avec eux leurs cérémonies, leurs rites et leurs discours d'apocalypse,

---

* Aujourd'hui encore, cette communauté très active accueille des chrétiens venus de toute la Belgique pour se ressourcer quelques jours.

se souvient Jean-Philippe Göbbels. C'est sous leur influence qu'on a commencé à prier avec des capes et à multiplier les séances de méditation. Jusqu'à trois par jour : 9 heures, 12 heures, 21 heures. Ça durait cinq minutes à chaque fois, autour d'une table, dans le silence total. Tous les jours. Seul ou à plusieurs selon les disponibilités des uns et des autres. On appelait ça les " unités ". Il s'agissait de compenser les pensées négatives émises par l'humanité en se concentrant sur des pensées positives. On pensait que, dans le monde entier, des gens comme nous faisaient la même chose à la même heure, pour essayer d'améliorer le sort de l'humanité. Bien sûr, pour que ça marche, il fallait faire le vide en nous. Et Jean-Léon Paulus, influencé par ce qu'il avait vu en Suisse à " La Pyramide ", a suggéré qu'on serait encore plus concentrés si on avait des capes. »

Josiane demande alors à son père, maître tailleur, de les confectionner. Nous avons retrouvé ces capes dans le grenier de l'abbé Moline, qui les a gardées en dépôt quand les Paulus ont quitté Warnach, en 1980. Il s'en sert de temps à autre pour des soirées théâtrales. Elles sont intactes. M. Kesseler les avait cousues solidement. Elles sont taillées dans une épaisse laine marron, sans doute récupérée des couvertures de l'armée belge. Aucun dessin, aucun insigne. Ni poches ni manches, mais une ample capuche qui dissimule entièrement le visage quand elle est rabattue.

L'empreinte de Di Mambro se fait de plus en plus sentir, jusqu'aux moindres détails. Ainsi, à « La Source » comme en Suisse, on baigne de plus en plus souvent dans la musique, le tube quasi permanent étant *L'Apocalypse des animaux*, de Vangelis.

Le comportement de Jean-Léon devient parfois étrange, comme s'il était sous influence. « Je me suis rendu compte qu'il était de plus en plus obsédé par la pureté des gens et des choses, rappelle l'abbé Moline. Il commençait à s'imposer des règles de vie curieuses. Un soir de Noël, après la messe, on s'est réuni pour manger une bûche et boire un verre. C'est alors que Jean-Léon me dit : " Philippe, j'aimerais qu'on ne boive pas de boisson alcoolisée ici. " Quelques mois plus tard, ajoute Philippe Moline, Josiane et Jean-Léon sont partis en voyage en Égypte avec Di Mambro et sa clique. Je ne sais pas ce qui s'est passé là-bas mais, quand ils sont revenus, ils étaient métamorphosés. Ils s'étaient radicalisés. Ils avaient une vision globalisante, totalitaire des choses. Ils m'ont dit qu'ils cherchaient LA

VOIE. Et puis ils ont commencé à attaquer les positions de l'Église catholique, alors qu'ils savaient pertinemment que je n'étais pas précisément un curé réactionnaire à la solde du Vatican et de l'archevêché. Ils m'ont un peu agressé, me disant que les cathos n'avaient pas de message chrétien cohérent par rapport à la nature. C'est à cette époque que j'ai flairé la secte. Moi qui étais révolté contre la rigidité du dogme dans l'Église catholique, je n'allais pas accepter sans réagir ce discours venu d'ailleurs, d'une rigidité totale. »

Un autre témoin de cette époque a constaté cette dérive. Philippe Kesseler est le frère cadet de Josiane. À l'époque il est âgé de 18 ans, n'est pas débordé par ses études et passe le plus clair de son temps à « La Source ». « C'était plutôt soixante-huitard, sans chichi. On menait une vie très sympa quand les Suisses n'étaient pas là. Quand ils annonçaient leur arrivée, c'était le branle-bas de combat. Il fallait tout préparer. C'était nettement moins décontracté. Di Mambro était dictatorial. Il faisait bien sentir que lorsqu'on avait la chance inouïe de le rencontrer, on était prié de ressentir quelque chose. Moi, je me suis dit : C'est qui ce rigolo avec ses discours ? Ce type qui vient chez nous et qui veut tout chambouler. Un type qui vous regarde et vous dit tout à trac : " Toi, tu as la foi ! Je vois ton aura. " Il fallait gober ça au premier degré. Moi, à l'époque, j'étais très jeune, pas effrayé et plutôt second degré. J'ai jamais vraiment marché là-dedans. [7] »

Quand les Suisses sont là, les corvées reviennent. Il faut recommencer à éplucher entièrement les radis parce qu'ils ont poussé dans le sol et sont donc impurs. Il faut mettre de l'eau de Javel dans la salade pour éradiquer les mauvaises vibrations de la laitue poussée en pleine terre.

Le tout premier contact avec Jo Di Mambro est décisif. Ceux qui reconnaissent en lui, dès l'abord, un être d'exception le suivront, pour la plupart, jusqu'à la mort, quinze ans plus tard. Ceux qui se pincent pour ne pas rire en voyant arriver M. Jo décrocheront rapidement de ce qui n'est encore qu'une secte en gestation.

Lorsque Jean-Philippe Göbbels voit Jo Di Mambro pour la première fois, c'est le choc. « J'ai vu ce gars qui devait faire 1,63 mètre à peine, avec ses lunettes fumées de souteneur marseillais, ses bagouses, sa chaîne en or autour du cou, sa moumoute qui se remarquait à des kilomètres. On me le présente comme un maître... Il était ridicule. Dès qu'il se sentait embarqué dans une discussion qu'il ne maîtrisait pas, il nous assenait sa phrase fétiche avec sa voix de fausset et son accent du Midi : " Arrête ta machine à conneries ! " Cette phrase-là, je l'ai entendue cent fois. Jo, c'était un beauf, mais très, très malin. Malgré son inculture crasse, il avait un côté génial, une capacité à exploiter les crédules, à brosser dans le sens du poil. Un flagorneur très habile. Il vous valorisait. À ses côtés, on avait le sentiment de faire partie d'une élite. À mon avis, il n'avait aucun don de médium. Il le savait. Il n'a jamais dû croire une seule seconde à ses propres capacités à communiquer avec l'au-delà. »

À « La Source », les Göbbels montrent quelque réticence à suivre les préceptes de Di Mambro. Le couple Paulus, lui, se rend de temps à autre en Suisse auprès du maître. Ils en reviennnent à chaque fois avec de nouvelles idées de rites, de nouvelles contraintes quotidiennes qu'il faut respecter si on veut vraiment être pur.

En décembre 1977, pour la première fois, Nathalie et Jean-Philippe Göbbels acceptent d'aller en Suisse. La petite troupe s'entasse à cinq dans la vieille 304 Peugeot diesel des Göbbels. À bord on retrouve les Paulus, qui servent de guides, Philippe Kesseler, le frère de Josiane, et les Göbbels. Direction : Saconnex-d'Arve, près de Genève, où Di Mambro et ses fidèles viennent d'emménager dans une superbe demeure au milieu d'un parc.

« On y est restés trois jours, se souvient Jean-Philippe Göbbels. L'accueil a été extraordinaire. Les lieux étaient impressionnants par rapport à notre pauvre fermette belge retapée à la main. Des baffles diffusaient en permanence la musique du flûtiste de pan roumain George Zamfir. Renée Pfaehler, la spécialiste du rêve éveillé, m'a pris en main. Elle a fait remonter à ma mémoire des tas de souvenirs. J'ai prononcé quelques mots sans queue ni tête. Elle a fait la même chose avec Nathalie. De ces mots prononcés, elle déduisait qu'on était la réincarnation de quelqu'un. Elle en parlait à Jo Di Mambro qui lui-même donnait un nom. Jo m'a dit que j'étais la réincarnation d'un templier. Nicole Koymans nous a fait faire du yoga. Ils étaient très attentifs avec les nouveaux arrivants, ils voulaient les séduire. On ne s'était jamais occupé de moi comme ça. Malgré mes sentiments à l'égard de Di Mambro, je dois reconnaître que j'ai adoré ces trois jours. Je me suis aussi rendu compte, dès cette première visite en Suisse, qu'il y avait un fric fou dans leur affaire. On a vu les Jaguar, les Mercedes. »

Jo Di Mambro songe sérieusement à essaimer en Belgique. Il voudrait s'appuyer sur ce qui existe déjà à « La Source » pour créer un deuxième pôle. Il aime beaucoup Warnach. Chaque fois qu'il s'y rend, c'est parce qu'il a eu une révélation. Pour flatter les Paulus et les Göbbels, pour valoriser leur initiative et masquer ses vues expansionnistes sur la ferme, il ne cesse de répéter que vraiment « l'endroit est fabuleux. C'est un haut lieu où souffle l'esprit. Cette ferme repose sur un socle granitique. Très important le granit ». Jo ira même jusqu'à se faire domicilier à Warnach.

Pour entretenir le moral des troupes belges, Jo organise des « tournées » des lieux saints : il emmène son petit monde en pleine nuit au milieu des menhirs de Carnac. Ou, plus loin et plus cher (mais la Golden Way commence à avoir des moyens), en Égypte, où il fait visiter la pyramide de Cheops aux adeptes et évoque devant eux la vie de Ramsès II que, pendant quinze ans, il mettra à toutes les sauces.

Pour que vive « La Source », pour qu'elle s'ouvre au monde et ne dépende pas seulement des diktats de Di Mambro, Josiane et Jean-Léon Paulus n'hésitent pas à faire appel à des intervenants extérieurs. Le couple, on l'a vu, met quelquefois à contribution l'abbé Philippe Moline qui donne des conférences sur des sujets profanes comme la naturopathie. L'un des deux autres prêtres qui s'occupe de la communauté catholique de Warnach, le père Roger Kauffmann, a même écrit dans la modeste revue de « La Source ». « C'était un bref article sur l'équinoxe d'hiver, le soleil invaincu. À l'époque, cela me paraissait tout à fait innocent [8] », rappelle le père Kauffmann.

Un soir d'automne 1980, alors qu'ils séjournent à Bruxelles, Josiane et Jean-Léon Paulus vont écouter un jeune et brillant conférencier, médecin dans la capitale, qui captive son auditoire en expliquant avec des mots simples ce qu'est l'homéopathie.

Josiane est fascinée par l'aisance de cet orateur. Elle vient de tomber sous le charme du Dr Jouret. Après la causerie, le couple Paulus s'approche de Luc Jouret et lui demande si, par hasard, il n'aurait pas l'envie et le loisir de renouveler sa prestation dans la petite communauté qu'ils animent, loin de Bruxelles, dans un village qui s'appelle Warnach.

Cette fois, c'est Luc Jouret qui est ébahi. « Le monde est vraiment petit, leur dit-il en substance. Je connais très bien Warnach, j'y passe de temps en temps en vélo et le cabinet où j'exerce le week-end est à Léglise, à quinze kilomètres de chez vous. »

Il leur promet de se rendre à Warnach dès que possible. Il rappelle Josiane quelques jours plus tard et lui propose de venir à « La Source » donner une conférence sur l'homéopathie le samedi suivant.

Nous sommes à la fin de novembre 1980. Luc Jouret tient parole. Il s'arrête à Warnach le temps d'une conférence. Ce jour-là, il scelle son destin.

Dans la grande pièce blanche, au rez-de-chaussée de la maison des Paulus, quatre-vingts personnes l'attendent. Josiane a bien fait les choses. Par voie d'affiches, elle a annoncé la venue de ce prestigieux homéopathe, si jeune et déjà riche d'expériences.

Le petit bulletin de la communauté (qui s'appelle logiquement *La Source*), distribué sous forme de stencils dans les villages alentour, réserve une large place à la conférence à venir. Les amis, les voisins, les parents sont venus écouter ce médecin qui a promis à Josiane de tenir un discours grand public, sans se perdre dans les détails techniques.

Dehors, en face de l'église, sur un terre-plein qui sert de parking, parmi la trentaine de voitures, des Mercedes immatriculées en Suisse. Di Mambro et ses proches de la Golden Way sont là. C'est sans doute Jean-Léon Paulus qui a prévenu M. Jo de la venue de ce médecin féru d'ésotérisme. Di Mambro a dû sentir, au ton admiratif de Jean-Léon au téléphone, que ce médecin-là méritait le déplacement jusqu'en Belgique.

En tant que coanimateur de « La Source », Jean-Philippe Göbbels était aussi présent. Il n'a pas oublié la rencontre entre Di Mambro et Jouret. « Tous les Suisses étaient là. Koymans, Pfaehler, Joselyne et Jo Di Mambro. Jo s'est assis au fond. Pendant toute la durée de l'exposé de Jouret, il n'a rien dit, n'a posé aucune question. Il était très attentif. Le soir, Jo est reparti dormir dans le meilleur hôtel de la région (il ne dormait jamais à " La Source " qui n'était pas assez confortable à ses yeux). Le lendemain, Jouret et Di Mambro ont passé une demi-journée, seul à seul, à " La Source ". Dès cette première rencontre, Jo a dû inviter Jouret à venir en Suisse où il le paierait pour ses conférences. »

Jean Dierkens, le compagnon de longue date de Luc Jouret, confirme : « Di Mambro lui a dit : " J'ai ce qu'il faut pour vous. J'ai des millions. Avec moi, vous allez pouvoir faire les choses en grand. " »

Avec le recul et grâce aux témoignages recueillis, on peut affirmer que cette conférence de Luc Jouret et, surtout, la réaction de l'auditoire ont agi comme un détonateur chez Joseph Di Mambro. Jo, le grand manipulateur, a compris que dans un autre registre et avec d'autres armes que les siennes Jouret était très fort. Au sortir de la conférence, Jo entend les réflexions de l'assistance, des femmes surtout, qui s'arrachent les cartes de visite du docteur, qui veulent l'approcher, lui serrer la main, vérifier s'il est aussi beau de près que de loin. Il l'est.

L'abbé Moline, lui aussi, a remarqué l'effet produit par Jouret sur la gent féminine au cours de ces conférences. « Elles étaient toutes bluffées par Luc. Josiane, après la conférence de Jouret, est sortie en disant : " Cet homme, c'est le génie du siècle. Il va nous sauver. Je te le dis, c'est le sauveur. " Cette séduction jouait aussi pour les hommes. Je me souviens que Jean-Léon était séduit par Jouret et m'en a voulu de ne pas être tombé sous le charme. Il aurait prêté sa femme à Jouret sans aucun problème *. »

Trois jours après cette première conférence, les Göbbels, conquis, choisissent le Dr Jouret comme médecin personnel et adoptent l'homéopathie.

Di Mambro réalise qu'avec ce Jouret il tient l'oiseau rare. Il comprend que Jouret serait capable, par sa seule force de conviction, de vendre des confettis à la sortie d'un cimetière. Bien sûr, il est secrètement un peu blessé de voir réunies chez ce médecin autant de qualités dont il se sait dépourvu. La puissance du verbe, cette faculté de parler sans aucune note pendant des heures. Cette capacité à construire une démonstration en instillant ici et là une anecdote, un exemple, pour accrocher l'attention du public. Jouret sait faire tout cela. Ce type vaut de l'or et ne le sait pas lui-même. Il ne fait même pas payer ses conférences. Et puis cette beauté. Ces cheveux souples, épais, ondulés, qui lui donnent un air d'adolescent prolongé. Et cette carrure. Plus de 1,80 mètre. Et ces diplômes, cette crédibilité que seul l'homme de science peut avoir. Et ces années de baroud, les Andes, le Zaïre, l'Inde dont Jouret lui a parlé pendant des heures au cours de leur longue conversation au lendemain de la conférence.

Maître Jo sait que, malgré ses efforts, il ne pourra jamais égaler Jouret dans ces compartiments du jeu. Di Mambro a

---

* Quelques années plus tard, Josiane deviendra effectivement la maîtresse de Jouret.

56 ans, restera toujours chauve, toujours mal bâti, n'arrivera jamais à se défaire de son accent, et ne sera jamais médecin. Ce que Di Mambro possède, en revanche, et dont le jeune Dr Jouret est encore dépourvu à cette époque, c'est le cynisme, le sens de l'argent, la faculté de faire croire aux autres qu'on possède des dons imaginaires, et une absence totale de scrupules.

Luc Jouret a lui aussi été ébranlé par sa rencontre avec ce Di Mambro venu de Suisse.

« Jouret avait besoin d'être admiré, d'avoir une cour autour de lui. Di Mambro lui proposait justement de le payer pour se faire admirer ! raconte Jean-Philippe Göbbels. Il lui a fourni une cour, l'a valorisé, le présentant comme un éminent homéopathe promis à une carrière internationale. Il a fait à Jouret le coup qu'il nous a fait à tous. Flagornerie et chouchoutage, pour ferrer le poisson. »

Luc a cru se servir de Jo comme marchepied. Jo a utilisé Luc comme caution scientifique. Après avoir géré pendant des années une PME ésotérique, Di Mambro trouvait un médecin suffisamment hors normes et orgueilleux pour accepter son galimatias et cautionner l'entreprise en échange de viles flatteries et d'une promesse de célébrité.

En cette fin d'année 1980, Di Mambro tombe à pic. Luc Jouret a grand besoin d'être rassuré. Sa vie privée s'est dégradée. L'année avait pourtant bien commencé. Luc et Christine ont décidé, après plusieurs années de concubinage, ponctué par le « mariage » indien, de se marier officiellement. La cérémonie se déroule au Mans, dans la ville natale de Christine, avec pièce montée, belle famille en habits du dimanche et passage chez monsieur le maire. Le mariage a lieu le 21 juillet, jour de la fête nationale belge*. En fait, cet échange d'alliances ne change strictement rien à la vie du couple, qui reste orageuse.

Christine mange de moins en moins. Luc aggrave encore cette anorexie larvée en inspectant systématiquement la cuisine pour s'assurer que sa femme respecte bien les règles du végétarisme. Les amis qui les rencontrent à l'époque les trouvent charmants lorsqu'ils viennent séparément et insupportables quand ils viennent ensemble et se déchirent devant témoins.

Malgré cette mésentente, lorsque Christine annonce à Luc qu'elle attend un enfant, il est transporté, fou de joie. « Cet

---

* Grâce à ce mariage avec une ressortissante française, Luc Jouret devient citoyen français. Le certificat de nationalité lui a été délivré par la chancellerie consulaire de France à Ottawa (Canada), le 7 avril 1982.

enfant, cette grossesse, c'était une affaire d'État, se souvient Jean-Philippe Göbbels. Il nous parlait de son indicible bonheur d'être bientôt père. Il voyait les choses de manière très particulière, sous un angle ésotérique. »

Sébastien Jouret naît en 1981 avec une grave malformation cardiaque. L'enfant et sa mère Christine sont soignés à l'hôpital universitaire de Bruxelles. Luc veut pénétrer dans l'unité de soins intensifs où on tente de soigner le nouveau-né. Il brandit sa carte de médecin, il hurle, il tente d'ouvrir la porte mais les médecins de l'hôpital refusent de le laisser entrer, arguant du fait que sa présence ne peut qu'ajouter au stress d'une équipe chirurgicale qui travaille jour et nuit pour tenter de sauver un nourrisson qui semble condamné.

Quatre jours plus tard, l'enfant meurt. Ce jour-là, son père Luc meurt aussi un peu. Ce qui restait d'équilibre, d'optimisme et de cartésianisme chez le Dr Jouret disparaît.

L'enterrement de l'enfant a lieu incognito au cimetière de Léglise. Luc n'a convié personne. Le cimetière, situé sur une colline, domine tout le village. Jouret commande pour son enfant mort une tombe d'un genre particulier. Il ne veut pas de bordure délimitant la tombe, pas de stèle, pas de plaque indiquant le nom du défunt. Il ne veut aucune inscription de dates. Il ne désire qu'une croix, frêle, en métal de trois centimètres de section, peinte en blanc. Il tient surtout à ce que cette croix de cinquante centimètres de haut soit enlacée par une tige de rose grimpante métallique et que la rose elle-même s'épanouisse à l'intersection de la croix. Les entrepreneurs en pompes funèbres locales, un peu surpris, s'exécutent.

Luc annonce la mort du petit Sébastien à ses amis Göbbels. « Il nous a dit que son fils était mort pur et que cela le rassurait », explique Jean-Philippe Göbbels.

À M. Simon, le boucher de Léglise, propriétaire de sa maison devenu son ami, Luc Jouret confie que de toute façon « cet enfant, s'il avait survécu, n'aurait jamais pu faire de sport, n'aurait jamais pu m'accompagner dans mes balades en vélo, à cause de sa malformation. Je suis soulagé qu'il soit mort ».

Christine Jouret ne se remettra jamais de la mort de son fils. Elle ne s'alimente plus. Elle abandonne l'idée d'ouvrir dans leur maison de Léglise le cabinet de sophrologie dont elle rêvait. Complètement exaltée, elle explique à ses amis que le petit Sébastien ne pouvait pas être le fils de Luc car, au moment de sa conception, Luc était en voyage en Inde. Elle pense que cet enfant presque mort-né a été conçu par théogamie.

Luc demande à ses amis Paulus et Göbbels de « La Source » d'accueillir Christine quelque temps, de veiller à ce qu'elle s'alimente avec les légumes bio du jardin et qu'elle se repose.

Pendant ce temps, Luc Jouret continue de recevoir ses patients mais sa faculté d'écoute s'est émoussée. Le récit des petits maux ruraux le passionne de moins en moins. « Après la mort de son fils, explique Gilbert Leblanc (malade toujours fidèle à Jouret), le Dr Jouret a beaucoup changé. Il est devenu taciturne, renfermé, secret. Ce n'était plus le même homme. » Avec sa famille, Luc entretient la même distance. Il voit peu ses parents, croise de temps en temps son frère Bernard sans parler avec lui de choses très intimes.

Plus que jamais, il cherche. Une voie, une issue, une révélation. À « La Source », il a puisé dans la bibliothèque. Il lit *Le Matin des magiciens* de Louis Pauwels et Jacques Bergier. De passage à Bruxelles, il achète des livres d'histoire sur l'Égypte ancienne, épuise tous les volumes sur les Rose-Croix et le mythe de l'Atlantide.

Dans les Ardennes, il devient la mascotte des milieux alternatifs. Il court les conférences, les symposiums sur l'alimentation, les plantes, les astres. On retrouve sa trace à Libramont, pas très loin de Léglise. Il s'y rend régulièrement pour écouter des communications sur la médecine par les plantes, organisées par le cercle Infor-Vie-Saine. Au bout de quelques semaines, Jouret, auditeur passionné devient à son tour orateur. Tout ce que la province de Luxembourg compte d'écologistes, de barbes longues, de porteurs de vestes afghanes ou de femmes de notables en rupture de classe, vient écouter un Dr Jouret dépressif vanter les vertus équilibrantes de l'homéopathie.

Jouret, chineur compulsif d'ésotérisme, est déjà fasciné par les fins dernières. « Un jour, Jouret vient me voir à Warnach, raconte l'abbé Moline. Il aperçoit, sur notre terrain, un campement de gitans qui, avec mon accord, s'étaient installés là pour quelques semaines. Peu de temps après, Jouret m'appelle et me demande si les gitans sont toujours là. Je lui réponds qu'ils ont repris la route et qu'ils ont installé leur caravane loin d'ici, à Charleroi. Il y est allé. Il a demandé à parler au plus savant du groupe de gitans qui s'appelait Romano. Il est entré dans sa caravane et l'a questionné toute une nuit sur les croyances des gitans, leur conception de la réincarnation, la manière dont ils priaient et comment ils honoraient leurs morts. Il voulait tout savoir sur leur spiritualité. Il avait une soif inextinguible. »

« La grande chance de Di Mambro, analyse aujourd'hui Jean-Philippe Göbbels, c'est d'être tombé sur Jouret quand celui-ci était perturbé, sans repères. Chaque fois que Di Mambro revenait à Warnach, il repassait une couche de baume sur un Jouret en position de faiblesse. » En fait, Di Mambro annonce à Jouret qu'il est arrivé spirituellement à bon port. « Ne cherche plus ta voie, lui explique Jo en substance, je te dis que tu l'as déjà trouvée. » Puisque Jo le sent, cela doit être vrai. Et puisque Jo est prêt à payer grassement Jouret pour qu'il fasse partager aux autres ses certitudes sur l'avenir du monde, Luc en vient à penser qu'il a bien des certitudes. CQFD.

Jouret lui aussi est ébranlé par ce qui s'est passé. Jamais il n'a rencontré un homme si déterminé, si sûr de lui que Di Mambro. Jamais personne n'a été aussi attentionné, prévenant avec lui. Jamais personne ne lui a renvoyé une image aussi positive. De plus, les proches de Di Mambro, notamment le « couple » inséparable Renée Pfaehler et Nicole Koymans, font comprendre à Jouret à quel point Jo le porte en haute estime. Pendant ces mois décisifs, Di Mambro sera un excellent attaché de presse pour Jouret. Avant que le médecin de Léglise aille pour la première fois en Suisse, Di Mambro explique aux adeptes que l'homme qui va venir les voir est une sommité, un remarquable théoricien doublé d'un homme d'action. Luc Jouret voit se dérouler sous ses pieds un tapis rouge. Il est rassuré et se convainc qu'il ne peut pas rester *ad vitam aeternam* un conférencier amateur. Jo lui explique aussi qu'avec le talent d'orateur qui est le sien il pourrait se permettre, au cours de ses conférences, de brasser des concepts plus larges que la simple homéopathie.

Ceux qui ont vu Luc Jouret au retour de sa première visite chez les Suisses trouvent un homme changé. Durant ce séjour, il a été tellement flatté, protégé, loué par tous (sur ordre, naturellement, de maître Di Mambro, qui tient à ce que l'oiseau Jouret ne s'envole pas), que son ego donne rapidement des signes inquiétants d'hypertrophie.

« Cette dérive, on pouvait l'observer en suivant ses conférences. Jouret a dû intervenir quatre fois à " La Source ", précise l'abbé Moline. Il mélangeait de plus en plus la médecine avec des concepts religieux, philosophiques. À ce moment-là, je me suis dit : c'est un gourou. Son discours est imbuvable, incompréhensible, je m'en vais. »

Jean-Philippe Göbbels confirme cette réaction violente :
« Cette conférence a mis Philippe Moline en rage. Il a prévenu
Josiane Paulus et lui a dit : " Fais attention, ce type vous tient un
discours élitiste et dangereux, tu vas y perdre ta liberté. " »

L'abbé Moline sera le seul à détecter si précocement ce
comportement sectaire chez Jouret.

Peu de temps après, l'abbé Moline passe voir ses amis Paulus et Göbbels à « La Source ». Di Mambro est là. Salutations
d'usage. On invite l'abbé à boire le thé. « On a commencé à parler un peu de tout. Je me suis aperçu qu'avec Di Mambro je
n'étais d'accord sur rien. À un moment, il a insisté lourdement
sur la supériorité de la race blanche. Cela a été le divorce définitif entre nous. » L'abbé gardera des rapports amicaux avec les
Göbbels et les Paulus, mais il ne veut plus entendre parler des
duettistes Jouret et Di Mambro.

Le coup de grâce intervient un peu plus tard. Le père
Roger Kauffmann, coanimateur de la petite communauté catholique de Warnach aux côtés de l'abbé Moline, est lui aussi resté
en très bons termes avec les Paulus, malgré leurs divergences de
plus en plus marquées sur les questions de religion. « Un jour,
ils frappent à la porte et m'invitent pour l'après-midi même à
venir voir un film sur la foi. Je leur demande de quoi il s'agit. Ils
me disent que c'est un très bon film sur Jésus, qu'il leur a été
envoyé par Di Mambro et qu'il porte l'estampille Golden Way.
J'arrive. C'était un truc incroyable, un salmigondis ahurissant.
Ils faisaient de Jésus le Grand Initié, un surhomme qui avait reçu
l'enseignement des marabouts africains, des pharaons, des sages
d'Asie. Le film dénonçait l'Église catholique qui, depuis 2 000
ans, avait tout fait pour cacher ces faits aux croyants. On voyait
Jésus se promenant près des menhirs, se baladant entre les pyramides, et puis il y avait l'intervention d'un grand chef sioux.
C'était du délire ! C'est Di Mambro qui avait pondu ce film. [8] »

Pour les gens de « La Source », de plus en plus soumis aux
caprices des Suisses, le rythme de vie devient franchement
extravagant. Outre les prières, trois fois par jour, il faut maintenant prendre d'infinies précautions en matière d'hygiène.
Josiane Paulus a été convaincue par Di Mambro qu'il fallait
purifier les sièges sur lesquels on s'asseyait. Quand un étranger
avait utilisé une des chaises de la maison, elle se précipitait pour
la désinfecter avec de l'alcool à 90°. À la fin de l'aventure de
« La Source », elle ne serrait plus la main des étrangers et elle
nettoyait dix fois par jour les poignées de porte à l'alcool.

« Nous, on s'en moquait gentiment, explique l'abbé Moline. En soi, ça ne me paraissait pas dangereux, mais leur rythme de vie, lui, me paraissait dangereux. Il y avait des jeûnes, des conférences sur les Rose-Croix. J'ai dit à Josiane : " La vie monastique, je sais ce que c'est et vous êtes en train de vous laisser imposer ça par Jouret et Di Mambro. Vous êtes l'esclave de Jouret. " »

Nathalie et Jean-Philippe Göbbels, bien que n'habitant pas en permanence à « La Source », ont conscience du dérapage. Mais cette communauté leur tient à cœur. L'amitié de Josiane et de Jean-Léon Paulus leur est précieuse. Ils n'ont pas envie de mettre fin à une expérience dans laquelle ils ont sentimentalement beaucoup investi. Ils s'obligent à tolérer les incursions de M. Jo et s'efforcent de modérer les ardeurs de Josiane. Un jour, pourtant, un incident va leur ouvrir définitivement les yeux.

Ils sont alors à « La Source » avec leur bébé de 6 mois, en compagnie de Josiane. Jean-Léon entre dans la pièce, essoufflé. Il vient d'avoir les Suisses au téléphone. Il faut partir séance tenante, tout abandonner. Le chef d'orchestre Michel Tabachnik, président de la Golden Way, donne ce soir un concert à Metz. Il faut absolument le rejoindre. « On a pris notre bébé, se souvient Nathalie Göbbels. On l'a mis dans un couffin. On est tous montés en voiture en abandonnant le repas sur la cuisinière. On est arrivés à Metz. Le concert de Tabachnik était terminé. On s'est alors regroupés dans une chambre d'hôtel de la ville avec les Paulus, Di Mambro, Tabachnik et quelques autres. Mon bébé, qu'on avait trimballé sans lui donner à manger, hurlait évidemment. Jo Di Mambro a imposé le silence. Il s'est penché sur le couffin et il a dit qu'il fallait écouter ces pleurs pendant cinq minutes sans bouger. " Ce bébé est la réincarnation d'un templier. Il faut écouter son message. " Pendant cinq minutes, on est restés immobiles, silencieux, autour de mon fils qui pleurait à s'en rompre les cordes vocales. Là, avec Jean-Philippe, on s'est regardé et on s'est dit : " Ras-le-bol. Le coup de la réincarnation du templier, il nous l'avait déjà fait lors de notre visite en Suisse. On n'ira plus jamais avec les Suisses. On a un boulot, des enfants, on n'a pas envie de partir dans ces sphères éthérées. On arrête les frais ! " [9] »

« C'était un asservissement progressif, analyse Jean-Philippe Göbbels. On vous demandait de plus en plus souvent des choses de plus en plus étranges qu'il fallait trouver de plus en plus normales. Même la description des gens par Di Mambro était étrange. Il vendait Tabachnik à tout le monde en disant que c'était un compositeur génial car il parvenait à mélanger la musique et les vibrations que nous étions tous censés ressentir. »

En fait, Di Mambro « tient » Tabachnik comme il « tient » Jouret. En flattant son ego. Le chef sort de ses conversations avec Di Mambro rasséréné. « Après, il promenait sa superbe, il naviguait entre nous comme un prince », se souviennent les témoins de l'époque.

Quelques semaines après l'incident de Metz, à la mi-81, Josiane et Jean-Léon Paulus annoncent à leurs amis Göbbels effondrés qu'ils ont décidé de s'en aller, d'abandonner « La Source » et d'aller vivre en communauté avec Luc Jouret et sa femme dans leur grande maison de Léglise. « On a été terriblement déçus que notre histoire commune se finisse comme ça. On avait surtout le sentiment qu'ils n'étaient pas libres », explique Jean-Philippe Göbbels.

La communauté de « La Source », patiemment bâtie avec les Göbbels, ne compte plus pour les Paulus. Ils vont expliquer leur décision à l'abbé Moline. « On est mûrs, on vend la maison de Warnach, on va rejoindre Jouret », lui annonce Josiane.

« Ne faites pas ça, ne vendez pas la maison. Vous faites une bêtise », leur répond l'abbé.

Les Paulus ne l'écoutent pas. Ils mettent « La Source » en vente, et confient à l'abbé des objets courants qu'ils le chargent de vendre. Parmi ces objets, sans grande valeur, des chaises, des ustensiles de cuisine et les fameuses capes de prière, invendables, que Philippe Moline conserve dans son grenier depuis quinze ans.

Entre la première conférence de Luc Jouret à Warnach et le départ des Paulus pour Léglise, six mois à peine se sont écoulés.

La vie communautaire chez les Jouret n'est pas d'une folle gaieté. « Je suis allé les voir, dit l'abbé Moline. J'ai trouvé Josiane plus exaltée que jamais. Éperdue d'admiration pour Jouret. Ils menaient une vie vraiment monastique. Nourriture végétarienne, bien sûr, lever vers 5 heures du matin, prières. »

Luc Jouret est en contact permanent avec Jo Di Mambro. Ils se téléphonent ou se rendent visite en Suisse ou en Belgique. Di Mambro a même l'idée de vouloir rebâtir à Léglise, autour de son protégé Jouret, une communauté. Il demande à Jouret si la maison de Léglise est à vendre. Jouret va voir le propriétaire, Michel Simon.

« Michel, est-ce que tu me vendrais ta maison, tu sais que je l'adore.

– Écoute, Luc, c'est délicat. Je n'ai jamais envisagé de la vendre. Je la réservais plutôt à mon fils. Dans quelques années, il sera content d'y habiter.

– J'ai besoin de ta réponse tout de suite. Il y a chez moi une personne qui veut t'acheter la maison maintenant. Il paie cash. »

Jo Di Mambro n'est évidemment pas loin, prêt à payer.

Finalement, la communauté Paulus-Jouret de Léglise ne durera que quelques mois.

« À l'été 1982, les Paulus sont venus nous voir, raconte Jean-Philippe Göbbels. Ils nous ont expliqué qu'ils allaient quitter la Belgique pour une région possédant un meilleur magnétisme. Ils nous ont demandé une dernière fois si nous voulions les suivre en Suisse. On a dit qu'on ne les suivrait pas. On s'est dit adieu. On ne s'est jamais revus *. »

En août 1982, le Dr Jouret, sa femme Christine accompagnés de Josiane et Jean-Léon Paulus ferment les volets de leur maison de Léglise, passent une dernière fois devant le marronnier du jardin, aperçoivent comme chaque matin les chevaux et les poulains dans le champ du voisin. La maisonnée quitte définitivement la Belgique et va grossir les rangs de la communauté fondée par Jo Di Mambro, près de Genève.

Le 13 août, Luc Jouret envoie une lettre dactylographiée à Michel Simon, son propriétaire et ami. La lettre a été postée à

* Josiane Kesseler-Paulus deviendra par la suite la secrétaire médicale de Luc Jouret, puis sa maîtresse. Elle suivra Jo Di Mambro dans ses pérégrinations intercontinentales, assumera le rôle de nounou-préceptrice d'Emmanuelle Di Mambro (supposée être de sexe masculin et réincarnation terrestre du Christ). Emmanuelle, dite Doudou, conçue officiellement par théogamie, était en fait le fruit des amours adultères de Di Mambro avec sa maîtresse Dominique Bellaton. Josiane sera séparée de son mari Jean-Léon sur ordre de Jo Di Mambro. Jean-Léon sera contraint de rester au Canada comme homme de peine dans une des fermes de la secte. Josiane divorcera en 1985. En 1993, lorsque son frère Philippe et ses parents lui rendent une dernière fois visite en Suisse et la trouvent exténuée, elle leur répond simplement : « Vous ne pouvez pas comprendre. » Josiane Kesseler est morte carbonisée à 43 ans dans le chalet de Salvan. Jean-Léon Paulus deviendra le jardinier de l'OTS et le décorateur des sanctuaires. Après avoir été séparé de Josiane, il épousera Fabienne Koymans, fille de Nicole Koymans, professeur de yoga et pilier de la secte depuis les tout-débuts de « La Pyramide ». Jean-Léon Paulus est mort à Cheiry, à 49 ans, la tête emballée dans un sac-poubelle et le crâne transpercé de trois balles.

Annemasse. Il annonce au boucher de Léglise que, pour des raisons professionnelles, il doit quitter la Belgique. « Pour cette raison, à compter du 15 novembre 1982, votre maison sera libre. » Au bas de la page, l'auteur a ajouté quelques mots manuscrits. « Dès notre retour le 2 septembre, nous conviendrons d'une date pour un dîner. Amitiés. Luc Jouret. »

Il n'y aura jamais de dîner.

Michel Simon ne comprend pas. « Avec toute la clientèle qu'il avait ici, c'est incroyable qu'il ait décidé de partir. »

Les patients du médecin de Léglise ne comprennent pas non plus. « Quand il m'a appris qu'il partait ouvrir un cabinet à Annemasse, ma femme et moi, on était désespérés. Alors, on l'a suivi, explique Gilbert Leblanc, le plus ancien des malades de Luc Jouret. Quand on partait en vacances sur la Côte d'Azur, on prenait rendez-vous chez lui et on faisait le détour par Annemasse. On faisait le plein de prescriptions homéopathiques et on remontait en Belgique. Et puis un jour, j'ai voulu prendre rendez-vous avec lui mais il était parti, au Canada, je crois. Il avait un remplaçant. »

Dans la nuit du 20 au 21 septembre 1982, un mois après le départ de Luc Jouret pour la Suisse, un orage d'une violence terrible s'abat sur Léglise. Les bourgades proches sont épargnées, mais le village est sérieusement touché. Cet orage, accompagné d'un vent de 140 kilomètres/heure, rase les toitures, abat les poteaux électriques, emporte les clôtures, casse les fenêtres. Les rafales balaient aussi le cimetière. Les tombes sont renversées, des caveaux éventrés. Le 21 septembre au matin, le village est encombré de débris, de rondins et de boue. Michel Simon alerte Luc Jouret qui est en Suisse car sa maison, désormais inoccupée et qui par chance possède encore un toit, a été réquisitionnée afin de loger un autre médecin dont le cabinet a été entièrement détruit par la bourrasque. Michel Simon demande donc à Luc Jouret l'autorisation d'ouvrir la maison vide avec son double des clés afin d'y installer provisoirement ce médecin.

Jouret donne son accord. Michel Simon va ouvrir la maison. Il découvre le lieu de prière aménagé par les Jouret dans une des chambres du premier étage. « J'ai été saisi par une odeur d'encens qui m'a pris à la gorge. Ça puait vraiment. Il avait dû prier beaucoup et brûler des tonnes d'encens pendant les dix-huit mois où il est resté ici. »

Quelques semaines plus tard, Luc Jouret revient une toute

dernière fois à Léglise pour récupérer ses dossiers médicaux et emporter ses derniers effets personnels restés dans la maison. Il monte ensuite au cimetière qui n'a pas encore été reconstruit depuis l'orage du 20 septembre. Il s'aperçoit qu'au milieu du chaos des chapes de marbre fracassées, des croix de granit renversées, la tombe de son fils Sébastien est intacte. Il se persuade alors et restera toute sa vie convaincu que cette tombe épargnée est un signe que le ciel lui adresse. La rose des Rose-Croix qu'il avait exigée autour de la croix métallique est elle aussi intacte. Il parle de ce phénomène aux villageois. On lui répond que la tombe de son fils n'offrant aucune prise au vent il n'est pas étonnant qu'elle ait résisté. Un voisin ose même une comparaison qui blesse Jouret : « Vous savez bien, docteur, en cas de bourrasque, les voitures sont emportées, on les retrouve les roues en l'air, mais les essuie-glaces sont toujours en place. »

Plusieurs mois après la tempête de Léglise, le Dr Jouret reçoit une nouvelle patiente dans son cabinet d'Annemasse. « Il était sombre, triste, se souvient cette malade. À un moment, de but en blanc, il me parle de son fils mort. Il me dit que le cimetière où il était enterré a été détruit par un cataclysme mais que la tombe de son fils a été épargnée parce que c'était un juste. [10] »

La Golden Way au fil des jours

En cette année 1982, Luc Jouret perd ses derniers repères. Totalement pris en charge par la Fondation Golden Way, il emménage avec Christine dans la demeure de la communauté à Saconnex-d'Arve, à cinq kilomètres du centre de Genève. C'est à cette époque que les pensionnaires de la fondation découvrent Jouret, que Jo Di Mambro présente à tous comme un hôte de marque. « Jo nous a dit que sa présence était un événement, se souvient Thierry Huguenin. Luc Jouret venait de Belgique et a impressionné Jo Di Mambro par son charisme et sa prestance. Luc nous a dit avoir un maître spirituel hindou et avoir passé quelques mois aux Philippines, avant de s'orienter vers l'homéopathie. Pour qu'il soit plus près de nous, Jo l'a installé dans un cabinet médical à Annemasse proche du domaine de la Golden Way. Le soir, Luc regagnait la fondation et retrouvait Tabachnik et Di Mambro. [11] »

Michel Tabachnik confesse aujourd'hui qu'il n'aimait pas beaucoup Jouret, « trop sectaire et extrémiste [12] » à ses yeux.

Pourtant, à la lecture d'un document interne de la fondation, il semble bien que Michel Tabachnik, comme les autres, ait réservé un accueil fort chaleureux au séduisant médecin. Le 20 mars 1982, le conseil suprême de la Fondation Golden Way, baptisé Conseil des Sept, se réunit sous la direction de Jo Di Mambro. Ordre du jour : l'admission de quatre Belges*, parmi lesquels Luc Jouret, comme membres autorisés à participer aux cérémonies du soir.

Jo prend la parole : « Comme nous sommes un ordre, mes frères ici présents doivent vous accepter pour participer aux cérémonies de ce soir. »

Un membre du Conseil des Sept, Desmond P., est le premier à interroger Luc Jouret :

« C'est très difficile ce que nous essayons de faire, nous avons des épreuves terribles. Es-tu prêt à accepter cette éventualité ?

– Depuis plusieurs années, répond Luc, je me suis engagé sur une voie qui m'a apporté beaucoup d'épreuves, même l'épreuve suprême, puisque j'ai fait l'offrande de ma vie. »

Michel Tabachnik s'adresse alors à Jouret :

« J'ai senti dans ta conférence une immense similitude avec ce que nous faisons et je te ressens comme un frère. »

Le Conseil se range à l'avis de Michel Tabachnik (soutenu par Di Mambro). Luc Jouret et les trois autres Belges sont autorisés à assister à la cérémonie qui se déroule le soir même.

Malgré l'arrivée de Jouret, l'« extrémiste » qu'il prétend avoir exécré pendant près de quinze ans, Michel Tabachnik ne quitte pas la Golden Way. La réussite de l'entreprise Golden Way ne passe-t-elle pas par ce trio explosif et complémentaire ? Jo apporte sa vision stratégique, Jouret la caution scientifique et Tabachnik apporte le prestige artistique tout en rédigeant les enseignements théoriques de la secte.

Michel Tabachnik restera président et ambassadeur de la Golden Way jusqu'à sa dissolution, en 1990. Aux yeux de Di Mambro, Michel Tabachnik est indispensable. Sa prestance, ses enseignements interminables et abscons en font un personnage mystérieux et inaccessible. Pour tous les adeptes, il est une référence. Son nom et sa qualité sur l'organigramme de la fondation sont une caution morale, dont Jo a grand besoin.

Dans les mois qui suivent l'installation définitive de

---

* Il s'agit de Luc Jouret, de sa femme Marie-Christine et du couple Jean-Léon et Josiane Paulus.

Luc Jouret à Saconnex-d'Arve, Di Mambro tente de maintenir la balance égale entre le médecin belge et le chef d'orchestre suisse. Jo assure sans cesse Michel Tabachnik de son amitié mais ne peut s'empêcher de choyer Jouret, le nouvel arrivant. L'homéopathe (comme Michel Tabachnik avant lui) est immédiatement dispensé des corvées qui ponctuent la journée des adeptes de base. Jouret les observera faire la vaisselle, le jardinage et les travaux de force. M. Jo fait de Luc Jouret son favori, son « Premier ministre », son conseiller, son homme-sandwich ou son nègre, lorsqu'il s'agit d'affiner un argumentaire avant une conférence. M. Jo nourrit alors d' « immenses ambitions » pour son protégé, témoigne un survivant de la secte.

Jo a compris dès son premier contact en Belgique avec le brillant Jouret quel parti il pouvait tirer de ses dons d'orateur. Il encourage donc Luc à se jeter à l'eau, à multiplier les prestations scéniques sur l'homéopathie, la force de vie, la dynamique de la maladie et de la santé. Qu'importe en fait le sujet pourvu que les spectateurs viennent et succombent. En six mois, Luc Jouret ratisse la région de Genève, Ferney-Voltaire et Annecy. Habitué aux salles de quatre-vingts places dans la province de Luxembourg, Luc découvre l'ivresse des salles de cinq cents places bondées et « mesmérisées » par son talent de bateleur homéopathe. Il se fait même remarquer par les « vénérables » de l'Ordre souverain et militaire du Temple de Jérusalem qui recommandent à leurs militants d'assister à ses conférences.

C'est à cette époque qu'il rompt les liens avec sa vie antérieure. En 1982, il cesse de donner des nouvelles à son frère Bernard, qui vit à Bruxelles. Jusqu'à sa mort, en 1994, Luc Jouret ne reverra sa mère qu'en deux ou trois occasions. Il ne donne plus signe de vie à son ami Francis Demasy, le pharmacien de Léglise, compagnon des virées en vélo. Jean-Philippe et Nathalie Göbbels ne recevront que deux lettres de lui durant ces années. Dans l'une d'elles, écrite en 1983, il explique de manière sibylline qu'il a changé de vie, qu'il a beaucoup de travail mais que, si ses activités le lui permettent, il aura plaisir à les revoir. Il ne le fera jamais.

Le 7 février 1983, il écrit une dernière fois à ses amis Michel et Micheline Simon, les bouchers de Léglise. Une longue lettre manuscrite. L'écriture est de plus en plus fine, de plus en plus penchée, difficilement lisible. Le style préfigure ce que seront ses écrits ultérieurs. Une syntaxe sinueuse, ampoulée, parfois maladroite. Au seuil de sa nouvelle vie, Luc s'adresse aux simples mortels qu'il abandonne pour un destin grandiose. Pour la dernière fois sans doute, Luc se livre à des gens étrangers à la secte. Cela ne lui arrivera plus.

« Chers vous tous,

« Je prends la plume pour vous écrire, en ce début de semaine. Tout d'abord, je vous remercie personnellement de votre gentille lettre que j'ai transmise à Christine.

« L'amitié qui en ressort ne fait que confirmer que les liens qui s'étaient établis entre nous l'ont été, depuis le début, sur une base appelée à se perpétuer même si le temps et la distance nous éloignent.

« Je suis néanmoins navré de vous apprendre quelque chose qui vous surprendra peut-être, encore que des signes auraient pu, pendant notre séjour à Léglise, laisser supposer une évolution en ce sens. C'est que Christine et moi avons décidé depuis trois mois de nous séparer. Cela s'est décidé sans passion car depuis notre arrivée ici, les choses ont pris un cours nouveau. Je savais que beaucoup de choses allaient changer dans le cours de ma vie et cela s'est confirmé. Dans tous les domaines d'ailleurs.

« Vous en expliquer les raisons serait inopportun mais je peux vous dire que cela s'est décidé non pas sur un coup de tête mais après mûre réflexion de ma part. Il est clair qu'en aucune façon des sentiments négatifs seront développés l'un vis-à-vis de l'autre et que nous continuerons à évoluer dans le même sens sur certains points puisque engagés que nous sommes dans certains travaux.

« En ce qui me concerne, mes perspectives professionnelles sont excellentes et nécessiteront une remise en place d'une organisation de travail rigoureuse et planifiée.

« Alors, voilà. Vous en serez peut-être étonnés mais, que voulez-vous, les choses, dans le cours de la vie, ne sont pas perpétuelles si elles ne répondent pas à des critères précis dans leur application. Le moment difficile est passé.

« J'espère me rendre en Belgique pour y faire une conférence le 3 mars prochain. J'aimerais tellement vous revoir mais ce sera fonction du temps dont je dispose et cela je ne puis jamais le savoir exactement.

« Alors, en attendant, bon courage à vous trois. Je vous envoie à tous ma meilleure amitié.

Luc Jouret. »

Dans cette lettre, on ne sait si Jouret ment à ses amis pour ne pas les effrayer en leur révélant les pratiques de la secte ou s'il se ment à lui-même pour supporter la terrible réalité. Jouret jette un voile pudique sur les circonstances de sa séparation avec Christine. « Cela s'est décidé sans passion », écrit-il sobrement. En fait, c'est Jo Di Mambro lui-même qui a ordonné la dissolution du couple. Prétextant une incompatibilité cosmique, Jo a décidé d'éloigner Christine de son mari. À l'issue d'une cérémonie égypto-templière, Christine a été vidée de son contenu spirituel et condamnée à errer jusqu'à sa mort (qui n'interviendra que douze ans plus tard), telle une momie. On recommande à Luc de l'ignorer*. Par la force des choses, ils continueront pourtant de se croiser dans les couloirs ou le jardin de la communauté durant des années. Jamais, malgré cette humiliation, malgré les brimades et les vexations, Christine ne songera à quitter la secte. Elle continuera d'admirer son ex-mari à distance, à se dévouer pour la cause, élevant les enfants des uns, accomplissant les tâches ménagères des autres, plongeant dans l'anorexie, la dépression puis la folie.

Si Di Mambro a décidé de séparer Luc et Christine Jouret, c'est qu'il a promis à Luc un destin historique, quasi biblique, incompatible avec une épouse si médiocre. Peu de temps après l'installation des Jouret à Saconnex-d'Arve, Di Mambro a en effet annoncé à son protégé qu'il était la réincarnation de saint Bernard de Clairvaux. Le vieux truc de la réincarnation, qui, plusieurs années auparavant, avait fait hurler de rire les Göbbels et leur avait ouvert les yeux sur Di Mambro l'imposteur, fonctionne admirablement avec Luc Jouret. Qu'on se le dise, M. Luc, Georges, Marc, Jean Jouret, né pour les cartésiens obscurantistes le 18 octobre 1947 à Kikwit (Congo), est en fait un saint. Et pas n'importe lequel. Saint Bernard de Clairvaux est l'homme qui rédigea en 1128 les statuts de l'ordre des Templiers. Cet ancien moine de Cîteaux, premier abbé de Clairvaux, ce docteur de l'Église, est le fondateur de l'ordre des Templiers.

Luc Jouret, l'ancien étudiant adorateur du président Mao, fils d'un farouche militant anticlérical, a-t-il réellement cru qu'il était la réincarnation d'un saint ? Peut-être en a-t-il douté une

---

* Le divorce de Marie-Christine Pertué et Luc Jouret ne sera prononcé officiellement qu'en janvier 1985. Le corps de Marie-Christine Pertué (ex-Jouret) sera retrouvé dans la ferme de Cheiry, allongé sur le dos. Sa tête était recouverte d'un sac-poubelle et présentait deux impacts de balles.

demi-seconde. Ce doute a été immédiatement balayé par la vénération que les membres de la communauté lui ont manifesté. Luc ne vit déjà plus dans la réalité.

À l'annonce de la canonisation de Luc Jouret par le pape Di Mambro, il n'y eut aucun sourire, aucune raillerie. Les survivants de la secte interrogés sur cet épisode grand-guignolesque expliquent qu' « avant cette histoire de saint Bernard, (ils) en avaient vu d'autres. La foi était telle, la parole de Di Mambro si sacrée, l'aveuglement si complet que cette promotion de Luc Jouret est passée comme une lettre à la poste ».

Il est vrai qu'auparavant le cercle d'élus réunis autour de Di Mambro avait pu assister à une naissance par théogamie, à des phénomènes cosmiques ébouriffants, à des miracles et continuaient d'utiliser comme engrais les excréments du Christ (c'est-à-dire ceux d'Emmanuelle Di Mambro, conçue officiellement par fécondation divine) pour améliorer le rendement du potager biologique de la communauté...

Jo Di Mambro doit maintenant trouver à saint Bernard, qui n'a pas fait vœu de chasteté, une nouvelle épouse, digne de son rang.

Il propose à Luc une autre femme, elle aussi membre du groupe. Intellectuellement et physiquement, lui promet-il, elle sera bien plus « à la hauteur » que l'insignifiante Christine. Jo joue une nouvelle fois les entremetteurs. Il commence par disloquer un couple d'adeptes (Thierry Huguenin et sa femme). Il leur explique que leur « cycle de couple est terminé » et qu'ils doivent se séparer. Il pousse ensuite la femme de Thierry Huguenin dans les bras de Luc Jouret et, pour faire bonne mesure, envoie ladite épouse à Annemasse comme secrétaire au cabinet médical du Dr Jouret. Jo est certain que cette promiscuité médicale ne peut qu'aboutir à un accouplement.

Malheureusement, l'ex-Mme Huguenin résiste et refuse les avances de l'entreprenant Dr Jouret. Di Mambro s'entête quelques semaines puis abandonne le projet de ce nouveau couple cosmique qui lui paraissait pourtant idéal. Il rapatrie la promise récalcitrante, et lui attribue un poste de secrétaire dans l'ordre.

Les témoignages sur la vie quotidienne auprès de Jo Di Mambro, à la Golden Way, sont rares. Les fidèles des premiers jours, les pionniers, ceux qui étaient du premier cercle autour de Jo, sont morts en octobre 1994. D'autres se taisent ou se cachent.

Paul et Marthe* ont vécu plusieurs années à la Golden Way. Comme beaucoup, ils y sont entrés par hasard, en douceur, sans y être contraints, simplement parce que depuis des années Marthe souffrait des oreilles et qu'aucun médecin ne parvenait à la soulager. Simplement parce que sa route a croisé celle de Luc Jouret. « J'ai eu des problèmes ORL toute ma vie, explique Marthe. J'ai vraiment tout essayé, rien n'y faisait. Un jour, au début des années 80, mon mari a rencontré une amie qui lui a parlé d'homéopathie et lui a donné le numéro de téléphone d'un certain Dr Jouret, installé à Annemasse. Ce Dr Jouret était aussi conférencier. Ses conférences étaient payantes, 1 500 francs pour deux jours. C'était au-dessus de nos moyens, mais il est arrivé une chose extraordinaire, nous avons reçu un chèque d'EDF pour un trop-perçu de 1 500 francs. C'était un signe évident du destin ! La première conférence à laquelle j'ai assistée a eu lieu à Paris. Jouret a parlé de régénération par l'alimentation, et j'ai été spontanément en accord avec tout ce qu'il disait. Après la conférence, nous sommes allés dîner chez des amis. Jouret était là. En parlant, en l'écoutant, j'ai ressenti quelque chose de très fort, l'impression de le connaître depuis longtemps. Il était accompagné d'un pharmacien, un certain Giron, de Brest. On s'est tutoyé tout de suite et, comme il avait un sens aigu pour capter les vibrations, il m'a dit : " Tu as des problèmes, tu n'as plus d'énergie. " C'était vrai, j'étais esclave des médicaments.

« Le lendemain, après la deuxième conférence, nous avons de nouveau dîné avec Luc, et nous avons parlé toute la nuit. On ne s'est plus quittés. Nous habitions Lyon mais, dès que nous le pouvions, nous allions assister aux conférences de Luc, où qu'il soit. Il était devenu pour nous un ami sincère. Il a commencé à nous parler des mystères de la nature, de sa démarche spirituelle, de son initiation en Inde et puis, un jour, il a évoqué l'existence d'un ordre initiatique qu'il venait de découvrir, où on vivait près de la nature, en toute conscience. Il ne nous en a pas dit plus, mais on sentait qu'il nous faisait confiance.

« J'avais commencé un traitement homéopathique, je faisais attention à mon alimentation, et je me sentais de mieux en mieux. Luc me parlait de ma volonté, de cette force intérieure que je devais cultiver. Luc était sans cesse en déplacement, " pour la mission " disait-il. En 1983, on l'a rejoint en Martinique, où il se

---

* Paul et Marthe sont les pseudonymes de deux anciens adeptes de l'OTS désirant garder l'anonymat.

faisait appeler Vénérable Grand Maître. Avec Paul, nous avons fait la connaissance de Pierre Celtan et d'une certaine Renée Pfaehler, qui faisait des rêves éveillés. Elle a dit à Luc que, dans une autre vie, j'avais été une Atlante. L'histoire de l'Atlantide m'a toujours passionnée, depuis toute petite. À la Martinique, le rituel se faisait en tenue blanche. J'étais un peu surprise, mais ça me convenait assez bien. Je me souviens de l'émotion qui m'a étreinte lorsque Luc s'est approché et m'a dit très doucement, comme une confidence : " On se connaît depuis longtemps, tu fais partie d'une élite d'avant, tu fais partie de la hiérarchie. "

« Après, tout est allé très vite. La conférence suivante a eu lieu à Genève, et nous avons découvert la Fondation Golden Way. L'endroit était beau à couper le souffle. Jo Di Mambro n'était pas là.

« Un soir, on m'a fait entrer dans un cercle atlante. J'ai découvert des gens que je n'avais jamais vus, avec l'étrange impression de les connaître.

« Au cours de ce rituel, une femme, qui avait des dons de médium, dit qu'elle avait reçu un message et qu'elle sentait le réveil d'une Atlante*. Et cette Atlante, c'était moi. J'ai soudain senti une force, une chaleur qui partait de mon sexe et qui sortait de moi. Je ne comprenais pas, et je me suis demandée si on ne m'avait pas droguée. L'émotion était tellement forte que je me suis mise à pleurer, j'ai cru devenir folle. [13] »

À la Golden Way, le système d'embrigadement est parfaitement rodé. Les Maîtres ne se montrent pas tout de suite. Pour les côtoyer, il faut appartenir à une élite. Lorsqu'elle accomplit, sans le savoir, ses premiers pas dans la secte, Marthe ne croise pas Jo Di Mambro. C'est plus tard, dans le Vaucluse, que l'événement aura lieu.

Paul, son mari, n'a pas oublié son adoubement :

« Trois mois à peine après avoir rencontré Luc, nous sommes conviés au Barroux, un superbe petit village du Vaucluse. On avait déjà la talare, cette cape qui symbolise le premier grade. Il manquait un chevalier à Jo, il a donc improvisé cette cérémonie pour moi.

Au Barroux, il y avait le gratin du Temple, en particulier les deux hommes qui dirigeaient la manœuvre, Jo et

---

* La référence à l'Atlantide sera très souvent utilisée par Di Mambro et Jouret. Ainsi la femme de Thierry Huguenin se verra-t-elle affublée du nom d'Antinéa qui, selon Platon, fut une reine à l'époque supposée de l'Atlantide.

Michel Tabachnik. Ils s'y entendaient pour créer l'émotion et provoquer l'énergie collective. C'est là que j'ai été adoubé chevalier. »

Paul se souvient encore de la formule qu'il fallait réciter pour le Passage du Premier Parvis, avant d'endosser la talare, le premier attribut du templier : « " Je m'engage sur l'honneur à respecter le secret absolu dans ce qu'il représente de sacré pour moi et pour notre ordre vénéré. Conscient qu'un ordre cosmique et immortel régit toute la vie dans l'univers, je m'engage à respecter la hiérarchie du temple. Ce serment m'engage vis-à-vis des hommes, mais encore et surtout vis-à-vis de moi-même et du divin. "

« J'ai trouvé ces rituels un peu ridicules mais la force du groupe m'a impressionné. La première fois que je me suis assis à la même table que les membres de la Fondation Golden Way, j'ai été électrisé, j'ai dû sortir de la pièce, saoulé par la force qui émanait de ce groupe. Et quand, quelque temps plus tard, Jo nous a dit que notre place était là, avec eux, nous n'avons pas hésité. » Paul et Marthe partent vivre à la Golden Way.

En fait, dès 1982, Di Mambro et le groupe dirigeant de la Fondation ont pris la décision de créer un ordre templier de dimension internationale, avec un Grand Maître exotérique, c'est-à-dire officiel, reconnu publiquement.

Par souci d'efficacité, Jo préfère rester en retrait. Ses responsabilités dans le monde impalpable de l'au-delà sont déjà fort lourdes et il voudrait que Michel Tabachnik occupe le poste. Mais le chef d'orchestre souvent en déplacement ne peut pas être présent en Suisse en permanence. Il décline l'offre. C'est finalement Luc Jouret qui occupera la place.

En 1982, Jouret et Di Mambro, qui ont trouvé suffisamment de ressources chez leurs adeptes pour s'offrir des Mercedes et des BMW étincelantes, prennent la route avec Tabachnik vers le Sud-Ouest de la France. Ils se rendent au château d'Auty, près de Caussade dans le Tarn-et-Garonne, au siège de l'Ordre rénové du Temple. Ils vont à la rencontre du maître des lieux, l'ancien gestapiste Julien Origas.

Si Di Mambro effectue ce long déplacement, c'est qu'au préalable il a obtenu le feu vert indispensable. Quelques mois auparavant, au cours d'un périple en Italie, les hiérarques qui à l'époque parrainent la nébuleuse templière en Europe ont donné leur accord pour la fusion entre l'Ordre de Julien Origas et la

Golden Way. De ce mariage devrait naître un nouvel ordre, repris en main par des hommes dynamiques.

Origas accueille Di Mambro avec méfiance. Il le connaît trop bien. Il n'est pas totalement dupe de ses politesses et de ses compliments sur l'architecture du château et la douceur du climat local. Il sent bien que Jo a des vues sur son organisation, sur ses commanderies et sa puissance. Surtout, Julien Origas se sait atteint d'un cancer qui progresse avec obstination. Le temps presse mais il refuse de brader son « entreprise » et de l'offrir à un tel repreneur.

Catherine Origas, la fille du Grand Maître de l'Ordre rénové du Temple, se souvient de cette délégation arrivant dans de grosses voitures et qui commençait à tourner autour du templier vieillissant, comme des vautours survolant leur proie.

Pour amadouer Origas, et conférer à cette OPA un caractère plus amical, Di Mambro utilise sa botte secrète : Luc Jouret. Julien Origas connaît Luc Jouret qu'il est déjà allé écouter lors d'une de ses conférences à la Golden Way. Il admire le charisme de ce médecin au verbe volontaire et au contact facile. Séduit, comme beaucoup, le vieil homme se prend d'affection pour le jeune et brillant docteur.

La vision du monde de Jouret n'est pas très différente de celle d'Origas et celui-ci verrait bien l'homéopathe lui succéder. Il en fait son médecin personnel. Jouret lui fera quelques piqûres qui ne ralentiront aucunement la progression du mal. Le cancer de Julien Origas prospère, Jouret le sait. Il peut donc porter l'estocade. Il comprend que Julien Origas souhaite qu'on lui rende une dernière fois hommage, au soir de sa vie. Une cérémonie savamment mise en scène lui fera accepter la perte de son sceptre de Grand Maître. Il suffit d'y mettre le prix et de mobiliser tous les membres de la Golden Way. Rendez-vous est pris pour le mois de juillet suivant. Le choix de la date est important. Sans avoir l'air de bousculer le Grand Maître, il ne faut pas trop tarder car Jouret pense qu'Origas ne passera pas l'été.

Juillet 1983 arrive. Tout est prêt. Catherine Origas accompagne son père, qui n'est plus en état de conduire, dans le Vaucluse où une passation de pouvoirs grandiose entre Origas et Jouret a été mise au point avec minutie par Di Mambro et Michel Tabachnik. Cette réception très spéciale se déroule dans la maison du couple Tabachnik au Barroux, un charmant village avec vue imprenable sur les dentelles de Montmirail et le mont Ventoux *.

Comme lors de ses déplacements à Genève, Origas est accueilli avec déférence. Le récit qu'a fait Thierry Huguenin de cette cérémonie de passation des pouvoirs, la fusion entre l'Ordre rénové du Temple et la Golden Way, est stupéfiant [14]. D'abord, la douche purificatrice pour les hommes et les femmes séparés, puis les cantiques psalmodiés un après-midi durant, pendant qu'Origas et Jouret, agenouillés côte à côte dans une chapelle aménagée, tentent de donner l'image rassurante de la communion des esprits. Puis, entouré des leaders de la Golden Way (Di Mambro, Tabachnik et l'architecte genevois Constantin K.), Origas, presque grabataire, allume la torche tenue par Luc Jouret. Les adeptes sont ensuite invités à méditer toute la nuit sur la portée historique de cette transmission de flambeau entre l'ex-Grand Maître Origas et saint Bernard de Clairvaux, alias Luc Jouret.

Après l'interminable cérémonie, Catherine Origas reçoit la visite de Luc Jouret dans sa chambre d'hôtel. « Il a commencé à me poser des questions sur le nombre de membres de notre ordre, sur leur niveau social. Il voulait savoir si le château d'Auty appartenait à l'ORT : j'ai senti qu'il essayait d'en savoir plus pour noyauter l'ordre. Je ne lui ai rien dit et, sur la route du retour, j'ai fait part de mes soupçons à mon père. »

Mais Julien Origas ne l'entend plus. Diminué par la maladie, il est persuadé qu'il a accompli la mission qui lui était assignée par ses supérieurs en transmettant le flambeau à Luc Jouret qui représente, du moins le croit-il, l'avenir des Templiers.

Très vite, les hommes de la Golden Way envahissent l'Ordre rénové du Temple. On voit de plus en plus souvent Jouret et Di Mambro garer leurs Mercedes dans la cour du château d'Auty. Ils se sentent en terrain conquis.

Catherine Origas flaire le danger. « En août 1983, au cours d'une réunion des membres de l'ORT, j'ai remarqué que Jouret téléphonait à chaque fois qu'il était contredit. Je suis persuadée qu'il prenait ses ordres auprès de Di Mambro. Quand Di Mambro est venu au château, il a pris la parole en assemblée, après avoir imposé le silence. Il a déclaré que des Maîtres lui parlaient

---

* Cette maison a été achetée discrètement par une société civile immobilière, l'Arch, dont les deux actionnaires sont Sabine Tabachnik, l'épouse du chef d'orchestre, et Françoise L., à l'époque compagne de Luc Jouret et mère de son fils Vincent.

et demandaient que ma mère et moi, ainsi que tous ceux qui étaient contre lui, sortent de la salle. Mon père n'était pas là, et j'ai senti que des membres de notre ordre étaient impressionnés par Di Mambro et Jouret. [15] »

Le 20 août 1983, moins d'un mois après avoir transmis ses pouvoirs temporels et spirituels au sémillant Grand Maître Jouret, Julien Origas meurt. L'âme apaisée, il rejoint Jacques de Molay au panthéon des sauveurs de l'Occident.

Malgré la résistance de Catherine Origas, Jouret insiste pour organiser lui-même les obsèques. « Jouret a donné des instructions sur le déroulement de l'enterrement. Un soir, au château, je suis entrée dans le salon de ma mère et j'ai trouvé Jouret au téléphone en train de dire : "... Ça y est, je suis dans la place..." Sur ce, il m'a vue et il a raccroché. On s'est disputé et je l'ai insulté. Le soir, il voulut organiser la veillée mortuaire, et j'ai refusé. Comme il a réussi à imposer ses vues, je n'ai pas assisté à cette veillée. Dès ce jour-là, Jouret est apparu sous son vrai jour. Il voulait déjà que la chapelle soit modifiée et que ma mère déménage. En fait, il faisait tout pour dévier l'Ordre rénové du Temple au profit de son groupe à lui. »

Jouret parvient à changer les rituels, à imprimer sa marque, mais il ne pourra pas dérober le fichier de l'ORT. Grâce à son talent de rabatteur, il arrivera à débaucher une trentaine de compagnons de route d'Origas * qui le suivront dans une nouvelle organisation, l'Ordre du Temple solaire (OTS).

Après cette victoire décisive, Di Mambro, Jouret et les autres retournent en Suisse, à Saconnex-d'Arve, et annoncent à leurs ouailles le changement d'appellation. Les membres de la communauté ont désormais l'honneur d'appartenir à l'Ordre du Temple solaire. Pour autant, la Fondation Golden Way ne disparaît pas. Elle reste fort utile comme paravent et Jo Di Mambro ne songe pas un instant à la dissoudre. C'est une coquille vide, un instrument de relations publiques indispensable si l'on veut

---

* Parmi ces membres de l'ORT qui choisiront de suivre Jouret, une poignée d'adeptes canadiens qui aideront grandement par la suite l'OTS dans son implantation au Québec, Jocelyne Grand'Maison, journaliste québécoise de télévision puis de presse écrite, transfuge de l'ORT, trouvera la mort en octobre 1994 à Cheiry, tuée de deux balles dans la tête. Roger Giguère, un autre adepte canadien de l'ORT passé à l'OTS, deviendra le trésorier de la secte pour le Canada. À la demande de Di Mambro et de Jouret, il contractera mariage en janvier 1985 avec Dominique Bellaton (la propre maîtresse de Di Mambro). Dominique Bellaton pourra ensuite demander et obtenir un passeport canadien. Le couple ne vivra jamais sous le même toit, Roger Giguère habitant la ville de Québec et Dominique Bellaton à Montréal. Roger Giguère vit encore aujourd'hui à Québec.

continuer à recruter dans la société civile sans effaroucher d'emblée les candidats. Di Mambro et Jouret ont compris qu'il faut attirer les futurs adeptes par paliers. On disserte devant eux sur l'homéopathie, le yoga, l'harmonie du corps et de l'esprit. On attend évidemment quelques semaines avant d'évoquer en leur présence les Templiers morts sur le bûcher et les conversations à bâtons rompus avec les cosmogonies.

Le passage de la Golden Way à l'Ordre du Temple solaire ne révolutionne pas la vie des adeptes. La communauté ne déménage pas. Elle continue de vivre en autarcie à Saconnex-d'Arve sous la férule despotique de Di Mambro et de ses aides de camp Jouret et Tabachnik. Aucun des adeptes survivants n'évoque, à propos du passage de la Golden Way à l'OTS, de changement radical. Bien sûr, Luc Jouret est désormais officiellement Grand Maître et possède certains attributs du pouvoir, mais son titre lui sera surtout utile lorsqu'il quittera Genève pour évangéliser des terres lointaines, la Martinique ou le Canada, sous la bannière de l'OTS. En Suisse et en France, les adeptes savent que lorsqu'une décision importante doit être prise, Jouret propose et Di Mambro dispose.

À la fin de l'année 1983, Luc Jouret, tout nouveau Grand Maître de l'Ordre rénové du Temple, s'absente quelques jours de Genève. Une affaire de la plus haute importance l'attend dans le Sud-Ouest de la France. En plein accord avec Jo Di Mambro, Luc doit être ordonné prêtre.

Di Mambro pense sérieusement que cette « promotion » ecclésiastique ne peut que renforcer l'aura de Jouret sur les membres de la communauté.

Quelques mois auparavant, au début de l'année 1983, lorsqu'il multipliait les visites au château d'Auty pour mieux s'emparer de l'ORT, Luc Jouret a fait la connaissance de Bernard A. Celui-ci est membre de l'ORT et suivra Jouret dans sa dissidence. Mais ce qui fait le prix de ce Bernard A., c'est son carnet d'adresses.

Cet homme est à tu et à toi avec un évêque. Lorsque Jouret et Di Mambro l'apprennent, leurs regards se croisent. Ils se sont compris. Un évêque peut tout faire, y compris ordonner des prêtres. Si l'on parvenait à circonvenir cet homme d'Église, la secte pourrait avoir en son sein un ou plusieurs prêtres tout neufs, prêts à l'emploi. L'ordre compterait donc dans ses rangs un éminent médecin homéopathe, un architecte, un chef d'orchestre, un professeur de yoga, une cantatrice, des hauts fonctionnaires... et un prêtre. Quel surcroît de prestige !

Évidemment, l'évêque en question est un peu spécial. Pour tout dire, il est un tantinet schismatique. Ni Rome ni la conférence des évêques de France n'en a jamais entendu parler. Il s'appelle Jean Laborie. Avant-guerre, il a bien été ordonné prêtre. Mais le concile Vatican II a été un crève-cœur pour cet homme d'Église attaché à la tradition. Il rejette en bloc les réformes imposées par le Vatican. Il refuse la mise au goût du jour de la liturgie. La messe dans une autre langue que le latin n'est pas concevable à ses yeux. De guerre lasse, et voyant que ses protestations ne sont pas entendues, il décide, le 2 octobre 1966, de s'autoproclamer évêque de Narbonne (Aude) et de Lavaur (Tarn). Il appartient désormais à une nouvelle congrégation, l'« Église catholique latine », en rupture totale avec Rome.

« Monseigneur » Laborie s'installe à Portet-sur-Garonne près de Toulouse, d'où il anime son groupuscule. Il trouve même un lieu pour exercer ses talents dominicaux. Il prêche dans l'église Sainte-Rita, à Toulouse, et dans une chapelle à Moissac.

Jouret, que la carrière d'homme d'Église fascine subitement, demande à Bernard A. d'intercéder en sa faveur. Trop heureux de trouver des émules qui, d'ordinaire, sont plutôt rares, l'évêque Laborie accepte rapidement le principe de l'ordination. Jouret lui précise alors que pour donner plus de cachet à cette cérémonie il se propose de l'organiser dans une vraie chapelle. « Monseigneur » est ravi. Pour vaincre les dernières réticences de monseigneur Laborie, Luc Jouret invente un énorme mensonge.

« Si je désire si ardemment être prêtre, explique-t-il, c'est parce que j'ai une vocation d'évangélisateur. Aussitôt ordonné, je ferai mes valises et partirai pour l'Afrique pour prêcher la juste parole de l'Église catholique latine. »

Monseigneur est aux anges. Rendez-vous est pris. Jouret compte naturellement réquisitionner la chapelle du château d'Auty pour y organiser cette importance cérémonie. Le jour J, monseigneur Laborie arrive à Auty, ponctuel et concentré. Il a astiqué sa mitre et révisé son latin. Luc Jouret est prêt lui aussi. Autour de lui, dans la petite chapelle réaménagée à cet effet, le fidèle Thierry Huguenin et Charles D. (un transfuge de l'ORT).

L'office sera empreint d'une grande dignité. Le faux évêque ordonnant un faux prêtre devant de faux templiers, tous garderont leur sérieux. Même quand Luc Jouret s'agenouillera devant Monseigneur pour baiser son anneau. Même quand il s'allongera sur le sol en signe de renoncement.

Une heure trente plus tard, Luc Jouret est un homme neuf. Le fils de Napoléon Jouret, héraut de l'anticléricalisme, est enfin prêtre. Pour mieux se préparer à sa nouvelle mission, il invite monseigneur Laborie* à déjeuner dans la salle à manger du château.

Auprès d'Origas, Jouret a eu le temps d'approfondir ses connaissances historiques et templières. Il a pris bonne note de la signification des capes et de leur hiérarchie. Bien sûr, les surplis, les aubes, les houppelandes de tous acabits étaient déjà très prisés à la Golden Way. Di Mambro, depuis son passage à l'Amorc, sait à quel point les capes impressionnaient les nouveaux membres et contribuaient à asseoir le pouvoir des Maîtres, à les grandir, à dissimuler leurs formes et leurs imperfections physiques. Jo lui-même, lorsqu'il est déguisé en templier, en oublie presque ses disgrâces, sa petite taille et sa bedaine. La cape le nimbe de mystère et l'anoblit. Lui, le fils d'immigré complexé, le sans-diplôme, entre dans la peau d'un moine-soldat.

Di Mambro, Tabachnik et Jouret vont systématiser et codifier le port de la cape au sein de la Golden Way et de l'OTS.

Le plus souvent, Luc Jouret repère lors de ses conférences ses auditeurs les plus motivés. Après de longues discussions qui lui permettent de sonder les failles, les espoirs et les portefeuilles de ses interlocuteurs, il invite ceux qu'il considère comme des cibles idéales à une soirée ou à un séminaire à la Golden Way. Les futurs adeptes font alors leurs premiers pas dans le parc impeccablement entretenu de la communauté, à Saconnex-d'Arve. S'ils satisfont aux critères de choix de Di Mambro, on les revêt d'un simple surplis blanc à larges manches. Quelques semaines plus tard, lorsque leurs liens avec la communauté deviennent plus intimes, ils sont faits chevalier.

---

* Les affaires de monseigneur Laborie se compliqueront bien plus tard quand ses pairs de l'Église catholique latine s'apercevront qu'il a procédé à ces ordinations sauvages. Pour se justifier d'avoir ordonné en catimini Luc Jouret, Thierry Huguenin et deux autres personnes, l'« évêque de Narbonne » précisera que ces jeunes gens étaient très sympathiques et pleins d'une foi ardente. En février 1996, treize ans après les faits, l'évêque Jean Laborie s'étant fait tancer par les autres membres de la congrégation, et s'estimant trop âgé (il a 77 ans), a renoncé à ordonner qui que ce soit. Il laisse ce privilège à son coadjuteur.

On confectionne alors à leur intention une cape blanche, en belle étoffe, la talare.

Les mois passent. Si l'apprenti templier a donné suffisamment de gages d'obéissance, s'il a consenti à vider son compte en banque pour le bien de la communauté, il est récompensé. Di Mambro, aidé en général de Tabachnik et de Jouret, organise une cérémonie au cours de laquelle le templier confirmé entre dans le cercle des capes blanches à croix pattée. La cape est frappée d'une croix templière et doublée. Doublure rouge pour les hommes. Ce rouge d'une nuance volontairement agressive représente le feu censé brûler le mal qui ronge les hommes. Doublure verte pour les femmes. Ce vert n'est aucunement celui de l'espérance. Il symbolise tout à la fois le rayon vert, grand classique dans l'imagerie solaire des Rose-Croix, et la transmutation, car les femmes ont vocation à enfanter et à engendrer de nouveaux templiers.

Les membres les plus valeureux de la secte peuvent conserver dans leur garde-robe une cape rouge, qu'ils arborent lors des séances de méditation. Di Mambro a décrété que ces capes étaient la reproduction du manteau du Christ. Et le Christ étant mort en croix à 33 ans, seules trente-trois personnes auront le droit de porter cette cape.

Au fil du temps, l'usage des capes sera dévoyé. Tel adepte ayant contrarié Jo sera envoyé en pénitence et privé de cape plusieurs jours ou plusieurs mois. « Ce système de cape était un formidable instrument d'avilissement, se souvient un ancien adepte. Jo et Jouret jouaient de ces capes, ils formaient une sorte de tribunal qui attribuait et retirait les hochets. Jo récompensait les uns, détruisait les autres en leur disant, sur un coup de sang : " Toi, ce soir, tu es privé de cape, j'en ai marre de tes conneries ! Ça t'apprendra ! " »

À l'inverse, un membre de la secte ayant fait un bel héritage passera de la talare du débutant à la cape rouge de Grand Initié en une seule soirée, au terme d'une cérémonie expéditive. Distribuant les morceaux de tissu comme des bons points, le nombre de capes rouges dépasse rapidement le nombre d'années vécues par le Christ. Les capes se démonétisent. Leur nombre et l'identité de leur récipiendaire reflètent l'humeur du tout-puissant Jo Di Mambro et les besoins de financement de la secte.

Au sommet de la hiérarchie de l'Ordre du Temple solaire, au-dessus des capes rouges, onze hommes porteurs d'une cape noire. Ce sont, explique Jo Di Mambro, les onze Frères de la

Rose-Croix. Jo a choisi le noir parce que ces hommes sont détenteurs de pouvoirs occultes. Ils savent communiquer avec les esprits et traduire aux membres de la secte le contenu de ces conversations. Les porteurs de cape noire changeront au fil des années. Seuls quelques-uns la porteront jusqu'aux dernières heures, dont Di Mambro bien sûr, Luc Jouret, en tant que Grand Maître officiel de l'ordre, et Michel Tabachnik, le théoricien, auteur des textes fondateurs de l'OTS.

D'autres porteront la cape noire moins longtemps. Soit parce qu'ils mettent plus de temps à l'obtenir, faute d'argent, soit parce que leur entrée dans la secte est postérieure à 1983, année où le système des capes est généralisé. Thierry Huguenin, le bon élève, dépourvu de fortune personnelle, homme à tout faire de Di Mambro, ne sera admis qu'après plusieurs années, « au mérite », dans ce cénacle. Albert Giacobino*, richissime propriétaire terrien genevois qui abandonnera plusieurs millions de francs suisses à la secte, sera récompensé par une cape noire. Un autre mécène de l'ordre, le millionnaire Camille Pilet, sera intronisé plus tard, en 1989, à l'issue d'une cérémonie qui, on le verra, battra tous les records de vitesse.

En 1991, Jo Di Mambro annoncera à ses fidèles qu'il entend modifier le système de capes. Il veut tenir compte des bouleversements en cours. « Nous sommes passés dans l'Âge d'or, explique-t-il aux adeptes, c'est un nouvel état de l'humanité. Nous approchons de l'Apocalypse. Nos capes doivent refléter ce changement. » Désormais, les initiés de la secte porteront une cape dorée. Elle ne remplace pas la cape noire, mais s'y superpose. Dans les faits, les détenteurs de cape noire ont simplement à ajouter une pièce de tissu pailleté pour être au goût du jour du jugement dernier.

Pendant plus de quinze ans, des premières heures de « La Pyramide » en 1978 à l'implosion de l'OTS en octobre 1994, un groupe d'hommes, de femmes et d'enfants vit ainsi, obsédé par la couleur de la cape attribuée, à l'écart du monde, en dehors du siècle. Prisonniers consentants dans une prison sans barbelés ni

---

* Né en 1922, Albert Giacobino est un riche exploitant agricole de la région de Genève. À la fin des années 70 (à un moment où il traverse une crise personnelle douloureuse), il adhère à la Golden Way et plus tard à l'Ordre du Temple solaire. De 1984 à 1989, il vit en communauté dans la secte au Canada. Puis il suit Di Mambro et les siens en Australie. En quinze ans de présence dans la secte, il a dilapidé toute sa fortune. Son corps a été retrouvé à Cheiry, la tête recouverte d'un sac-poubelle ne présentant aucun impact de balle.

miradors. Ils ne voient rien du monde extérieur, ne lisent pas les journaux, n'ont que faire de la réélection de François Mitterrand en 1988, se moquent de la chute du mur de Berlin, de la tache de vin de Gorbatchev et de l'augmentation alarmante du nombre de chômeurs dans la Confédération helvétique. Ils ne savent pas qui sont Carl Lewis et Michel Platini. Ils n'ont pas le temps de regarder la télévision, pas le temps de lire. Ils vivent hors la vie.

Dès 5 heures du matin, quelle que soit la température extérieure, qu'il vente ou qu'il neige, les membres de la communauté doivent se présenter dans le jardin de la Golden Way pour la séance de gymnastique cosmique. Thierry Huguenin a décrit ces rituels au cours desquels hommes et femmes se réunissent dans le parc, sous un vieux séquoia, le touchent, le caressent, puis entament leur méditation. Sur un pied, sur les mains ou en position du lotus. Ils sont grotesques et ne se demandent même pas pourquoi Di Mambro, Tabachnik ou Jouret, qui habitent aussi la demeure, sont encore au chaud, dans leur lit, au lieu de se trouver parmi leurs fidèles.

Une heure et demie plus tard, c'est le premier rituel de la journée. Tout le monde est convoqué dans le sanctuaire. Le discours sectaire est plutôt classique. Les Maîtres Di Mambro, Tabachnik, Jouret et, plus tard, Pilet diabolisent le monde extérieur qui représente un danger pour l'ordre. On sollicite ensuite les Maîtres de l'invisible, afin qu'ils donnent la force aux Templiers de réussir leur œuvre, et qu'ils préservent la terre de l'implosion.

Petit déjeuner à 7 heures, frugal. Un verre d'eau et un bol de céréales, très souvent immangeable.

Ceux qui travaillent dans le monde profane quittent la maison au moment où les enfants se lèvent et se préparent pour partir à l'école. Les enfants d'adeptes scolarisés fréquentent la Planète bleue, qui applique la méthode Montessori, une école située tout près de la frontière, côté français. Ils n'iront jamais à l'école publique, de peur qu'un questionnaire administratif ne les mette dans l'embarras ou qu'un instituteur un peu trop curieux n'interroge un enfant sur son lieu de résidence, son environnement ou la profession de ses parents.

Tous les anciens adeptes de l'Ordre du Temple solaire avouent que quitter la fraternité, ne serait-ce que pour quelques heures, était un déchirement. Certains paniquent à l'idée d'avoir à se plonger même une seule journée dans la vie civile. Ceux qui continuent de travailler à l'extérieur plaignent leurs collègues de travail qui ne sont à leurs yeux que de malheureux mortels qui ne savent rien du partage spirituel et du monde invisible. Les plus acharnés ne regardent même plus leurs semblables qui pourraient leur transmettre de mauvaises vibrations et leur faire rater le rituel du soir. Ils évitent leurs anciens amis, ne revoient plus leur famille. Ils cherchent un recoin discret sur leur lieu de travail pour méditer en silence et se mettre en liaison télépathique avec les frères restés à la fondation. Au moment du repas de midi, ils sortent une fiole d'alcool à 90° afin de nettoyer leurs couverts, sous le regard étonné de leurs collègues.

À la Golden Way, la ruche est au travail toute la journée.

Deux ou trois femmes s'activent à la cuisine où les règles d'hygiène sont draconiennes : coiffées d'un bonnet de plastique, les mains gantées, elles lavent la salade à sept reprises, découpent les légumes du jardin toujours dans le même sens, et ne doivent laisser entrer personne dans ce lieu quasiment stérile.

« Je passais ma vie à la cuisine, se souvient Marthe. Avant, je menais une vie bourgeoise, j'étais choyée. Une fois entrée dans la secte, je n'ai plus quitté cette cuisine. Je savais que mon engagement passait par là, par la préparation de repas pour quarante personnes.

« Nous avions nos propres légumes, chargés des bonnes vibrations, d'énergie.

« Il fallait que nous soyons capables de nous débrouiller seuls, au cas où un malheur s'abattrait sur le monde. Je me suis demandé une fois pourquoi exactement on faisait ça. Mais je n'ai pas eu le temps de gamberger très longtemps, chaque minute de ma journée était occupée. Chacun de nos gestes, même le plus simple, devait se faire en toute conscience : boire un verre d'eau le matin, au saut du lit, prendre sa douche, respirer devant sa fenêtre ouverte.

« Nous étions obsédés par les microbes. D'après Jo et Luc, ils nous menaçaient à tout instant. Nous devions nous laver les mains plusieurs fois par jour. On nous expliquait que les microbes flottaient dans l'air et attendaient la moindre défaillance de notre part, pour attaquer. Nous étions sans arrêt sous pression. »

D'autres adeptes sont préposés au nettoyage de la maison et de ses dépendances. Mais le gros des troupes est affecté à l'exploitation agricole. À la Golden Way, on travaille à l'ancienne. Deux chevaux tirent la charrue. Le jardin est entretenu à la main, tout comme les semis ou les récoltes. Pas d'engrais chez les Templiers, seules les selles de l'enfant cos-

mique, Emmanuelle, sont utilisées pour améliorer les rende-
ments. Elles doivent être répandues régulièrement sur les
cultures. Toujours à la main.

La maison est un chantier permanent.

De nouveaux adeptes, recrutés par Luc Jouret, viennent
grossir les rangs, et il faut bien les loger. On casse, on
reconstruit, on aménage, sous le regard en général courroucé
d'un Di Mambro aux mains manucurées, qui trouve que les travaux ne vont pas assez vite.

Tous les soirs, et parfois très tard dans la nuit, les Templiers sont convoqués au sanctuaire. Quand Jo n'est pas en
voyage, la tension est permanente. Il improvise sans cesse,
donne des ordres et des contrordres, organise des confessions
publiques ou humilie celui qui a fauté durant son absence.

Jo a ses informateurs dans le groupe qui lui narrent par le
menu les écarts des uns et des autres. La soumission est telle que
les adeptes, oubliant les délateurs, pensent que Jo a utilisé ses
talents de médium pour les confondre. Jo utilisera et perfection-
nera pendant de longues années ce réseau de dénonciation pour
régner sur ses fidèles et mater les rebelles.

Dans tous les centres appartenant à l'ordre, le mode de
fonctionnement est le même. « Di Mambro, Jouret et les autres
ont mis au point une machine à broyer les hommes. Les tensions
dans le groupe étaient de plus en plus fortes, se souvient Paul.
On vous enfonçait au lieu de vous aider. Et on vivait en permanence avec un sentiment de culpabilité, celui de ne pas se sur-
passer suffisamment pour la cause. [16] »

D'un point de vue spirituel, l'OTS est une entité hybride.
C'est un ordre à la fois séculier et régulier. Les adeptes qui
exercent une activité rémunératrice et qui acceptent de reverser
leur salaire à l'ordre passent une partie de leur journée à l'extérieur. On ne leur en fait pas grief, à condition qu'ils ne dévoilent
pas les pratiques de la communauté. Ils appartiennent au clergé
séculier de la secte. Pendant plus de dix ans, l'OTS comptera
dans ses rangs des médecins, des infirmiers, des comptables, des
ingénieurs, un architecte, des fonctionnaires, le maire d'une ville
canadienne, et même des policiers français. Aux yeux de
Di Mambro, il est important que ces disciples-là aient une vie à
l'extérieur de la communauté. Ils alimentent les caisses de
l'ordre et servent d'agents d'influence qui le renseignent sur
l'état du monde extérieur.

En revanche, les sans-grade, les sans-fortune doivent rester à demeure pour accomplir les basses besognes. Ils forment, en quelque sorte, le clergé régulier. Di Mambro parviendra quelquefois à faire passer les adeptes d'une catégorie à l'autre. Un ingénieur suisse très fortuné menant une brillante carrière professionnelle sera ainsi réduit à l'esclavage après avoir légué plusieurs millions de francs à la secte. Di Mambro estimera alors probablement qu'il avait donné le meilleur de lui-même financièrement et qu'il était inutile qu'il continue à travailler en ville. L'infortuné sera envoyé au Canada pour planter des carottes biologiques et désherber le potager dans la ferme de survie de la secte, à Sainte-Anne-de-la-Pérade.

Tous les membres, quel que soit leur grade, ont interdiction d'évoquer les rituels à l'extérieur de la secte. Ils doivent garder le silence absolu sur ces pratiques secrètes. Lorsqu'ils sont convoqués pour une cérémonie, le message leur est transmis dans un langage codé assez proche de celui utilisé par Radio-Londres durant l'Occupation. « On pouvait être convoqué à n'importe quelle heure du jour ou de la nuit, n'importe où, explique Agnès**. Il arrivait souvent qu'on vous appelle au téléphone à 2 heures du matin pour un rituel une ou deux heures plus tard. On ne disait jamais " rituel " au téléphone mais " viens pour le goûter ". Il y avait des codes complets comme " prends ton cure-dents et mets ta tenue de père Noël ", ça voulait dire " prends ton épée et ta cape rouge ". Tout était comme ça dans les relations téléphoniques. C'était la peur des autorités. [17] »

Tous les jours, parfois plusieurs fois par jour, selon l'humeur de Di Mambro, les adeptes doivent assister aux rituels. Ce sont des communions païennes, imaginées au départ par Di Mambro et peu à peu perfectionnées, enrichies de variantes et de textes par Michel Tabachnik. Le domaine de Saconnex-d'Arve possède son sanctuaire, de même que la plupart des autres propriétés de la secte*. Di Mambro aime les dorures, les miroirs, les moquettes vermillon et les tentures carmin. Il apprécie également les éclairages expressionnistes. Il est l'inventeur du style templier nouveau riche. Les sanctuaires seront conçus à son image. Ce goût immodéré pour le cérémonial sera une des constantes dans la vie de l'ordre.

Expert en manipulation mentale depuis un quart de siècle, Joseph Di Mambro savait à quel point il était important qu'on

---

* Voir chap. 2.
** Agnès est le pseudonyme d'une ancienne adepte suisse de l'OTS.

lui prêtât des pouvoirs surnaturels. Pour se faire obéir, pour se faire pardonner ses colères et pour qu'on oublie ses erreurs, Jo a pris soin de se transformer en demi-dieu. Après y avoir réfléchi et consulté sa femme Joselyne, il s'est présenté aux adeptes comme la réincarnation de Moïse. Il a d'abord convaincu ses fans inconditionnels, Michel Tabachnik, Renée Pfaehler et Nicole Koymans, de la véracité de cette réincarnation. Cette garde rapprochée, aidée par Joselyne Di Mambro, s'est chargée de répandre la bonne parole auprès des adeptes. Tous y ont cru. Spontanément ou sous l'effet de l'irrésistible pression qui s'exerçait sur eux. Ayant le privilège de côtoyer Moïse en personne ou saint Bernard de Clairvaux (Jouret), les membres de l'OTS se devaient de vivre dans la félicité.

Les cinq cents adeptes qui, pendant dix ans au moins, ont cru à ces fadaises mystiques étaient, à leur entrée dans la secte, saints de corps et d'esprit. Durant leur séjour à l'OTS, ils n'ont été ni drogués ni torturés, et tous pourtant, pendant une période plus ou moins longue, ont cru Jo Di Mambro. Parce qu'ils avaient perdu tout repère, parce qu'ils voulaient donner des gages de bonne volonté et parce qu'ils étaient sans cesse sous le regard des autres. Ils étaient comme ces cadres du parti communiste nord-coréen applaudissant à tout rompre à la fin des discours de Kim Il-Sung, sachant que le premier qui cesserait ses applaudissements serait passé par les armes ou finirait sa vie dans une mine de sel.

Dans l'OTS, il se trouvait toujours un noyau d'adeptes convaincus pour remettre les autres dans le droit chemin de la foi et de l'Évangile selon saint Jo.

En fait, Di Mambro a toujours été frappé de « réincarnite » aiguë. À la fin des années 70, bien avant de fonder l'OTS, lorsqu'il multipliait les séjours en Belgique dans l'espoir de créer une « annexe » de la Golden Way à Warnach*, il se fit remarquer par Jean-Philippe Göbbels, membre de la communauté convoitée. « Il ne connaissait rien à l'histoire de l'Égypte ancienne mais dès qu'il rencontrait une personne, il lui annonçait qu'elle était la réincarnation de la reine Hatshepsout. Quand ce n'était pas Hatshepsout, c'était Maât. Il ne connaissait que ces deux noms-là. Il avait dû les lire dans un guide touristique. »

Lorsqu'il sent qu'un adepte doit être conforté dans sa foi, Di Mambro lui annonce qu'il est la réincarnation d'un être

_____
* Voir p. 85.

d'exception. Il peut s'agir d'un templier mort sur le bûcher sans avoir parlé ou du roi des Atlantes en errance dans le cosmos. La difficulté est de ne pas attribuer à deux adeptes un même nom hérité du fond des âges.

Après les journées de travail harassantes, travaux de maçonnerie pour les uns, sarclage ou binage pour les autres, les rituels se succèdent à un rythme infernal et les nuits sont courtes.

Chacun est au bord de l'épuisement, mais c'est avec enthousiasme et exaltation que tous revêtent leur cape de Templier pour assister à l'incroyable, au dialogue avec les êtres supérieurs. Jo prétend en effet pouvoir dialoguer avec les Maîtres de l'au-delà. Il transmet à ses disciples les ordres que les Maîtres expriment dans leur langage. « Jo m'a un jour fait la confidence qu'il y avait des êtres désincarnés qui le guidaient et que toutes les décisions qu'il prenait étaient inspirées par ses Maîtres, explique Michel Tabachnik. Au début, je fut très sceptique, puis j'admis la chose. Di Mambro n'était ni cultivé, ni brillant, mais il avait quelquefois des idées étonnantes de grandeur, qui ne pouvaient venir que d'un Maître. Parfois, il disait subitement que des Maîtres lui parlaient... les textes étaient tellement extraordinaires que je le croyais incapable de les apprendre par cœur. J'ai donc fini par admettre ses relations avec des maîtres spirituels. [18] »

Avant que les portes du sanctuaire ne s'ouvrent, l'attente est longue, plusieurs heures parfois. Il n'est pas rare que certains s'évanouissent et Jo ne manque jamais l'occasion de fustiger les faibles, indignes d'assister à cette rencontre avec les Maîtres.

Hommes et femmes sont dans un tel état de fatigue physique et de conditionnement que, en pleine extase, ils ne remarquent pas les gestes de Jo Di Mambro qui, sous sa cape, joue les prestidigitateurs. De sa main gauche dissimulée, il actionne une télécommande pour ouvrir les portes du lieu saint. Autour de lui, Luc Jouret et Michel Tabachnik l'aident à faire diversion.

Selon l'inspiration et l'ampleur des moyens techniques mis en œuvre, tous les types d'apparitions sont possibles. Le Graal est ainsi apparu plusieurs fois, en couleurs et en trois dimensions. Il s'agissait en fait d'un hologramme, mis au point par Tony Dutoit, le préposé aux trucages.

Mais il y a mieux. Une attraction unique, renversante, un tour de passe-passe qui a marqué à jamais les anciens de la secte : le dialogue avec le Maître de l'au-delà. Disposés en demi-cercle à l'intérieur du sanctuaire, les disciples retiennent leur souffle quand, soudain, flottant dans le noir, la tête du Maître apparaît. Un masque sans vie. Puis progressivement, la tête est prolongée par un corps enveloppé dans une grande cape noire. Le Maître tient une épée, visible dans un rai de lumière.

Personne n'ose bouger. La musique cosmique, composée spécialement par Michel Tabachnik, envahit peu à peu le sanctuaire. Les baffles surpuissantes achetées pour l'occasion font vibrer les miroirs. Les Templiers semblent hypnotisés, leurs yeux ne peuvent plus se détacher de cette tête illuminée qui bouge à quelques mètres d'eux. Michel Tabachnik et Jo Di Mambro tentent alors d'entrer en contact avec ce visiteur de l'au-delà. Le Maître ne parle pas le langage des humains. Il s'exprime avec son épée. Il frappe plusieurs coups. Tabachnik et Di Mambro, fébriles, prennent en note sur un calepin le message et cherchent à le déchiffrer.

Le Maître s'impatiente parfois et exprime sa colère par un éclair qui illumine le sanctuaire. Pendant plusieurs heures, les Templiers exténués mais stoïques assistent à ce dialogue impossible, avant que le Maître se fonde dans le noir, aussi rapidement qu'il était apparu. Lorsque les traductions de Jo et de Tabachnik restent incompréhensibles, Di Mambro s'énerve et s'en prend aux adeptes : « Allez vous coucher, vous êtes tous nuls, je ne sais pas pourquoi je vous accorde le privilège de pénétrer dans ce sanctuaire ! »

Pour mettre en scène cette pièce de théâtre mystique jouée des centaines de fois, Di Mambro a toujours recours aux mêmes complices. Les décors sont signés Jean-Léon Paulus, l'ancien étalagiste belge arrivé en Suisse dans le sillage de Jouret. Les costumes sont de Nikki Dutoit, jeune femme douce et soumise, d'origine britannique. Couturière de la secte, elle confectionne les capes à la demande et les répare*. Les effets spéciaux, hologrammes, éclairages,

---

* C'est sur une disquette d'ordinateur appartenant à Nikki Dutoit qu'a été retrouvée la liste des cinq cent soixante-seize membres de l'OTS avec leurs mensurations. Figuraient, entre autres, celles de Michel Tabachnik (taille 4 encolure 52). Nikki Dutoit est morte à Morin Heights (Canada), frappée de quatorze coups de couteau. Sa tête était recouverte d'un sac-poubelle.

flashes et explosions sont réglés par son mari, l'irrempla-
çable Tony Dutoit *.

Pour ces représentations, Di Mambro et ses acolytes
utilisent une technique bien connue des magiciens de
cirque : le théâtre noir. Le plus souvent, c'est Joselyne Di Mambro qui tient le rôle du Maître, juchée sur un tabouret. Une
longue cape noire de 3 mètres de haut recouvre son corps,
jusqu'au sol, et c'est un être surdimensionné, irréel, qui apparaît.
Les spectateurs sont eux-mêmes plongés dans le noir. Un halo
lumineux dirigé sur une partie du corps provoque une fausse
apparition. Un léger mouvement de la tête masquée donnera
l'impression qu'elle flotte à quelques mètres du sol.

Ces rituels fréquents ont des conséquences graves sur un
certain nombre d'adeptes. Les uns deviennent fanatiques, persuadés d'avoir assisté à un événement exceptionnel. D'autres
vont se retrouver en état de manque, comparable à celui que
ressent un toxicomane. Ils oublieront tout, argent, enfants et
famille, pour revivre cette apparition, une fois encore. Tous ont
conscience de former l'avant-garde de l'humanité.

« Quand vous avez vu, de vos yeux, de telles apparitions,
cautionnées par Jouret qui avait une formation scientifique et par
Tabachnik qui était un prestigieux musicien, vous êtes persuadés
de faire partie d'une élite, témoigne une rescapée de l'ordre. On
nous faisait parfois voir le Christ puis on nous a fait voir le
Saint-Graal. Or le Christ ne se montre pas à n'importe qui. Vous
êtes sûr d'être dans le saint des saints. Si le Christ ou le Graal
apparaît, ça veut dire que vous êtes approuvés. Si rien ne se
passe, c'est que les Maîtres ne sont pas contents. Et on vous en
fait le reproche. Ce sont des pressions psychologiques énormes.
Pour les membres, c'était une certitude, ces apparitions consti-
tuaient des preuves. Quand vous voyez vingt personnes en
extase devant Jo, sans savoir que c'est lui qui truque, vous ne
pouvez que marcher là-dedans. C'était un engrenage. »

Michel Tabachnik considère aujourd'hui ces trucages liturgiques avec détachement : « J'ai participé à ces naïfs rituels... [19],
sans vraiment les prendre au sérieux... [20]. Je suis intimement persuadé que les premières apparitions étaient réelles mais que Di

---

* Tony Dutoit, le bricoleur de génie de la secte, prendra ses distances avec l'OTS
en 1991 et partira s'installer au Canada avec sa femme Nikki, après avoir révélé à plusieurs adeptes qu'il était l'auteur des trucages lors des cérémonies. Après son départ,
Di Mambro ne parviendra plus à obtenir des effets spéciaux aussi satisfaisants. Tony
Dutoit est mort à Morin Heights (Canada), frappé de cinquante coups de couteau.

Mambro, pour conserver ses adeptes, a par la suite effectué un certain nombre de trucages[21]. »

« Dès le début, Tabachnik a su que c'était truqué, corrige Virginie Di Mambro, la propre fille de Jo. Étant donné le rôle central qu'il occupait pendant les rituels, il ne pouvait matériellement pas ignorer que c'était une supercherie. »

De fait, avant chaque « messe », Di Mambro et Tabachnik se réunissaient discrètement pour mettre au point les détails de la cérémonie. Il fallait coordonner à la seconde près le texte et la mise en scène. Ainsi lorsque le chef d'orchestre faisait part de son envie d'axer le rituel du jour sur le thème du « passage éphémère de l'homme sur terre » ou sur le thème de « la vie après la vie » en mettait-il au point la scénographie avec Jo. Tony Dutoit assurait alors les effets pyrotechniques.

Michel Tabachnik poussera le goût du détail plus loin encore. Il dessinera lui-même les plans du dernier sanctuaire secret de la secte, creusé dans les sous-sols d'une propriété luxueuse, « Le Clos de la Renaissance », à Aubignan dans le Vaucluse.

Lorsque le chef d'orchestre arrive sur le chantier du sanctuaire, au début des années 90, il apporte des plans précis. Il prétend les avoir obtenus des Maîtres, par télépathie. Les Maîtres et lui ont imaginé une chapelle grandiose. Elle sera triangulaire et capable d'envoûter des adeptes de plus en plus soupçonneux quant aux talents médiumniques de Di Mambro. Tabachnik donne ses indications. Il veut des tentures rouges, une moquette rouge, des murs couverts de miroirs, sur lesquels hommes et lumières se multiplieront à l'infini.

À Aubignan et à Cheiry, en Suisse, les lieux de culte sont réalisés sur le même modèle.

Claudine*, une ancienne adepte française de la secte, a eu le privilège d'entrer dans ces sanctuaires. « J'y ai fait mes premiers pas en tremblant... je n'avais pas peur, non. C'était la musique. Elle était tellement forte que les enceintes acoustiques faisaient vibrer tout le sanctuaire. Lentement, nous nous installions en cercle, et Luc ou Jo nous avertissaient que l'un d'entre nous allait recevoir un message de l'au-delà, en provenance d'un être supérieur. Moi, je ne captais rien mais d'autres déliraient complètement. Ils avaient vu des pyramides de lumière qui se transportaient en Égypte, c'était fou.

« Puis un soir, après un rituel au cours duquel nous avions

_____

* Claudine est le pseudonyme d'une ancienne adepte de l'OTS désirant garder l'anonymat.

médité autour d'une coupe en or qui avait coûté 60 000 francs, j'ai pris la parole : " Je vois une coupe penchée et à l'intérieur un liquide rouge... et celui qui boira cette coupe sera élu de Dieu. " Ce fut un tonnerre extraordinaire, et Jo exigea immédiatement que le sanctuaire soit fermé, et que personne n'approche le Graal, car c'était sûr, c'était le Saint-Graal, qui devait accueillir le sang du Christ. Dix jours après, nous sommes revenus dans le sanctuaire et la coupe était pleine d'un liquide rouge. Le sang du Christ. Rassemblés en cercle, nous nous sommes passés la coupe. Le liquide avait un goût de framboise. J'ai eu un doute à l'époque, et j'ai su plus tard que c'était Jo qui avait rempli la coupe quelques minutes avant la cérémonie.

« J'ai toujours su que Jo était le Maître mais, en apparence, c'était un homme sans envergure, très observateur certes, mais ordinaire. Dans les rituels, il s'exprimait en lisant un papier, au contraire de Jouret ou de Tabachnik. Lorsque le débat s'élevait sur le plan spirituel et que Jo sentait qu'il ne pouvait plus suivre, parce qu'il n'avait pas les connaissances suffisantes ni la profondeur nécessaire, il lâchait systématiquement la même phrase, comme l'arme ultime que dégaine l'homme acculé : " Arrête ta machine à conneries ! "

« Nous étions une trentaine à peine à savoir qui dirigeait en réalité, mais je n'ai jamais su ni compris à quoi servait notre ordre, qui était " au service ". Au service de qui ?[22] »

Claudine, qui a découvert le Graal factice parfumé au sirop de framboise, quittera l'Ordre du Temple solaire moins de deux ans avant le premier massacre d'octobre 1994.

La naissance du « Christ »

En juin 1981, Jo Di Mambro invente le plus beau mensonge de sa vie. Il a 57 ans, il a déjà abusé un nombre respectable de personnes, grâce à son bagou et à son imagination. Cette fois, il se surpasse. Il ordonne le rassemblement des fidèles dans la maison de Saconnex-d'Arve et leur annonce que la blonde et pulpeuse Dominique Bellaton, membre de la secte depuis plusieurs années, donnera naissance, dans neuf mois, à un enfant cosmique conçu par théogamie, sans rapport sexuel.

Stupeur dans la salle. « Jo nous a dit, sur un ton solennel, que cet enfant à naître serait Melchisédech, le roi du monde, la première incarnation du Christ, se souvient Agnès, une ancienne adepte suisse qui assista à cette ahurissante séance. Le nouveau-né serait le Christ de la nouvelle génération. »

Jo précise que pour que cette conception ait lieu dans les meilleures conditions la mère doit être protégée, épargnée des vibrations négatives et des microbes.

Quelques jours plus tard, la conception du Christ se déroule dans le sanctuaire de l'ordre. Sept personnes seront témoins de cet événement de portée planétaire. Parmi elles, Thierry Huguenin, Michel Tabachnik et Agnès. « Un Maître est apparu et ce Maître tenait une épée, se souvient Agnès. L'épée a envoyé un jet de lumière pour toucher la gorge de Dominique Bellaton. Dans la tradition, on dit que les amygdales étaient l'ancien pénis masculin. Le Christ a donc été conçu normalement, conformément à la tradition, bouche à bouche et non pas sexe à sexe. »

Bien plus tard, les adeptes découvriront que le Grand Maître de la cérémonie, le porteur de l'épée magique, n'était autre que Joselyne Di Mambro, la reine du déguisement. Thierry Huguenin retrouvera plus tard l'épée truquée, prolongée d'une lampe et équipée d'une pile et d'un interrupteur.

Rapidement, Jo, sans aller jusqu'à avouer qu'il est le père de l'enfant à naître, ne prendra plus la peine de cacher ses liens avec la mère du Christ, Dominique Bellaton, sa maîtresse du moment. Malgré tout, les disciples continuent de croire que cette conception est surnaturelle. Plus tard, Thierry Huguenin aura pourtant une autre preuve de cette colossale supercherie. Il surprendra Jo et Dominique Bellaton dans la même chambre, dans une tenue ne laissant planer aucun doute. Thierry ne comprend pas ce qui se passe ce soir-là. Un peu déboussolé, il n'a qu'une réaction : « Comment Jo a-t-il osé coucher avec la mère du Christ ? »

Pendant la grossesse de Dominique Bellaton, les adeptes se lèveront à 4 heures du matin pour multiplier les rituels dans l'attente du messie. La future mère du Christ est l'objet de soins constants. Tout ce qu'elle touche est préalablement désinfecté à l'acool à 90°. Elle est soustraite au regard des adeptes de base. Lorsqu'elle sort de sa chambre, elle ne doit pas être approchée à moins de six mètres. Elle serre en permanence un coussin entre ses mains pour amortir les vibrations négatives. Elle peut aussi échapper aux règles de vie draconiennes imposées à la communauté. Par dérogation spéciale accordée par Jo Di Mambro, elle a même le droit de manger un steak dans cette communauté peuplée de végétariens.

Jo sait aussi se montrer intraitable avec Dominique Bellaton pendant ces mois de grossesse. « Il lui demandait beaucoup de sacrifices, se souvient Agnès. Elle n'avait pas le droit de se laisser approcher, pas le droit de s'asseoir où elle voulait. Il pouvait être tyrannique avec elle. »

Le 22 mars 1982, Joseph Di Mambro, triomphant, annonce aux adeptes la naissance du Christ. Une seule petite contrariété : l'enfant est une fille. Qu'importe, Jo lui donne un prénom unisexe, Emmanuel(le). Il explique ensuite que si cet enfant n'est pas, comme espéré, un garçon, c'est parce que Dominique, sa mère, est un être humain imparfait. Mais cela n'a pas grande importance. Même si Dominique avait donné naissance à des jumeaux, Jo aurait imaginé immédiatement un scénario biblique expliquant que Jésus avait un frère honteusement ignoré par les Évangiles.

Quinze ans après cette naissance, Michel Tabachnik, qui a assisté à la « conception » de l'enfant par les amygdales et participé à son baptême selon le rite templier, persiste à croire qu'il ne s'agit pas d'un simple gag. « Quand l'enfant de Dominique Bellaton est née par théogamie, moi et mon épouse avons eu des doutes sur cette conception sans rapport sexuel, mais nous avons décidé une fois pour toutes de l'admettre[23]. »

La naissance d'Emmanuelle, l'enfant cosmique, bouleverse la vie de la communauté. Pour elle, tout est stérilisé, lavé et l'eau de son bain est bouillie. Cet enfant qui ne sait pas encore marcher ne doit jamais tomber sous peine de perdre son programme cosmique. Un an plus tard, quand elle marchera, elle portera des chaussures à doubles semelles pour ne pas recevoir les vibrations parasites de l'écorce terrestre. Ses mains seront toujours gantées afin de la protéger de toute contamination. Durant toute sa vie, Emmanuelle portera un casque de ski ou de skate-board sur la tête pour éviter les chocs.

« Si elle tombait, c'est que quelqu'un du groupe avait commis une faute grave. Nous n'étions même pas dignes de penser à elle, car nos vibrations pouvaient la détraquer, précise Agnès. Ceux qui étaient chargés de surveiller l'enfant sacré ne devaient pas s'approcher à moins de dix mètres de lui. Je dis " lui " car Jo nous a expliqué qu'Emmanuelle, surnommée Doudou, avait un corps de femme renfermant une entité de garçon. Il voulait qu'elle se conduise en tant qu'homme dans un corps de femme. Il ne voulait pas que son côté féminin prenne le dessus. Nous, on l'appelait Jimmy, parce que quand elle était petite elle disait qu'elle s'appelait Jimmy. »

Jo parlera toujours de Doudou au masculin. Quatre ans après la naissance de l'enfant, il reconnaîtra officiellement être le père d'Emmanuelle. Il fit cette reconnaissance de paternité discrètement, sans en avertir les fidèles, dans les locaux du consulat de France à Québec, le 29 janvier 1986.

Très peu de personnes étaient autorisées à approcher l'enfant cosmique. Pendant plusieurs années, seules Nikki Dutoit, la couturière de l'ordre, et Joselyne Di Mambro, la femme de Jo, s'occuperont d'elle. Seule Joselyne aura le droit de laver les vêtements d'Emmanuelle et de toucher ses aliments. Les légumes dont se nourrit exclusivement l'enfant-dieu proviennent d'un carré du potager dont l'accès est interdit aux adeptes.

Doudou ne sera jamais scolarisée. Nikki Dutoit puis Josiane Kesseler se chargeront de lui faire classe. Di Mambro utilisera fréquemment l'enfant lors des rituels. Tenue à bout de bras par son père biologique, l'enfant cosmique bénira les fidèles. Au cours des dernières années de sa vie, Doudou commencera à prendre conscience de son identité sexuelle. À l'âge de la puberté, en 1994, quelques mois avant les massacres, elle a commencé à se rebeller contre Josiane, sa préceptrice. « Elle commençait à faire de l'opposition, explique Agnès. Pourtant, sur le plan idéologique, elle était complètement manipulée, vingt-quatre heures sur vingt-quatre depuis sa naissance *. »

Vis-à-vis des adeptes qui parfois doutent ou s'insurgent, Di Mambro développe des trésors d'ingéniosité.

Depuis le milieu des années 70, il vit comme un rentier. Il n'a donc d'autre souci que de faire prospérer son entreprise sectaire. Pour imposer son autorité aux adeptes, pour leur faire croire à l'incroyable, pour mater les esprits rebelles, il a eu le temps d'affiner ses techniques. Le plus souvent, il divise pour mieux régner. Il met en concurrence Jouret et Tabachnik, cajolant l'un, délaissant l'autre pendant plusieurs mois avant d'inverser l'ordre de ses préférences. Il agit de la même façon avec les adeptes de base, sachant que ses réprimandes plongent les membres dans l'isolement et la prostration.

Au Temple solaire, Di Mambro maîtrise parfaitement « la machine à tuer les âmes », pour reprendre l'expression d'un

---

* Emmanuelle Di Mambro est morte à l'âge de 12 ans et demi dans le chalet de Salvan en Suisse, au côté de son père génétique, Jo Di Mambro. Sa mort est vraisemblablement due à un empoisonnement médicamenteux par voie intraveineuse.

ancien templier. « Il y avait toujours des divergences savamment entretenues, précise Agnès. Jo allait dire à Tabachnik ou à Jouret : " C'est toi qui as raison, tu vois juste ", et puis il allait voir l'autre et disait : " Tu sais, vraiment, lui c'est un abruti, c'est toi le meilleur. " Et à chaque fois, Jo y croyait. Je pense qu'il créait le mensonge et, ensuite, il croyait à son mensonge. Il réécrivait à chaque fois un scénario pour parvenir à ses fins, et il donnait un rôle à chacun d'entre nous. »

Un autre adepte, rescapé des massacres, résume assez bien cette période : « Jo ne disait jamais ce qu'il pensait vraiment, mais tout le monde croyait ou feignait de croire ce qu'il disait. »

Di Mambro est aussi extrêmement méfiant, il craint la police, les journalistes et les espions infiltrés dans l'ordre. Tels des clandestins, les adeptes convoqués pour les rituels doivent souvent garer leur voiture à plusieurs kilomètres du sanctuaire. L'un d'entre eux, désigné à l'avance, est chargé de convoyer les chevaliers au fur et à mesure de leur arrivée.

Ce mélange de paranoïa et de secret déstabilise complètement les Templiers qui, à la demande de Jo, arrivent quelquefois sur les lieux de culte les yeux bandés *. Ses goûts de bâtisseur et sa crainte des agressions extérieures l'amènent parfois à formuler de curieux caprices. Un témoin raconte qu'un jour, à Toronto, « Jo a exigé qu'on creuse un tunnel qui lui permettrait de s'enfuir, au cas où les francs-maçons viendraient le chercher ».

Les anciens adeptes de l'OTS s'accordent tous sur un point : Jo avait un réel talent de comédien. Il leur fait parfois penser à Raimu. Il passe avec maestria d'un registre à l'autre, de la colère feinte à la bonhomie étrangement menaçante. « Pour moi, Di Mambro reste un mystère, avoue Agnès qui a pourtant passé plus de dix ans dans l'ordre. Il était multiple. Il pouvait être manipulateur et très dur avec quelqu'un, comme il pouvait être adorable et doux avec un autre et se montrer indifférent face à une troisième personne. C'était un caractériel qui détestait être contrarié. En fait, il n'aimait qu'une chose : qu'on l'aime. On pouvait lui dire : " Tu te trompes, tu fais fausse route ", il était capable de répondre : " Oui, oui, tu as raison, ma chérie, viens on va manger. " »

« Il voulait être aimé de tout le monde, il ne supportait pas

---

* Di Mambro, voulant un jour impressionner Robert Falardeau, le Grand Maître canadien de l'ordre, après la construction du sanctuaire d'Aubignan, avait demandé à des disciples de conduire Falardeau sur les lieux les yeux recouverts d'un bandeau.

qu'on l'abandonne. Quand Élie, son fils, lui a tourné le dos *, ça a été monstrueux, il en est presque mort. Il s'est fait hospitaliser et lui faisait du chantage affectif. Et il s'est comporté de cette manière avec tout le monde. Dès qu'on lui disait ce qu'on pensait vraiment de lui, il se rapprochait. Tant qu'on suivait aveuglément, on n'existait pas pour lui. »

Une autre femme, qui fut très proche de Di Mambro, se souvient d'une scène extraordinaire en 1990, dans la villa du 66, rue Lafleur, à Saint-Sauveur, au Canada. Un de ces intermèdes mélodramatiques dont raffolait Jo pour tester son entourage. Ce soir-là, à l'issue d'un rituel, au moment des agapes, Jo ne se sent pas bien. Péniblement, il s'approche d'un canapé, s'y allonge et, dans un râle, fait comprendre à ses fidèles chevaliers qu'il va mourir. L'inquiétude se lit sur tous les visages, mais personne n'ose bouger. En silence, une jeune femme saisit un cierge, l'allume et le dépose sur une table basse, près du sofa où agonise Jo. Il faut agir, se dit Robert Falardeau.

Le Grand Maître canadien avance alors de quelques pas, s'agenouille devant le gisant et se met à prier. Un instant décontenancés, les chevaliers présents vont entrer en prière les uns après les autres. « On se serait cru sur une scène de théâtre, à jouer du Shakespeare », ajoute notre témoin.

Jo Di Mambro, considérant sans doute que la pièce n'était pas encore terminée, ne mourra que quatre ans plus tard.

Avant de partir vers d'autres cieux, Jo, qui avouait volontiers posséder un « orgueil démesuré », a voulu laisser une trace de son passage sur cette planète. Au printemps 1993, à Saconnex-d'Arve, il passe des heures entières installé sur une terrasse en compagnie de Christian Péchot, l'un de ses adeptes les plus fidèles. Ce dernier a pour mission d'enregistrer tous les propos du Maître sur un magnétophone, dans le but d'écrire un livre sur sa vie. Dans ces confessions, Jo affirme très sérieusement que sa mission sur terre est plus importante que celle du Christ. Là où le Christ avait échoué, lui réussirait, et l'histoire de sa vie devait être connue du monde entier.

Jo Di Mambro, acteur refoulé, adore le cinéma. Il se passionne en particulier pour les films policiers américains. Mais

---

* En 1989, âgé de 20 ans, Élie Di Mambro est le premier à révéler les pratiques de son père. Il informe certains adeptes des manipulations financières de Jo et de l'existence de rituels truqués. Ses révélations provoqueront plusieurs démissions. Dès lors, Élie sera considéré comme un traître et renié. Il est mort à Salvan, empoisonné puis carbonisé.

lorsqu'il séjourne à Toronto, il ne peut louer que des cassettes en version originale, évidemment non sous-titrée. Jo, qui ne comprend pas l'anglais, exige alors que Nikki Dutoit, après une journée de travail harassante, reste auprès de lui pour traduire les répliques, mot à mot, jusqu'au matin*.

Henri et sa femme Anne**, venus de Paris, ont passé plus de dix ans de leur vie dans l'Ordre du Temple solaire. Dès les premiers mois, ils ont légué à l'ordre leurs maigres économies. Ils ont épuisé leur énergie, prié, communié, chanté avant d'ouvrir les yeux, un soir de l'année 1992.

« On commençait à se bouffer le nez, se souvient Anne. Les gens ne se supportaient plus. Cette ambiance était créée et entretenu par Jo et Luc. Luc passait son temps à dire du mal de nos maris, les traitant de bons à rien. Et puis il allait voir les épouses pour les encenser. Il faisait ça devant tout le monde, en réunion. Et nous on a marché dans ce jeu. Ça n'avait plus rien de fraternel. On s'engueulait sans cesse, sans vraiment comprendre ce qu'on nous reprochait. Et puis un jour Jouret a fini par dire ce qu'il avait sur le cœur. Il nous a avoué que nous coûtions trop cher, que nous étions des bouches à nourrir. Nous sommes tombés de haut. Henri et moi nous étions venus dans l'ordre pour une éthique, pour nous éloigner des choses matérielles, et voilà qu'on nous reprochait de ne plus avoir d'argent. J'ai demandé une explication à Luc. Il ne m'a pas répondu. [24] »

Henri et Anne songent alors à quitter la secte. Ils réfléchissent puis se donnent une dernière chance. Ils consentent à rester mais ayant eu l'impudence d'évoquer publiquement la question de l'argent, leur sort est scellé. Un bon adepte ne doit jamais s'inquiéter de ces choses-là. Il doit donner comme il respire. S'il commence à poser des questions, c'est que sa foi est déclinante. Jouret et Di Mambro jugent alors s'il est opportun ou non de garder ces brebis égarées. Le plus souvent, tout est fait pour que les membres restent dans la secte. Mais quand leur compte en banque est vide et qu'ils commencent à évoquer

---

* À la fin de sa vie, d'août à septembre 1994, à Aubignan, Jo Di Mambro passe de longues soirées à regarder des cassettes vidéo louées dans un magasin de Carpentras. Maître Jo a une préférence pour les films violents, comme : *Les Nerfs à vif* de Martin Scorsese, 1991 ; *La Main sur le berceau* de Curtis Hanson, 1992 ; *True Romance* de Tony Scott, 1993 ; *Obsession fatale* de Jonathan Kaplan, 1992 ; *Traces de sang* de Andy Wolk, 1992 ; *L'Avocat du diable* de Sydney Lumet, 1992.

** Henri et Anne sont les pseudonymes de deux anciens adeptes de l'OTS désirant garder l'anonymat.

devant les autres adeptes leur mal-être, on décide de les mettre à l'écart. « On nous a mis en quarantaine. Pendant six mois, on a vécu l'enfer, se souvient Anne. J'espérais un peu de compassion de nos " frères ", mais ils ne nous regardaient plus. Jo et Luc nous ont laissé crever sur place. Nous n'étions plus rien, des gêneurs sans le sou, c'est tout. D'autres couples ont explosé dans des circonstances similaires. On ne mangeait plus, on ne dormait plus. Il fallait supporter des humiliations constantes. Avant de mourir, j'ai eu un dernier sursaut. Je me suis dit que la vie " à l'extérieur " ne pouvait pas être pire que ça. On est partis pour de bon. »

Anne et Henri étaient entrés dans la secte par hasard, en 1983. Ils habitaient Paris, souffraient du stress, s'inquiétaient de la pollution avant que le sujet soit à la mode. Ils étaient sensibles aux questions d'environnement, d'alimentation, d'équilibre personnel. Des recrues idéales. Ils découvrent les enseignements du Dr Jouret sur les conseils d'une amie qui leur prête une cassette enregistrée. « Jouret parlait d'homéopathie. Il établissait un rapport entre la médecine et le sens de la vie. Ça m'a choqué et séduit dès la première écoute, se souvient Henri. Anne aussi a été ébranlée. [25] »

Parce qu'un de leurs amis vit en Bretagne, Anne et Henri décident de le rejoindre, de quitter Paris, « sur un coup de tête ». Près de Brest, ils participent à un premier séminaire, après avoir adhéré à Archédia, un club animé par Jouret. Progressivement, Jouret laisse entendre à Henri qu'Archédia n'est qu'une étape, la façade officielle d'une structure réservée aux meilleurs, un groupe occulte porteur d'un secret, où l'homme va plus loin dans la connaissance de soi, où les notions d'amour, de fraternité, de respect de la nature sont réellement mises en application. « Ne perdez pas de temps pour y entrer », dit Luc à l'issue d'une conférence. En 1988, Anne et Henri deviennent templiers au sein de l'Ordre du Temple solaire.

Claudine, une autre ancienne adepte, également recrutée en Bretagne grâce au club Archédia, aura droit, elle aussi, au grand frisson lorsque le beau Luc Jouret s'approche d'elle après une conférence et lui révèle, sur le ton de la confidence : « Claudine, tu dois être des nôtres. Nous sommes un ordre templier et nous avons pour mission de remettre les choses en place, parce que ce monde ne va plus. Reste après la conférence, tu verras. »

Claudine est restée. Une dizaine de personnes qu'elle ne connaissait pas se sont installées autour d'une table sur laquelle étaient posées une bougie, une épée et une rose. Hommes et femmes, la main sur le cœur, avec pour seule lumière la bougie allumée. Claudine se demande ce qu'elle fait là. Elle panique quelques secondes. Luc prend alors la parole : « Respirez calmement, fermez les yeux et mettez-vous en liaison avec des énergies cosmiques, avec le haut. »

Puis c'est la prestation de serment sur la Bible. Arrive le tour de Claudine : « Tu n'es pas obligée », dit Luc. Tous les autres se tournent vers la jeune femme qui ne peut que baisser les yeux et s'engager en posant sa main sur le livre saint.

En entrant dans l'Ordre du Temple solaire, Claudine, Anne et Henri vont vivre hors du monde pendant des années. Ils vont courir, à perdre l'âme, derrière des hommes dont on ne discute pas les ordres.

« J'étais enthousiaste, raconte Henri. J'ai eu des responsabilités très vite, on recrutait, ça bougeait. De plus en plus souvent, nous étions convoqués pour des séminaires à Genève. Un coup de fil, un numéro de code, et nous traversions la France pour rejoindre nos frères, avec nos capes pour seul bagage. On arrivait fatigués mais on repartait regonflés à bloc. Deux mille kilomètres dans le week-end ne nous faisaient pas peur. On ne mangeait pas beaucoup, on oubliait de dormir, mais le bonheur intérieur était tel qu'on ne sentait plus rien. Sans nous en apercevoir, nous étions endoctrinés, nous perdions tout sens critique. Sur notre lancée, nous aurions pu faire des tas de choses, et le pire sans doute. »

Rien ne peut plus les faire douter. Ils ne veulent pas entendre cet ami qui demande un jour à Jouret « pourquoi les plus modestes sur le plan financier ne peuvent-ils pas entrer dans l'ordre » ? Jouret ne répondra pas. L'ami d'Henri rendra sa cape, Henri et Anne resteront.

« Jouret avait le chic pour instiller ses idées dans nos esprits, mais nous n'en percevions pas le côté totalitaire et dangereux. Il nous disait qu'il n'y avait pas d'égalité sur terre entre les races. Il insistait lourdement sur la prééminence de la race blanche. C'était complètement dingue mais nous sommes devenus peu à peu des fanatiques. On ne sourcillait même pas quand Luc nous expliquait qu'Hitler avait des circonstances atténuantes. »

Anne et Henri abandonnent tout ce qu'ils ont construit, oublient leur famille et leurs amis, dépensent l'argent qu'ils n'ont pas quand Jouret s'approche en murmurant : « Il y a un séminaire réservé à certains d'entre vous, venez-y, et surtout ne le dites pas aux autres... » Les flattés dépensent 10 000 francs pour un week-end.

Au bout du chemin, la récompense. Claudine, Anne et Henri cessent d'être des humains comme les autres. Ils sont admis dans l'élite. Ils peuvent revêtir leur première cape de templier. « C'était à la Golden Way, se souvient Claudine. Il y avait une centaine de personnes, des Canadiens, des Suisses, quelques Espagnols et des Français... Certains hommes portaient des capes noires à croix blanche, d'autres des capes blanches à croix rouge. Pour le passage du premier degré, nous nous sommes présentés en pantalon et chemise blancs. Dans une pièce située à côté du sanctuaire, on nous a bandé les yeux. Puis quatre par quatre, nous avons avancé vers le sanctuaire. C'est là qu'on nous a retiré le bandeau. J'ai découvert un décor tout noir, avec des tentures.

« Des hommes représentaient les quatre points cardinaux, et j'ai dû, comme les autres, me présenter devant chaque point, saluer, avant de revêtir la cape blanche et de prêter serment. J'étais très impressionnée, mais pas choquée.

« Pendant quelques jours, nous avons vécu ensemble, pour apprendre à nous connaître. La plupart des adeptes présents à cette séance sont morts aujourd'hui.

« Durant ce fameux week-end d'initiation, nous avons aussi assisté à des conférences. Elles étaient animées par Luc Jouret et par Claude Giron, un pharmacien de Brest. Compte tenu de sa position sociale, de ses revenus et de ses relations, Giron est rapidement devenu cape noire *. »

En 1989, Anne et Henri apprennent par Luc Jouret que l'ordre vient d'acheter une superbe propriété à Sarrians, dans le Vaucluse, baptisée « L'Ermitage ». Pour cette acquisition, une dizaine de couples se sont associés à Di Mambro pour créer une société civile immobilière.

Comme en Suisse ou au Canada, une partie du terrain est

---

* Le 8 octobre 1996, Claude Giron, qui niait avoir été membre de l'OTS, bien que son nom figure sur la liste des cinq cent soixante-seize membres retrouvée au Canada, a été interpellé par la police française et mis en garde à vue pendant quarante-huit heures. Il a dû s'expliquer sur les trousses de survie qu'il avait mises au point et vendues aux adeptes de l'ordre. Autre point abordé, un compte bancaire ouvert en 1992 en Suisse, ayant servi à l'OTS. Enfin, détail troublant, la famille de Patrick Rostan, un des policiers morts dans le Vercors, a reçu une facture signée Claude Giron pour la fourniture de médicaments au cours de l'année 1995. Le pharmacien prétend, lui, avoir rompu tout lien avec l'OTS depuis plusieurs années.

consacrée au potager et l'endroit peut accueillir une quinzaine de personnes. Jouret présente « L'Ermitage » comme un lieu sacré, qui sera préservé au moment de l'Apocalypse.

« Pour nous c'était le must, se souvient Anne. Nous avions découvert " L'Ermitage ", un endroit paradisiaque, et voilà que Luc nous propose d'y vivre. " Vous avez été désignés ", précisat-il. Et là a commencé le délire. On a tout vendu, on n'avait plus un sou, et nous sommes arrivés, comme six autres couples, avec nos valises et une voiture, notre seul capital. Nous avons abandonné notre boulot en Bretagne. Si Jouret nous avait dit qu'il fallait partir en Australie, nous serions partis sans poser de questions. Tout cela nous avait grillé la tête. »

Un mois après leur installation, Anne et Henri rencontrent Jo Di Mambro pour la première fois. Des membres de l'ordre les ont prévenus de l'importance de l'événement à venir : « C'est notre Grand Maître, il doit arriver d'un jour à l'autre en provenance de notre fraternité du Canada, c'est formidable. »

« On a vu un type court sur pattes, caché derrière des lunettes fumées, vêtu d'un pantalon et d'un blouson de cuir noir, avec, pour couronner le tout, une moumoute mal vissée sur la tête », se souvient Henri. Sur le moment, Anne lui souffle à l'oreille : « Dis donc, c'est lui le Grand Maître ? On dirait plutôt un mafieux en fin de carrière. »

Henri n'aime pas Di Mambro : « Je ne l'ai jamais senti, il était inquiétant. Il est certain que si, lors de mon premier séminaire, j'avais croisé Jo et pas Luc, je ne serais pas entré dans l'ordre. Quand il venait, il ne disait pas un mot, on aurait dit que Luc avait une potiche à côté de lui. Bien sûr, nous savions tous que c'était lui le Grand Maître, mais on nous disait toujours de ne pas lui parler, c'était la règle. »

« Le plus troublant, poursuit Anne, était le décalage entre son discours et ce qui émanait de lui. On me disait qu'il avait une immense chaleur intérieure. Elle devait être très intérieure, au point de ne pas nous dire bonjour quand il nous croisait. Il jouait peut-être son rôle de Grand Maître. »

Quelques mois après l'arrivée du couple à Sarrians, Henri, qui a la confiance de Jouret, est amené à tenir les comptes du médecin belge, toujours par monts et par vaux. À la lecture des chiffres, il réalise que ce qu'il vit depuis plusieurs années n'est qu'une comédie destinée à enrichir les maîtres de l'ordre. « Ce qui les intéressait n'avait rien de spirituel, ils excellaient dans les acrobaties immobilières. Ils avaient par exemple acheté

" L'Ermitage " avec l'argent des adeptes qui cotisaient et avec les dons des " mécènes ", notamment ceux de Camille Pilet. L'Ermitage n'a donc pas coûté un centime à Di Mambro et Jouret. Quelque temps plus tard, ils ont revendu le domaine trois fois plus cher à des fanatiques comme nous, en nous expliquant que cet endroit était unique au monde, qu'il n'avait pas de prix et qu'en en faisant l'acquisition nous achetions notre salut. Eux empochaient la plus-value. »

Pour effectuer ses manœuvres immobilières, l'ordre privilégie le système des sociétés civiles immobilières, plus discrètes que l'achat en nom propre. Les noms de Jouret, Di Mambro apparaissent innocemment, parmi d'autres, dans la liste des actionnaires de ces SCI.

Ces acquisitions et reventes en cascade (un même bien pouvait être revendu cinq fois en moins de six mois) sont toujours présentés aux adeptes comme des actes de foi.

« Un jour, se rappelle Henri, Jouret sort des toilettes et me dit : " Ça y est, j'ai eu une liaison avec Là-Haut, et je connais le nom de ceux qui pourront acheter la maison. " La liste des heureux élus du cosmos s'est allongée considérablement. C'était une volonté cosmique à laquelle il fallait obéir. Comme par hasard, ces élus étaient toujours des gens qui avaient de l'argent. Quand certains d'entre nous ont commencé à comprendre le truc et à se révolter en attaquant Luc et Jo sur leurs méthodes de voyou, ils nous répondaient : " Vous avez été élus sur le plan spirituel, alors on ne discute pas. " Et quand on évoquait l'aspect spirituel, ils nous répondaient : " Voyons, revenez sur terre, il s'agit d'argent ! " Bref, on avait toujours tort. »

Un document distribué dans tous les centres appartenant à l'OTS illustre ce racket auquel étaient soumis les adeptes dès leur entrée en religion. Cette note de quatre pages, signée de l'Hermetica Fraternita Templi Universali*, rappelle les différents degrés de l'ordre et les enseignements qui permettent de les atteindre. On insiste sur le travail spirituel nécessaire à l'évolution dans le Temple puis, progressivement, le lecteur est dirigé vers trois lignes essentielles dont l'aspirant doit s'imprégner :

---

* Hermetica Fraternita Templi Universali (HFTU) est l'une des multiples structures parallèles de l'OTS. De 1980 à 1994, une quinzaine d'appellations gigognes se sont chevauchées ou succédé : ITS, OCITS, HFTU, Archs, OTSU, Archédia, Atlanta, Tradition solaire, Sciences et tradition, Amenta. Enfin, le 24 septembre 1994, devant les adeptes de l'OTS, Michel Tabachnik annonce la création d'une ultime structure, l'Alliance Rose-Croix (ARC).

– faire les efforts nécessaires et avoir une volonté suffisamment forte et fidèle pour assumer sa démarche ;
– avoir du temps disponible pour se consacrer à l'étude et aux travaux de l'ordre ;
– être prêt à *faire face spontanément aux obligations financières*.

Après avoir précisé le numéro de compte bancaire sur lequel le chevalier doit verser son argent, Di Mambro et Jouret ajoutaient : « L'élévation de conscience entraîne une accélération des particules atomiques de lumière et des processus d'évolution qui compriment le temps et raccourcissent les cycles. Cependant, la tradition et l'enseignement du Temple restent un et vous en êtes les garants et les gardiens, individuellement et collectivement. »

« Tout cela était si habilement présenté que les membres de l'OTS avaient envie de donner[26] », résume Thierry Huguenin, qui lui aussi vendit son cabinet de prothésiste dentaire pour reverser l'argent à la secte.

Pendant plus de dix ans, les adeptes vont accepter de vivre dans le dénuement, détachés des biens terrestres. Ils revendent leur commerce et leur maison. La plupart de ceux qui habitent en communauté revendent leur voiture. (Un adepte a cependant réussi pendant plusieurs années à dissimuler une vieille moto avec laquelle il s'échappait le temps d'une promenade. Cet adepte suisse a vécu dans la terreur d'être découvert par Jo et Luc. Il est mort carbonisé en octobre 1994 sans que sa moto soit découverte.) Ceux qui travaillent à l'extérieur reversent l'intégralité de leur salaire à l'ordre qui, en échange, leur octroie 600 francs d'argent de poche mensuel plus 200 francs par enfant à charge.

La comptabilité de l'ordre est, volontairement, d'une incroyable complexité. Certains membres de l'OTS, ceux qui ont des revenus réguliers, paient des cotisations, entre 600 et 2 000 francs par mois. D'autres adeptes, membres d'organisations satellites créées pour opacifier encore un peu plus les circuits financiers, paient directement Jo, de la main à la main, 2 000 francs par mois. Ils appartiennent à l'École des mystères ou aux Frères de l'oratoire. Jo prétend aussi qu'il reverse une partie des fonds récoltés aux trente-trois Maîtres de Zurich, autorité suprême de l'ordre qu'il est le seul à pouvoir rencontrer. Jo terrorise les adeptes en expliquant que ces Maîtres, qui vivent depuis des siècles dans une cave, possèdent le don d'ubiquité. Ils observent en permanence les faits et gestes des membres de l'ordre. Régulièrement, Jo prend sa Jaguar ou sa Mercedes pour aller rendre visite aux Maîtres. En emportant l'argent qu'il est censé leur remettre et que, selon toute vraisemblance, Jo déposait sur un compte bancaire. Une autre partie de l'argent donné par les adeptes devait en principe être reversé à l'organisation des Rose-Croix. En 1990, Élie Di Mambro, le fils de Jo, vend, en partie, la mèche. Il expliquera à plusieurs adeptes que cet argent-là était détourné par son père, pour un montant d'environ 80 000 francs par mois. Jo disposait par ailleurs de 150 000 francs par mois pour ses menues dépenses.

Les dons et les cotisations des membres sont ensuite répartis selon la règle des deux tiers-un tiers. Deux tiers sont consacrés aux frais de fonctionnement et à l'entretien des propriétés. Le tiers restant sert à rémunérer les enseignements. Agnès, une adepte suisse qui passa plusieurs années dans les propriétés de la secte au Canada, soutient qu'« un tiers des cotisations était versé à Startone. Cela a duré longtemps, mais je sais qu'à un moment donné, il y a eu rébellion de l'administration de l'ordre parce qu'elle ne pouvait plus payer le tiers ».

Startone est une société de droit panaméen, créée par Michel Tabachnik. Désigné par plusieurs anciens adeptes comme l'un des principaux bénéficiaires des sommes récoltées, le chef d'orchestre explique que cette société servait uniquement à recueillir ses droits d'auteur. Il reconnaît avoir été rémunéré jusqu'en 1991 par l'Ordre du Temple solaire pour les conférences et les enseignements rédigés à l'intention des membres de la secte. Michel Tabachnik évalue les sommes que lui a versées l'ordre à 200 000 francs. Michel Tabachnik pouvait-il ignorer l'origine de cet argent ? Pour avoir vécu cinq ans dans le saint des saints, à Saconnex-d'Arve, aux côtés de Jouret, de Di Mambro et des adeptes, le musicien pouvait-il ignorer dans quelles conditions les disciples étaient amenés à revendre tous leurs biens pour alimenter les caisses de la Golden Way puis de l'OTS ? Virginie Di Mambro, une des filles du grand Jo, qui a été ballottée pendant des années de fraternité en communauté au sein de l'ordre, n'aimait guère Michel Tabachnik. « J'ai le sentiment qu'il ne croyait pas beaucoup à l'idéologie de l'OTS. Il s'y trouvait plutôt dans un but lucratif. Il était très intelligent et parvenait à donner le change. Il y avait une certaine complicité entre lui et mon père. »

Agnès, l'adepte suisse, a aussi souvent croisé le chef

d'orchestre. « Pour Michel, on était vraiment des abrutis, des bonnes poires dont il fallait profiter. On était vraiment les petits imbéciles de la fondation. »

Jo a la passion de la pierre. Grâce à l'argent récolté auprès des adeptes, le parc immobilier de la secte s'élargit. C'est un homme qui vit au rythme de ses coups de foudre. Se promenant en France, au Canada ou en Australie, il repère en un clin d'œil la maison de ses rêves. Il exige de l'acheter sur-le-champ, expliquant à son entourage que l'endroit est chargé de vibrations positives. Souvent, quelques semaines seulement après l'achat, Jo se lasse. Il revend, achète ailleurs, puis délaisse son nouvel éden pour un autre endroit, qui l'inspire davantage.

De 1977 à 1994, Jo et les siens ont acquis puis revendu en cascade plus d'une vingtaine de maisons, d'appartements et de domaines, en France, en Suisse, en Martinique et au Canada.

Certains de ces lieux ont été érigés en commanderie. La commanderie est la structure de base de l'ordre. En général, le groupe composé d'une poignée d'adeptes se réunit chez l'un des templiers, responsable local. Les commanderies les plus solidement implantées possèdent un lieu de culte, où sont organisées méditations et cérémonies. Un président et un trésorier se chargent de recueillir les cotisations. Lorsqu'un chevalier atteint un niveau d'initiation suffisant, il est convoqué à des cérémonies particulières, le plus souvent à Genève.

À l'échelon supérieur se trouvent les fraternités où quelques membres méritants ont le droit de vivre en communauté, parfois auprès des maîtres Jouret, Di Mambro et Tabachnik. La Golden Way à Genève, « L'Ermitage » à Sarrians, Saint-Anne-de-la-Pérade au Canada puis Cheiry en Suisse sont des fraternités. Toutes ces propriétés sont dotées d'un sanctuaire secret.

Plus tard, à partir de 1991, quand Jouret et Di Mambro ne cesseront d'évoquer l'Apocalypse et la nécessité pour les Templiers de se retirer loin des zones vouées à la destruction, ils parleront de centres de survie. Le Canada a longtemps été présenté aux adeptes comme la Terre promise, à l'abri des cataclysmes. Après 1990, l'Australie aura toutes les vertus aux yeux des dirigeants de la secte. Sans doute parce qu'à cette époque elle est le seul continent, avec l'Afrique, où les deux leaders de l'ordre ne sont pas encore fichés par la police.

La secte et le sexe

Pendant quinze ans, de « La Pyramide » à la Golden Way où il sera rejoint par Jouret en 1980, puis à l'OTS, Di Mambro exercera une emprise totale sur l'esprit et le corps de ses adeptes. Par passion, par jeu, par goût, il ne cessera de repousser le plus loin possible les limites de son pouvoir. Quand ses disciples ont tout donné, qu'ils n'ont plus de vie sociale, plus d'argent, plus d'amis, il ne leur reste que leur corps à offrir.

Di Mambro est fasciné par le sexe et par la signification cosmique de l'acte sexuel. Il explique très sérieusement que l'énergie sexuelle fait tourner les planètes et que l'avenir du monde peut passer par une éjaculation bien contrôlée. Dès 1977, Jo rêve d'être détenteur du pouvoir sexuel sur ses adeptes. Il ne supporte pas de laisser hommes et femmes se rapprocher et s'aimer en suivant leurs inclinations naturelles. Il intervient pour former des couples cosmiques. Jo affirme que ces couples chargés d'énergie positive permettent aux Templiers de progresser et d'atteindre plus rapidement la Connaissance.

Plusieurs adeptes que nous avons rencontrés racontent comment Jo Di Mambro brisait les couples pour en créer de nouveaux. « Les Maîtres voient tout, et ils se sont aperçus que votre couple est mort. Christian, tu as fait ton temps avec Sabine. Tu dois changer de femme pour réussir ta mission spirituelle. » Selon nos témoins, Jo Di Mambro allait ensuite voir un autre adepte à qui il affirmait sans détour qu'à l'évidence, il ne pouvait plus continuer de vivre avec sa femme. Leurs deux entités cosmiques n'étaient plus en accord. Il devait donc se séparer d'elle. Jo parachevait son œuvre matrimoniale en procédant à l'échange des deux couples. Il expliquait à l'un des maris que les Maîtres seraient satisfaits s'il épousait la femme de l'autre et il invitait fermement l'autre à épouser la femme du premier. Ainsi les époux Péchot et Tabachnik divorceront-ils à la fin des années 70. Ils se remarieront peu après, chacun épousant le conjoint de l'autre.

Il y eut bien d'autres couples cosmiques. Jamais sans doute, Jo ne jouit plus pleinement de l'exercice du pouvoir absolu que lorsqu'il brise et recompose les couples à sa guise. Ainsi, après avoir séparé le Suisse Thierry Huguenin de sa femme (qu'il tente d'accoupler à Luc Jouret), il le force à épouser Odile Dancet, une femme revêche mais fidèle à l'ordre. Ce faisant, Jo permet à la nouvelle épouse d'acquérir la nationalité suisse.

Jo oblige aussi Josiane et Jean-Léon Paulus, les adeptes belges, anciens de « La Source » à Warnach, à se séparer. Plus cyniquement, lorsqu'il est fatigué de sa maîtresse Dominique Bellaton qui, pourtant, donna naissance au « Christ », il lui intime l'ordre d'épouser Roger Giguère, le trésorier canadien de la secte, de vingt ans plus âgé.

Jo décide également de l'heure des accouplements et des positions que les partenaires doivent adopter. Jouret lui aussi donne des consignes cosmiques très strictes. Seule la position du missionnaire est admise. L'éjaculation doit se faire dans la bouche de la femme qui transmet alors par un baiser le sperme, donc l'énergie, à son partenaire.

Di Mambro pense aussi à l'avenir de l'humanité. Il songe donc à former pour le futur des couples cosmiques entre les enfants de la secte. Il les regroupe dans une élite composée de sept enfants qui seront la conscience de l'humanité nouvelle. Parmi ces sept élus, Doudou, bien sûr, la réincarnation du Christ, mais aussi Sébastien Péchot*, né du mariage cosmique entre Christian et Christine Péchot, ainsi que David Tabachnik, fils du chef d'orchestre et de sa nouvelle épouse Sabine. « Ces enfants devaient être programmés avant la naissance. Ils étaient élevés dans le but de constituer un peuple d'élite, se souvient Agnès. Jo pensait laisser son héritage spirituel à Doudou. »

Des précepteurs, membres de la secte, se chargent d'élever ces enfants. Pendant plusieurs mois, Thierry Huguenin devra assurer l'éducation de Doudou, l'enfant cosmique, et du petit David Tabachnik dans une des propriétés de la secte, dans le Vaucluse. À cette époque, Di Mambro et Tabachnik, son ami de dix ans, étaient provisoirement en froid. Jo tient à rappeler qu'il est le patron, qu'il a tout pouvoir, et il décrète que David Tabachnik est l'Antéchrist. Thierry Huguenin, dans le rôle de la nourrice, essaya donc de séparer les deux enfants qui ne demandaient qu'à jouer ensemble, mais qui devaient rester à distance réglementaire de dix mètres pour ne pas échanger leurs vibrations évidemment contradictoires.

« Les femmes, ce sont toutes des emmerdeuses, il faut les mater », aimait à répéter Luc Jouret dans l'intimité. Pendant

---

* Sébastien Péchot est né en 1982. Il est mort à l'âge de 12 ans à Cheiry en Suisse, aux côtés de ses parents. Son crâne présentait deux impacts de balle et était recouvert d'un sac-poubelle.

onze ans, de 1983 à 1994, il mit en pratique cette forte maxime. Il les a prises, jetées, remplacées, reprises, épousées parfois, puisque tel était son bon plaisir.

Dès son installation à la Fondation Golden Way, à la fin de 1982, le Dr Jouret est vénéré et craint. Il vit en apesanteur. En quelques mois seulement, il a été totalement soustrait aux lois humaines. Il n'est jamais contredit par les membres de la fondation. Chacun de ses gestes est interprété comme une action d'essence quasi divine. Il est installé dans un superbe appartement refait à neuf sous les toits de la maison de Saconnex-d'Arve. Par la suite, il fréquentera les hôtels de luxe, dépensant sans compter un argent qui n'était pas le sien.

Jo Di Mambro qui considère, non sans raison, que l'apport de Luc Jouret est décisif pour le développement de la Golden Way ne lui refuse rien. Les dollars ou les francs suisses ne lui manqueront jamais. La rigueur de mœurs imposée aux membres de base ne lui sera jamais applicable. « Jouret a vite compris qu'en matière de sexe il pouvait se permettre tout ce que Di Mambro lui-même se permettait », témoigne Agnès.

Et Di Mambro ne s'interdit rien. Il aime les femmes et puise dans son cheptel personnel, au sein de la secte, sans que quiconque ose s'y opposer. Di Mambro ne déteste pas pour autant les hommes. Mais quels que soient ses partenaires, Jo ne pratique pas le sexe pour le sexe. C'est en tout cas ce qu'il explique doctement aux membres de la communauté lorsque ceux-ci se montrent réticents. Si Jo accomplit l'acte sexuel, c'est uniquement pour le bien de l'ordre. « Certains hommes ont accepté d'avoir des relations homosexuelles avec lui parce que l'idée était d'harmoniser les chakras, explique Agnès. Pour réharmoniser les chakras de certaines personnes, Jo a eu recours à des pratiques sexuelles telles que la sodomie. En matière de sexualité, Jo montrait l'exemple et Luc allait le faire en plus accéléré, parce que Luc avait des déviations sexuelles dès le départ. Je suis à l'aise pour le dire parce que c'est lui qui m'en a parlé. »

Depuis que Di Mambro l'a obligé en 1983 à se séparer de sa femme Christine, qu'il trouve indigne de lui, Luc Jouret est officiellement célibataire. Un état qu'il a en horreur. Il ne supporte pas la solitude. Entre deux conférences triomphales qui lui permettent d'élargir son fan-club, Luc est en manque. Privé du regard des autres, sevré d'admiration, il sombre dans ses pensées qui sont rarement joyeuses. Jouret aura toujours besoin d'avoir une femme éperdue à son côté, avec laquelle il n'est pas toujours tendre. « Il était souvent violent avec ses compagnes, les disputes étaient presque quotidiennes, les insultes aussi », rappelle la fille d'un adepte qui a souvent croisé Jouret.

Dès son divorce cosmique prononcé par Jo Di Mambro *, Luc jette d'abord son dévolu sur une belle jeune femme, Françoise L., avec laquelle il aura un fils, Vincent, né le 9 novembre 1983. Il reconnaîtra officiellement cet enfant par un acte signé à Genève, le 18 octobre 1984. C'est, à ce jour, le seul descendant vivant connu de Luc Jouret.

Quelques mois après la naissance de son fils, Luc Jouret quitte Françoise L. et fond sur une nouvelle proie, Christiane B. Il garde son enfant Vincent auprès de lui et c'est cette dernière qui se chargera, un temps, de son éducation.

À partir de 1984, il est impossible de dresser l'inventaire des maîtresses, conquêtes et compagnes de jeux cosmiques de Luc Jouret. Il considère lui-même que changer de partenaire fait partie de ses prérogatives. Pendant ces onze années, de la Golden Way à l'ORT puis à l'OTS, Luc Jouret imita puis distança rapidement son mentor Di Mambro au grand concours des conquêtes féminines. Posséder toutes les femmes ou presque de la secte lui permit aussi de mesurer le caractère illimité de son pouvoir. Pendant plus de dix ans, il a répété aux femmes réticentes qu'on ne saurait se refuser au Grand Maître.

Comme celles de Di Mambro, ses érections ont un caractère cosmique. S'il copule, c'est toujours « ès qualité », en tant que Grand Maître. Ces accouplements sont donc sacrés. C'est un honneur pour la femme choisie que de finir dans le lit de saint Bernard de Clairvaux. « Il se prenait pour le Christ », témoigne Rose-Marie Klaus, une ancienne adepte suisse, qui, la première, dévoila cet aspect très particulier de la vie de l'ordre. « Le gourou Luc Jouret faisait l'amour pour se libérer, avant de présider les cérémonies. Une femme devait coucher avec tous les hommes. Les chambres rituelles étaient placardées de miroirs, sur les murs et au plafond. [27] »

Luc Jouret lui-même explique aux adeptes que « l'activité sexuelle est le moyen de redonner du carburant à l'activité cosmique ». En sa qualité de prêtre, de saint et de Grand Maître de l'ordre, Luc Jouret est évidemment qualifié (surqualifié même) pour célébrer les « messes », les communions, les confessions et

---

* Officiellement, il ne divorcera de Marie-Christine Pertué qu'en 1985.

les mariages cosmiques. Dans ce dernier cas, il explique parfois, juste après la cérémonie nuptiale, qu'il doit d'abord faire l'amour à l'épouse avant de la confier à son mari.

Il y eut aussi, selon Rose-Marie Klaus, ces rites « templiers » au cours desquels Luc Jouret distribuait généreusement son sperme aux adeptes, hommes et femmes, afin qu'ils l'avalent et soient purifiés au contact de cette sainte semence.

« Les seules personnes qui se sont permis des fantaisies sexuelles, c'étaient Jo et Luc », témoigne Agnès. De fait, les Maîtres de l'ordre ne tiennent pas à partager ces privilèges sexuels. Ce droit de cuissage cosmique n'appartient qu'à eux. Il symbolise leur emprise sur l'ordre et facilite grandement l'exploitation de la main-d'œuvre féminine.

En juillet 1988, au Canada, Luc Jouret fait la rencontre de Louise Courteau, éditrice québécoise d'une quarantaine d'années, passionnée d'ésotérisme. Jouret est alors au sommet de sa carrière de gourou-conférencier.

Ils mettent au point un projet de livre fondé sur l'expérience de praticien du Dr Jouret, et trouvent un titre, *Médecine et Conscience*. Louise Courteau connaît l'existence de l'Ordre du Temple solaire, elle n'ignore pas qu'il en est le Grand Maître mais accepte de publier cet ouvrage dans lequel il ne serait question que de médecine et d'homéopathie.

« Dès notre première rencontre, raconte-t-elle, en un clin d'œil, j'ai compris à qui j'avais à faire. Un séducteur fou, intelligent, obsessionnel. Ce qui fascinait les gens, c'étaient ses yeux. C'était sa façon d'aller chercher dans le regard de l'autre. Dès notre deuxième rencontre, il m'a tutoyée. Je l'ai tutoyé aussi, avec un peu de mal. Jouret a eu presque peur face à moi. Il a vu que j'étais expérimentée et qu'il ne m'aurait pas. Il a compris que j'avais décrypté son personnage.

« Il y avait toujours beaucoup de femmes gravitant autour de lui. Il avait une cour assidue qu'il entretenait avec diplomatie. Il utilisait ces femmes comme des esclaves. Il leur faisait tout faire. Ce sont ses maîtresses qui organisaient les conférences qu'il donnait au Québec. Il y avait compétition entre elles : celle qui faisait le plus de bénévolat pouvait finir la nuit avec lui. Toutes ces femmes étaient d'un dévouement absolu. Elles étaient dévouées à Jouret bien plus qu'à la cause. Ça me faisait peur. Elles se seraient fait couper en rondelles pour lui.

« J'ai repéré son jeu tout de suite, poursuit Louise Courteau. Ça a même créé une certaine complicité entre nous. Il savait que je savais. Ce n'était plus du donjuanisme, c'était du calcul. Son charme était très travaillé. Il était tout à fait conscient de l'effet qu'il provoquait chez les gens, hommes et femmes. Il était très calculateur. C'était la star dotée d'un ego démesuré. Moi, je n'arrivais pas à comprendre qu'on puisse tomber dans un piège de séduction comme celui-là, mais cet homme m'a fascinée. Il a laissé en moi une empreinte indélébile. »

Le 1er avril 1989, Jouret-le-volage se marie pour la seconde fois. Il est tombé amoureux, dit-il, d'une jeune Québécoise, Marie-France P., et décide d'officialiser cette liaison. Concrètement, ce mariage lui permet d'acquérir la nationalité canadienne, ce qui est à ses yeux très précieux.

Le mariage a lieu à Ottawa, mais la réception se déroule dans la plus belle demeure canadienne de la secte, à Saint-Sauveur, dans la région des Laurentides, située à deux heures de route de Montréal. Pour l'occasion, le jeune marié a invité une partie de sa famille. Sa sœur Jacqueline et sa mère Fernande, qui n'ont pas vu Luc depuis plusieurs années, sont venues spécialement de Belgique. Elles sont stupéfaites lorsqu'elles découvrent les lieux.

La villa « La Fleur » est un havre pour milliardaire. Les invités de la noce dégustent des petits fours autour d'une piscine intérieure. Ils contemplent les statues savamment éclairées ou vont prendre l'air dans l'immense jardin paysager. Fernande Jouret expliquera, après la mort de son fils Luc, à quel point elle a été choquée par ce luxe tapageur*, les voitures aux carrosseries interminables sorties d'un dessin animé de Tex Avery, les femmes parées d'or, les hommes en costumes sur mesure. « Cette opulence dans laquelle gravitait Luc et ses connaissances était totalement en contradiction avec la simplicité avec laquelle Luc avait grandi et vécu », constatera amèrement Fernande Jouret. Cette étrange noce (à laquelle assistait Jo Di Mambro) sera la dernière occasion pour Fernande Jouret de revoir son fils vivant. Le mariage de Luc et Marie-France ne durera que vingt mois. Pendant cette courte période, Marie-France Jouret servira d'attachée de presse et de secrétaire à son mari. Les époux divorceront le 8 décembre 1991, sans jamais avoir vécu ensemble. Divorcé, Luc Jouret conservera son passeport canadien acquis grâce à ces épousailles éphémères.

---

* Mariage payé à la fois par Albert Giacobino, l'un des mécènes de la secte, et par les adeptes eux-mêmes.

Au cours de l'année 1990, alors qu'il est encore officiellement marié et qu'il continue par ailleurs de collectionner les maîtresses d'une nuit, Luc Jouret tombe de nouveau amoureux. L'objet de sa passion est un homme, Camille Pilet. Il a 63 ans, vingt et un ans de plus que Luc. Ils se sont rencontrés en 1981. Cette année-là, Camille Pilet est victime d'un infarctus du myocarde. Luc Jouret le soigne et le patient s'en sort. Sa reconnaissance sera éternelle. Camille Pilet suivra Luc à la trace, s'inquiétera de son sort lorsqu'il le perdra de vue quelques semaines. Ils deviendront amis. Simplement amis.

M. Pilet est suisse, très riche et hypocondriaque. Il a sans cesse besoin d'être rassuré sur sa santé qu'il croit chancelante. Il n'a pas de diplôme mais c'est un génie du commerce. En 1945, il entre comme simple employé dans l'entreprise d'horlogerie Piaget. Trente ans plus tard, à force de ténacité, il est nommé directeur des ventes. Son salaire dépasse alors un million et demi de francs par an. Il vit confortablement, toujours en célibataire, mais noue une longue liaison avec une ressortissante italienne. Dans le cadre de son travail, Camille Pilet parcourt le monde, en général avec une mallette reliée à son poignet par une chaînette. Pour arrondir ses fins de mois, il s'occupe aussi de la promotion de deux sociétés horlogères américaines. Lorsqu'il revend les actions qu'il possède dans ces deux entreprises, il touche le pactole. Quarante millions de francs. Camille Pilet est l'un des plus beaux partis de la Confédération helvétique.

Sa rencontre avec Luc Jouret va modifier le cours de sa vie. Vers 1987, après quelques années d'attentisme, il se laisse convaincre et intègre la secte. Di Mambro saute de joie quand il apprend que le millionnaire Pilet adhère à l'OTS. La progression templière de Camille Pilet sera fulgurante. On lui annonce tout de go qu'il est la réincarnation de Joseph d'Arimathie, l'homme élu entre tous qui obtint l'autorisation d'ensevelir le corps du Christ. Les grades, les capes, les adoubements lui tombent sur les épaules avant qu'il ait eu le temps de lire le règlement intérieur de l'ordre. Di Mambro voit en lui un Templier d'exception. Tout le monde acquiesce avec conviction. Camille Pilet veut bien le croire. Lui qui toute sa vie a fait la preuve de ses talents de négociateur, discutant au franc près des contrats portant sur des millions de dollars, lui le requin des affaires, va se laisser tondre par Jouret et Di Mambro comme un agnelet des alpages.

Avant même que leur relation prenne un tour intime, Camille Pilet devient le très généreux mécène de Luc Jouret. Au début, en 1988, dans un ultime réflexe d'homme d'affaires, il demande à Jouret des reçus. Jouret s'exécute sans broncher. Le 22 décembre 1988, Luc Jouret, sur son fameux papier à en-tête (« consultant en science de vie »), reconnaît avoir reçu de M. Camille Pilet la somme de 24 000 francs suisses (100 000 francs français) pour les six premiers mois de l'année 1988. Quelques jours plus tard, le 9 janvier 1989, même reçu, même papier à lettres, même somme, 24 000 francs suisses. Rapidement, les reçus n'auront plus de raison d'être et les sommes versées augmenteront vertigineusement.

Agnès, l'ancienne adepte suisse, se souvient que, depuis 1988 au moins, « Luc Jouret vivait de Camille Pilet*. Il a beaucoup vécu aussi de dons de gens, de successions. Il savait se débrouiller pour récolter de l'argent à gauche et à droite ».

Au printemps 1990, Camille Pilet annonce à sa maîtresse italienne que leur liaison, qui dure depuis plus de vingt-cinq ans, va changer de nature. Il veut bien rester ami avec elle mais ne veut plus, ne peut plus, être son amant. Il lui explique qu'il est à la recherche d'un chemin plus « spirituel ». En fait, Camille Pilet veut se donner tout entier à son nouvel amour, Luc Jouret.

« Luc était très amoureux de lui, témoigne une ancienne adepte de la secte. Mais il était souvent méprisant en public envers Camille parce que Luc, psychologiquement, ne supportait pas d'avoir fait ce qu'il avait fait, et il en voulait à Camille. Il y avait quelque chose de très ambigu. Je crois que Luc ne supportait pas l'image que Camille et lui pouvaient donner, donc il sabotait l'image. Peu de personnes connaissaient l'existence de cette liaison. Jo le savait bien sûr**. »

Aveuglément, Camille Pilet vit sa nouvelle passion avec

---

* En 1993 et 1994, Camille Pilet engloutira plus de 4 millions de francs français pour faire vivre Luc Jouret et ses amis de l'OTS. Camille Pilet est mort à Cheiry. Il est l'une des très rares victimes à ne pas avoir été tué par balle. Il est sans doute mort étouffé par un sac-poubelle après avoir ingéré un médicament l'ayant endormi. Camille Pilet a probablement dirigé la cérémonie macabre la nuit du drame.

** À la fin des années 80, au Canada, Luc Jouret aurait également entretenu des rapports jugés ambigus par d'anciens adeptes avec un autre membre de la secte, Jean-Pierre Vinet. Ce cadre d'Hydro-Québec lui servait depuis longtemps d'« aide de camp » au cours de ses conférences. C'est lui qui se chargeait de contacter les personnes intéressées par la personnalité de Jouret pour leur proposer de rejoindre les clubs Amenta, antichambre de l'OTS. Jean-Pierre Vinet était, au dire des témoins de l'époque, en adoration devant Luc Jouret. Son corps sera retrouvé carbonisé dans les ruines du chalet de Salvan. Les médecins n'ont relevé aucune trace de balle. Jean-Pierre Vinet est probablement mort après avoir absorbé une très forte dose d'alcool et de médicaments, un cocktail mortel sans doute prescrit par son ami Luc Jouret.

Luc Jouret. Il est prêt à tout pour satisfaire son nouvel amant. Ainsi n'hésite-t-il pas à se faire passer pour un illustre praticien pour mieux approcher Catherine Kousmine, auteur de la célèbre méthode diététique portant son nom et créatrice de la non moins fameuse crème Budwig *. Elle vit retirée à Lutry, un village de vignerons sur les bords du lac Léman. Camille Pilet a un atout dans son jeu : sa nièce n'est autre que la secrétaire personnelle de la vieille dame. Nous sommes en 1989. Un matin, Catherine Kousmine voit débarquer chez elle un certain docteur Jacarino. Il arrive au volant d'une superbe voiture immatriculée à Monaco. Cet homme se présente à elle comme « chimiste ». Il est le seul, assure-t-il, qui réussira à apporter au monde entier les preuves scientifiques de la méthode Kousmine. Il ne peut mieux viser : la diététicienne, qui sent sa fin approcher – elle mourra en 1992 –, n'a plus que cette idée en tête.

But de Jacarino : soutirer 30 000 francs suisses (120 000 francs) à Catherine Kousmine, destinés à « commencer les travaux ». Quelques semaines plus tard, il revient et tire de sa mallette en cuir quelques feuillets de papier. Il a jeté, dit-il, les premières bases de son étude. Le soir même, le Dr Kousmine chausse ses lunettes, s'y plonge avec passion mais interrompt soudainement sa lecture : « C'est du plagiat ! » En fait, Jacarino a recopié les travaux du célèbre scientifique Sinclair que Catherine Kousmine connaît sur le bout des doigts. Elle est en rage. Trop tard : Jacarino-Pilet s'est déjà volatilisé. Avec l'argent... Sa visite à Lutry n'était que la première étape d'une vaste tentative d'infiltration de l'OTS pour s'emparer de la méthode Kousmine.

Peu après, la nièce de Camille Pilet, fidèle secrétaire de Catherine Kousmine, réussit encore à convaincre sa patronne de recevoir un homéopathe de grand renom, un orateur hors pair qui donne des conférences à travers le monde. Et voilà qu'à son tour Luc Jouret vient rendre visite à la vieille dame. « Il a passé l'après-midi chez elle, se souvient Donald Moor, le fils spirituel de Kousmine. Il était extraordinaire, un vrai séducteur. Il parlait, parlait sans cesse. Et puis, il a dit : " Je vais faire des conférences sur votre méthode au Canada. " Kousmine a accepté. Elle était sous le charme, aux anges [28]. » En repartant, Luc Jouret laisse sa carte de visite sur laquelle il note

_____
* Elle est aussi l'auteur de best-sellers dont le plus connu est *Soyez bien dans votre assiette jusqu'à 80 ans et plus*, publié aux Éditions Tchou en 1980.

ses différents numéros de téléphone. Elle est, aujourd'hui encore, entre les mains de Donald Moor.

Camille Pilet et Luc Jouret ont finement balisé le terrain. Ils ont pu se forger une idée précise, deviner les travers de Catherine Kousmine et ils savent dorénavant comment frapper. Ils vont envoyer un fidèle chevalier accomplir la dernière étape. Leur choix se porte sur Benoît H., un adepte épris de culture biologique, qui vit au Canada dans la ferme de survie de l'ordre, à Sainte-Anne-de-la-Pérade. À son tour, celui-ci rend visite au Dr Kousmine, et réussit sans peine à la convaincre de créer une Fondation Kousmine au Canada.

Le 24 août 1989, une convention est donc signée à Lausanne entre les deux parties. Catherine Kousmine donne le droit à Benoît H. de « promouvoir et de défendre » son œuvre au Canada en créant une Fondation Kousmine-Canada. Point numéro 1 de la convention : « La Fondation Kousmine-Canada sera autorisée à indiquer publiquement qu'elle est affiliée à la Fondation du Dr Catherine Kousmine. » Au bas du document ont signé : le Dr Kousmine, Benoît H., Cécile Raymond et Fabienne Noirjean, deux futures victimes des massacres d'octobre 1994.

Adresse de la Fondation Kousmine au Canada ? 51, rue d'Orvilliers, Sainte-Anne-de-la-Pérade : le repaire de l'OTS au Québec ! Un coup de maître pour Luc Jouret qui, dès lors, peut légitimement se prévaloir lors de ses conférences des méthodes du Dr Kousmine, internationalement reconnue. Jouret a de quoi attirer de nouveaux gogos.

Dès son installation à la Golden Way à l'automne 1982, Luc Jouret avait été confirmé par Jo Di Mambro dans ses fonctions de recruteur. Les deux hommes sont d'accord. Jouret va donc partager son temps entre la médecine et les conférences. Il en a le goût, le talent et l'énergie. Parfois, au sein même de la secte, Jouret remplace Di Mambro en tant qu'orateur ou complète ses propos. Mais l'essentiel est de faire du Dr Jouret un produit d'appel pour attirer le chaland à la Golden Way et, plus tard, dans l'Ordre du Temple solaire.

Cette répartition des tâches satisfait tout le monde. Di Mambro peut exhiber à l'extérieur son atout maître et en espérer des retombées. Jouret peut étancher sa soif de voyage et d'adulation. « Son gros problème psychologique, dès le départ, c'est qu'il avait besoin d'être approuvé, valorisé, mis sur un piédestal en permanence, témoigne une ancienne membre de la secte. Il ne supportait pas d'être trop bas. Son autre problème, c'est qu'il avait besoin d'une vie animée. »

Sponsorisé par Di Mambro, financé par les adeptes de la secte, Jouret va pouvoir mener une vie « animée » sans bourse délier. Son passeport va rapidement être surchargé de tampons et de visas. Sa vie quotidienne sera celle du VRP multicarte spécialisé dans la vente de préceptes apocalyptiques.

Toujours entre deux avions, entre deux fuseaux horaires, entre deux causeries, Luc Jouret navigue le plus souvent sous pavillon de complaisance. Si l'appellation « médecin homéopathe » ne suffit pas à séduire les organisateurs de colloques, il ajoute aussitôt qu'il intervient dans le cadre de clubs de réflexion, de cercles de vie, d'académies dont il est membre. Amenta, Agata, Atlanta, Sciences et Tradition, Archédia, l'Archs*, autant d'appellations qui, au fil du temps, « se succéderont ou se chevaucheront plus ou moins, on ne sait plus trop dans quel ordre [17] », raconte Agnès, une ancienne adepte.

L'important est de pouvoir ajouter un sigle et un logo sur une carte de visite ou un curriculum vitae. Luc Jouret, détenteur de la vérité médicale, en avance sur ses contemporains, ne doit pas apparaître comme un individu isolé, un franc-tireur sans disciples ni compagnons. Cette stratégie est restée, jusqu'à la fin, très efficace. Pendant plus de dix ans, aucun observateur, aucun journaliste n'a jamais enquêté afin de déterminer si ces appellations étaient fantaisistes. Tous les articles que nous avons consultés rendant compte des conférences du Dr Jouret mentionnent son appartenance à l'une ou à l'autre de ces « académies », sans jamais soupçonner que ce ne sont que des noix creuses.

Dès 1983, la presse s'empare du phénomène Jouret. En donnant une ou deux conférences par semaine (plus souvent encore par la suite), l'ancien médecin de Léglise parvient à sus-

---

* Au Québec, l'Archs se charge d'organiser les conférences de Luc Jouret. Atlanta s'occupe de l'édition des enseignements écrits ou audiovisuels. Il existe également une société pour l'impression de ces enseignements, pour la fabrication des capes, pour la production agricole biologique. Ces sociétés représentent autant de paravents derrière lesquels l'Ordre du Temple solaire est présent mais invisible. De plus, ces structures permettent d'attribuer un rôle à de nombreux templiers. Chacun se sent investi d'une mission très importante au service de l'ordre. En réalité, ces sociétés sont factices. Elles portent un nom différent, ont des activités spécifiques, mais elles dépendent d'un seul corps qui se nomme Ordre du Temple solaire.

citer la curiosité des journalistes. Ces derniers, lorsqu'ils apprennent que dans leur ville un conférencier jeune et inconnu déplace les foules, vont voir par eux-mêmes. Jouret les accueille toujours avec une grande habileté. Il a adopté et perfectionné la technique du dossier de presse. À l'instar des distributeurs de films, il propose un dossier complet, prêt à l'emploi, aux journalistes qui se présentent à lui. D'abord une longue et flatteuse fiche biographique, que les rédacteurs de certains journaux locaux reprendront à leur compte *in extenso*, sans vérification ni commentaire.

« Le Dr Luc Jouret est né en 1947 en Belgique, explique par exemple de manière mensongère une note biographique du club Amenta. Il a pratiqué trois ans la médecine générale en milieu minier, urbain, puis campagnard. Sa personnalité originale ne se satisfait pas des conclusions de la médecine traditionnelle. C'est pourquoi il entreprend une quête personnelle à travers toutes les médecines et fait de nombreux voyages dans le monde entier : l'Asie du Sud-Est, l'Afrique noire où il pratique la médecine de brousse, la Chine où il fait une approche de l'acupuncture, le Pérou où il se consacre à la médecine de haute montagne au cours d'une expédition d'alpinistes dans les Andes, l'Inde qui marque le départ d'une démarche homéopathique à laquelle il se consacre dès lors ; l'Europe où il se forme dans différentes organisations et parfait une étude des travaux du Dr Ortega (Mexique) et du Dr Pasquero (Buenos Aires). Fort de sa propre évolution, il fait alors une synthèse de toutes les médecines qu'il a rencontrées et pratique désormais une médecine qui soigne l'homme dans sa globalité.

« SON ORIGINALITÉ : LA MALADIE ET LA SANTÉ, DEUX PÔLES DU MÊME PRINCIPE DE L'EXISTENCE. »

Ce curriculum vitae, sur bien des points inexact, sera repris souvent mot pour mot par de nombreux journaux, les rédacteurs se contentant d'enjoliver ce qui ressemble déjà à la vie d'un saint.

On retrouve ainsi, de la Vendée au Québec et à la Martinique, les mêmes adjectifs, les mêmes dates, proposés en kit par Luc Jouret, co-inventeur du prêt-à-publier. Il est vrai que face à ce personnage sorti de nulle part, n'appartenant à aucun institut de recherche officiel, butinant d'une région puis d'un continent à l'autre, les recoupements et le travail d'enquête sont difficiles.

Le journaliste se fie à ses impressions : Jouret est affable, souriant, disponible. Il accorde de longs entretiens en tête à tête à l'issue de ses conférences. Durant la prestation du médecin, le journaliste, même dubitatif, ne peut que constater l'adhésion de la salle aux propos pourtant obscurs de Jouret. Il ne peut qu'être assourdi par les applaudissements qui ponctuent la fin de la réunion. Il s'approche alors de l'estrade pour interviewer un Jouret un peu essoufflé mais radieux, qui répond à ses questions un grand verre d'eau fraîche à la main.

Parfois, Luc Jouret introduit des variantes. Il se soumet au rituel des questions en dégustant un café, précisant en blaguant : « Excusez-moi, mais j'adore le café. Je suis belge, vous savez, et les Belges et le café, c'est une histoire d'amour ! » La glace est rompue. Le journaliste questionne alors le prestigieux orateur. Il remercie le « conférencier international » d'avoir daigné s'arrêter le temps d'une soirée dans sa modeste province.

Jouret, en bon élève de Di Mambro, saura toujours trouver les mots qui valorisent la ville ou le pays dans lequel il séjourne. Il adopte les mêmes réflexes que les stars américaines en tournée de promotion européenne de leur dernier film. À peine descendues de l'avion, elles savent doser les sourires, distiller les quelques mots indispensables dans l'idiome du pays (« Bonsoir, Paris ! », « Gracias, Barcelona ! ») et expliquent à quel point La Haye, Athènes et Oslo sont chères à leur cœur, à quel point le public chypriote, finlandais ou italien est merveilleux et fidèle. Jouret ne fera pas autrement. Il saura s'adapter aux particularismes locaux. Flatter ses hôtes et endormir l'éventuelle méfiance des journalistes.

Dans les dossiers de presse qu'il distribue, Jouret a pris soin de joindre une partie des nombreux articles déjà publiés sur lui. Quel journaliste découvrant cet herbier hagiographique aurait alors l'envie d'aller à contre-courant ? D'autant plus que les quotidiens délèguent sur place des reporters d'informations générales, jamais leurs spécialistes médicaux, qui pourraient s'étonner de lire dans le curriculum du Dr Jouret, rédigé en 1984, une ode aux guérisseurs philippins : « Le Dr Jouret a vécu des expériences étonnantes avec les guérisseurs de ce pays (ablation d'un lipome en deux minutes sans anesthésie). »

En fait, par un jeu de déformation successive, d'inflation des mots, chaque journaliste ajoute une pierre à la statue du commandeur Jouret. Cinq jours à Kolwezi, dix jours dans les Andes et deux mois en Inde deviennent « dix ans de pratique à travers l'Asie, l'Afrique et l'Amérique latine (qui) l'ont amené à une réflexion qui touche des milliers de personnes ».

La tonalité des comptes rendus de conférences du Dr Jouret est toujours extrêmement positive, même, et cela arrivera de plus en plus fréquemment, lorsque le journaliste n'a rien compris au discours confus de l'orateur.

Ainsi cet article paru dans *Le Courrier* de Genève à l'issue d'une conférence prononcée par Luc Jouret le 24 avril 1983 dans les locaux de la secte, à Saconnex-d'Arve *. En ce lieu où l'on vénère un enfant-Christ, où on sépare de force les couples terrestres pour créer des couples cosmiques, où on asservit les adeptes, où on canonise un médecin, les journalistes ne voient que luxe, calme et homéopathie. Titre de l'article : « Un homéopathe parle de la mort. Un hymne à la vie. » Début de l'article : « Une belle maison, un parc superbe de verdure et de fleurs des champs : c'est dans ce cadre paradisiaque du centre culturel de Saconnex-d'Arve que se tenait, ce week-end, un séminaire organisé par le club Amenta et animé par le docteur homéopathe Luc Jouret sur le thème de la mort. » Seule critique émise par le journaliste : « Le suicide, l'euthanasie, l'avortement ne furent traités que succinctement, mais quel vaste sujet que la mort, indissociable de la vie. »

En novembre 1983, un an après son installation permanente à la Golden Way, Luc Jouret devenu conférencier quasi professionnel s'envole pour le Canada (en première classe) pour une série de conférences, d'interviews et de colloques. Sur son agenda surchargé, il a noté un rendez-vous important avec un certain Richard Glenn, à Montréal.

Richard Glenn est un personnage à part dans le PAQ (paysage audiovisuel québécois). Ce quinquagénaire bâti comme un bûcheron du Grand Nord fut professeur d'éducation physique. Sur le tard, il s'est reconverti dans la carrière d'animateur de télévision. En zappant sur les chaînes du câble montréalais, on ne peut pas le manquer. Les cheveux noir de jais, le visage barré par une incroyable moustache que l'on croirait postiche, Richard Glenn produit, filme, finance et sonorise une émission d'ésotérisme sur une chaîne communautaire à audience confidentielle. Richard Glenn est passionné par les phénomènes paranormaux. Il a installé un studio de télévision dans la cave de sa maison de banlieue, près de Montréal. Aidé par sa femme qui fait office d'éclairagiste, il enregistre son émission qu'il a baptisée « Ésotérisme expérimental » entre le

* Voir en annexe, p. 339.

chauffe-eau et le placard à chaussures. Le résultat est à la hauteur des moyens mis en œuvre, kitch et surréaliste. Sur son plateau défile chaque semaine tout ce que la « belle province » compte de guérisseurs, d'astrologues, de rebouteux et de citoyens ayant partagé leur repas de la veille avec un Martien.

« Au début des années 80, j'avais été écouter le Dr Jouret au cours d'une de ses conférences et il m'avait vraiment épaté, explique Richard Glenn. Je l'ai invité à mon émission. Il a accepté tout de suite. Je suis habitué aux fortes personnalités, j'en rencontre tous les jours, mais lui avait un charisme vraiment hors du commun [29]. »

Après un générique funèbre concocté par Richard Glenn, le débat commence par une courte présentation de l'unique invité de la semaine, Luc Jouret, homéopathe venu d'Europe. Richard Glenn lance son invité. Il ne l'arrêtera plus pendant deux heures. Luc Jouret, vêtu d'un costume de bonne coupe, chemise bleu ciel, cravate bleu foncé, assis devant une table basse, est en grande forme. Il explique (ce qu'il ne se risquera plus à faire par la suite au cours d'émissions de télévision) qu'il est bien membre d'un ordre templier. « On atteint des niveaux de discussions avec ces gens-là (les Templiers) qui expliquent pourquoi j'ai accepté des fonctions dans l'Ordre rénové du Temple, parce que ça va très loin l'homéopathie. Il existe sept couches d'atmosphère, sept couches dans la terre. L'homme est composé de sept corps. C'est sur ces sept corps qu'on agit par des dynamisations infinitésimales. Ma clientèle est bourrée de gosses. Quel gosse ne tousse pas ? Retenez ça : la qualité du physique que vous avez est le reflet de l'être subtil qui est en vous. »

Un peu dépassé par le sens profond de cette tirade incroyablement décousue, l'animateur ose une question :

« Vous aimez le Canada, docteur ?

– Le Canada est un pays privilégié. En Europe, ça se dégrade de façon effroyable. Quand un gosse tue à l'âge de 8 ans, c'est que quelque chose ne va pas.

– (...) Et être végétarien, c'est important ?

– Quand vous mangez de la viande, vous êtes responsable d'une tuerie inutile. Vous privez quinze personnes d'un repas normal. Vous mangez un tissu mort. L'homme mange de la viande seulement pour son plaisir. Mastiquez quarante fois, c'est infect ! »

Au cours de cette même émission, Luc Jouret aborde le thème de la mort et reconnaît qu'il s'agit de son thème de prédilection.

« La mort m'intéresse énormément. Je fais à Genève des séminaires de trois, quatre jours et même de six jours uniquement sur ce sujet-là, avec une joie immense parce que je vois des gens changer complètement à l'issue de ces séminaires-là. D'ailleurs, je propose de revenir au Québec faire un séminaire là-dessus puisque c'est un sujet de recherche personnel. Vous savez, c'est ni moi ni monsieur qui assurera la survie de l'humanité.

– Que pensez-vous de l'incinération?

– L'incinération, oui, c'est une bonne méthode, mais pas n'importe quand ni n'importe comment, parce que le feu assure certaines choses.

– (...) Que pensez-vous de l'avenir de l'humanité?

– L'homme n'a aucune raison d'être. Que nous mourions tous maintenant, le soleil ne s'arrêtera pas de briller [30]. »

Richard Glenn, fasciné par le jeune homéopathe belge, observera son parcours canadien. Il assistera à d'autres conférences durant lesquelles Jouret abordera avec délectation les mêmes thèmes. La déliquescence, la mort, le feu... la routine. Le changement est ailleurs.

« Les premières conférences qu'il a données étaient à des prix très abordables, se souvient Richard Glenn. Mais Jouret et les gens qui l'entouraient se sont dit qu'ils pourraient doubler, tripler le prix d'entrée. Ça permettrait une certaine sélection de la population. Au tout début, c'était 7 dollars la conférence, ce qui est très abordable. C'est monté à 25, puis à 35 dollars. Il y avait manipulation par des gens qui se sont senti une vocation de gérant d'artiste, de gérant de vedette. Ils ont su très rapidement exploiter le talent de la vedette.

« Jouret, c'était le prototype parfait du gourou, un charisme incroyable, très érudit, charmant, un physique très agréable. Fondamentalement, son désir, c'était d'être une vedette, d'être applaudi, regardé, admiré. »

Au Canada, dans le sillage du conférencier Jouret, on retrouve souvent le même imprésario, Jean-Pierre Vinet. Cadre supérieur à Hydro-Québec, l'EDF québécois, ami intime de Luc Jouret, il le suit pas à pas. À la fin des conférences de l'homéopathe, Jean-Pierre Vinet observe les réactions du public. Quand il aperçoit une personne visiblement séduite par le beau Jouret, il s'approche d'elle et porte l'estocade. Il lui vante les mérites du club de réflexion dont Jouret est le porte-drapeau (selon les périodes, Amenta, l'Arch et quelques autres).

Dans un deuxième temps, quelques semaines plus tard, quand la personne approchée semble intéressée (et pourvu qu'elle dispose de solides revenus), il se fait plus précis. « Je me souviens que Vinet est venu me voir et m'a vanté les mérites de l'OTS, explique Richard Glenn. Il avait bien vu que j'étais fasciné par Jouret, alors il m'a fait le grand numéro. " Dans une structure comme l'OTS, vous pourriez aller très loin, lui assène Jean-Pierre Vinet. Vous êtes intelligent. Des gens comme vous peuvent atteindre le sommet. L'Ordre des Templiers détient les secrets de l'arche d'alliance et du Saint-Graal. " J'ai failli succomber. C'était très attirant, cet aspect occulte, séculaire. Il y avait la personnalité de Jouret et l'ancienneté de l'héritage templier. Ça paraissait solide, crédible. Ce n'était pas comme la scientologie qui est extrêmement récente et qui ne peut pas se prévaloir d'un tel héritage. »

Pour séduire les organisateurs de colloques et impressionner les auditoires, Luc Jouret prétend qu'il est célèbre et respecté dans des contrées lointaines. Au Canada, il se présente comme un « consultant en science de vie » très en vogue en Europe. En France, il explique ses absences répétées par le fait qu'il est sans cesse sollicité en tant qu' « expert en science de vie » en Amérique du Nord. Il comprend qu'une carte de visite n'ayant aucune valeur légale peut être surchargée impunément de titres fantaisistes qui impressionnent l'interlocuteur. Jusqu'au dernier jour, il distribuera généreusement des cartes de visite ainsi rédigées :

Dr Luc Jouret, md
Conférencier international
Consultant en Science de Vie

International Lecturer
Science of Life Consultant

Alors qu'il orchestrait sa mort et celle de dizaines d'autres adeptes, il continuait de se présenter, avec une macabre ironie, comme un spécialiste capable d'harmoniser la vie.

Les inscriptions bilingues qui surchargent ses cartes de visite et son papier à en-tête ne servent qu'à faire croire aux âmes simples que le Dr Jouret est aussi très demandé sur le front américain. Il n'en est rien. Mais la formule est assez bien trouvée. Elle mêle le vrai (le titre si précieux de docteur en médecine que Jouret arborera toute sa vie comme un ostensoir) et le

fumeux (conférencier international, science de vie). L'abrévia-
tion « md » *(doctor of medicine)* laisse clairement entendre que
Luc Jouret a obtenu le diplôme ou son équivalent en territoire
américain, ce qui est faux, ou qu'il exerce aux États-Unis, ce qui
est tout aussi faux.

Mais Jouret a compris le parti qu'il pouvait tirer de ces
ambiguïtés sémantiques. Elles le crédibilisent et prouvent qu'il
exerce son savoir des deux côtés de l'Atlantique. À ceux qui
s'étonnent de ne jamais avoir entendu parler de ce médecin
conférencier prétendument génial, ses cartes de visite et son
papier à en-tête apportent une réponse évidente : s'il n'est pas
connu ici, c'est qu'il travaille beaucoup ailleurs et qu'il est fort
apprécié de l'autre côté de l'Océan.

En fait, Jouret n'a jamais tenté d'évangéliser des terres non
francophones. Son charisme passe par le verbe, par ce mélange
d'autorité et de complicité que seule permet une langue
commune entre orateur et auditeurs. La glose jourétienne
n'aurait pas supporté l'épreuve de la traduction. La Belgique, la
Suisse, le Québec, la Martinique, la France ont succombé à Luc
le hâbleur. Il est peu probable que les États-Unis, la Suède ou le
Japon aient pu un jour être contaminés par son charme. Luc Jouret n'aurait jamais pu devenir Ron Hubbard ou le révérend
Moon. Même s'il était mort nonagénaire, ce qui n'était déjà plus
dans ses intentions.

Dès ses toutes premières conférences prononcées dans le
cadre de la Golden Way, en 1982, le ton de Luc Jouret est apocalyptique.

Ce qui inquiétait déjà l'abbé Moline lors des conférences
données à Warnach en 1981 (le syncrétisme mystique, l'esthé-
tique de la mort, l'engloutissement des continents à l'exception
de quelques rares régions granitiques connues du seul Jouret)
devient obsessionnel.

Cette dérive-là est donc précoce. Pourtant, très peu de
journalistes s'étonnent de ces propos. De 1983 jusqu'à 1993,
Luc Jouret n'aura que rarement l'occasion de se plaindre du
traitement que lui réserve la presse.

Un journaliste travaillant dans un quotidien régional du
Sud-Est de la France et qui, au milieu des années 80, commit
deux articles dithyrambiques sur Luc Jouret, sans émettre ni
doute ni critique, analyse avec le recul les raisons de son aveuglement. « Ce type ne semblait escroquer personne, il ne forçait
personne, il ne tendait pas la sébile à la fin de ses conférences.

Évidemment, on n'y comprenait pas grand-chose mais il semblait tellement convaincu, tellement peu cynique, tellement généreux. On aurait dit Johnny Hallyday sur scène. Même si on n'est pas fana du répertoire, on retient surtout l'image du mec en sueur qui vide ses tripes, qui donne tout à son public. Jouret, je croyais que c'était ça. Il mouillait sa chemise. Il voulait à toute force vous convaincre. Un type comme ça, on n'a pas envie de l'assassiner le lendemain dans un article, surtout dans un journal local, dont ce n'est pas la vocation. Maintenant, bien sûr, je me dis que Jouret c'était autre chose. Son talent oratoire, c'était celui de Bernard Tapie, les diplômes en plus. »

Le 8 décembre 1984, le Dr Jouret donne une conférence dans une salle genevoise. Compte rendu dans *Le Journal de Genève* du surlendemain (10 décembre 1984) :

« Trente-sept ans, de la classe, un costume clair et un charisme certain, on lui donnerait le paradis sans confession à ce médecin belge. »

Le journaliste tente ensuite de résumer les propos (difficilement compréhensibles) de Luc Jouret :

« Si notre mère la terre se meurt, c'est tout simplement parce que nous ne l'aimons plus. La pollution galopante de ces dernières années n'est pas un hasard, c'est le résultat d'une carence affective. Le Dr Jouret dessine ensuite des graphiques et des équations sur un tableau. (...) On n'y comprend rien mais elles sont tout de même très impressionnantes », conclut humblement le journaliste.

Le catastrophisme du Dr Jouret n'émeut personne. Au contraire, il arrive assez souvent que des institutions officielles se laissent séduire par l'homéopathe et l'aident à organiser des colloques sur quelque sujet exaltant de son choix. En avril 1985, de retour au Canada où il passe de plus en plus de temps, Luc Jouret, qui œuvre cette fois pour les clubs Amenta, obtient la collaboration de l'université du Québec pour un séminaire sur le stress et le « burn out » (ou malaise chronique des travailleurs). Au cours de sa conférence, Jouret tente de décortiquer ce concept nébuleux. Il en profite comme d'habitude pour placer quelques banderilles apocalyptiques. « Le burn out vient de l'ignorance des grandes lois de la vie. (...) le stress permet de fuir, de s'adapter et de survivre[31]. » L'université du Québec n'émettra aucune réserve sur sa collaboration avec le curieux Dr Jouret.

Jour après jour, à un rythme de marathonien, Luc Jouret continue de professer dans les provinces françaises et les bourgs québécois ses certitudes sur l'humanité finissante. L'imprécateur dénonce les « allergies de l'écorce terrestre », notre terre qui va si mal que « le pétrole est attaqué par un virus [32] » ; « les animaux qui se suicident en masse et tous les ormes, en Europe, qui sont en train de mourir ».

Le délire de Luc Jouret vire parfois à la pantalonnade. En juin 1983, de nouveau dans les locaux de la secte, à Saconnex-d'Arve, il convie son auditoire et les journalistes présents à visionner des photos. Il s'agit de « documents » montrant des extraterrestres, des pistes d'atterrissage pour Vénusiens en goguette et un crâne de cristal sans la moindre trace de travail humain décelable au microscope.

Conclusion de Jouret : « Il y a interférence entre nous et d'autres formes de vie. »

Conclusion du journaliste admiratif : « Rationalistes ou mystiques imperturbables, tous furent certainement ébranlés [33]. »

Curieusement, les années passant, Luc Jouret se dira victime d'acharnement de la part des journalistes. Il les accusera de ne pas assez l'admirer, de ne pas rendre compte suffisamment de ses travaux. Une lecture attentive de dizaines d'articles de presse parus sur le Dr Jouret durant cette période permet d'affirmer le contraire. Jouret a été porté au pinacle par la presse. Son charme de Cassandre médiatique a fait merveille, notamment auprès de la presse régionale française, mais aussi de RFO (Radio télévision française d'outre-mer), de la Radio suisse romande et des journaux québécois.

« Le Dr Jouret est un être lumineux, si doux, si aimable [34]. » « On croit rencontrer un médecin, et on bavarde avec un philosophe [35]. » « Sur le thème " Santé des enfants et alimentation " et sous l'égide du club Amenta Sciences et Tradition, le Dr Luc Jouret a magistralement exposé son sujet à la MJC devant une salle comble (public féminin en grande partie) qui était d'ailleurs acquise d'avance à ses principes. (...) Il n'a cependant pas épuisé son sujet qu'il a le don de rendre intarissable. Son éloquence lui vaudra sans doute de nombreux adeptes [36]. » On ne saurait mieux dire.

Jouret use toujours du même ressort. Il cible l'auditoire féminin. Une fois les épouses conquises par les propos du bel homéopathe, elles se chargent de convaincre leur mari.

Dans ses rapports avec les reporters, Luc Jouret réussit parfois des coups de maître. Il parviendra, une fois au moins, à séduire la journaliste chargée de rédiger un article sur lui.

Au début de sa carrière de conférencier globe-trotter, en 1983, il devient l'ami de Jocelyne Grand'Maison, une jeune journaliste québécoise, pigiste à Radio Canada (et par ailleurs membre de l'Ordre rénové du Temple). Elle deviendra une de ses disciples les plus fidèles. Elle tentera de convaincre ses rédacteurs en chef que ce docteur Jouret mérite que l'on parle de lui. Elle essaiera plusieurs fois de diffuser des reportages sur son ami Jouret*. Sans même que Jouret en fasse la demande, de nombreux journalistes de presse écrite ajoutent à la fin de leurs articles l'adresse et le numéro de téléphone du club Amenta le plus proche. Ils recommandent aussi l'achat d'une des cassettes du Dr Jouret pour profiter, chez soi ou dans sa voiture, des enseignements du Mozart de la médecine. Ils indiquent un numéro de téléphone et les références des vingt-huit cassettes disponibles. Au Canada, l'indication est la suivante :

« Pour se procurer les cassettes du Dr Luc Jouret :
Diffusion Science de vie Enr.
Boîte postale 100
Saint-Sauveur (Québec)
JOR 1RO
Tél. : (514) 227-1249. »

Les vingt-huit cassettes d'enseignement du Dr Jouret, disponibles au Canada, sont distribuées par Atlanta, un des multiples paravents de l'OTS. La boîte postale de Saint-Sauveur est à quelques pas d'une des maisons de la secte où se réunissent fréquemment les adeptes canadiens de l'ordre.

L'emballage des cassettes est savamment étudié. Un enfant portant un nounours tend un doigt vers le ciel (cassette 28, « Quel avenir pour nos enfants ? »), une colombe prend son vol (cassette 23, « La violence et la paix »), la marée recouvre une plage au coucher du soleil (cassette 1, « Le temps fondamental de la vie : LA MORT ») ; une imagerie rassurante de carte postale qui ne peut choquer aucun acheteur potentiel. En revanche, l'écoute des cassettes est un pensum, une punition pour le grammairien et un régal pour les amateurs d'humour au second degré. Le ton du Dr Jouret, sombre et incantatoire, ne semble traduire

---

* Jocelyne Grand'Maison suivra Jouret jusqu'à la fin. Membre de l'OTS, cape dorée, elle mourra à Cheiry à l'âge de 44 ans de deux balles dans la tête.

que la souffrance. Quels que soient les cassettes et les thèmes abordés, Jouret ne propose qu'un seul et même brouet crépusculaire.

Pendant ces onze années durant lesquelles le conférencier Jouret condamnera l'espèce humaine aux feux de l'Enfer, il sera rarement contredit. Les incidents avec les journalistes sont rarissimes.

Luc Jouret commet son premier faux pas en 1984, lors d'une tournée de conférences au Canada.

Il participe, sous l'étiquette autocollée de « médecin homéopathe de renommée internationale », à un symposium sur l'alimentation et la santé.

Le 24 février, dans les salons de l'hôtel Holiday Inn de Longueuil, dans la banlieue de Montréal, il accorde un entretien au reporter d'un bihebdomadaire québécois, *L'Actualité*. Ce journaliste, Mario Pelletier, déclenche son magnétophone et s'apprête à recueillir les conseils homéopathiques éclairés d'un brillant praticien européen. Rapidement, le journaliste s'aperçoit qu'il a en face de lui le Dr Folamour. Jouret lui tient des propos qui n'ont rien d'inédits dans sa bouche, mais qui d'ordinaire ne suscitent ni surprise ni scandale. Il commence par vanter les mérites des guérisseurs philippins en qualifiant ces pouvoirs de guérison de « science suprême » face à un journaliste déjà interloqué.

Jouret aborde ensuite – c'est son thème favori – le sujet du feu et de ses vertus purificatrices. Jouret explique que « le feu a servi l'homme. L'homme s'est servi du feu pour bâtir ses empires, pour développer sa civilisation. Il est devenu esclave du feu et il périra par le feu ».

« Pourquoi y a-t-il des incendies épisodiques comme ça? Comment évolue la maladie chez nous? Comment évolue ce que l'on appelle le terrain miasmatique d'un être humain? Avant que la lésion apparaisse, qu'est-ce qui se passe? Eh bien! l'individu connaît des périodes comme ça. Il fait des furoncles, des vaginites, un ulcère variqueux, une fièvre. Et qu'est-ce qui se passe à chaque fois? « C'est du feu, il élimine cet abcès. »

Le reporter reste sans voix. Luc Jouret aborde ensuite un sujet d'importance : *Star Trek*. Il est un inconditionnel de la série de science-fiction américaine, célèbre, entre autres, pour ses sidérants dialogues intersidéraux (« Commandant, nous avons un problème avec le booster H 57, nous venons d'aborder une béance du continuum spatio-temporel »).

« C'est prodigieux ces petits épisodes-là, dit Jouret. C'est plein d'enseignements, plein de sagesse. Toute la science-fiction le prouve : nous sommes à un moment où l'homme ne sera plus du tout ce qu'il était. Nous allons passer vers un nouveau monde. »

Mario Pelletier, poli, acquiesce mollement. Jouret explique ensuite son amour du Québec en invoquant une raison évidente : « Les astronautes, lors du dernier voyage de la navette spatiale, viennent de voir que le Québec est la dernière région du monde où il y a un champ magnétique terrestre substantiel. C'est ici qu'est en train de prendre forme un mouvement de régénération de lumière. » Jouret confie également à son interlocuteur, en lui demandant de ne pas reproduire ses propos : « L'alchimie, c'est la science suprême qui réunit toutes les sciences actuelles. »

Le journaliste retourne au siège de son journal, réécoute l'interview et constate qu'il ne peut rien en faire. « C'était un galimatias prophétique impubliable, expliquera par la suite Mario Pelletier. Un truc à oublier. Un salmigondis de science mal digérée, de théories fantaisistes et de sombre paranoïa [37]. »

En juin 1984, une série de conférences mène Luc Jouret en Bretagne. Il y commet un second faux pas, vite rattrapé. Ce soir-là, comme d'habitude, il inflige avec le sourire à son auditoire quelques vérités premières sur les fins dernières. La conférence a pour thème la « Régénération par l'alimentation ». « Il n'y a plus un sujet bien-portant sur la planète au sens homéopathique du terme, avertit Luc Jouret. Savez-vous qu'un Français sur deux est constipé et que sept millions de Français prennent chaque jour des remèdes contre l'angoisse ? (...) Chacun doit sentir ce dont son corps a besoin. L'homme fait partie d'un tout au contact des forces de la nature. »

C'est alors que le journaliste de *Ouest-France* s'interroge : « Aussi à l'aise dans le zen, le tao ou le christianisme, le Dr Jouret veut-il créer une secte à travers les clubs Amenta ? » Le journaliste pose la question sans détour à Luc Jouret qui ne se trouble pas et lui répond avec un remarquable sang-froid : « Je ne suis pas un gourou, si l'enseignement des sectes était réel, la terre serait un paradis. Mais elles ne font rien pour changer le monde [38]. »

Toujours en 1984, à Plougastel, en Bretagne, il assène un discours sur « Le cercle de vie ». Dans la salle se trouve un pharmacien brestois, Claude Giron, qui a déjà entendu Luc Jouret à l'occasion d'une émission radiophonique.

« Je suis allé voir ce type, confirme Claude Giron, il était super fort, très en avance sur son temps et très sympathique. Physiquement, ce n'était pas une petite fille, c'était un solide, un baraqué[39]. » Au fil des mois, une amitié se noue entre le médecin et le pharmacien breton. Ils ont une vision commune de la médecine et ne jurent tous deux que par l'homéopathie.

« Jouret avait un grand talent, juge Claude Giron. C'était un visionnaire prophétique, fasciné par l'étude des fins dernières. Lors de ses conférences il était brillantissime. Je lui ai dit : " Fais attention, tu pourrais faire croire n'importe quoi à n'importe qui. Tu n'es pas prudent, tu t'adresses à un auditoire qui prend les choses au premier degré. Tu ne peux pas savoir si les graines que tu sèmes tombent sur du béton ou sur de la terre. Quand tu parles de la philosophie de la mort, de la fin du monde, il faut faire gaffe. " »

Pendant plusieurs années, le tandem Giron-Jouret va animer de multiples réunions dans l'Ouest de la France. Jouret a compris qu'il vaut mieux agir à deux. Il se charge de la partie homéopathie, Claude Giron enrichit le discours de Jouret de considérations pharmaceutiques. Ils confèrent à un rythme soutenu. Un soir de septembre 1985, ils sont à Rennes pour une conférence sur l'éducation des enfants, le lendemain à Lorient pour discourir sur « La notion de l'amour dans la loi de l'échange[40] ».

Parallèlement, suivant les instructions de Jouret, Claude Giron fournira pendant de longues années des trousses de survie homéopathiques aux adeptes de la secte qui attendent la fin du monde.

« Mais pour lui l'apocalypse n'était pas la fin du monde, se défend aujourd'hui Claude Giron. Jouret pensait que l'homme est fait pour la mort. Il n'était pas morbide, il voyait les choses en face : on sait qu'on va mourir, il faut vivre sa mort. »

Jouret, évangélisateur de la Martinique

Novembre 1987. Fort-de-France. Quatre Martiniquais vêtus avec élégance sortent de leur voiture climatisée. Ils s'apprêtent à coller maladroitement des affiches sur les murs de la ville. Ils n'en ont pas l'habitude. Ce ne sont pas précisément des « gros bras » et ils ne militent pas pour un parti politique. Ils font partie de l'élite. Ils sont templiers, membres de l'Ordre chevaleresque international Tradition solaire (OCITS). Ils préparent la venue dans l'île du Dr Luc Jouret, leur maître à tous. Le 29 novembre, dans une salle de l'hôtel PLM de Fort-de-France, le Grand Maître doit animer un séminaire dont il a choisi le thème : « L'Apocalypse, nouvelle étape de la prise de conscience ».

Depuis trois ans, depuis le début 1984 exactement, Luc Jouret passe beaucoup de temps en Martinique. En prenant à la hussarde le contrôle de l'Ordre rénové du Temple en 1983, sur ordre de Jo Di Mambro, le nouveau Grand Maître Jouret a hérité en prime de la branche martiniquaise de l'ordre. Plus d'une centaine de membres, appartenant pour la plupart à la bonne bourgeoisie martiniquaise. Ils sont médecins, hauts fonctionnaires, professeurs, et se réunissent régulièrement autour d'un ti punch pour évoquer la mémoire de Jacques de Molay, Grand Maître de l'ordre des Templiers, brûlé par Philippe le Bel en 1314. L'ORT version martiniquaise est gentiment somnolent. C'est une sorte de Lion's Club, avec les capes en plus et les fêtes de charité en moins.

Chaque année, en juin, ces Templiers des Caraïbes donnent le meilleur d'eux-mêmes. Durant la nuit de la Saint-Jean, ils se réunissent dans une de ces superbes villas avec jardin tropical qui surplombent Fort-de-France. Ils sortent pour l'occasion leurs capes blanches fraîchement repassées. Ils défilent au pied des palmiers, avec à la main un rameau ou un tambourin en invoquant les forces telluriques et l'esprit des ancêtres templiers.

Lorsqu'il débarque en Martinique, Jouret entend bien dépoussiérer l'ordre. Il commence par en changer l'appellation. L'ORT est mort, vive l'Ordre chevaleresque international Tradition solaire. À la tête de la nouvelle structure, Pierre Celtan, un Martiniquais de 55 ans qui, dans le civil, exerce les fonctions d'économe à la maison d'arrêt de Fort-de-France. Au sein de l'OCITS, il a le titre de gouverneur général. En fait, rien ne se fait sans l'accord de Jouret, qui en réfère lui-même à Di Mambro.

Dès sa première rencontre avec Luc Jouret, Pierre Celtan est séduit. Comme tout le monde. Il est impressionné par ce médecin. « Il comprenait scientifiquement ce qui se passe dans l'homme, expliquera plus tard Pierre Celtan. Il parlait d'éducation, de science de vie, d'alimentation saine [41]. »

Jouret n'a aucune difficulté à s'imposer aux Templiers de Martinique. Il leur apporte une énergie nouvelle, leur promet un nouvel élan. Avec une grande intelligence, il adapte son discours aus spécificités locales. Il explique aux Martiniquais qu'ils ont vocation à entrer dans l'ordre puisqu'ils font déjà partie d'une élite.

« Qu'entendez-vous par là, Grand Maître ? ose demander un membre.

– Vous ne le savez donc pas ? s'étonne Jouret. Mais tous les Martiniquais sont les descendants des Atlantes. Il y a 9 000 ans, vos ancêtres appartenaient à ce peuple élu. Et comme eux, un jour, vous dominerez le monde. Vous êtes leurs héritiers naturels...

– C'est prouvé ?

– Les scientifiques sont tous d'accord sur ce point. »

Jouret leur expose ensuite ses certitudes sur l'avenir de la Martinique. « Ces cyclones, ces ouragans qui régulièrement balaient votre île ne sont pas des phénomènes météorologiques. Ce sont des signes. Des répétitions générales avant le grand cyclone. Celui qui submergea le monde. Et seuls les élus survivront. »

Jouret comprend aussi qu'il doit tenir compte des croyances insulaires. Les guérisseurs, la magie, les quimboiseurs qui envoient des charmes parfois destructeurs à leurs ennemis.

Jamais il ne dénigrera ces pratiques devant un auditoire martiniquais.

Parallèlement, Jouret multiplie les conférences dans l'île sous la bannière discrète des clubs Amenta. Il distille ses bons conseils sur l'éducation des enfants et enfonce quelques portes ouvertes sur le nécessaire équilibre de l'alimentation. Sous ces latitudes aussi, le conférencier Jouret fait des miracles. Des centaines de Martiniquais enthousiasmés par le discours humaniste de l'homéopathe suivront ses conférences organisées par Amenta. Dans ce vivier, Jouret saura sélectionner les plus argentés pour leur faire franchir l'étape suivante : l'admission au sein de l'OCITS.

Entre deux discussions sur la fin du monde et l'homéopathie, Luc Jouret fait du business. S'il est aux Antilles, c'est aussi, avant tout, pour plumer les Martiniquais. En quelques mois, il convainc les Templiers qu'il leur faut un nouveau sanctuaire, digne de leurs ambitions. Il invite donc les membres à se cotiser pour acheter un domaine qu'il a visité et dont il a ressenti très positivement les vibrations. Il est situé au François, à 30 kilomètres de Fort-de-France, sur la côte Atlantique. Jouret suggère un montage financier classique. Une société civile immobilière qui servira de paravent en cas de contrôle fiscal. La SCI est baptisée « l'Arche » et acquiert le domaine de Bellegarde-Réunion sur la commune du François, pour 1,5 million de francs. Les Templiers paient, restaurent, aménagent. Jouret apprécie.

Quelques mois plus tard, le Grand Maître décide que l'OCITS a besoin d'un nouveau centre de réunion et de prière. Il choisit la villa « La Marotte », à Balata, dans la banlieue de Fort-de-France. Les adeptes vident leur compte en banque. Jouret leur dit qu'ils ont accompli leur devoir et que le salut de leur âme est à ce prix.

« Luc était parfaitement du genre à dire, en arrivant en Martinique : " Écoutez, pour vous sauver spirituellement, j'ai dû payer 10 000 dollars de frais et de billets d'avion. " Et du coup, tout le monde se cotisait et on lui donnait cet argent », se souvient une adepte de la secte.

De 1984 à 1990, les Templiers les plus fidèles de Martinique ont versé, au bas mot, 4,3 millions de francs à l'ordre pour ses bonnes œuvres.

En 1986, Jouret s'adresse solennellement aux membres de l'ordre. Il leur annonce, d'un air grave, que ses prédictions sont sur le point de se réaliser : « C'est fini, la Martinique va être engloutie avant la fin de l'année. Le Nord et le Sud de l'île vont se séparer, un bras de mer coupera la Martinique en deux, et dans quelques mois, avant le 31 décembre à coup sûr, l'île sombrera dans l'Atlantique. » Effroi dans la salle. « Heureusement, poursuit Nostradamus-Jouret, nous avions prévu cela. Nous avons trouvé au Canada une région reposant sur un socle granitique. Elle est insubmersible. Nous devons nous préparer au départ pour nous y réfugier dans les plus brefs délais. Sinon, c'est la mort. »

Trente membres de l'OCITS vont suivre l'ordre de Jouret. Ils vendent leur maison, quittent conjoint et enfants quand ceux-ci ne veulent pas suivre. Sur les conseils de Jouret, ils arrêtent de payer leurs impôts « puisque demain, c'est la fin du monde ». Jouret leur suggère aussi d'emprunter massivement, quelle que soit leur capacité de remboursement. « Au-delà de la mort, il n'y a plus de dette », explique-t-il. Cet argent doit servir à l'aménagement d'une ferme de survie, au Québec. Une arche d'élus, à Sainte-Anne-de-la-Pérade, dans la campagne montréalaise. Ces élus fonderont l'humanité nouvelle. Ce projet top secret, baptisé Madica, ne doit en aucun cas être évoqué devant des étrangers. Pour tous les Templiers martiniquais, ce doit être l'œuvre d'une vie.

Le 31 décembre 1986 à minuit, dans une douceur exquise, la Martinique fête l'arrivée de la nouvelle année. Rien ne s'est passé. L'apocalypse n'est pas ponctuelle. Les adeptes s'interrogent. L'Infaillible Grand Maître se serait-il trompé ? « Pas du tout, répond Jouret, un peu embarrassé. C'est une rémission. Mais l'avènement de l'ère du verseau est bien pour demain. Plus que jamais, il faut rester mobilisé pour agrandir l'arche de survie au Canada. »

Certains membres commencent à s'interroger. D'autres, partis au Québec, reviennent. Jouret se crispe. Ces Martiniquais l'énervent. Il a parfois du mal à cacher son mépris pour eux.

C'est à cette époque, lors d'un passage en Bretagne, qu'il se confie à son ami, le pharmacien Claude Giron.

« J'essaie d'être à l'aise avec toutes les races, explique Jouret, mais il faut reconnaître qu'elles ont des aptitudes différentes. Au 100 mètres, aux Jeux olympiques, qui gagne systématiquement ? Un Noir ou un Juif [39] ? »

Jouret aura de fait un comportement différent selon la couleur de peau de ses interlocuteurs. Lors des réunions templières en Martinique, le Grand Maître acceptait d'être approché par les Blancs mais restait hautain, distant ou franchement méprisant avec les Noirs.

Certains adeptes commencent à en avoir assez du dictateur Jouret qui voudrait les enrégimenter et régler les moindres détails de leur vie intime. « Un jour, je me suis dit que ce gars n'était pas sérieux, se souvient une ancienne adepte martiniquaise de l'ordre. On m'annonce que le Grand Maître est chroniquement constipé. J'ai trouvé ça bizarre. Un végétarien constipé, ça n'existe pas. Avec la qualité des fibres que lui-même nous demandait d'ingurgiter chaque jour ! À ce moment-là, à cause de ce détail idiot, j'ai compris que Jouret était un escroc. Lui, pour m'apaiser, me répétait tout le temps : "Le Temple est en toi, le Temple c'est toi, c'est ton cœur, c'est à toi de le bâtir." Mais il était évident qu'il n'était pas sincère. Il était misogyne, et puis il a laissé se développer autour de lui un culte de la personnalité presque obscène. »

En 1990, l'évangélisation de la Martinique par saint Jouret s'interrompt dans la débandade.

Un homme va en effet précipiter le départ du Grand Maître. Il s'appelle Michel Branchi. Un costaud. Ancien champion de France de karaté, pilier du Parti communiste martiniquais, commissaire aux fraudes et à la concurrence, et, malheureusement, proche parent d'un adepte martiniquais de la secte.

Lorsqu'il entend parler de Jouret et de ses méthodes qui conduisent à l'asservissement des esprits et à la dislocation des familles, il décide d'agir. Michel Branchi est correspondant pour la Martinique de l'ADFI (Association de défense des familles et de l'individu), qui mène une bataille contre les sectes. « La seule manière de combattre efficacement les sectes, c'est de couper la tête, explique Michel Branchi. Donc, on s'est attaqué à Jouret. On a organisé une confrontation entre Jouret et des familles ayant un parent dans la secte[42]. »

Le 9 octobre 1990, la rencontre explosive a lieu. Jouret, d'abord mielleux, écoute les questions précises des familles : « Où est mon mari ? » « Qu'a-t-il fait de nos économies ? », « Pourquoi ne peut-on pas le voir ? » Jouret ne répond pas à ces questions et excipe de sa qualité de Grand Maître d'un ordre templier pour qu'on lui manifeste le respect dû à son rang.

Une des participantes n'y tient plus. Christiane Chanol, abandonnée avec ses trois filles par son mari parti rejoindre la secte, attaque alors Jouret de front :

« Tout le monde vous appelle "Vénérable Grand Maître", moi, je vous connais en tant que truand malpropre !

– Madame, s'insurge Jouret, veuillez mettre par écrit ce que vous venez de dire.

– Foutez-moi la paix, Jouret, vous n'avez pas d'ordre à me donner ! Vous semblez prendre les Martiniquais pour des imbéciles[43] ! »

Depuis des lustres, personne n'avait eu l'inconscience de traiter ainsi Luc Jouret...

Michel Branchi avertit le Vénérable Grand Maître : « Si vous ne partez pas d'ici, Jouret, nous prendrons les mesures nécessaires. Je vous conseille de ne plus jamais remettre les pieds en Martinique. »

Le temps se couvre. Parallèlement, d'autres groupuscules

templiers implantés dans l'île jurent de le tuer. Le repli stratégique s'impose.

De retour au Canada, Jouret, terrorisé, explique à une amie qu'on a voulu attenter à sa vie en Martinique, qu'on a menacé de piéger sa voiture et d'incendier sa maison, qu'il n'avait d'autre choix que de partir en catastrophe *.

---

* Deux adeptes martiniquaises seront retrouvées mortes dans le chalet de Salvan, en Suisse, en octobre 1994. Line Lheureux-Bod, médecin anesthésiste, avait quitté Fort-de-France en 1987 pour suivre Jouret (elle l'avait rencontré à Fort-de-France chez Pierre Celtan, gouverneur général de l'ORT en Martinique). Adoratrice fanatique de Luc Jouret, elle a vraisemblablement contribué à la préparation des drogues absorbées par les adeptes. Elle est morte à l'âge de 56 ans, empoisonnée puis carbonisée. Sa fille, Vanina Bod-Lheureux, est morte à ses côtés, à Salvan, cinq jours avant son onzième anniversaire. Elle aussi empoisonnée. Selon le rapport des médecins légistes, « elle était agonisante ou déjà morte au moment où l'incendie a éclaté ».

Cérémonie rituelle,
à Genève, de l'Ordre
du Temple solaire.
Le Grand Maître
Luc Jouret procède
à l'adoubement d'un
nouveau membre,
sous l'œil attentif
de Jo Di Mambro.

Sûreté du Québec

Tony Dutoit, sa femme Nikki et leur bébé Emmanuel, ainsi que deux autres personnes, ont été retrouvés morts dans cette maison de Morin Heights (Canada) le 4 octobre 1994

Les chalets de Jo Di Mambro et Luc Jouret à Granges-sur-Salvan (Suisse) où la police découvre 25 corps carbonisés le 5 octobre 1994.

Claude Gluntz/L'Illustré.

La ferme de
La Rochette
à Cheiry (Suisse)
où 23 personnes
sont retrouvées
mortes le
5 octobre 1994.
20 d'entre elles ont
été tuées par balle.

ARC.

Au matin
du 5 octobre 1994,
les pompiers
sortent les 23 corps
recouverts
d'un linceul blanc
et les déposent
sur l'herbe
mouillée devant
la ferme à Cheiry.

Christian Rochat/ L'Illustré.

TF1

Christian Rochat/ L'Illustré.

Premier acte judiciaire du juge Piller :
brûler les décors du sanctuaire
de Cheiry, quelques jours
après le drame, en octobre 1994.

Les médias du monde entier se bousculent,
dans les heures qui suivent le drame
en octobre 1994, à la conférence de presse
du juge Piller chargé de l'enquête.

3

Conférencier infatigable, Luc Jouret parcourait le monde pour dénoncer l'humanité finissante et attirer le chaland à l'OTS. En 1987, en Martinique, des familles d'adeptes révoltés le contraignent à quitter l'île, rapidement et définitivement.

L'Illustré.

Les Templiers

ORDRE RÉNOVÉ DU TEMPLE

Les Chevaliers du Christ

Dans le cadre de sa manifestation extérieure, sous l'égide de l'Ordre Rénové du Temple, organisation initiatique, authentique, traditionnelle, perpétuant dans le monde actuel les idéaux de leurs frères passés.

Deux conférences seront données par le Docteur Luc JOURET, médecin homéopathe.

1) Le mardi 10 janvier à 18 h 30 - PLEINE LUNE PRINCIPALE
Thème : *Alimentation et évolution personnelle*
2) Le mercredi 11 janvier 1984 à 18 h 30 - PLEINE LUNE BLEUE
Thème : *Homéopathie, médecine totale*

Adresse locale : Belvédère - Bois Thibault - Route de Didier
97200 Fort-de-France - Commanderie de la Martinique
Siège Mondial : Château d'Auty - 82220 MOLIÈRES

Luc Jouret (à droite)
au début des années 1950.

DR

En 1976, Luc Jouret de retour des Philippines défend les guérisseurs à main nue, ces médecins-charlatans qu'il affirme avoir vu à l'œuvre.

RTBF

Luc Jouret
sur tous les fronts.
Ici, à la télévision canadienne, il parle déjà de l'apocalypse et de la mort.

DR

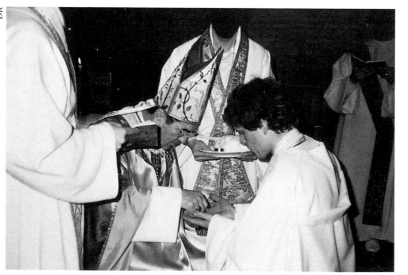

1983, Luc Jouret est ordonné prêtre par Jean Laborie en la chapelle du château d'Auty (Tarn-et-Garonne).

4

Jo Di Mambro fatigué, vieillissant, photographié, en 1993, par la Sûreté du Québec qui le surveillait. À droite, de dos, Camille Pilet, le dernier mécène de l'Ordre.

Jo Di Mambro dans les années 1950 à Pont-Saint-Esprit. Bijoutier, père de famille, et déjà médium.

Emmanuelle, l'enfant cosmique, « réincarnation du Christ », portait en permanence un casque pour éviter les chocs qui aurait pu la « déprogrammer » (ici avec sa mère Dominique Bellaton, maîtresse de Jo Di Mambro, père biologique de la fillette).

De gauche à droite : Dominique Bellaton, Jo Di Mambro, Joselyne Di Mambro, Nicole Koymans, Renée Pfaehler et Luc Jouret.

Avant chaque repas, les fidèles prononçaient la prière suivante en imposant les mains sur les assiettes pour faire passer l'énergie cosmique : « Seigneur, nous bénissons cette nourriture. Puissions-nous par la divine alchimie de l'amour transmuter cette matière en lumière. » Jo Di Mambro disait aux adeptes que le flou constaté sur ce cliché prouvait la présence d'êtres supérieurs désincarnés.

Autour de Jo Di Mambro, les premières séances de méditation à la Golden Way, à Genève vers 1980. À l'exception des adeptes masqués, tous ont péri dans les massacres de Morin Heights, Cheiry et Salvan. De gauche à droite, Odile Dancet, Nikki Dutoit, Renée Pfaehler, Nicole Koymans, Dominique Bellaton, Jo et Joselyne Di Mambro.

Les enfants aussi participent aux rituels de la Golden Way. Ici, Élie, fils de Jo Di Mambro lors de son élévation au rang de templier, à Genève, vers 1981.

Michel Tabachnik (à genoux, au deuxième plan), chevalier templier, devant le Grand Maître Jo Di Mambro.

Vers 1984, à Genève, Jo Di Mambro aide Emmanuelle, réincarnation du Christ, à donner l'hostie à Nicole Koymans.

Michel Tabachnik lors d'une cérémonie
du Temple solaire, revêtu de la cape noire, réservée
aux dignitaires de l'ordre.

Rituel à l'OTS en 1985. Jo Di Mambro officie.
En partant de la gauche, le premier
est Michel Tabachnik et le cinquième Guy Bérenger.

Sur un site mégalithique de l'île de Malte,
lors d'un voyage initiatique, les adeptes de l'OTS
forment un cercle pour capter les énergies cosmiques.

Photos : L'Illustré.

Dans cette clairière
du Vercors, à Saint-Pierre-
de-Chérennes, 16 corps
carbonisés, disposés
en cercle, sont découverts
le 23 décembre 1995.

Photos : L'Illustré.

Document O.T.S.

André Friedli
responsable du marketing

André Friedli, architecte suisse
ayant vécu au Canada,
serait l'un des participants
présumés du massacre du
Vercors, en 1995.

Jean-Pierre Lardanchet
(ici avec Luc Jouret au Canada)
est également soupçonné
d'avoir participé au massacre.

5

Les lézardes du Temple
1991-1994

« Il y a quelques années, j'avais dit à Luc : " Le piège pour toi, c'est l'argent et les bonnes femmes. " Parce qu'il avait ces deux tentations. Et chaque fois qu'il parlait, les femmes étaient pendues à ses basques. Il était cousu de femmes. Je l'avais prévenu : " T'es pas de bois, tu ne peux pas résister. Un jour, tu vas dévier avec cette histoire d'argent et de gonzesses. " [1] »

Quand il lance cet avertissement rigolard à son copain Luc Jouret, Claude Giron, le pharmacien de Brest, pressent que la dérive est déjà amorcée.

Depuis le début des années 90, Luc lui a demandé de modifier les trousses de survie destinées aux adeptes en cas de cataclysme. Aux soixante tubes de granulés homéopathiques, Claude Giron ajoute désormais des doses d'iode qu'il faut avaler en cas d'explosion nucléaire. L'iode se fixe sur la glande thyroïde et préserve des retombées atomiques. Le pharmacien obéit et continue sans sourciller de fabriquer ses kits de survie recouverts de cuir qu'il expédie aux membres de la secte en France, au Canada ou en Martinique.

Jouret, lui, après une décennie de radotage apocalyptique, semble persuadé que le pire est inévitable. Il a tant de fois répété en martelant les tables de ses poings que l'humanité vivait ses dernières heures qu'il n'en doute plus. C'est une question de mois ou d'années.

En juin 1991, il envoie à tous les membres de l'Ordre du Temple solaire une missive, comme chaque année à l'occasion du solstice d'été. Il rédige trois feuillets enflammés, qu'il signe « Luc Jouret, Grand Maître ».

Jamais son chaos personnel n'a été aussi perceptible que

dans ces pages. Dans un fatras cosmique et narratif indé-
chiffrable, il invoque les Rose-Croix, le Créateur, l'Oméga,
l'Amour divin, l'appel du Feu originel, le rayonnement graa-
lique, l'Ordre nouveau, le Tao. Dans cette seule lettre, il vide
entièrement la petite boutique des horreurs templières. Il promet
l'Apocalypse, appelle Ponce Pilate à la rescousse, salue l'Aube
dorée.

Comprend-il lui-même ce que sa main écrit ? N'est-il pas
guidé par quelque écriture automatique nourrie de mots mille
fois répétés devant des auditoires conquis ? N'est-il pas saoulé
par sa propre logorrhée ?

À moins que son pouvoir sans limites sur un troupeau de
cinq cents âmes perdues ne l'ait grisé au point de se sentir autorisé à tutoyer le Créateur...

Quelques mois plus tard, Luc Jouret reçoit à son tour une
lettre. Un petit mot d'anniversaire envoyé par son « ami » québécois Jean-Pierre Vinet et la compagne de ce dernier, Pauline
Lemonde, elle aussi membre de la secte. Le 18 octobre, Jouret
aura 44 ans. Ce jour-là, comme chaque année, il reçoit des
dizaines de lettres et de cartes envoyées par des adeptes qui
n'expriment qu'amour, respect, admiration et louanges. L'étude
de cette extraordinaire correspondance n'est pas sans rappeler
celle faite par les kremlinologues lorsqu'ils sortirent des archives soviétiques les lettres que recevait le camarade Staline tous
les 21 décembre, jour de son anniversaire. Comme le petit père
des peuples, le Grand Maître reçoit aussi des poèmes. Pour son
quarante-quatrième anniversaire, Luc Jouret reçoit ces vers de
mirliton énamourés :

> « À celui que nous voyons toujours comme le Grand Frère,
> Celui qui nous précède sur la route,
> Et qui, par magie, est là,
> Pour nous protéger et surtout pour nous orienter,
> Vers ce chemin où la peur n'existe plus... * »

D'autres signent leur carte d'anniversaire ou de vœux par la
formule suivante : « Tes frères et sœurs de toute éternité » ou
« Tes frères et sœurs de l'aube des temps. »

Un autre membre, lui expédiant ses vœux pour la nouvelle
années, finit sa lettre ainsi : « J'ai le Temple dans le cœur. Merci
pour la force de tout ce que tu nous as appris et la douceur avec

---

* Poème envoyé par Annie et Joël Egger qui mourront tous deux carbonisés à
Salvan.

laquelle tu l'as fait. » Autre formule, signée du même auteur :
« Je te demande ta bénédiction et t'adresse, dans les liens sacrés
de notre Ordre, mon plus respectueux et fraternel salut. »

Pendant plus de dix ans, chaque jour, le Grand Maître
Luc Jouret a reçu ces messages d'adoration, ces mots destinés à
un dieu vivant. Rapidement, il n'a pu que considérer, en même
temps que ses admirateurs, qu'il était effectivement génial, que
ses mérites étaient immenses et ses péchés véniels.

Fort de cette conviction, Luc Jouret tentera presque jusqu'à
la fin (jusqu'en 1993 en tout cas) de rallier à sa géniale cause
une partie toujours plus grande de l'humanité.

En décembre 1991, Paco Rabanne vient de publier un livre
intitulé *Trajectoire*, à forte connotation ésotérique. Jouret saisit
l'occasion. Il écrit au couturier pour lui proposer une conférence
commune à Rennes. Il n'est bien sûr pas question de se présenter
en tant que Grand Maître d'un ordre templier, l'inoffensive association Atlanta fera mieux l'affaire. Échange de courriers d'une
exquise politesse entre les deux hommes. Paco Rabanne ne voit
pas venir le piège. L'homéopathe et le couturier se mettent
d'accord pour un intitulé de conférence fourre-tout : « La mode,
son symbolisme, et les prophéties ».

Le jour J, le 27 février 1992, Paco Rabanne est accueilli en
gare de Rennes à la descente du TGV par Luc Jouret, trop heureux d'avoir pris, après l'astrophysicien Hubert Reeves, une
célébrité de plus dans sa nasse. Il tend sa carte de visite :
« Dr Luc Jouret, médecin, conférencier international, consultant
en science de vie ». Paco Rabanne se souvient d'un interlocuteur
délicieux, « très sympathique, beau garçon... il devait sûrement
plaire aux femmes [2] ». Qui sait si ce soir-là, à Rennes, le Dr Jouret n'a pas réussi encore une fois, avec la complicité involontaire
d'un écrivain-couturier, à séduire une poignée de nouveaux
adeptes ?

À cette époque, Jouret ne mesure plus la portée de ses
paroles. Il n'est plus qu'une machine à séduire. Quelques mois
avant l'implosion de l'OTS, il téléphonera à son fidèle patient
belge Gilbert Leblanc pour lui demander de le rejoindre avec
son épouse au Canada.

M. Leblanc est évidemment surpris qu'après tant d'années
de silence Jouret lui demande de le rejoindre si loin. « Je mettrai
une villa à votre disposition pour vous et votre femme, je vous
en prie, venez, vous me ferez tellement plaisir et ce sera tellement plus pratique pour vos soins. Je serai auprès de vous. »

Gilbert Leblanc, pourtant inconditionnel de Jouret, trouvera le ton de cette conversation un peu bizarre et ne partira pas rejoindre son docteur bien-aimé au bout du monde. « Un adepte de plus ou de moins, qu'importe, a dû se dire Luc Jouret. L'important, jusqu'à la fin, c'est de garder intact son pouvoir de conviction. Et de prouver qu'on peut encore séduire. »

Été 1992, Castellane (France)

« J'ai vu arriver un type très élégant, terriblement séduisant, accompagné d'une belle femme brune. Ils sont descendus d'une Jaguar, garée plus loin. Dans la voiture, il y avait un homme portant des lunettes noires. Lui n'est pas descendu. Deux ans plus tard, en octobre 1994, en voyant leurs photos dans tous les journaux, j'ai su que l'homme que j'avais rencontré était Luc Jouret, et l'autre dans la voiture, Jo Di Mambro. »

Deux ans après sa rencontre avec Luc Jouret, Roger Reybaud, maire de Saint-Julien, petit village des Alpes de Haute-Provence, n'a toujours pas compris ce que le gourou de l'Ordre du Temple solaire attendait de lui, en venant le voir, ce 17 août 1992[3].

« Nous devions organiser une manifestation contre la présence de la secte du Mandarôm, précise Roger Reybaud, et Jouret, qui s'est présenté comme un militant écolo, voulait s'y associer. En fait, je crois qu'il m'a tiré les vers du nez, comme s'il était un agent de renseignement de Bourdin*. »

Luc Jouret ne viendra pas à la manifestation des opposants à la secte du Mandarôm. En revanche, au cours de ce mois d'août 1992, un homme le verra dans l'enceinte même de la secte, sur les hauteurs de Castellane. Jouret et Di Mambro, accompagnés de quatre autres membres de l'OTS, s'installent dans un hôtel de Castellane. La propriétaire de l'établissement n'a pas oublié ces hommes et ces femmes, sans cesse en activité, multipliant les coups de téléphone et les fax, de jour comme de

---

* En 1975, Gilbert Bourdin, ancien instituteur, a fondé la secte des chevaliers du Lotus d'or (également baptisée Mandarôm) sur les hauteurs de Castellane. Quatre plaintes ont été déposées par d'anciens adeptes du Mandarôm contre Gilbert Bourdin, autoproclamé Messie cosmoplanétaire. Il a été mis en examen par un juge d'instruction de Digne pour viols aggravés, viols et tentatives de viol. D'autres enquêtes sont en cours, à propos des constructions illégales sur un site protégé et sur les ressources financières de la secte.

nuit. À l'évidence, les templiers ont tenté d'établir le contact avec Gilbert Bourdin, le gourou des chevaliers du Lotus d'or. Que lui voulaient-ils ? Ont-ils tenté une opération de déstabilisation, comme ils l'avaient fait avec l'Ordre rénové du Temple d'Origas ? Lui ont-ils proposé une affaire que le vieux gourou a refusée ? Il est difficile de répondre à ces questions.

La présence des Templiers sur le territoire des chevaliers de Bourdin est étrange. Les deux sectes ont des points communs extrêmement troublants. Elles sont toutes deux installées, en France métropolitaine et à la Martinique, en Suisse et au Canada. À la Martinique, des adeptes ont successivement fréquenté l'Ordre du Temple solaire puis le Mandarôm.

Avant de créer son ashram près des gorges du Verdon, Gilbert Bourdin a vécu à Auriol, dans les Bouches-du-Rhône, dans la maison même où Jacques Massié, le policier, templier et membre du SAC, sera assassiné avec toute sa famille, en 1981. Comme Di Mambro, Bourdin a papillonné dans les cercles ésotériques, comme Jouret, il a voyagé en Inde. Les naissances du Mandarôm et de l'Ordre rénové du Temple sont quasiment simultanées, et Gilbert Bourdin a commencé sa carrière de messie intersidéral dans les années 70, tout près de Sarrians et d'Aubignan, dans le Vaucluse.

Les instructions en cours, à Grenoble et à Digne, pourraient apporter quelques éclaircissements sur les liens éventuels entre les deux sectes.

Printemps 1993, Québec

En mars 1993, la presse de Montréal consacre ses manchettes à la plus prestigieuse entreprise québécoise, Hydro-Québec, l'équivalent d'EDF en France. Pour une fois, il ne s'agit pas de vanter les prouesses technologiques de l'entreprise qui depuis vingt ans construit des barrages dans le Grand Nord canadien. Les journalistes, un peu moqueurs, révèlent que le géant Hydro-Québec (7 milliards de dollars de chiffre d'affaires annuel, 25 000 salariés) a été infiltré par de curieux conférenciers, appartenant à une secte inconnue : l'Ordre du Temple solaire.

C'est un ancien employé d'Hydro-Québec, Michel Côté, qui a raconté aux journalistes cette histoire d'espionnage à la James Bond. Il affirme que ses supérieurs l'ont harcelé depuis

qu'il a refusé de prêter serment à son patron au cours d'une cérémonie templière. Après cet incident, ses chefs auraient tout fait
pour se débarrasser de lui, le faisant même passer pour fou.
L'ex-cadre d'Hydro-Québec explique que des sympathisants de
l'OTS ont profité de l'appui de certains membres de la direction
de l'entreprise pour se maintenir à leur poste ou obtenir une promotion.

En avril 1993, pressée de s'expliquer sur ces faits, la direction de l'entreprise rend partiellement public un rapport interne
rédigé par le vérificateur général d'Hydro-Québec. Il confirme
les informations publiées dans la presse. L'Ordre du Temple
solaire compte bien une quarantaine de sympathisants dans
l'entreprise. Plus grave, quinze cadres supérieurs et un vice-
président sont membres à part entière de l'OTS. Le rapport
interne reconstitue en détail l'opération d'infiltration menée par
la secte à l'intérieur de l'entreprise depuis 1988.

Tout a commencé par quelques séminaires animés par
Luc Jouret au siège d'Hydro-Québec, dans un building du centre
de Montréal. Jouret se présente alors comme conférencier des
éditions Atlanta. Il intervient dans le cadre de la formation permanente proposée par Hydro-Québec à ses employés. Jouret
s'adresse à des assemblées majoritairement composées d'ingénieurs de haut niveau. La direction de l'entreprise lui laisse toute
liberté quant au choix des thèmes. C'est ainsi qu'il abordera successivement, au fil des mois, « le sens de la vie et la réactivation
du soi », ou, plus ardu, « l'inspiration ou temps de concrétisation
d'une potentialité particulière ». Pour les seules années 1988 et
1989, le rapport recense sept conférences données dans les
locaux d'Hydro-Québec par Luc Jouret. Ces prestations lui
seront payées, en tout, 30 000 francs. Les assemblées auxquelles
il s'adresse ne dépassent pas cinquante personnes. Mais dans les
années suivantes, d'autres conférences auront lieu à l'extérieur
de l'entreprise, dans le cadre de l'Archs, l'Académie de
recherche et de connaissance des hautes sciences, une des multiples couvertures de l'OTS.

Les enquêteurs découvrent aussi que des cadres responsables de projets « sensibles » sont membres de l'Archs. Ils
reconnaissent également que, pendant trois ans, l'un des cadres
de la société, séduit par la secte, a consacré l'essentiel de son
temps de travail à téléphoner à des adeptes de l'OTS. Certaines
réunions d'employés templiers se sont même déroulées au siège
d'Hydro-Québec, sans éveiller apparemment aucun soupçon.

Luc Jouret et les siens étaient chez eux dans l'entreprise la plus importante et en principe la plus surveillée du Québec. Le vérificateur général confirma donc que la tentative d'infiltration avait réussi mais il tenta d'en minimiser les conséquences, précisant qu'« aucun fait de favoritisme n'avait été décelé ».

Cette opération de noyautage rapporta peu d'argent à l'OTS. Mais si cette infiltration n'avait pas été découverte au printemps 1993, les Templiers auraient eu le temps de recruter d'autres cadres aisés au sein d'Hydro-Québec. Comme d'autres avant eux, ces hommes et femmes séduits par le beau conférencier Jouret se seraient séparés avec plaisir de leurs économies au profit de la secte.

Pour mener à bien cette opération, depuis 1988, Jouret disposait d'un espion insoupçonnable, son inséparable ami Jean-Pierre Vinet, directeur de la coopération d'Hydro-Québec. Membre fanatique de l'Ordre du Temple solaire, Jean-Pierre Vinet était aussi un dirigeant respecté de l'entreprise. Jouant à merveille le rôle de taupe et de rabatteur, il a permis à Luc Jouret de se frayer sans encombre un chemin jusqu'aux plus hautes sphères du pouvoir au sein d'Hydro-Québec.

Parallèlement, Jean-Pierre Vinet, l'homme des missions secrètes de l'ordre, le templier dévoué incapable de refuser quoi que ce soit à Luc Jouret, fut l'acteur principal d'un autre scénario abracadabrant, également écrit par Luc Jouret. L'histoire se passe quelques mois plus tôt, toujours au Québec. Cette fois, il ne s'agit pas d'un film d'espionnage mais d'un polar crépusculaire.

En ces derniers jours du mois de novembre 1992, sur les bords du fleuve Saint-Laurent, le 1701 rue Parthenais à Montréal, siège de la Sûreté du Québec, est le théâtre d'une agitation particulière. Dans cet imposant bâtiment de verre et d'acier rouillé d'une vingtaine d'étages, juste à côté du célèbre pont Jacques-Cartier, la nervosité se lit sur tous les visages. Une information vient de tomber : un groupe terroriste s'apprête, dit-on, à commettre un attentat contre des membres du gouvernement. Quelques heures plus tôt en effet, un certain André Massé a téléphoné à plusieurs hommes politiques de la « Belle Province » au nom d'un mystérieux groupe paramilitaire Q-37 (Q pour Québec, 37 pour le nombre de membres). Il se dit déterminé, avec ses compagnons d'armes, à mourir pour servir sa cause. Sa cause ? Pour lui, le Québec est en faillite ; il désigne le principal responsable, Claude Ryan, ministre de la Sécurité publique, dont il fustige la politique en faveur des minorités indiennes. Avant de raccrocher, l'individu lance un ultimatum : s'il ne change pas de politique dans les quatre-vingt-dix jours, Ryan « sera tué et deux réserves indiennes sauteront ». « Faites passer le message », conclut-il sur un ton menaçant. Le 10 décembre, l'homme rappelle. Cette fois, le groupe Q-37 s'apprête « à frapper le gouvernement, bureau après bureau ».

À la Sûreté du Québec, on prend la menace très au sérieux. Quatre-vingts policiers et enquêteurs sont rapidement chargés de l'affaire. Mais on possède bien peu de pistes. On suppose que le présumé porte-parole du groupe Q-37 doit être un homme âgé d'une quarantaine d'années, qui parle posément, qui ne semble pas sous l'emprise de drogue ou d'alcool. Mais c'est à peu près tout.

L'enquête va rebondir quelques semaines plus tard. Le 2 février 1993, un agent double dont on ne connaîtra longtemps que le nom de code, IN-8392 *, raconte à la Sûreté qu'un certain Hermann Delorme, agent d'assurances à Granby, à une centaine de kilomètres au sud de Montréal, vient de le contacter. Il cherche à acheter un revolver « avec silencieux » pouvant « atteindre une cible à 35 pieds ». L'homme est déterminé : pour lui, le prix n'a « pas d'importance », « son organisation » a de « l'argent pour payer ».

De quelle organisation s'agit-il ? Est-ce bien le Q-37 ? À défaut d'une réponse, c'est en tout cas un début de piste pour les enquêteurs canadiens. Delorme est aussitôt placé sur écoute téléphonique. Le juge accorde une autorisation « valide du 15 février au 15 avril 1993 ». Une adjonction est faite en date du 26 février : les lignes de ses principaux interlocuteurs vont à leur tour être surveillées.

Et c'est ainsi que la Sûreté du Québec, croyant piéger une mystérieuse organisation terroriste répondant au nom de

---

* IN-8392 cache l'identité d'un certain Bernard Gileau, de Granby, ancien videur de boîtes de nuit. Delorme fut son professeur de karaté. Il imaginait que son ancien élève pourrait lui procurer l'arme qu'il recherchait. Gileau prit peur et courut prévenir la police qui l'utilisa aussitôt comme agent double. Dès lors, à chacune de ses rencontres avec Delorme, Gileau fut flanqué d'un marchand d'armes qui n'était autre qu'un agent de la Sûreté du Québec. Ce dernier exhibait fièrement son épais catalogue d'armes devant un Delorme incrédule. Et quel catalogue ! Les photos ne présentaient que des armes saisies durant des perquisitions...

Q-37 *, va intercepter sans s'en douter, trois mois durant, les conversations privées de l'Ordre du Temple solaire. Les comptes rendus écrits de ces écoutes téléphoniques, ainsi que l'audition des bandes magnétiques (huit heures au total), permettent aujourd'hui de reconstituer assez précisément la succession de faits qui conduisent à la tragédie d'octobre 1994, en Suisse et au Canada. « C'était la première fois que nous entendions parler de cette secte, reconnaît l'agent Michel Brunet des Affaires publiques de la SQ. Pour nous, rétrospectivement, il n'y a aucun doute : si nous ne les avions pas arrêtés à ce moment-là, le massacre de l'Ordre du Temple solaire se serait entièrement déroulé au Canada et aurait fait au moins le double de victimes[4]. »

Mais encore fallait-il, sur le moment, réussir à décoder ce que disaient les dirigeants de la secte au téléphone. Parmi les adeptes piégés alors par la police québécoise, un cadre supérieur d'Hydro-Québec, Jean-Pierre Vinet, 54 ans.

« C'était un homme de fer, un jusqu'au-boutiste. Il ne reculait devant rien ni personne[5] », résume un ancien de la secte. « Il avait certainement de grandes qualités mais il était tellement subjugué par Luc, se souvient pour sa part une ancienne adepte suisse, qu'il était capable de tout, y compris de basculer dans la violence. Il pouvait être très agressif. Un jour, ma fille et moi étions allées manger au restaurant avec lui. Jean-Pierre n'avait cessé de rire et de jouer avec elle. Ils s'amusaient comme des petits fous. À un moment, ma fille est allée aux toilettes. Jean-Pierre lui a couru après. En sortant, elle m'a dit : " Maman, c'est la première fois de ma vie que j'ai eu peur de quelqu'un. " Elle a eu peur, elle a senti qu'il n'avait plus de limite, qu'il ne savait plus s'arrêter dans son jeu. »

Et cela, Luc Jouret l'a très vite compris. Ne s'extasie-t-il pas volontiers en parlant de lui : « Jean-Pierre, c'est un serviteur impeccable. » En fait, le Québécois représente bien plus encore à ses yeux : c'est son ombre fidèle, son inséparable confident, l'homme de toutes les corvées qu'il accomplit sans jamais rechigner. Les deux hommes se disent tout et s'appellent à n'importe quelle heure du jour et de la nuit. D'anciens adeptes s'interrogent encore sur la nature des rapports qu'ont entretenus les deux hommes.

En ce printemps 1993, pour les deux hommes, le constat est

---

* Elle conclura finalement que la cellule Q-37 n'a jamais existé et qu'elle était l'œuvre d'illuminés ou de plaisantins qui auraient simplement voulu faire peur à des membres de la classe politique au pouvoir.

clair : « C'est le bordel partout. » Luc Jouret doit faire face à la rébellion au sein de l'Ordre du Temple solaire. Les mécènes sont las, les adeptes commencent à ouvrir les yeux, les « traîtres » parlent à la presse. Jouret évoque le « doute » qui s'est installé parmi les adeptes. Un couple québécois, en charge de la luxueuse propriété de l'ordre, 66, rue Lafleur à Saint-Sauveur, où sont organisées les cérémonies templières, menace de s'en aller. « C'est l'heure du dragon », marmonne Jouret. La femme s'est plainte d' « être un pion », d'être « manipulée et dupée ».

« Il y a toujours une femme qui est à l'origine de tout, peste le gourou, il faut les mater, ces femmes-là. »

Le 28 février 1993, Jouret est en Suisse. De son chalet de Salvan, il appelle Vinet au milieu de la nuit :

« On est au bout des choses. Ils deviennent tous malades, c'est un signe ça. Et ce sont des virus qui ne les lâchent plus.

– C'est ça, acquiesce Vinet.

– Ne te tracasse plus. Tiens la machine, mais il n'y en a plus pour longtemps », conclut Jouret.

Le 1er mars, Vinet rapporte à son maître qu'il va « avoir exactement ce qu'il lui a demandé, soit deux armes avec silencieux ». Jouret lui répond que tout est prêt et qu'il va bientôt « y avoir la deuxième phase ». Il a « tout un plan » mais il a « besoin de personnel ».

À ce moment-là, Jo Di Mambro se trouve lui aussi au Québec. Il surveille attentivement le bon déroulement des opérations. Devant quelques adeptes triés sur le volet, il évoque alors un « Transit » à venir, sans en dire davantage. « En février 1993, une des dernières fois qu'il est venu ici, Jo nous a parlé du passage de la mort à la vie, enfin de la vie à la mort, témoigne une ancienne adepte québécoise, mais il ne donnait jamais de détails, il restait très vague. On sentait quand même qu'il y avait une évolution à ce niveau-là... »

Quand il n'appelle pas son fidèle Vinet au Canada, Luc Jouret téléphone à sa dernière conquête, Carole Cadorette. Elle a 38 ans et travaille dans une agence de mannequins de Montréal. Lors d'une conversation, enregistrée le 1er mars 1993, Jouret lui demande de sa voix monocorde si elle sait tirer au pistolet. Il exige qu'elle apprenne au plus vite. Il rappelle deux jours plus tard et insiste pour qu'elle suive son premier cours le soir même :

« Tu t'entraînes pas à plombs, hein, tu t'entraînes à vraies balles », ordonne-t-il.

La jeune femme étouffe un petit rire nerveux :

« Est-ce que Jo [Di Mambro] sait que tu me fais faire ça ?

– Écoute, on en reparlera, hein ? Tu sais que je ne fais rien par hasard, O.K. ? (...) En tout cas, Carole, je te demande : est-ce que tu te sens en service ou pas ?

– Oui, dit-elle.

– Totalement ? Sans réaction intérieure ?

– Aucune.

– Quand je vois la violence qui se déchaîne autour de moi, de nous. Je parle de Jo et de moi par exemple, parce qu'on n'accepte pas qu'on fasse partie d'une figure bien précise de la fin des temps. (...) Mon Dieu, quel cirque ! Ça devient terrible. On vit une fin de fous, de fous... (...) Si tu savais ce qu'il faut jouer pour tenir la machine, tu n'as aucune idée. Enfin, bref, on arrive au bout. (...) Quelle planète ! Mon Dieu, qu'est-ce qu'on a foutu de descendre sur cette merde ? »

Le 7 mars, toujours au téléphone, cette fois avec Pauline Lemonde, la compagne de Jean-Pierre Vinet, elle aussi membre de la secte, Jouret est au paroxysme du délire :

« Tu leur enseignes comment mourir ? questionne-t-il d'un ton badin.

– Faudrait que moi-même je sois prête, rétorque-t-elle. On parlait justement de ça tantôt, Jean-Pierre et moi. On se remémorait des choses que tu nous avais dites hier, face à la mort. Et Jean-Pierre, pour lui, c'est tellement facile. Pour lui, y a pas de problème.

– La mort, la mort, c'est une illusion... La mort, c'est ce qu'on vit. La vie, c'est après, répond Jouret d'une voix d'outre-tombe.

– En tout cas moi, tu vois, hier soir, quand on était en bas, ça me parlait de la porte qui était beaucoup plus étroite qu'on ne le croyait et que le passage était plus étroit, enchaîne Pauline.

– Oui, et puis je te dis : ça se restreint de jour en jour, le nombre. Beaucoup d'appelés mais peu d'élus, je commence à comprendre ce que ça veut dire, hein. (...) Ça va devenir intenable. (...) Le combat va être terrible. (...) Maintenant, il faut faire ce qu'on a dit, c'est tout. »

À 3 heures du matin, le même soir, Jouret appelle de nouveau Carole depuis Paris :

« Je peux te dire, c'est plus un jeu humain. C'est plus le temps. C'est au-delà. C'est pour ce que tu sais.

– J'ai pas dit aux enfants que j'allais en Europe, rassure Carole. Luc, parle-moi de la planète, parle-moi de Sirius.

– T'inquiète pas, on va t'en parler. La prochaine, c'est pas Sirius. Avant d'aller sur Sirius, il faut passer par une autre planète.

– Laquelle ?

– Je t'expliquerai. C'est pour ça qu'il faut absolument sortir de l'humain et accepter que je sache * faire ce que je dois faire.

– Mais je l'ai toujours accepté !

– Je sais... Mais je t'assure qu'on vivra quelque chose de fabuleux de l'autre côté. Fabuleux. Quand l'heure sonnera... [6] »

Son casque sur les oreilles, le policier québécois préposé aux écoutes est sous le choc. Il n'essaie même pas de décoder cet ésotérisme de pacotille, mais note simplement sur son carnet, en parlant de Luc Jouret : « Son utilisation de Carole Cadorette fait de lui un être dangereux. »

Le soir même, la Sûreté du Québec interpelle la jeune femme à l'aéroport international de Mirabel. Elle s'apprêtait à prendre l'avion pour rejoindre son amant en Suisse. On perquisitionne alors à son domicile, une modeste chambre de la résidence Maria-Goretti à Montréal. On y trouve des cibles de tirs utilisées. Le lendemain, le 8 mars, Jean-Pierre Vinet et Hermann Delorme, l'homme qui devait trouver des armes pour l'OTS, sont arrêtés à leur tour.

Hermann Delorme a un peu le visage du comédien américain Martin Landau, devenu célèbre grâce à *Cosmos 1999*. En plus émotif. En plus vulnérable. Aujourd'hui, il est le seul survivant du quatuor infernal : Carole Cadorette, Luc Jouret et Jean-Pierre Vinet sont morts dans les massacres d'octobre 1994.

« Quand les policiers m'ont arrêté, raconte-t-il aujourd'hui, c'est à ce moment-là que j'ai vraiment compris. Je me suis dit : Mais comment ai-je pu m'embarquer là-dedans. Je peux le dire aujourd'hui, la Sûreté du Québec m'a sauvé la vie [7]. »

Son histoire ressemble à celle de beaucoup d'autres adeptes enrôlés dans des sectes. Pour lui, cela commence à l'été 1990. Une amie médecin l'entraîne à une conférence donnée à l'université de Montréal. L'orateur ce soir-là est un certain Luc Jouret. Le Québécois tombe sous le charme : « Je traversais une période difficile, je venais de divorcer, j'étais fragile, je me cherchais un peu. » Luc Jouret flaire vite les failles du person-

---

* Sache = puisse (Luc Jouret fait ici un belgicisme).

nage. Il va habilement utiliser la naïveté de ce nouvel adepte passionné de tir à l'arc et d'armes à feu : un homme providentiel.

« Tout commence en janvier 1993 lors d'une réunion de l'ordre à Saint-Sauveur, poursuit Hermann Delorme. Jean-Pierre Vinet me demande tout d'un coup, l'air de rien, si je peux lui montrer comment fonctionne une arme à feu. J'étais flatté. Le lundi suivant, je me rendis donc au quinzième étage d'Hydro-Québec, boulevard René-Lévesque à Montréal, où travaillait Vinet. Je sortis un pistolet de ma poche. Jean-Pierre le regarda, le caressa avec ses deux mains, le contempla d'un air admiratif. " C'est beau Hermann, me dit-il, mais il est possible que tu ne revoies jamais cette arme. Cela te pose un problème ? " Il y eut un silence. Je n'ai pas posé de question, je suis reparti. »

Quinze jours plus tard, Jean-Pierre Vinet rappelle Hermann Delorme, chez lui, à Granby. Il veut un autre pistolet avec, cette fois-ci, un silencieux. « Quand il arriva chez moi, se souvient Hermann, Jean-Pierre me remit une certaine somme d'argent. Après une ou deux minutes, il sort encore 1 000 dollars de sa poche et me lance : " Finalement, si tu peux, achète aussi une mitraillette. " Vinet, c'est sûr, avait une idée derrière la tête. Je lui ai demandé : " Est-ce que Luc est au courant ? " Il m'a répondu : " Non, non, surtout n'en parle pas avec lui. " Bien sûr, je le sais maintenant, il me mentait...

« Il a fallu que je revienne à un réalisme objectif, souligne encore Hermann Delorme, que je perde un peu de mon admiration pour l'OTS et pour Luc Jouret qui avait un charisme extraordinaire. J'ai analysé les faits, cela m'a pris du temps. Le plus dur aujourd'hui, c'est d'affronter le regard des autres. Les gens portent des jugements immédiats. Ils croient ce qu'ils ont lu dans le journal. Mes voisins voulaient même déménager : ils pensaient que j'étais un dangereux criminel lié à une organisation terroriste ! »

Inculpés pour « trafic d'armes prohibées », Hermann Delorme et Jean-Pierre Vinet comparaissent le 30 juin 1993 devant la Cour criminelle, au palais de justice de Montréal, tout à côté de l'Hôtel de Ville d'où Charles de Gaulle lança naguère son célèbre « Vive le Québec libre ! ». Le 15 juillet 1993, c'est au tour de Luc Jouret. Il passe moins de vingt-quatre heures au Québec. Le temps de comparaître devant la justice pour trafic d'armes et complot. Luc Jouret plaide coupable mais il demande, et obtient, « l'absolution conditionnelle », qui lui permet de conserver un casier judiciaire vierge et donc de continuer à exercer la médecine au Canada.

Le procès est vite expédié. Pour le juge Louis A. Legault, il apparaît « clairement que l'achat de ce silencieux et de l'arme prohibée a été fait dans un contexte de défense ». Il ajoute même : « La large couverture médiatique a certainement contribué à pénaliser abondamment les individus en cause. » En foi de quoi, il condamne les trois hommes à une peine symbolique : 1 000 dollars canadiens d'amende, au profit de la Croix-Rouge.

Durant l'audience, Jean-Claude Hébert, l'avocat montréalais de Luc Jouret, ne ménage ni sa peine ni les effets de manche. Il parvient à convaincre le juge que son client a simplement voulu acquérir un pistolet qu'il destinait à son amie Carole Cadorette. Celle-ci, plaide-t-il, « avait besoin de s'armer car elle allait séjourner dans un chalet des Alpes suisses[8] » et que là-bas, vraiment, « l'endroit n'était pas sûr »... Luc Jouret, qui aime tant captiver les auditoires lors de conférences-fleuves, ne dit pas un mot durant le procès. Il retourne le soir même en Suisse par le premier avion.

Désormais déstabilisé au Canada, le gourou charismatique de l'OTS évalue les solutions de repli. Il sait que la Suisse est nettement plus sûre que ce qu'a prétendu son avocat canadien. Il y installera désormais le nouveau terrain d'action de ses funestes desseins. En toute quiétude. Ni la nouvelle de l'arrestation de ses amis québécois, ni la nouvelle de sa condamnation, ni même les récriminations dans des journaux de Montréal d'une ancienne adepte, la Suissesse Rose-Marie Klaus, qui se sent flouée par la secte, n'ont traversé l'Atlantique... Pourtant, cette femme courageuse remue ciel et terre pour se faire entendre, lance de virulentes attaques contre l'Ordre du Temple solaire. Elle parle d'une « bande d'illuminés » qui, le soir, se déguisent en Templiers pour parler d'ésotérisme. Lors d'une émission de radio à très fort taux d'écoute sur CKTR, une station du Québec, elle expliqua alors que Jouret procédait au « lavage de cerveau » des membres dans le but de leur soutirer toujours plus d'argent. « Jouret se prend pour le Christ. Il dit aux gens qu'un grand cataclysme va se produire et que seuls les élus survivront. Il a convaincu plusieurs personnes de tout quitter en Europe, de tout vendre et d'investir dans son projet*. Nous avons investi entre

* Il s'agit de la « ferme de survie » de Sainte-Anne-de-la-Pérade.

400 000 et 500 000 dollars que nous ne reverrons jamais. » Bouleversé, Michel Charland, l'animateur de l'émission, établit alors des « ressemblances assez évidentes avec ce qui se passe à Waco, au Texas * ».

Terré dans son chalet suisse depuis ses déconvenues canadiennes, Luc Jouret ne bouge pour ainsi dire plus. Il passe les derniers mois qu'il lui reste à vivre principalement avec Joël Egger, qu'il maintient totalement sous sa coupe et avec lequel il prépare dans le plus grand secret le voyage vers Sirius.

Physiquement, Jouret n'est plus le même. Il s'est empâté, son cou et son visage sont bouffis comme s'il était sous cortisone. Il n'est plus ce beau jeune homme, cet ange asexué qui attirait irrésistiblement hommes et femmes.

« Les derniers mois, Jouret avait l'air traqué. Il ne parlait plus que d'injustice, de procès qu'on lui faisait en France et au Canada, où, soi-disant, il ne pouvait plus exercer la médecine », se souvient un promoteur immobilier [9] qui s'était lié d'amitié avec plusieurs membres de la secte.

Jouret ne dort plus. Il occupe ses nuits sans sommeil à lire des piles de bandes dessinées qu'il entasse au pied de son lit. « J'en ai marre, tellement marre, il faut arrêter ça », ne cesse-t-il de répéter, tel un malade incurable qui voudrait voir ses souffrances terrestres abrégées.

En juillet 1994, il téléphone à un membre de l'ordre qui, à la suite d'une mutation professionnelle, s'est un peu éloigné de la secte. Jouret sait que cet homme est de retour en métropole. Il le supplie, au nom de leur vieille amitié, d'accepter un déjeuner dans un restaurant du Vaucluse.

« Il était angoissé, il se sentait menacé, raconte cet ancien membre. Il m'a dit qu'il changeait d'endroit tout le temps. Il ne m'a jamais expliqué le pourquoi de cette menace. Je n'ai plus eu de contact avec lui après cette rencontre. »

« Il était en pleine dépression depuis pas mal de temps, explique Agnès, l'ancienne adepte suisse. Il a trop joué pour pouvoir tenir le coup psychologiquement. Il se sentait piégé légalement, piégé dans sa profession. Piégé partout depuis plusieurs années. Il s'est pris à son propre jeu. Il était acculé. Il n'avait pas le choix. Je pense que sa rencontre avec Jo a ruiné sa

---

* Rappelons qu'à Waco, aux États-Unis, le 19 avril 1993, quatre-vingt-neuf adeptes de la secte des Davidiens ont trouvé la mort après un siège de cinquante et un jours par le FBI.

vie. Il est passé à côté d'une brillante carrière bien qu'il ait été un excellent médecin, poursuit cette femme, témoin des jours sombres. Jo savait très bien manipuler les gens, et manipuler Luc en particulier. Mais Luc pensait que c'était lui qui manipulait Jo ! Je suis sûre que, dans sa tête, il devait s'imaginer ça. »

Quelques semaines avant sa mort, Jouret appelle le Pr Jean Dierkens, qui fut très proche de lui en Belgique dans les années 70. C'est un appel au secours : « Ça ne peut plus continuer comme ça, se plaint Jouret, il faut changer de plan [10]. » Les deux hommes se comprennent. « Changer de plan », c'est un appel au départ, à la mort, au renoncement à la vie sur terre.

Depuis plusieurs années déjà, Jouret aime jouer avec ce mot « plan » qui ne doit rien à l'architecture. En juin 1991, dans son message de vœux délirant envoyé aux adeptes pour la Saint-Jean, Jouret utilise déjà ce terme dans son acception cosmique : « Frères et Sœurs, les temps que nous vivons, terribles sur le plan humain, se révèlent dans toute leur splendeur sur le Plan Divin, car pour la première fois la réalisation des Écritures devient effective pour ceux qui, libérés des chaînes de leur condition, auront pu survivre aux tribulations de l'Apocalypse. »

Quinze jours avant le drame, Jouret accomplit une ultime démarche. Il rencontre un vieil ami belge avec lequel, en 1975, il sauta sur Kolwezi. Il lui explique les raisons de ce curieux rendez-vous : « Je ne t'ai jamais demandé d'adhérer à l'ordre mais je sais que tu es profondément empreint de l'idéal chevaleresque templier. Tu es marqué du sceau depuis le début de ton existence. Aussi, je te demande, au cas où je viendrais à disparaître, de prendre la relève. Tu connais le secret et tu es un ami. Tu es un parfait inconnu et tu pourras te fondre dans la nature. »

L'homme est évidemment flatté que Luc lui confie une telle mission mais il lui explique qu'il préférerait rester auprès de lui pour devenir son garde du corps attitré. Mais il est trop tard, Jouret n'aura bientôt plus de corps à faire garder. Les deux hommes se quittent chaleureusement. Ils ne se reverront plus. Le soldat de Kolwezi a été entendu par les policiers belges bien après les massacres de Cheiry et de Salvan. Ils sont persuadés qu'il ne s'agit pas d'un affabulateur et que cette incroyable rencontre a bien eu lieu.

Auparavant, en juin 1994, Luc Jouret a appelé une dernière fois sa mère, qui vit toujours en Belgique, pour la préparer aux événements à venir. « Il m'a dit : " Maman, ne t'inquiète surtout pas. S'il m'arrive quelque chose, ce n'est pas grave. J'ai 47 ans et j'ai fait énormément de choses dans ma vie. " [11] »

Malgré ces propos qui se veulent rassurants, Fernande Jouret est très inquiète pour son fils. « Luc vivait dans l'obsession constante de l'Apocalypse. Ce terme revenait sans arrêt dans ses discussions. Il se voulait positif et il désirait qu'on le soit, mais en réalité, il était profondément pessimiste. »

Été 1993, Suisse

Durant cet été 1993, à 6 000 kilomètres du Canada, une agitation particulièrement fébrile règne à la ferme de « La Rochette », en Suisse, dans le canton de Fribourg, l'un des lieux du futur drame d'octobre 1994.

Moins imposant que son équivalent canadien de Sainte-Anne-de-la-Pérade, ce centre de survie, connu des adeptes sous le nom de FARC *, se compose d'une partie habitation, de bâtiments de ferme, d'une écurie et de deux garages en sous-sol. Le domaine a été acquis par la secte trois ans plus tôt, en 1990, pour 1,5 million de francs suisses **. De l'extérieur, on dirait une ferme de carte postale : de rassurants volets verts aux fenêtres, un vaste jardin potager derrière la ferme, des poules picorant aux alentours...

À l'intérieur, au sous-sol, le décor devient nettement plus inquiétant : une porte secrète s'ouvre sur une salle de réunion qu'on appelle la « salle des agapes ». Un local très dépouillé où une simple rose rouge trône sur la table. De cette pièce, un petit couloir mène au sanctuaire, au saint des saints : une chapelle souterraine, tapissée de tissu rouge écarlate et de grands miroirs. C'est ici, dans ce sous-sol mystérieux, que les membres de la secte se retrouvent, le plus souvent en fin de semaine, pour des conférences, des rituels ou des cérémonies.

Pour préserver cet antre des regards extérieurs, Jo Di Mambro et Luc Jouret peuvent compter sur de très bons gardiens : cinq adeptes particulièrement fanatiques habitent la ferme. Sympathiques, souriants, accueillants, ils n'éveillent jamais le moindre soupçon du voisinage, pourtant facilement méfiant.

---

* FARC pour Ferme agricole de recherche et de culture, selon le contrat de vente. En fait, c'est une référence directe à la Rose-Croix, FARC signifiant également Frères aînés de la Rose-Croix.

** Environ 6 millions de francs français.

Il est vrai que le maître des lieux, Albert Giacobino, est une figure rassurante. C'est un agriculteur retraité de 72 ans, crâne lisse et sourire malicieux, qui raconte volontiers aux voisins ses souvenirs de la dernière guerre, la « mob », comme on dit ici. Naguère, dans les environs de Genève, il a été un gros propriétaire terrien, mais il a englouti toute sa fortune dans la secte. Il y est entré à la fin des années 70, à un moment où il traversait une crise personnelle. Son premier mariage avait été un échec et il déprimait à l'idée de ne pas avoir de fils pour reprendre son domaine. « Albert, c'était un poète. Quelqu'un de merveilleusement doux, de romantique, amoureux de la nature, épris de culture biologique [12] », se souvient l'une de ses amies.

Albert Giacobino partage la vie communautaire à la ferme avec un jeune couple qu'il appelle affectueusement « les p'tits » : Joël et Annie Egger*.

Annie est arrivée la dernière. Avant de gagner Cheiry, cette Québécoise de 30 ans aux longs cheveux blonds a suivi des études d'anthropologie à Montréal puis a travaillé comme vendeuse dans un magasin de fripes de la rue Mont-Royal. Sa meilleure amie d'alors se souvient « d'une petite souris joviale, très ordrée**, toujours prête à rendre service, le cœur sur la main, mais complètement sous l'emprise de son docteur [13] ». Un certain Luc Jouret ! Durant des vacances en Europe, elle a croisé la route d'un jeune Suisse dont elle est tombée éperdument amoureuse.

C'est ici qu'entre en scène Joël Egger, un adepte fanatique de 34 ans, ancien chanteur dans un groupe de rock, ex-mécanicien. Adolescent, il a été déstabilisé par le suicide de son père, puis par des problèmes de drogue. Il rencontre alors Luc Jouret qui devient son dieu. Ce fidèle chevalier, qui est aussi à l'occasion le chauffeur de Jo Di Mambro, va devenir l'un des hommes clés de la tragédie. « Joël était un petit délinquant, volontaire, très facile à soumettre, très fanatique mais sans aucune envergure spirituelle », résume aujourd'hui une ancienne adepte.

Durant le mois de février 1993, on téléphone beaucoup à la ferme de Cheiry. Annie appelle sa mère restée au Québec, elle aussi membre de la secte. Elle lui raconte toute guillerette

---

* Annie Egger est la fille de Pauline Lemonde, adepte de l'OTS, retrouvée morte à Salvan, en octobre 1994. Joël Egger est le fils de Bernadette Bise, elle aussi membre de l'OTS, morte à Salvan en octobre 1994.
** Ordrée : ordonnée.

qu'elle a « commencé à s'entraîner au tir avec Fabienne » et
« qu'on leur avait demandé de s'entraîner très fort [14] ». L'arme
est un Walther PPK que son mari a acheté quelques semaines
plus tôt à l'une de ses connaissances.

Alors que Vinet et Jouret se démènent encore, au Québec,
pour trouver un pistolet avec un silencieux, le couple Egger, lui,
s'entraîne discrètement au maniement des armes à feu dans un
stand de tir privé à Corminbœuf, près de Fribourg. Le 20 mars
1993, Joël Egger achète même un abonnement, valable jusqu'en
février 1994. Sur son bulletin d'adhésion, il inscrit des données
fantaisistes : en guise de numéro de téléphone, il donne celui
d'un couple d'enseignants de la région qui ne le connaît absolument pas. À y regarder de plus près, c'est le numéro du stand de
tir auquel il a simplement changé un chiffre. Comme numéro
professionnel, il écrit celui... de la poste de Cheiry.

Joël et Annie s'adressent au propriétaire du stand de tir
pour demander quelques conseils. Pierre-Alain Dufaux, ex-
champion du monde de tir, se souvient bien d'eux : « Ils disaient
s'intéresser au " mental " du tireur. Ils voulaient tout savoir là-
dessus. Pendant que je leur parlais – je revois la scène comme si
c'était hier –, ils me regardaient comme des enfants [15]. »

Le 15 juin 1993, Joël Egger se rend à l'armurerie Free-
Sport, à Granges-Paccot, à la périphérie de Fribourg, tout à côté
de l'entreprise de recherche géologique dans laquelle il travaille.
Il achète le plus légalement du monde un Smith et Wesson 22 long rifle, la future arme du crime. Une dizaine d'années
plus tôt, Egger éprouvait une « répugnance pour les armes à
feu », il avait même refusé d'accomplir son service militaire par
dégoût des armes. Mais, entre-temps, Luc Jouret était entré dans
sa vie...

Automne 1993, Australie

En cet été 1993, Luc Jouret et Jo Di Mambro semblent se
morfondre, calfeutrés dans leur chalet de Salvan. Ils pensent de
plus en plus à partir. Ils s'y préparent. Un soir, Jo Di Mambro va
même jusqu'à tester la motivation d'une adepte, venue du Québec passer quelques jours en Suisse. D'un ton léger, il lui
demande : « Ma petite chérie, est-ce que tu viens avec moi sur
Sirius ? » Elle éclate de rire : « D'accord, Jojo, mais alors,
qu'est-ce qu'on va faire de ma fille ? » Le regard du parrain
devient très grave : « Pas de problème, on l'endormira avant. »

« L'atmosphère du groupe devenait de plus en plus malsaine, reconnaît aujourd'hui cette femme qui a miraculeusement échappé aux massacres [16]. Quelque chose se préparait, mais je n'ai jamais été capable de mettre le doigt dessus. Ce n'était que des intuitions. Souvent, ils essayaient de démythifier la mort, ils disaient que la mission sur la planète était terminée, qu'il n'y avait plus d'espoir pour l'humanité, qu'il n'y avait plus de possibilité de relever la conscience. Et puis, il y avait les histoires de médicaments. On commençait à parler d'anxiolytiques, de prétendus médicaments contre le stress, alors qu'en quinze ans d'enseignements ils nous avaient toujours parlé de nature et de tisanes ! »

Avant le grand voyage vers Sirius, Jo s'apprête à partir, plus modestement, pour le bout du monde. Destination : l'Australie, un continent sur lequel l'OTS rêve d'imprimer sa marque depuis plus de dix ans. Une terre d'avenir qui, comme le Canada, échappera à l'Apocalypse.

Jo Di Mambro y a séjourné souvent, notamment en compagnie de quelques adeptes de sa « cour » rapprochée. Il s'était d'ailleurs mis en tête d'y établir un nouveau centre de survie, près de Perth, lorsqu'il avait su que son ami Michel Tabachnik devait signer un important contrat avec l'Opéra de Sydney. Un domaine avait même été acheté par Albert Giacobino, dans les environs de Perth, en 1988. Mais Tabachnik ne signa jamais son contrat et ne vint jamais en Australie. Et Jo ne se rendra en tout et pour tout que quelques jours dans la villa de Perth qui, finalement, ne l'intéressait guère. C'est que, dans le même temps, il avait également demandé à Camille Pilet et à quelques adeptes d'acheter d'autres « espaces de survie » sur le continent australien, notamment à Gold Coast, près de Brisbane...

Cette fois, Jo Di Mambro songe à résider longuement aux antipodes. Une fois n'est pas coutume, il va faire les choses dans les règles. Le 3 septembre 1993, il sollicite en bonne et due forme un visa d'immigration auprès de l'ambassade d'Australie pour un séjour de... douze mois. Sur le formulaire, à la rubrique profession, il inscrit : « Retired » (« retraité »), mais déclare tout de même 80 000 dollars de revenus annuels, signalant au passage être l'heureux détenteur d'une carte American Express Platinium.

Au même moment, des transferts de fonds importants ont lieu de la Suisse vers l'Australie. Un document d'Interpol fait état d'un transfert de 93 203 000 dollars de l'Union de banques

suisses vers la Commonwealth Bank de Sydney, exécuté sur
ordre d'Odile Dancet, la fidèle secrétaire personnelle de Jo Di
Mambro, ainsi que de trois virements successifs de 100 000 dollars durant le mois de septembre 1993. Les enquêteurs
contestent aujourd'hui ce document expliquant qu'Interpol y a
confondu les dates avec les sommes.

Vrais ou faux, ces virements bancaires ? Toujours est-il
que, son visa en poche, Jo Di Mambro débarque peu après à
Sydney, le 21 septembre, par le vol Quantas 235 en provenance
de Singapour. À son arrivée, il déclare entrer dans le pays avec
14 395 dollars cash. Maryse Severino, sa maîtresse qui
l'accompagne, annonce pour sa part 10 103 dollars australiens.
Le couple est accompagné de leurs deux filles, Aude, enfant du
premier mariage de Maryse, et Emmanuelle, l'enfant « cosmique » que Jo a eu avec Dominique Bellaton.

Que vient donc faire une nouvelle fois Jo Di Mambro en
Australie, lui qui ne parle pas un mot d'anglais ? Envisage-t-il de
s'y établir définitivement, comme pourraient le laisser croire les
transferts de fonds ? Avant son départ, en tout cas, il a expliqué
gravement à ses adeptes réunis à Salvan que les « Maîtres invisibles de Zurich », les fameux trente-trois Frères aînés de la
Rose-Croix vivant au fond d'une cave sans lumière, avaient dû
déménager à Sydney. À l'en croire, « Zurich n'avait plus de
qualité vibratoire », c'était désormais une ville « polluée par la
mafia et le blanchiment d'argent » ! Il fallait donc aller les
retrouver là-bas.

D'ailleurs, se souvient une adepte, « on les avait vus partir
en hologramme ; pour nous, à l'époque, c'était vrai. On les a vus
s'en aller, c'est-à-dire qu'ils ont défilé le long des murs, puis se
sont volatilisés. Et là, Jo nous a expliqué qu'ils étaient trente-
trois, qu'il y en avait onze qui étaient déjà partis, que onze autres
avaient gagné l'Australie et que onze restaient à Zurich. Pour les
membres, ces onze Frères aînés à Sydney, c'était un peu comme
un point d'appui. Ils existent, ils sont là. Et tout le monde se
disait : "Mon Dieu, les derniers sont partis, qu'est-ce qui se
passe ? Il n'y a vraiment plus personne... " Psychologiquement,
de la part de Jo, c'était très fort, vraiment très fort[17]. »

Mais Jo Di Mambro est à l'époque persuadé d'être atteint
d'un mal incurable. Il lui reste encore une mission à accomplir :
« J'ai reçu des Maîtres invisibles un message important, dit-il à
ses adeptes réunis, ils veulent que nous nous rendions en Australie pour rencontrer les Sages aborigènes. Eux seuls possèdent les
remèdes pour me sauver la vie. »

Les rencontres se tiennent les soirs de pleine lune sur le célèbre et mystérieux rocher d'Ayers Rock, au cœur du désert australien. C'est d'ailleurs là, un an plus tôt, en 1992, qu'est née dans l'esprit machiavélique de Jo Di Mambro l'idée du « Transit » vers Sirius. Dès cette date, une intime du « parrain » rédigeait un document intitulé « Dernier voyage ». Elle parlait du futur départ « d'une élite d'hommes et de femmes qui stupéfiera le reste du monde ». Luc Jouret participa à plusieurs de ces rituels secrets.

Jo Di Mambro proclame qu'il veut vivre encore mais, en fait, il pense de plus en plus à sa fin terrestre. « L'argent et la mort, il n'y a plus que ça qui l'intéresse », disait François de Grossouvre de François Mitterrand. On croirait la formule écrite pour Jo Di Mambro.

Il veut gagner encore un peu de temps avant l'ultime sabordage. Le 9 mars 1994, il se rend à l'aéroport de Sydney. Il prend deux billets pour Perth, aller et retour dans la même journée. Un voyage éclair pour rassurer un proche parent d'Albert Giacobino qui séjourne là-bas. Albert, resté en Suisse, veut récupérer une partie de son argent englouti dans la secte ; il s'impatiente.

« J'ai vu Jo débarquer avec Maryse au bar du Sheraton, raconte aujourd'hui ce proche. Il avait l'air très tendu, il regardait partout autour de lui, il était persuadé d'être suivi. Il s'est assis et il m'a dit : " Voilà, prends un papier et note bien ceci. Je veux que tu saches qu'Albert sera remboursé, à telle date, puis à telle date ", etc. Cela a duré comme ça un bon moment. Tout à coup, il est devenu bizarre. Il a lâché, d'un air songeur, comme un petit enfant innocent : " Ma petite, tout est fini, je vais me retirer. " Je n'ai pas compris sur le moment ce que cela voulait dire [18]... »

Jo Di Mambro a l'impression que le monde entier lui en veut et le poursuit, et il y a du vrai dans son délire paranoïaque. Il est effectivement dans le collimateur de la police. Interpol vient d'ouvrir à Canberra une enquête sur ses étranges transferts de fonds de Suisse à destination de l'Australie. Il le sait. Le film va désormais s'accélérer.

Pendant ce temps, son épouse « officielle », Joselyne Di Mambro, court le vaste monde. Le relevé de sa carte de crédit en atteste : entre décembre 1993 et avril 1994, elle se rend en France, aux États-Unis et à plusieurs reprises au Canada. Pourquoi une telle frénésie de voyages ? Quelques éléments de réponse sont contenus dans une note adressée par le consulat de

France de Montréal aux renseignements généraux[19] à Paris, datant de fin mars, début avril 1994. On y lit :

« Objet : Époux Di Mambro. Le consulat vient d'être saisi d'une demande de prorogation de passeport formulée par Mme Joselyne Duplessy, épouse Di Mambro, née le 25 juin 1949 à Lyon. Cette dernière demande également à être immatriculée ainsi que son époux Joseph Léonce Di Mambro, né le 19 août 1924 à Pont-Saint-Esprit (Gard).

« Cette famille, qui a été immatriculée auprès de notre consulat général à Toronto puis de notre ambassade à Ottawa, n'est pas en mesure de m'apporter la preuve de sa résidence à Montréal. Les époux Di Mambro ont changé cinq fois de résidence en l'espace de cinq ans, ils ont possédé et possèdent des permis de séjour de longue durée valables pour le Canada, la Suisse et l'Australie.

« L'historique des passeports qui leur ont été délivrés révèle que M. Di Mambro a, lors de ses séjours à Toronto, Ottawa ou Genève, obtenu à chaque fois l'établissement d'un passeport (cinq passeports en sept ans).

« Le dernier en date révèle un nombre impressionnant de visas d'entrée et de sortie qui attestent de voyages " éclairs " (certains d'entre eux vers la Malaisie, par exemple).

« Il semblerait, d'après les informations fournies par la police judiciaire, que M. Di Mambro soit impliqué dans un trafic de devises (notamment transfert de 93 millions de dollars sur un compte australien à partir de la Suisse), ce qui expliquerait que l'intéressé dispose d'un jeu de passeports dont il se sert selon les cas pour ne pas attirer l'attention sur la fréquence de ses voyages.

« Lorsqu'elle s'est présentée au consulat pour obtenir l'immatriculation de sa famille et la prorogation de son passeport, Mme Di Mambro a produit le passeport de son époux qui, selon elle, réside toujours en Australie avec sa fille.

« J'ai le sentiment que la venue de Mme Di Mambro à Montréal a pour seul but de lui permettre la délivrance d'un nouveau passeport, ce qu'elle ne parvient pas à obtenir de notre consulat général à Sydney (cf. TD FSLT Sydney 33 du 3.2.94) ni d'un autre consulat, puisqu'elle ne peut attester d'une résidence réelle et effective. Signé : " Nowak ". »

En attendant la prolongation de son passeport, Joselyne Di Mambro s'installe à Morin Heights, dans un des repaires de la secte. Elle attend. Finalement, elle prend goût à ce séjour forcé au Québec. Elle retrouve d'autres adeptes. L'une de ses amies se souvient alors d'une « Joselyne éclatante » : « Elle était gaie, belle, agréable et sereine. Je ne l'avais jamais connue comme ça. Elle était venue ici parce que Jo lui avait dit qu'il allait venir s'y installer avec la petite Emmanuelle. Moi, je n'y ai jamais cru. Ni Jouret ni Di Mambro n'ont remis les pieds au Québec après l'histoire des armes. Après, Joselyne nous disait qu'elle prolongeait son séjour à cause de ses papiers... »

L'épouse de Jo Di Mambro finit tout de même par s'adresser à un avocat québécois pour tenter de résoudre son problème. Mais celui-ci se défile. Il lui écrit le 25 août 1994 pour lui faire part de sa renonciation : cette affaire de passeports a des implications « tant politiques que juridiques » liées « à une enquête policière en matière pénale ». Il l'invite donc « fortement à prendre au sérieux les démarches d'enquête présentement effectuées par les autorités françaises [20] ».

Josiane Kesseler-Paulus, une adepte belge qui vit à Salvan, fait parvenir quelques vêtements à Joselyne, accompagnés d'un petit mot qui en dit long sur le climat qui règne alors en Suisse : « Ici, les tensions sont quotidiennes, on se blinde ! Un peu plus chaque jour mais... ce n'est pas toujours facile [21]. »

Début septembre, Joselyne Di Mambro peut enfin quitter le Québec. L'ambassade de France lui a renouvelé son passeport, pour quelques semaines seulement. « Dès qu'elle a appris qu'elle devait rentrer, elle était moins bien, plus sombre », se souvient son amie. Joselyne va retrouver Jo et les autres fanatiques en Suisse. Elle sait sans doute qu'elle y a rendez-vous avec son destin.

Un mois plus tard, l'OTS se sera sabordé. Deux jours après le carnage de Cheiry et de Salvan en octobre 1994, Charles Pasqua, alors ministre de l'Intérieur, recevra dans une grande enveloppe les cinq passeports du parrain de l'OTS, accompagnés de ceux de son épouse ainsi que des fameux testaments et d'une lettre personnalisée : « Très Cher Charlie, (...) Nous vous accusons d'avoir délibérément voulu détruire notre ordre et d'en avoir fait une raison d'État. Vous, monsieur Pasqua, avez, au mépris de toutes les lois, refusé le renouvellement du passeport de Mme Di Mambro à l'ambassade de France d'Ottawa. Par cet acte grotesque et malveillant, vous avez délibérément cherché à traumatiser une personne honnête qui a voué sa vie au service d'une cause noble. (...) Par la suite, les intimidations policières n'ont fait que se multiplier, les harcèlements nous ont poussés dans les limites du supportable. Nous vous accusons, monsieur Pasqua, d'avoir prémédité un assassinat collectif*. »

Printemps 1994, Suisse

Finalement, Jo Di Mambro ne passe pas l'année en Australie, comme il l'avait escompté. Il se sent traqué. Il a eu vent des enquêtes en cours le concernant ; son épouse Joselyne est retenue au Canada. Tout cela est inquiétant. Il préfère regagner au plus vite la vieille Europe. Au printemps 1994, en mars très probablement, il est de retour en Suisse, dans son chalet de Salvan, niché au cœur des paisibles Alpes valaisannes.

Il a vieilli, ses traits se sont creusés. Son regard est lointain.

Le temps se gâte pour l'Ordre du Temple solaire. La formidable machine à gogos qui avait tourné à plein rendement durant de longues années sans éveiller la moindre méfiance commence sérieusement à prendre l'eau. L'épisode canadien du « trafic d'armes » a atteint Jo au moral. Par ailleurs, il doit faire face à la rébellion qui agite de plus en plus d'adeptes. Au Québec, l'image d'un gourou coupable aux yeux de la justice a fait fuir plusieurs d'entre eux. En Suisse, Thierry Huguenin, ex-membre de l'OTS, harcèle Di Mambro de coups de téléphone pour retrouver son argent englouti dans la secte. Il menace de déposer une plainte pénale et de saisir les tribunaux.

Un couple d'adeptes de Genève, en proie lui aussi aux doutes, expédie en février 1994 un courrier photocopié à une centaine d'adeptes les exhortant à la « clairvoyance » : ils s'étonnent des multiples transactions financières obscures, des chemins tortueux qu'emprunte l'argent au sein de l'ordre. Une lettre qui met Jouret et Di Mambro hors d'eux. La réponse ne se fait pas attendre. Jouret prend la plume et expédie à son tour un courrier photocopié aux derniers fidèles : « Et même si l'hécatombe a clairsemé nos rangs, sachez que la qualité vibratoire de votre âme peut pallier les défections inhérentes à la dureté de l'alchimie. Mes Frères et Sœurs bien-aimés, je suis avec vous et nous le resterons pour l'éternité lorsque par décret notre destin nous permettra de goûter aux joies de l'Unité Retrouvée. Ce n'est plus pour un demain hypothétique, mais pour un maintenant éternel...[22] »

---

* Voir en annexe l'intégralité de ce document.

La paranoïa redouble. Pour la première fois peut-être, Jouret et Di Mambro doutent : des autres, du monde entier, d'eux-mêmes. Jouret tente de donner le change : il divague dans un sabir ésotérique, évoque Sirius, les mondes invisibles, les énergies cosmiques... Jo Di Mambro, lui, comédien hors pair, n'a pas son égal pour pleurnicher. On lui réclame de l'argent, il part en sanglots, se tortille sur lui-même, hurle qu'il a un cancer, qu'il va mourir, que son vieux cœur malade ne va jamais supporter une telle trahison. Il n'en finit pas de se justifier et d'inventer mille excuses alambiquées.

En Suisse, à Salvan comme à Cheiry, l'idée d'un « départ » se précise de jour en jour. Lors de « réunions », qui ont lieu le plus souvent dans un des chalets de Salvan, Luc Jouret, Jo Di Mambro et quelques fanatiques réunis autour d'eux en parlent ouvertement. Ils s'y préparent psychologiquement. Et, comme pour mieux s'en convaincre, ils enregistrent leurs conversations ! La police valaisanne a retrouvé ces bandes au lendemain des massacres. L'une d'elles a pour titre : « Passage ou Transit. » C'est l'enregistrement d'une « table ouverte » où dix personnes s'expriment autour de Jouret et de Di Mambro. Des propos qui font froid dans le dos [23].

C'est Jo Di Mambro qui parle le plus souvent :

« Je disais donc que l'heure est grave et que nous étions à bout de nos ressources morales, physiques, même spirituelles. Nous en avons ras-le-bol, ce qui fait notre impatience. L'adversaire, lui, essaie de nous monter les uns contre les autres et ainsi mettre en péril ce que nous avons mis 18 milliards d'années à accomplir.

— Il faudra que tu nous reparles du passage et de l'état intérieur au moment de cet acte, suggère Jouret.

— Le passage, c'est l'aimantation, comme l'épouse qui va vers l'époux, reprend Di Mambro. Le Transit, nous le ferons, mais nous devons éviter de rester coincés dans le tunnel. (...) Vous verrez des monstres, mais les monstres, ce sont vos pensées. Si vous vous engagez, évitez de vous dégager après, parce que c'est avec l'occulte que vous aurez affaire et pas avec nous. (...) Il y en a qui sont à l'œuvre pour nous empêcher d'y arriver, je vous le dis, et ce n'est pas des moindres, nous en avons chez nous.

— Je pense qu'on a la preuve que les Maîtres sont là. (...) Je suis sûre qu'à ce moment-là, il y aura l'aide des Maîtres et du cosmique, lance Nicole Koymans. L'exemple, c'est toi qui nous l'as donné pendant toutes ces années, dit-elle en s'adressant à Jo Di Mambro.

— Il y en a qui pensent le contraire, répond Jo. Il y en a qui pensent que j'ai tout pris. Tout ce que j'ai pris, je ne l'ai pas pris pour moi et je laisse tout. (...) Je ne laisserai rien aux salauds qui nous ont trahis. Le mal qu'ils ont fait à la Rose-Croix, je ne leur pardonnerai pas...

— Les travaux que nous avons faits en Australie nous ont préparés à notre transit. Vu l'échéance qui arrive, il vaut mieux que la décision soit collective plutôt qu'elle ne soit dévolue à deux ou trois personnes. (...) Je suis sûr que nous pourrons préparer dans l'harmonie absolue le Transit qui doit se vivre dans la joie. Le jour du départ, chacun de nous devra s'exprimer, ce sera un testament que nous devons léguer à l'humanité, poursuit Jouret.

— Il y aura une partie qui ira à la terre et l'autre qui ira en haut, c'est obligé, enchaîne le plus sérieusement du monde Di Mambro de sa petite voix de fausset. Alors, il vaut mieux que le gros pourcentage monte, sinon, si nous allons au-dessous de 50 %, ça redescend, l'autre est attirée en bas (...) On a eu le temps d'en parler de nombreuses semaines, de nombreux mois. (...) »

Annie Egger, la femme de Joël, ajoute simplement :

« Moi, c'est bon. »

Un autre adepte, Jacques Lévy, lui emboîte le pas :

« Moi aussi, je me sens prêt au passage. J'espère que je suis conscient de ce qui se passe en ce moment. Le jeu devient tellement terrible que, bon Dieu, je souhaite que cela ne se prolonge pas trop.

— On est rejetés par tout le monde, enchaîne Jo Di Mambro. D'abord par les gens, les gens ne peuvent plus nous supporter. Et notre terre, heureusement qu'elle nous rejette. Comment partirions-nous ? Nous, on a un rejet aussi de cette planète. On attend le jour où on peut se tirer. (...) La vie m'est insupportable, insupportable, je n'en peux plus. Alors tu penses à la dynamique que ça donne pour aller ailleurs (...)

— Il y a une chose qu'on se dit Joël et moi, dit encore Annie Egger, c'est qu'on a une confiance absolue en vous. Quand ce sera le moment, on verra...

— Si on est dans la confiance, reprend Jo, vous avez votre passeport. Le tunnel, vous le passerez comme ça... »

Dans le groupe, Nicole Koymans hésite :

« Mais en fait, on ne s'engage pas ce soir... (...) Mais on a eu la preuve que les Maîtres sont là et nous aident et je suis sûre qu'à ce moment-là il y aura le courant pour nous donner le coup de main... »

Françoise Bélanger, fidèle entre les fidèles, est euphorique :

« Moi, je suis prête à partir dans les dix secondes ! »

Rire général.

« Je ne peux pas vous dire, ce sera tel jour. Ça peut être dans dix minutes comme dans dix jours ou trois semaines, reprend sérieusement Maître Jo. Il faut que chacun de vous puisse être atteint. Tâchez d'être au bon endroit quand il faut ou bien achetez tous un bip.

— Eh bien, je crois que les choses sont assez claires, proclame Joël Egger.

— C'était quoi, les questions, déjà ? Ah oui, savoir si on est prêt pour partir ? Euh... Oui, je ne demande que ça depuis longtemps, je pense que je n'aurai aucun regret, ouais, aucun regret. Je ne pense pas avoir de doutes, ni de peur. Ma famille, c'est la Rose-Croix depuis longtemps. Ma famille humaine, je pense qu'elle m'en a trop fait, explique Dominique Bellaton, l'ancienne maîtresse de Jo.

— Une fois le passage fait, le tunnel passé, c'est fini », rassure Di Mambro.

Alors, Luc Jouret intervint. Il est amer :

« Il est indiscutable que les temps sont proches. La décision à prendre n'est pas impartie à une ou deux personnes, cette décision ne peut être que collective (...) Waco nous a devancés...

— À mon avis, laisse tomber Di Mambro, on aurait dû partir six mois avant eux. Mais ce que nous ferons, ce sera plus spectaculaire, étant donné tout ce qu'il y a derrière... »

Mort aux traîtres !

Avant de partir vers l'autre dimension, Jo Di Mambro et Luc Jouret veulent encore régler quelques comptes ici-bas. Ils n'ont plus que ce mot à la bouche : « Vengeance ». Ils ordonnent qu'on surveille les traîtres.

À commencer par Albert Giacobino, le vieux compagnon de route, qui veut maintenant quitter la secte. Pas de manière fracassante, mais « à la suisse » : il a perdu plus de 3 millions de francs suisses*. Il voudrait simplement récupérer 450 000 francs, dépensés dans les rénovations de la ferme de Cheiry, et s'en aller couler une paisible retraite loin de tout.

Qui charge-t-on de la besogne? L'incontournable Joël Egger. Tout comme Albert Giacobino, il habite avec son épouse Annie à la ferme de Cheiry. Sur une bande audio enregistrée au printemps 1994, on entend Jouret et Di Mambro donner leurs ultimes recommandations :

Jouret : « Sois très prudent là-bas. Attention aux ruses de l'adversaire. Je ne sais pas pourquoi. Attention ! Fais bien attention. (...) Ne laissez rien traîner, fermez vos portes. C'est sur un détail technique, hein... »

Di Mambro : « On peut aller dans la chambre de Fabienne ** ? »

Egger : « Non, elle est fermée. »

Di Mambro : « Ce qu'il faut faire attention, c'est qu'il n'aille pas fouiller dans la chambre. Vous devriez mettre une sonnette, genre alarme, une sirène qui se mette à hurler si on ouvre la porte. »

Egger : « J'ai tout ce qu'il faut. J'ai un détecteur de mouvements à infrarouge. »

Di Mambro : « Mets un truc qui sonne très fort s'il entre dedans. Comme ça, vous le prenez en flagrant délit et alors là, tu comprends... »

Femme inconnue : « Il paraît qu'il a une grosse conjonctivite. Attention, il paraît que c'est contagieux... »

Di Mambro : « Il mijote quelque chose, oui, mais il ne lui reste plus grand temps pour le réaliser, son mijotage. »

Serviteur dévoué à l'extrême, Joël Egger suit méthodiquement les consignes. De retour à la ferme de Cheiry, il place le téléphone de Giacobino sur écoute. Il installe avec soin une prise microphone dans l'appareil du vieil homme, tire un câble jusqu'à sa chambre, à l'étage au-dessus, qu'il relie à un enregistreur.

Tout est prêt pour surveiller les moindres propos du « traître ». À la ferme de Cheiry, Albert Giacobino flaire le mauvais coup. Il se sent très isolé. Il est de plus en plus mal à l'aise avec Joël Egger. « Tant que les choses vont bien, Joël est un gars très bien. Mais je ne sais pas comment il peut réagir dans un moment de crise », s'inquiète-t-il auprès d'une proche. En fait, il

---

* Environ 12 millions de francs français.
** Fabienne Noirjean, une adepte vivant elle aussi à Cheiry.

a peur. « Il avait découvert des choses qui ne lui plaisaient pas du tout », analyse une femme qui le connut bien à ce moment-là. « Il en avait assez de ce mouvement, et assez de voir son argent disparaître. Il ne croyait plus aux rituels. Normalement, il aurait dû quitter la ferme au mois de juin 1994, mais l'OTS ne cessait de le retenir. »

Peu après, Joël et Annie Egger avisent Albert qu'ils partent pour le Québec chercher l'argent que l'ordre lui doit. « Nous avons fait un héritage », disent-ils. Le couple doit s'absenter cinq jours. Mais le séjour s'éternise...

Impatient, ne voyant rien venir, Albert Giacobino prend sa vieille machine à écrire et rédige, le 14 juillet, une lettre adressée au Grand Maître[24]. Après avoir exposé les modalités du remboursement de 450 000 francs suisses, il prévient : « L'affaire doit se régler pour la fin juillet. Je te propose de nous rencontrer pour signer le 30 de ce mois. Passé cette date, j'ai un autre acquéreur avec qui je traiterai. » Il note en post-scriptum : « Dans un délai de quinze jours, je libère le bureau. Je garde ma chambre à coucher jusqu'à ce que je trouve à me loger ailleurs. J'entrepose mon mobilier dans un box dans la grande écurie jusqu'à ce que je trouve et acquière une (autre) propriété. »

Le 18 septembre 1994, Albert Giacobino reçoit un coup de téléphone à la ferme de Cheiry. C'est Jo Di Mambro. Il est à Salvan et vient prendre des nouvelles de Joël et d'Annie : « Où sont les p'tits ? » « Mais Jo, répond Albert, tu le sais bien, ils sont partis au Canada et ne sont toujours pas de retour. » Jo fait mine d'être ennuyé. « Moi, je me demande si ce coup de fil n'était pas arrangé pour la galerie », relève une amie d'Albert Giacobino, témoin de cette conversation. « Je crois qu'on cherchait tous les prétextes pour faire patienter Albert et l'empêcher de quitter la ferme[25]. »

Le mardi 4 octobre 1994, Albert Giacobino avait rendez-vous avec son comptable à Genève. Il n'est jamais venu. Il était déjà mort. On retrouvera son corps parmi les cinquante-trois victimes de l'Ordre du Temple solaire...

Dans son fameux testament, expédié le lendemain du carnage, Di Mambro ne proclame-t-il pas, triomphalement : « Nous avons dû appliquer notre justice nous-mêmes. (...) Il nous appartenait, avant de quitter des plans nauséabonds, de réduire au silence certains traîtres... »

Il est un autre homme contre lequel Luc Jouret et Jo Di Mambro vont s'acharner particulièrement. Quelqu'un qui est pourtant l'un des leurs, totalement acquis au langage idéologique et philosophique de l'Ordre du Temple solaire. Haut fonctionnaire au ministère des Finances à Québec, Robert Falardeau n'est pas le premier venu : il est le Grand Maître de l'Ordre du Temple solaire, depuis 1991.

Il est parvenu au sommet de l'ordre au terme d'un parcours sans faute. Ancien membre de l'Amorc, il a rejoint, à la fin des années 70, l'Ordre rénové du Temple de Julien Origas. Il y a fait la connaissance de Jouret et de Di Mambro, en 1982. Un homme d'une sincérité émouvante, profondément en quête de spiritualité. « C'était quelqu'un de calme et de plutôt introverti. C'était un vrai mystique, à la recherche d'un absolu. Tout petit déjà, il voulait être prêtre. Ses oncles et tantes l'appelaient déjà le " père blanc " quand il était enfant », se souvient son frère, Paul Falardeau [26].

« Robert était un garçon très gentil, raconte aujourd'hui une ancienne adepte vivant au Canada. Autant, si ce n'est plus, que Jouret, il avait besoin d'être reconnu, mais c'était difficile : il était toujours "celui qui passait après Luc ". Et puis, il n'avait aucune facilité d'élocution, il bégayait. À part ça, il était très dévoué à Jo Di Mambro. Il y croyait. Élie Di Mambro, le fils de Jo, avait essayé de lui parler : " Écoute, mon père n'est peut-être pas aussi Grand Maître que tu crois. " Il l'avait écouté, cela avait été très dur pour lui mais, en même temps, il voulait y croire. Je me souviens l'avoir vu pleurer à cause de ça lors d'un voyage en avion qu'on avait fait ensemble. Il m'avait demandé : " Dis-moi, Jo est-il un Maître ou pas ? " Il était très troublé mais en même temps, il était le Grand Maître de l'OTS. Robert était convaincu d'une mission du Temple [27]. »

Luc Jouret, lui, ne cesse de ruminer sa rancœur contre ce Québécois de 47 ans qui l'a dépossédé de son titre de Grand Maître en lui succédant en 1991 à la tête de l'Ordre du Temple solaire. L'origine de la discorde est contenue dans cette note confidentielle des Renseignements généraux français : « Il semble que, depuis 1991, la conduite jugée scandaleuse de Luc Jouret (son goût du luxe, sa vie sentimentale débridée, ses déboires canadiens) ait indisposé ses pairs et qu'ils aient proposé son éviction de l'équipe dirigeante au Canada au profit de M. Robert Falardeau. »

Choqués par la conduite du Grand Maître, les membres

canadiens et français portèrent Falardeau à la tête de l'OTS avec la bénédiction de Di Mambro. Seuls les adeptes suisses avaient voté pour Jouret. « C'était terrible pour Luc, résume un adepte français. Il n'avait même plus le droit de réunir des membres. Il n'était plus qu'un conférencier qui animait des séances sur ordre de Jo Di Mambro[28]. »

« Bizarrement, explique un couple d'anciens Templiers genevois, quelqu'un comme Giacobino n'avait pas confiance en Falardeau. Il pensait que Falardeau était le nouvel homme de confiance de Di Mambro. » Un sentiment partagé par le frère de Robert Falardeau : « Mon frère tenait Jo Di Mambro dans le plus grand respect. C'était l'homme de Jo, c'est certain. Après l'affaire du pistolet dans laquelle Jouret avait été impliqué au Québec, j'avais questionné mon frère. Il m'avait dit que tout cela était arrivé " parce que Jo voulait un pistolet pour sa propre protection ". Il m'avait expliqué que Di Mambro se sentait sur- veillé et craignait quelque chose. Quand il voyageait d'Europe pour venir ici au Québec, il n'avait jamais de bagages dans la soute de l'avion. Il avait peur, disait-il, qu'on lui glisse quelque chose dans ses valises. À Ottawa, Di Mambro avait un apparte- ment : il y avait fait installer une porte en fer avec des barreaux. Il avait confié à mon frère qu'il y avait là des papiers très impor- tants. Qu'est-ce que ça pouvait être, je n'en sais rien. Vraiment, toute cette histoire, c'est à n'y rien comprendre[26]... »

Les choses vont très vite se gâter pour Robert Falardeau qui prend très au sérieux – trop sans doute – sa nouvelle fonction au sein de l'Ordre du Temple solaire. Il veut un mouvement « propre ». Un traitement de choc qu'il compte aussi appliquer aux gourous. Il n'a d'ailleurs que cette idée en tête : remettre de l'ordre dans l'Ordre, dans la gestion des cotisations, dans les frais de fonctionnement. Sans s'en douter, Robert Falardeau signe là son arrêt de mort. Car Jouret et Di Mambro comptent bien continuer à dilapider sans états d'âme l'argent des fidèles brebis pour entretenir leur fastueux train de vie.

« Falardeau était un homme intègre, se souvient un adepte français. Il voulait régénérer le groupe, mais il n'arrivait pas à ses fins. Car il se heurtait toujours à une structure supérieure et secrète. »

Pour Di Mambro, Robert Falardeau devient de plus en plus gênant. Le schisme est inévitable. D'un côté, le noyau suisse, minoritaire, derrière Jouret et Di Mambro, de l'autre, les Fran- çais et les Canadiens totalement acquis à Falardeau. Une situa- tion que les pères fondateurs de l'OTS, Di Mambro et Jouret, ne peuvent accepter. Ce d'autant plus que Falardeau a clairement annoncé son objectif : il a déjà officiellement transféré le siège de l'OTS au Canada. Aux yeux de Falardeau, l'OTS peut très bien perdurer sans la présence de ses deux pères spirituels...

Il a d'ailleurs une idée derrière la tête : son titre de Grand Maître lui confère une très large marge de manœuvre s'il s'en sert habilement. Il peut soit s'obstiner à suivre Di Mambro comme il l'a toujours fait, et demeurer un homme de paille, soit prendre le large et rester seul maître à bord à la barre du fabuleux navire templier.

Jouret et Di Mambro flairent le danger qui les menace. Ils n'ont qu'une solution : « sauver les meubles » pendant qu'il en est encore temps. Il faut contre-attaquer, gagner Falardeau de vitesse, l'empêcher de prendre totalement le contrôle de l'OTS...

Ne pouvant destituer officiellement Falardeau de son titre de Grand Maître, les deux gourous ont alors cette idée lumineuse : saborder l'Ordre du Temple solaire. Plus d'OTS, plus de Falardeau... Simple mais redoutable. Comment ? En créant tout simplement une nouvelle structure templière. Et, pour éviter à l'avenir de retrouver sur le chemin des hommes prenant trop de pouvoir, à l'image de Falardeau, il faut que ce nouvel ordre secret n'ait ni hiérarchie ni structures. Jouret et Di Mambro conserveront ainsi, sans contestation possible, le plein pouvoir occulte. Ils ont même trouvé le nom : l'ARC, Alliance Rose-Croix.

Reste à faire passer cette idée en douceur dans l'esprit des fidèles. Il faut pour cela un allié de poids à Jo Di Mambro. Quelqu'un de sûr, suffisamment charismatique pour rassurer les adeptes les plus méfiants. Jouret est fini depuis longtemps. Di Mambro va jouer son dernier joker : Michel Tabachnik. Selon le témoignage de plusieurs adeptes, le chef d'orchestre a, dans le passé, beaucoup souffert d'être mis à l'écart à l'arrivée de Luc Jouret dans l'OTS. Di Mambro sait que cet homme ne déclinera pas l'offre. Il ne pourra résister à cet appel tant espéré, tant attendu naguère. Pour un retour au premier plan, cela va être un grand retour : Michel Tabachnik va diriger en public la dernière partition de l'Ordre du Temple solaire.

Été 1994, France

Trois mois avant les massacres, en juin 1994, Jo Di Mambro prend son bâton de pèlerin et s'en va retrouver son vieil ami

Tabachnik chez lui, dans son chalet des Alpes valaisannes, à quelques dizaines de kilomètres de Salvan. Les deux hommes ne se sont plus revus depuis près de deux ans. Ils tombent dans les bras l'un de l'autre.

Devant les policiers français, le chef d'orchestre racontera les circonstances de ces émouvantes retrouvailles :

« Jo Di Mambro est venu frapper à ma porte à La Sage. Il est monté, est tombé en larmes devant moi et nous nous sommes retrouvés. Depuis 1992, l'OTS ne distribuait plus mes archées*. Là, il m'a proposé de reparler de l'ordre en disant qu'on attendait que je reprenne mes conférences. (...) Jo me proposa de faire une conférence sur la Rose-Croix, qui devait à l'avenir remplacer le Temple. J'en ai été heureux car cela signifiait la suppression de la hiérarchie que j'abhorre – car je suis un homme de gauche, excusez-moi – et la responsabilisation personnelle spirituelle. J'ai par conséquent immédiatement été d'accord pour faire cette conférence et j'ai trouvé ça formidable. Au regard de la suite des événements, il est évident pour moi aujourd'hui que Jo m'a manipulé[29]. »

Toutefois, à ce moment-là, Tabachnik partage la même conviction que Di Mambro : il faut écarter le Grand Maître Robert Falardeau...

Le 9 juillet 1994, les membres de l'OTS sont convoqués à une réunion extraordinaire à Avignon. « Tabachnik fut pratiquement le seul intervenant, se souvient un adepte français. Sur la tribune, je me rappelle avoir vu Robert Falardeau et Di Mambro. Au premier rang (...) était Luc Jouret. Nous étions environ cent vingt à cent cinquante personnes. Tabachnik nous a fait part qu'il allait se produire une mutation de l'OTS vers la Rose-Croix. Il m'a semblé bizarre que Robert Falardeau, Grand Maître, n'ait pas pris la parole. J'ai senti qu'il avait l'air peiné, court-circuité par une autre hiérarchie ou par des pairs, notamment en la personne de Tabachnik. (...) J'ai ressenti l'animosité de Luc Jouret, Di Mambro et Tabachnik à l'encontre de Robert Falardeau. Cela ressemblait à un coup d'État. Mon sentiment est que Robert Falardeau était un pur au milieu d'une meute de loups attirés par un intérêt plus financier[30]. »

« C'est Michel Tabachnik qui a parlé, raconte un autre témoin. Il a d'abord félicité Luc Jouret pour son travail de recru-

---

* Les archées sont des fascicules d'enseignements ésotériques rédigés par Michel Tabachnik, destinés aux membres de l'ordre.

tement. Puis, il s'est adressé à Robert Falardeau pour critiquer son action. »

Devant les policiers de Nanterre, Michel Tabachnik a la mémoire qui flanche : « J'ai parlé des Rose-Croix et des Templiers en général, prétend-il. Après la conférence, il y a eu une méditation à Aubignan, dans le sanctuaire de Di Mambro. Y participaient Jouret, Falardeau, Pilet, Paulus. Nous étions une dizaine d'hommes seulement, nous étions tous revêtus de capes, noires il me semble. Nous avons médité sur un texte écrit par Jouret et moi. Cette méditation a duré environ une demi-heure, dans cette cave ronde éclairée par des flambeaux. Il n'y a rien eu de spécial et je ne me souviens plus de la teneur de cette réflexion [31]. »

Deux mois et demi plus tard, le 24 septembre, les membres se retrouvent une nouvelle fois à Avignon*. L'OTS s'appelle désormais Alliance Rose-Croix. Nous sommes dix jours à peine avant la tragédie. Une chose est certaine : Robert Falardeau n'y participe pas. Il se trouve pourtant en Europe à ce moment-là. Cherche-t-il à renverser la vapeur, à court-circuiter l'ARC par différents conciliabules secrets ? De retour au Canada, le 26 septembre, Robert Falardeau appelle un de ses amis en France. Dépité et amer, il confie : « J'ai perdu la partie. On n'a pas pu s'entendre. C'était la dernière possibilité d'arrangement. »

Que s'est-il donc passé deux jours plus tôt à Avignon ? À en croire différents témoignages, cette seconde réunion dans la cité des Papes ne fut guère différente de la première. « J'ai été invitée et j'ai participé à la réunion de l'ARC », racontera Emmy Anderson – future victime du Vercors – devant les policiers de Genève. « M. Di Mambro et le Dr Luc Jouret s'y trouvaient également. J'estime qu'il devait y avoir là une centaine de personnes. L'assistance était mélangée. Je ne désire pas, en conscience et pour des raisons éthiques, citer les noms des personnes qui dirigeaient la réunion, en dehors de M. Di Mambro. Il y avait une autre personne qui menait l'assemblée mais je ne tiens pas à vous dire s'il s'agit d'un homme ou d'une femme. Ce que je peux vous dire, c'est que ce n'était pas M. Luc Jouret. »

La personne qu'Emmy Anderson s'entête à ne pas désigner ? C'est évidemment Michel Tabachnik. Pourquoi le protège-t-elle autant ? Et à qui pense-t-elle en particulier si ce n'est aux Maîtres invisibles quand, lors du même interrogatoire,

* La réunion se tient dans une salle de l'hôtel Novotel Avignon-Sud.

elle confie, inébranlable : « J'ai l'intime conviction qu'il y a une hiérarchie invisible dont Jo Di Mambro était l'instrument. » Pour le reste, elle explique qu'il ne s'est rien passé de spécial ce jour-là à Avignon : « Il s'agissait d'exposer que tout ce qui avait été fait (ordre templier ou autres groupes) était arrivé à un tournant, avait amené à un certain niveau de conscience et qu'il n'était plus nécessaire de maintenir une structure extérieure (...) Rien ne pouvait laisser supposer qu'on pouvait en arriver à l'événement de Cheiry et de Salvan... »

En vérité, la machine infernale est inexorablement sur ses rails. « La mort n'est pas la mort, la mort est une renaissance », aimait à répéter Luc Jouret. « Si on me donne des claques, je ne tends pas l'autre joue, je jette des flammes, je suis ici pour la guerre », martelait-il encore. Il lui reste assez d'alliés exaltés pour livrer la dernière bataille. Un de ses plus fidèles lieutenants, le violent Daniel Jaton, lâchera même au moment fort de la crise : « J'en étriperais bien quelques-uns. »

C'est exactement ce qui va se passer.

6

Dernières heures avant l'Apocalypse
Octobre 1994

« La concentration de haine va nous donner l'énergie suffisante pour partir. Nos atouts : la connaissance de l'information, la rapidité, la surprise, le don de les envoyer dans tous les sens. * »

Rapidité et surprise : voilà les deux mots clés de Jo Di Mambro, scénariste et metteur en scène de l'Apocalypse. Avec, terriblement ancrée au fond de lui-même, cette obsession lancinante : « Ce sera plus spectaculaire que Waco. »

Comment « faire » mieux, comment être plus spectaculaire encore que les Davidiens du Texas ? Jo Di Mambro et Luc Jouret ont gravement considéré la question. Mille fois, ils ont dû retourner le film du drame dans leur tête. Cent fois, ils ont dû calculer le nombre d'adeptes qu'ils allaient sacrifier sur le bûcher de leur folie. Dix fois, ils ont dû refaire les plans. Maintenant, ils sont tombés d'accord : le sabordage de l'Ordre du Temple solaire se déroulera en trois actes, en trois temps et en trois lieux. Ni Jim Jones et le Temple du Peuple en 1978 à Guyana (neuf cent vingt-trois morts), ni David Koresh à Waco en 1993 (quatre-vingt-huit victimes) n'avaient osé imaginé une mise en scène aussi machiavélique...

Le scénario du « Transit » a été méthodiquement balisé, ressassé. Chacun, parmi les adeptes les plus fanatiques, devra accomplir une dernière mission. Contraint ou résigné. Les armes du crime et les systèmes de mise à feu ont été achetés par l'indispensable Joël Egger avant l'été 1994 ; les médicaments

---

* Voir en annexe l'intégralité de ce document inédit : « Nous sommes en dessous de la vérité », p. 341.

qui donneront la mort sont rangés méthodiquement dans les armoires.

Luc Jouret a rédigé le mode d'emploi de sa main : « Pour créer l'euphorie ou l'amnésie, une demi-ampoule d'Hypnovel. Nacoren ensuite. Attention, les enfants sont plus résistants : doubler les doses. * »

À la fin de septembre 1994, les adeptes du noyau dur sont prévenus les premiers, à demi-mot, de l'inéluctable échéance. Lors d'une cérémonie secrète dans la chapelle aux miroirs de la ferme de Cheiry, quatre jours avant la conférence d'Avignon, on leur explique gravement que l'heure est arrivée, que les planètes sont « dans une formation rare nommée saut de Salomon » et que maintenant il faut se préparer. La fin est proche, toute proche.

Dans l'assistance, un seul Templier échappera au massacre : Patrick Vuarnet. Le rôle que Jo Di Mambro lui destine n'est pas de mourir avec eux. Il a tout imaginé : ce jeune garçon un peu immature jouera les facteurs de l'Apocalypse. C'est à lui qu'il confiera la mission de poster, au lendemain du « Transit », les testaments de l'ordre. Des courriers qui feront connaître au monde entier les ultimes messages « d'amour et de paix » de l'OTS.

Devant les enquêteurs, le jeune homme se souviendra de cette soirée particulière dans la crypte de Cheiry : « On nous a passé une cassette vidéo sur laquelle on nous transmettait un message, racontera-t-il. Je n'ai pas remarqué de différence avec les autres messages. Cependant, nous n'avons pas vu toute la cassette du fait qu'elle durait quatre heures. Par contre, après la projection, Luc Jouret nous a précisé qu'il s'agissait du " Testament de la Rose-Croix ". Comme il était toujours question de la fin des temps, je n'ai pas porté une attention particulière à cette parole. [1] »

Vuarnet ne semble pas avoir été particulièrement ébranlé de découvrir ce soir-là sur l'écran sa propre petite amie, Dominique Bellaton, fanatique de la première heure, lisant un texte interminable, sur un ton solennel. Sans aucune équivoque possible. Derrière elle, un paysage vaporeux d'où émerge une rose ; en fond sonore, la répétition ininterrompue de *Lohengrin* de Richard Wagner. La vidéo a été retrouvée par la police suisse. L'ancienne maîtresse de Jo Di Mambro annonce clairement les

---

* Voir en annexe l'intégralité de cette formule, p. 337.

ténèbres à venir : "La survie du Transit assurera la survie de l'univers (...) Aujourd'hui, nous sommes dans le cycle final de la création consciente ; nous devons être à même de contrôler ces corps (...) et, en pleine maturité, de quitter la mère (...). La vie a besoin d'une autre force d'expression. L'esprit se retire déjà de tous ceux qui refusent l'inévitable, qui refusent de transiter vers une forme supérieure... "[2] »

Quelques jours plus tard, le jour de la Saint-Michel, le 29 septembre 1994, la plupart des adeptes du noyau dur se retrouvent une nouvelle fois à Cheiry. Le message est de plus en plus limpide. « Ma mère y participait, révèle encore Patrick Vuarnet, mais moi-même je n'y ai pas assisté. Elle m'a dit par la suite que Jo Di Mambro était là. Elle m'a dit que cette réunion avait été superbe, contrairement à d'autres. Elle aurait vu quelque chose de très beau...[3] »

Quelque chose de très beau ? En fait, Jo Di Mambro vient de déclencher l'irréversible processus. Ce soir-là, un adepte n'a pas répondu à l'appel : Joël Egger. Le jeune chevalier vole en effet vers le Canada, se prélassant en première classe du vol Swissair 138. Il a lui aussi une dernière mission à accomplir. La pire de toutes : tuer. De la manière la plus abominable qui soit : à l'arme blanche.

Quand il débarque à l'aéroport de Montréal, le futur tueur prend aussitôt la route de Morin Heights, dans les Laurentides, à une demi-heure à peine de l'aérogare de Mirabel. Il rejoint, au chemin Belisle, dans le chalet verdâtre de Jo Di Mambro, trois fidèles d'entre les fidèles : la nouvelle compagne de Patrick Vuarnet, Dominique Bellaton, arrivée une douzaine de jours plus tôt, ainsi que Colette et Jerry Genoud, un couple de Genevois fanatiques établis au Québec depuis la fin du mois d'août.

Le lendemain, vendredi 30 septembre, vers 17 heures (23 heures en Europe), Tony Dutoit accompagné de son épouse et de leur bébé de 3 mois quittent tranquillement leur villa du chemin de la Paix, à Saint-Sauveur, au volant d'une Subaru rouge. Ils prennent le chemin de Morin Heights, à quelques kilomètres de là. Dominique Bellaton les a invités pour le dîner. Ils ne se doutent de rien. Ils vont tomber dans un épouvantable traquenard.

Ils sont les cibles désignées par Jo Di Mambro à Joël Egger. Depuis quatre ans, ce couple helvétique a pris ses distances avec l'OTS, époque à laquelle ils ont émigré au

216 LES CHEVALIERS DE LA MORT

Canada : Nikki, 35 ans, d'origine anglaise, a longtemps été la couturière de l'ordre. C'est elle qui confectionnait les fameuses capes portées lors des cérémonies templières. « C'était une petite perle. Une fille vraiment très gentille, toujours de bonne humeur, capable d'être patiente comme on ne peut pas l'imaginer. Elle dansait, elle chantait. C'était un oiseau, une petite fée », se rappelle avec émotion une adepte québécoise.

Antonio, dit Tony, a 36 ans. Il vit de l'artisanat, des petits bijoux qu'il confectionne avec habileté et qui sont destinés à des vendeurs de rue. Jo Di Mambro l'a pris un temps sous son aile, comme son propre fils. Il fut d'ailleurs longtemps l'un des rares dans le secret des dieux : c'est lui, en effet, qui réalisait les fameux effets spéciaux lors des cérémonies de l'OTS. Un jour, il a menacé de dévoiler le pot aux roses, puis il est parti. C'est un introverti, il a la réputation d'être une tombe, mais c'est aussi un fouineur. « Il était tellement inquiet les derniers jours, quelque chose n'allait pas, rapporte une amie du couple, ça ne m'étonnerait pas qu'il ait mis le nez là où il ne fallait pas. »

Il y a trois mois, Tony et Nikki ont eu un enfant. Ils l'ont appelé Christopher Emmanuel. Ils ont même demandé à Jo, auquel ils restent néanmoins attachés, d'en être le parrain. Un faire-part de naissance lui avait été adressé : « Christopher Emmanuel Anthony est heureux d'annoncer qu'il a enfin rencontré ses parents. Il aime beaucoup sa maman et en redemande souvent ! Il profite de la présente pour vous rappeler qu'il est venu au monde porté par un beau rayon de soleil, le 6 juillet 1994 à 19 h 45 et que, ce jour-là, il pesait 3,180 kg. Depuis, il éclaire la vie de tous ceux qui l'entourent.[4] »

Cela eut pour effet de plonger le patron de l'OTS dans une colère noire : ô sacrilège, les « traîtres » avaient osé appeler leur bébé Emmanuel, du même prénom que l'« enfant cosmique ». Pour Di Mambro, il n'y avait qu'une explication : ce bébé était l'Antéchrist, le diable réincarné.

À partir des indices qu'ils ont découverts, les enquêteurs ont reconstitué le triple assassinat de Morin Heights, le 30 septembre 1994. À peine Tony Dutoit a-t-il franchi le seuil de la porte d'entrée de la maison de Morin Heights qu'il est aussitôt attiré vers la salle de bains, au sous-sol, probablement par Dominique Bellaton. Joël Egger et Jerry Genoud l'attendent derrière la porte. Ils se précipitent sur lui, le frappent violemment d'une dizaine de coups de batte de base-ball. Il se débat. On s'acharne. À coups de lame. C'est la boucherie : son corps sera retrouvé lardé d'une cinquantaine de coups de couteau.

Nikki, dans une pièce au-dessus, comprend probablement ce qui vient de se passer. Egger et Genoud vont lui réserver le même sort. Selon les enquêteurs de la Sûreté du Québec, la jeune femme n'opposa aucune résistance et se laissa littéralement assassiner. Elle reçut quatorze coups de couteau : huit dans le dos (huit est le chiffre de la justice), quatre à la gorge (par où les femmes étaient censées enfanter selon les croyances de l'OTS) et deux aux seins (par lesquels elle avait allaité l'Antéchrist).

Quant au petit Christopher Emmanuel, il est mort d'un seul coup au cœur, le seul moyen de tuer l'Antéchrist. Sur sa poitrine, les policiers ont trouvé un pieu de bois symbolique, comme dans les croyances populaires, pour tuer les vampires.

Mission accomplie : Joël Egger et Dominique Bellaton s'engouffrent dans la voiture des Dutoit, parquée devant la maison, foncent vers l'aéroport de Mirabel et reprennent aussitôt l'avion à destination de la Suisse. Toujours selon les policiers canadiens, les époux Genoud, eux, restent à Morin Heights. Ils feront disparaître les traces de sang de l'ignoble assassinat et dissimuleront les cadavres au sous-sol, dans des tapis. Ils se suicideront quatre jours plus tard, après avoir mis le feu aux chalets de Morin Heights.

Ce soir-là, Jo Di Mambro sait que le premier acte de la tragédie a été brillamment accompli. Il en a même été constamment informé, les relevés téléphoniques ne laissent aucun doute à ce sujet. À 6 000 kilomètres de Morin Heights, le parrain mange tranquillement avec sa garde rapprochée à l'Hôtel Bonivard, près de Montreux. Depuis plusieurs mois, les adeptes de l'OTS se réunissent dans cet hôtel de Veytaux, face au lac Léman.

« Entre cinq et vingt personnes venaient une fois par semaine, se souvient le réceptionniste de l'hôtel. Il y avait beaucoup de Canadiens. C'était toujours Di Mambro ou sa femme qui prenaient les réservations, racontera-t-il. Ils mangeaient sans consommer d'alcool, avant de se réunir dans une salle, parfois jusqu'à 4 heures du matin. Ils étaient habillés normalement et étaient très sympathiques... » Un détail a pourtant frappé le directeur du restaurant : « Ils ne mangeaient ni pain, ni beurre, ni sauce. Presque toujours une salade et du rosbif bien cuit. C'est pourquoi j'ai été très étonné que ce soir-là, pour la première fois, et de par la volonté de Jo Di Mambro qui a imposé cette nouveauté aux convives, ils ont mangé du bœuf américain accompagné d'une sauce à l'échalote.[5] »

Patrick Vuarnet, devant les policiers de Genève[6], ajoute encore : « Il y avait là Luc Jouret, Camille Pilet, Maryse Severino, un Canadien nommé Martin. Jo m'avait demandé de les retrouver à 22 heures. Peu après, Daniel Jaton nous a rejoints. Je me rappelle que Luc s'est retiré avec lui pour parler. »

Entre-temps, Jo Di Mambro a quitté le Bonivard. Il a repris la route, destination Villars-sur-Ollon, une station des Alpes vaudoises, où se tient une autre réunion. Il y retrouve d'autres adeptes, parmi lesquels les Canadiens qui viennent d'arriver en Suisse. Curieusement, tous les adeptes dont Patrick Vuarnet se souvient dans sa déposition seront retrouvés morts. Il oublie, comme par hasard, de préciser l'identité de deux autres convives qui étaient eux aussi ce soir-là au Bonivard et qui en réchapperont : les policiers français Patrick Rostan et Jean-Pierre Lardanchet.

Le lendemain, 1er octobre, Luc Jouret est à Salvan. Son comportement ne laisse rien deviner d'anormal. En fin d'après-midi, il est en effet aperçu au café-restaurant Danfieu avec quatre autres personnes, dont deux femmes. Le patron, Clément Giroud, racontera que les deux femmes avaient passé leur temps à écrire. Pendant ce temps, Luc Jouret utilisait son téléphone portable en se promenant entre les tables. C'est qu'il reste encore beaucoup d'instructions à donner. Il faut convoquer tout le monde pour le lendemain, à Cheiry, pour une nouvelle cérémonie. L'ultime. Le feu d'artifice final.

Ce matin-là, un autre « traître » vient d'arriver en Suisse : le Grand Maître Robert Falardeau, l'ennemi juré de Luc Jouret. Il est venu pour « signer quelques papiers » avec Jo et s'en retournera au plus vite au Canada. Il a déjà réservé son vol de retour pour le lendemain. L'après-midi du samedi, il téléphone à son épouse, au Canada, à plusieurs reprises. Tout semble normal, si ce n'est qu'il est exténué. Il pense qu'il va récupérer son argent. Il y a juste un changement au programme : il est retardé, il ne rentrera pas dimanche comme prévu, mais lundi.

Dimanche 2 octobre, Robert Falardeau téléphone à un de ses amis en France. Il est anxieux : « Il se passe des choses ici. Je ne comprends plus rien du tout. Je pars demain et je t'appellerai de l'aéroport. [7] » On ne reverra jamais plus Falardeau vivant, exécuté froidement quelques heures plus tard de trois balles de 22 long rifle, dont une dans le dos. Comme de nombreux autres adeptes, il se rend le soir même à la ferme de Cheiry, lieu du rendez-vous fatal.

Toujours le 2 octobre au matin, Albert Giacobino passe chercher son amie Marie-Lou Rebaudo à son domicile de Genève. Ensemble, ils prennent la route de Cheiry. Comme Falardeau, ils imaginent qu'ils vont assister à une réunion et pouvoir enfin se mettre d'accord avec Jo et retrouver leur argent. Marie-Lou a-t-elle un pressentiment ? Au début de l'année, elle avait fait part à quelques intimes d'un cauchemar qui avait hanté plusieurs de ses nuits : elle voyait la ferme de Cheiry exploser, ravagée ensuite par les flammes et elle s'était vue courir pour échapper au brasier.

Albert et elle n'échapperont pas à l'Apocalypse. Leurs corps seront retrouvés très à l'écart des autres, comme si on avait cherché à les dissimuler. Albert sera découvert à plat ventre sur un lit, dans une chambre verrouillée au premier étage de la ferme de Cheiry. Marie-Lou, elle, sera retrouvée dans la salle du Dépôt de la crypte de Cheiry, « dont les portes étaient tenues fermées par un fil de fer entre les poignées et le cadre », précise le rapport de police.

Une chose est certaine : au contraire des autres victimes, aucun des deux n'a absorbé de poison. Albert est mort étouffé, Marie-Lou a été criblée de balles. L'autopsie pourra établir que son corps présente des traces d'« autodéfense ». Marie-Lou a été frappée de deux balles dans la tête, de deux dans les seins et d'une autre dans le bras « comme si elle avait voulu se protéger contre son agresseur », dit encore le rapport Hélios *. Les médecins légistes ne pourront jamais établir l'heure des décès, mais il est fort probable qu'Albert et Marie-Lou furent exécutés les premiers, le matin même du 2 octobre.

Le même jour encore, en fin d'après-midi, Daniel Jaton va chercher sa femme à la Croix-de-Rozon, près de Genève, pour la conduire à Cheiry. Il en fera de même pour ses enfants, Lionel et Armelle, quelques heures plus tard. Curieux personnage que ce Daniel Jaton, employé aux Télécom à Genève, qui se prenait pour la réincarnation de Nostradamus. À son domicile, on retrouvera une partie des médicaments qui ont été utilisés dans les massacres [8]. L'homme devenait facilement violent lorsqu'on s'en prenait à ses convictions. Il semble avoir joué un rôle de premier plan dans le massacre de Cheiry. Il est présent le 30 septembre à la réunion du Bonivard. Sans cesse, dans les heures

---

* Le rapport Hélios est une synthèse de l'enquête menée par les policiers des différents cantons suisses. Certains de ses chapitres ont été communiqués aux familles des victimes.

précédant le drame, il appelle, sur leurs téléphones portables Jouret, Egger et Di Mambro. Quatorze bouts de ficelle seront retrouvés sous son cadavre : la même ficelle que celle qui avait servi à entraver les poignets de deux victimes de Cheiry. Pour les enquêteurs suisses, il n'y a pas de doute, il « était volontaire pour le Transit »[9].

On retrouvera son cadavre, ainsi que ceux de son épouse et de ses enfants, criblés de balles. Sa sœur, Rose-Marie Jaton, aujourd'hui à la tête de l'Association des familles des victimes du Temple solaire, refuse pourtant de croire au suicide de son frère. Elle ne cesse de le répéter : « C'est un assassinat. Les membres de ma famille ont reçu entre trois et neuf balles. On ne se suicide pas avec neuf balles dans le corps ![10] »

Une chose semble claire aujourd'hui : c'est dans la nuit du dimanche 2 au lundi 3 octobre 1994 qu'eut lieu l'acte II de la tragédie de l'Ordre du Temple solaire, à Cheiry. Qui en furent les exécuteurs ? Cette nuit-là, il faut bien le reconnaître, la présence en ces lieux de Luc Jouret et de Joël Egger ne laisse pas une grande place au doute.

Joël Egger passa différents coups de téléphone depuis son portable, dans la région de Cheiry, dès 13 h 43 ce dimanche-là. À 22 h 51, on le retrouve dans la région de Salvan. Puis dans la nuit, de nouveau à Cheiry. Lundi matin à 5 h 53, puis à 5 h 56, il téléphone à Jo Di Mambro.

Le téléphone portable de Luc Jouret, lui, reste muet toute la nuit. Première trace, lundi 3 octobre, 5 h 10 du matin : à cette heure-là, il passe lui aussi un coup de téléphone, durant 54 secondes, à Jo Di Mambro. Probablement pour l'informer que tout a merveilleusement bien fonctionné : vingt-trois cadavres reposent dans la chapelle aux miroirs de Cheiry.

La plupart ont absorbé des poisons, probablement dissous dans des coupes de champagne. « Selon les conclusions médicales, notent les policiers suisses, au fur et à mesure que l'effet du médicament augmente, soit déjà après 15 à 20 minutes, les victimes ont une faculté de décision réduite et peuvent être soit au bord de l'évanouissement, soit dans un état de sommeil profond. » Certains cadavres ont les mains liées, la tête recouverte d'un sac en plastique. Vingt corps sur vingt-trois sont criblés de balles. Certaines victimes étaient-elles consentantes ? Étaient-elles prêtes à ce qu'on les « suicide » en bonne et due forme en les criblant de plomb ? Pour la majorité d'entre elles, la réponse est non. Mais on sait aussi que certaines victimes comme Nicole

Koymans, Renée Pfaehler, Marie-Christine Pertué, Camille Pilet, le pourvoyeur de fonds de l'OTS, voire sans doute Daniel Jaton, étaient totalement acquises à l'idée d'un « Transit » vers Sirius.

Vers 6 heures, au matin du 3 octobre, Luc Jouret quitte la ferme de Cheiry, direction Salvan. Mystère pour Joël Egger : son relevé de téléphone portable n'indique aucune communication entre 5 h 56 et le soir, où il se trouve alors en Valais.

Ce matin-là, peu après 8 h 30, Gérald Thierrin, le postier du village de Cheiry, aperçoit lors de sa tournée quotidienne une petite voiture rouge, probablement une Ford Fiesta, immatriculée avec des plaques de location du canton de Vaud, descendant précipitamment depuis la ferme en direction du village. À son bord, trois ou quatre personnes. « Des jeunes », précisa-t-il [11]. Peu après, il voit encore ces personnes vers le cimetière, à proximité d'une Peugeot 205 blanche appartenant à Colette Genoud. À l'intérieur, la police retrouvera peu après le testament de la Genevoise décédée à Morin Heights.

Qui étaient donc ces personnes ? On pense tout naturellement à Joël Egger, mais aussi, peut-être, à Jean-Pierre Lardanchet, à Patrick Rostan et même à Patrick Vuarnet. « Nous n'avons pu établir la présence de Jean-Pierre Lardanchet à Cheiry ou à Salvan le dimanche 2 ou le lundi 3 octobre », note pourtant le rapport Hélios des policiers suisses.

L'alibi des deux policiers ? Ils disent avoir passé la nuit à Genève chez une certaine Ute Verona, une adepte de l'OTS, future victime du Vercors... Tout cela semble cousu de fil blanc. À un détail près : Lardanchet déclare avoir conduit Rostan au TGV à la gare de Genève ce matin-là à 5 h 40. Mais il avait mathématiquement le temps de revenir à Cheiry pour être aperçu par le postier peu après 8 h 30.

Patrick Vuarnet, lui, a perdu la mémoire. Aux policiers, il déclare simplement : « Je ne me souviens plus très bien de ce que j'ai fait ce matin-là. Il me semble que je suis allé nettoyer ma voiture à Annemasse. Je crois également avoir retiré de l'argent dans une banque. » Conclusion du rapport Hélios : « Nous n'avons pu apporter la preuve que Patrick Vuarnet aurait pu se trouver à Cheiry lors des homicides (...) Sur la base de ses déclarations et faute d'éléments en notre possession, il a été relaxé. »

De toute évidence, cette voiture suspecte aperçue par le facteur pose un grave problème. Joël Egger et Luc Jouret ne furent certainement pas les seuls exécuteurs du carnage de Cheiry. Qui étaient donc les passagers de cette Ford Fiesta ? L'enquête ne le dira jamais.

Durant tout le temps qu'a duré le premier carnage de Cheiry, Jo Di Mambro, lui, est resté en Valais, cloîtré dans son chalet de Salvan. Il est encore aperçu dans la soirée du 3 octobre, veille de sa mort, au restaurant Saint-Christophe, proche de Salvan, en compagnie de son épouse et de quelques adeptes. Tous ont la mine grave et triste. Ils ont l'air absent, touchent à peine à leurs assiettes. Jo Di Mambro ne peut ignorer ce qui s'est passé la nuit précédente à Cheiry. Il est même probable qu'à cette heure-là un premier adepte a déjà trouvé la mort à Salvan, avant tous les autres. Jo Di Mambro avait ordonné le châtiment suprême pour un autre « traître » de premier plan, qu'il a cependant tenu à garder à ses côtés jusque dans la mort : il s'agit de son propre fils.

Quand, le 30 septembre, Élie Di Mambro, 25 ans, quitte son travail dans le canton de Neuchâtel, il lance simplement à ses collègues : « Je m'en vais passer le week-end avec mon père en Italie. » Élie Di Mambro a grandi dans le sillage idéologique de son père, à la Golden Way, à Genève. Mais à l'âge de 20 ans, il a été le premier à émettre ouvertement des doutes sur la sincérité de la démarche « ésotérique » du mouvement. Il a informé certains adeptes des abus financiers commis par son père. Il sera alors considéré comme un opposant à la cause.

« Je suis catégorique, note sa sœur Virginie, Élie avait quitté l'OTS. Il avait cependant encore beaucoup d'affection pour mon père et, contrairement à moi, il se laissait facilement attendrir. Je suis certaine qu'il a été attiré dans un traquenard et tué contre son gré. Mon frère m'a encore téléphoné de Salvan le dimanche soir (2 octobre). À aucun moment, il ne m'a laissé entendre qu'un départ se préparait. Au contraire, il semblait joyeux et m'a parlé de montages qu'il faisait de dance music. [12] » Pour Virginie Di Mambro, son frère est mort cette nuit-là. On retrouvera son corps à Salvan, légèrement à l'écart, seul dans une chambre. Selon le rapport Hélios, « l'heure du décès n'a pas pu être déterminée ».

Venons-en maintenant au déroulement de la fameuse journée du 4 octobre 1994, la dernière passée à Salvan. Les adeptes sont réunis dans les chalets, autour de Jo Di Mambro et de Luc Jouret. Ils savent qu'ils vont mourir. Contrairement aux victimes de Cheiry, tous, à l'exception d'Élie Di Mambro (probablement déjà mort), semblent consentants pour un « départ ».

À 6 h 30 du matin, Joselyne Di Mambro appelle l'épouse de Robert Falardeau au Canada. Elle lui demande le numéro de téléphone d'un adepte en France : « Mais voyons, Joselyne, demande-le plutôt à Robert. » Mme Falardeau sent que quelque chose ne tourne pas rond. Elle risque cette question : « Mais comment va mon mari ? » Joselyne répond, la voix désordonnée : « Ne te fais pas de souci, il est avec Michel Tabachnik. [13] »

En réalité, Robert Falardeau était déjà mort à Cheiry... Pourquoi, jusqu'à la fin, impliquer Tabachnik qui ce jour-là est à Copenhague pour diriger un concert ?

Vers 10 heures du matin, Luc Jouret est vu au village de Salvan pour la dernière fois. Un témoin l'aperçoit au magasin d'alimentation « Primo », devant le rayon des sacs-poubelles. Il en choisit de différentes tailles et s'éclipse rapidement. Ils serviront à recouvrir la tête des victimes.

À 13 h 40 (heure suisse), la police canadienne intervient pour un incendie à Morin Heights. Quelques heures plus tard, on retrouvera cinq corps : ceux de la famille Dutoit et ceux des époux Genoud, bourrés de barbituriques.

Vers 16 heures, le serrurier Christophe Andrey reçoit un coup de téléphone d'un certain Jouret habitant à Salvan, au chalet « Les Roches de cristal ». Il lui demande de venir rapidement parce qu'il a perdu ses clés. C'est ce serrurier qui, on l'a vu au début de notre récit, sauvera en quelque sorte la vie de celui qu'on appelle aujourd'hui le « cinquante-quatrième », Thierry Huguenin. À l'ouverture de la porte, sentant une forte odeur d'essence, pressentant un danger, il va immédiatement quitter les lieux...

À ce moment-là arrive Patrick Vuarnet. Di Mambro lui remet les fameuses lettres-testaments. Vuarnet ne constate rien d'anormal, sauf que les adeptes qu'il croise ont « une drôle de mine », notamment Joël Egger qui « n'a pas l'air dans son assiette ».

Après, on ne sait plus rien. D'« ultimes notes » retrouvées à demi calcinées sur le corps de Jo Di Mambro, rédigées de sa main, permettent toutefois de se faire une idée. On imagine, comme le fait le rapport Hélios, Line Lheureux, l'anesthésiste martiniquaise, procédant aux injections fatales, Annie Egger s'occupant des enfants. « Votre Transit doit être assuré d'une réussite totale mais cela dépend de vous », écrivait Jo sur ce bout de papier. Les adeptes s'endorment les uns après les autres. À 23 h 33, Jo Di Mambro appelle encore Joël Egger sur son téléphone portable durant 39 secondes. Dernières instructions, derniers adieux.

Le jeune Templier, qui se trouve alors dans la région de Salvan, déclenche peu après les systèmes de mises à feu télécommandés par téléphone qu'il a eu tant à cœur d'installer. À 23 h 42, 0 h 11 et 0 h 12, il appelle la ferme de Cheiry. À 0 h 17, il fait de même avec « Le Clos de la Renaissance » à Aubignan, un des repaires de la secte, puis à 0 h 19 l'appartement de Jo Di Mambro à Territet, près de Montreux. Dans ces deux derniers endroits, les systèmes de mise à feu ne se déclencheront pas.

« Une élite d'hommes, de femmes et d'enfants feront un voyage qui stupéfiera le reste du Monde », avait écrit le gourou peu avant de mourir. Jo Di Mambro venait de réaliser son vœu le plus cher : aux yeux du monde, le carnage de l'Ordre du Temple solaire allait être bien plus spectaculaire que celui de Waco.

Mais Jo Di Mambro réservait encore une dernière surprise à la postérité. Au petit matin du 5 octobre, dans les décombres fumants des chalets de Salvan, la Sûreté valaisanne découvre une cassette vidéo particulièrement macabre. Elle montre ce que furent les dernières heures vécues par les membres de la secte à Salvan.

Ce qu'on voit sur ces images est à peine croyable. On assiste à un repas réunissant une douzaine d'adeptes, parmi lesquels on reconnaît notamment Luc Jouret, Camille Pilet, les époux canadiens Ostiguy, Joël et Annie Egger ainsi que la journaliste québécoise Jocelyne Grand'Maison. Pour les enquêteurs de la Sûreté du Québec, il ne fait guère de doute que ce doit « être le dernier ou l'un des tout derniers repas pris par la secte * ». Ils fondent leurs convictions sur le fait qu'on y voit

---

* Le juge Piller nous a écrit le 14 août 1996 : « À ce jour, personne ne peut situer cet enregistrement dans le temps. » Par simple déduction, sans être Méphistophélès, il est pourtant facile de l'établir de manière quasi certaine. La séquence du repas a été tournée à Salvan le 1ᵉʳ octobre au soir. La présence de deux personnes sur ces images ne laisse planer aucun doute : Mme Ostiguy est arrivée du Canada en Suisse le 30 septembre, Joël Egger est rentré du Canada après le massacre de Morin Heights le 1ᵉʳ octobre au matin. Le 2 octobre marque la date des premières tueries de Cheiry. On peut donc légitimement penser qu'il y a eu des déplacements de corps de Salvan vers Cheiry, ce qui expliquerait en partie le manège infernal de plusieurs voitures à ces heures-là. C'est un point que l'enquête n'a jamais soulevé. Pour les juges suisses, toutes les victimes de Cheiry sont mortes à Cheiry.

des personnes boire un mystérieux cocktail et tomber soudainement en somnolence : peut-être s'agit-il du poison fatal ?

Au début du film, la voix de Jo Di Mambro s'adresse aux convives présents autour de la table et les interroge. On les découvre en train de partager un repas, arrosé de vin, dans une ambiance assez chaleureuse. On les entend ensuite chanter *Les Chevaliers de la Table ronde*. Un passage est particulièrement cruel : Jo Di Mambro « immortalise » par l'image, une dernière fois, sa fille Emmanuelle. Radieuse, on la voit danser et faire la folle, avec un autre enfant, la petite Aude. Elles sont très maquillées et portent une perruque sur la tête. Elles essaient de fuir l'œil indiscret de la caméra. Jo Di Mambro les suit et leur dit : « Mais venez, ne vous cachez pas... »

Un peu plus loin, on assiste à une scène pathétique : Camille Pilet essaie d'« entrer en contact » avec les Maîtres mais peine à se concentrer. « Je n'y arrive pas », lâche-t-il, dépité. Assis à côté de lui, Luc Jouret, en pull jaune et de grosses lunettes sur le nez, l'observe comme un animal curieux. Son regard est très froid, mais il tente de le rassurer : « Recommence, concentre-toi... » Pilet n'y parvient pas. Quelqu'un rit autour de la table. Jo Di Mambro intervient, plein de compassion : « Mais ne vous moquez pas de lui... » Tous les convives ont l'air ensuite très fatigués. On les découvre somnolents, les yeux mi-clos, les gestes devenant de plus en plus lents.

Le film s'achève sur une séquence particulièrement macabre. La caméra pénètre dans la chambre d'un des chalets de Salvan. Sur le lit, deux fillettes semblent dormir paisiblement, couchées sur le dos, un nounours à côté d'elles, des ornements rituels déposés à leurs pieds. Elles ne respirent plus. Emmanuelle l'« enfant cosmique », 12 ans, et Aude, 15 ans, ont déjà rejoint Sirius.

La caméra bouge une dernière fois, l'image est extrêmement tremblée. Non loin de là gît Joselyne Di Mambro, cheveux blonds coupés très court, un œil entrouvert, la bouche légèrement tordue par la douleur de la mort.

Vercors, les oubliés du sacrifice
Décembre 1995

Non, l'Ordre du Temple solaire ne s'est pas sabordé dans la nuit du 4 au 5 octobre 1994.

Deux phrases du fameux « testament » post-mortem laissé par Jo Di Mambro et Luc Jouret vont rester gravées dans l'esprit de quelques fidèles : « Nous, serviteurs de la Rose-Croix, devant l'urgence de la situation présente affirmons que (...) nous serons à même de rappeler les derniers Serviteurs capables d'entendre cet ultime message (...). Sachez que de là où nous serons, nous tendrons toujours les bras vers ceux et celles qui seront dignes de nous rejoindre. » Les adeptes les plus convaincus y virent là un signe, un appel, qui les confortaient dans la « vérité » de leur foi : leurs amis disparus ne les oubliaient pas, ils les attendaient dans l'au-delà, de l'autre côté du miroir.

Un mois à peine après la mort des gourous dans les chalets de Salvan, des rescapés commencent déjà à se revoir en Suisse, à Genève, autour d'une fanatique, totalement acquise à l'idéologie de la secte. Christiane Bonet est une femme de 50 ans, psychothérapeute. Elle a été étroitement mêlée aux premiers massacres : la veille du carnage, elle a donné de curieux coups de téléphone aux employeurs d'Élie Di Mambro et de Daniel Jaton pour prévenir que ceux-ci étaient retardés sur la route, alors que tous les deux étaient déjà morts à Cheiry et à Salvan.

Au lendemain de la tragédie, interrogée par les policiers suisses, Christiane Bonet se montre froide, distante, méprisante. Elle défend ses prétendues « convictions » et refuse, elle l'initiée, elle l'élue, d'entrer en contact avec le commun des mortels : « J'ignore comment les choses se sont passées à Cheiry et à Salvan », assure-t-elle d'un ton péremptoire. À propos des mystérieux appels téléphoniques, elle se contente de déclarer : « J'ai reçu un appel téléphonique de l'employeur de M. Jaton à qui j'ai menti en disant qu'il était bloqué dans le Sud de la France. J'ai pris sur moi de dire cela pour ne pas dramatiser la situation. » On n'en saura pas plus mais elle avoue son grand drame : elle n'a pas été conviée à ce « suicide collectif ». Elle envie notamment la chance d'un des morts de Cheiry, Daniel Jaton, dont elle partageait la vie « cosmique » dans la secte. Devant la police, elle ne craint d'ailleurs pas de désigner son amant disparu comme l'un des adeptes « les plus à même d'aider le processus » dans la perpétration des massacres. « En effet, dit-elle, pour réaliser cela, il faut tout de même être quelqu'un avec une violence intérieure forte.[1] »

Au contraire de la plupart des victimes de Cheiry et de Salvan, Christiane Bonet est, elle, une fanatique de la « deuxième heure ». Elle a adhéré relativement tard à l'OTS, en 1989 seulement. L'une de ses amies se souvient très précisément d'elle le jour de son entrée dans le mouvement : « Eh bien, me dit-elle alors en souriant, j'espère qu'on n'est pas entré dans une secte...[2] »

Il était déjà trop tard. Entraînée dans la spirale infernale du Temple solaire, Christiane Bonet ne posa désormais plus de questions. Elle accomplit fidèlement sa mission, sans jamais être assaillie par le moindre doute, en versant docilement l'intégralité de son salaire à l'ordre (près de 8 000 francs suisses), allant même jusqu'à faire don à la secte d'un héritage de plus de 100 000 francs suisses. Un parcours exemplaire de chevalier. Jusqu'où sa foi indéfectible l'a-t-elle menée lors des premiers massacres d'octobre 1994 ? En dehors de quelques coups de téléphone, a-t-elle joué un rôle plus actif ? Devant les enquêteurs de la Sûreté de Genève, Christiane Bonet nie bien évidemment avoir été au courant de ce qui se tramait dans l'esprit exalté des dirigeants. Tout juste fait-elle part d'un appel téléphonique de Luc Jouret le mardi 4 octobre, à 20 heures, quelques heures à peine avant sa mort. « Il m'a dit, lâche-t-elle mystérieusement, qu'il avait envie de me transmettre beaucoup de joie. »

En réalité, si les policiers avaient pris la peine de consulter le relevé des derniers appels téléphoniques passés par Luc Jouret de son téléphone portable, ils auraient eu d'autres questions à lui poser. Ils auraient constaté que le gourou avait appelé Christiane Bonet pas moins de huit fois entre le 2 et le 3 octobre et qu'il l'avait même « bipée » à deux reprises sur son alphapage.

Pour lui dire quoi ? Était-ce, là encore, pour lui transmettre « beaucoup de joie » ?

Au côté de la redoutable Christiane Bonet, une autre pure et dure : Emmy Anderson, assistante de direction hollandaise de 52 ans établie depuis près de trente ans à Genève. Particularité : dans cette secte où tout le monde couchait avec tout le monde, elle n'a jamais eu d'amant. Di Mambro avait décrété qu'elle incarnait « le prototype androgyne qui existe sur Sirius ».

Elle est, elle aussi, longuement interrogée par les enquêteurs au lendemain du premier massacre d'octobre 1994. Comme Christiane Bonet, elle se montre particulièrement fermée et peu volubile. Elle se contente de dire : « Si l'on m'avait appelée, j'aurais été prête aussi. [3] » Elle tient d'emblée à préciser qu'elle considère toujours Jo Di Mambro comme « un être cosmique, porteur d'une vérité très différente, d'une vérité humaine » et qu'elle a même « l'intime conviction qu'il y a une hiérarchie supérieure invisible dont il était l'instrument ». Au détour d'une phrase, elle livre cependant un détail auquel les enquêteurs ne prêtent guère attention. Emmy Anderson raconte qu'elle a été atteinte par la tuberculose durant sa jeunesse et qu'on l'avait alors envoyée se soigner dans un sanatorium des environs de Grenoble, quelque part dans le Vercors, là où quelques mois plus tard elle allait avoir rendez-vous avec la mort...

Dernière pièce de cette troïka de femmes agissantes, une Française résidant à la frontière suisse, à Saint-Julien-en-Genevois : Mercédès Faucon, 63 ans, professeur de dessin à la retraite, une adepte de la première heure que Di Mambro avait condamnée à un domaine obscur, le nettoyage. Pour l'apaiser, Di Mambro lui répétait que les « dernières ici-bas seraient les premières dans l'au-delà »...

Elle est également convoquée par la gendarmerie française après les massacres d'octobre 1994. Elle tente alors de minimiser son rôle, déclarant notamment, sûre d'elle : « J'ai quitté la secte il y a environ deux ans. » On ne la croit guère. Une note des Renseignements généraux ne laisse planer aucun doute à ce sujet : « Les déclarations de Mme Faucon sont à prendre avec la plus grande réserve car dès que l'on aborde des points précis, les réponses se font rares ou évasives. » Dernier détail précisé dans cette note : le 7 octobre 1994, soit trois jours après le drame de Cheiry et de Salvan, Mercedes Faucon se rend en toute hâte à la Banque savoisienne de crédit de Saint-Julien pour donner procuration sur son compte à l'une de ses meilleures amies – aujourd'hui encore en vie, elle aussi membre de la secte...

Dans les mois qui suivent la tragédie, Christiane Bonet réunit les adeptes rescapés. Elle n'a guère de peine à convaincre un petit noyau d'adeptes crédules qu'elle a réussi à établir un contact avec Di Mambro et Jouret dans l'au-delà. Elle prétend que ses dons de médium, dont elle n'a jamais fait état jusque-là, se sont développés après les drames de Cheiry et de Salvan. Peu à peu, le mécanisme s'enclenche. « Au début, les autres restaient sceptiques, confie un enquêteur. Et puis, le déclic s'est produit, ils ont commencé à y croire totalement. [4] »

Le lieu de réunion est un cabinet mansardé, 7, place du Rondeau, à Carouge, en banlieue de Genève, au dernier étage d'un vieil immeuble bourgeois, l'adresse professionnelle de Christiane Bonet. C'est là qu'une vingtaine de fidèles commencent à se retrouver tous les mardis et vendredis soir.

On le sait aujourd'hui : quatre personnes fréquentant assidûment ces séances médiumniques sont encore en vie. Parmi elles, un couple des environs de Lausanne, les époux N., qui ont miraculeusement échappé à la mort qui leur semblait pourtant promise.

« Ce nouveau groupe n'avait aucune structure, pas de chef particulier, témoignent-ils aujourd'hui [5]. Ces réunions consistaient à être ensemble, à faire des sons, à méditer. Il n'y avait aucun protocole particulier, comme c'était le cas à l'époque de l'OTS. À l'issue des réunions, qui duraient de 20 heures à 23 h 30, nous partagions une agape, du gâteau et des boissons. » Mais, assurent-ils, « il n'y était jamais question de départ ou de Transit » ; ils concèdent toutefois, toute réflexion faite, que « certaines choses » n'étaient pas de leur « ressort » et précisent même : « Je dois dire que nombre d'entre nous avaient fait des rêves sur nos amis qui étaient partis. »

Et Hubert N. de raconter ces fameuses réunions genevoises : « Nous étions rassemblés dans une grande pièce vide. Nous placions au centre de la salle un tabouret avec une lampe à huile et une rose. Nous nous placions en cercle, assis sur une chaise. C'est Christiane Bonet qui conduisait la séance. Nous méditions sur différents thèmes. Nous faisions un travail pour la Terre, nous visualisions dans notre esprit cette Terre que l'on plaçait au centre de notre cercle de lumière. Ensuite, nous descendions visuellement sur la Terre, nous visualisions un immeuble dans lequel il fallait pénétrer et notamment dans une grande salle de conférences. Dans cette salle, il y avait tous les dirigeants politiques et religieux de la Terre et nous nous mettions dans la lumière. À ce moment-là, nous demandions à l'un des nôtres s'il voulait s'exprimer pour faire passer un message aux dirigeants de la Terre. »

Voilà qui ressemble furieusement aux séances menées naguère par Jo Di Mambro, le petit bijoutier de Pont-Saint-Esprit, lorsqu'il essayait d'influencer, par magie noire, les décisions du général de Gaulle pendant la guerre d'Algérie...

« À l'issue de cette phase, continue Hubert N., nous faisions une pause et nous interrogions les participants sur les rêves qu'ils avaient faits pendant la semaine afin de les faire partager à l'assistance. Après cette évocation, Christiane nous lisait les messages qu'Enrique [Massip] recevait de l'au-delà. Christiane, elle aussi, recevait des messages du Père [Jo Di Mambro?]. Je ne suis pas en mesure de vous énumérer en détail tous les messages en question. Je me souviens qu'un jour l'un des messages disait : " Nous ne vous laisserons pas vivre une troisième guerre mondiale, on viendra vous chercher avant. " Les messages n'étaient jamais plus précis et n'abordaient pas directement l'éventualité d'un nouveau Transit. »

Et pourtant, dès ce printemps 1995, il semble bien que certains adeptes aient déjà programmé un nouveau « Transit ». Progressivement, les membres du groupe réunis autour de Christiane Bonet, se font plus discrets. Se méfiant d'une police qui, en fait, ne s'occupe déjà plus d'eux, les adeptes évitent le téléphone pour les choses importantes et communiquent le plus souvent par alphapage, selon un système codé : tel chiffre signifie la convocation à une simple réunion, tel autre à un signal, etc. On se met à la recherche d'un endroit idéal pour le « Transit » à venir. Dès novembre 1994, on voit une vingtaine d'adeptes dans un restaurant du Vercors, un mois à peine après la tragédie de Cheiry et de Salvan... Les pièces du nouveau puzzle monstrueux commencent à s'assembler sans que personne s'en soucie.

Une alerte manque pourtant d'entraver les projets de l'ordre fraîchement reconstitué : durant l'été 1995, Christiane Bonet écrit une longue lettre à sa mère, âgée de 86 ans. Celle-ci vient en effet de découvrir, effarée, le livre de Thierry Huguenin racontant ses quinze années d'enfer dans la secte[6]. En prenant la plume, la vieille dame tente de trouver les mots pour raisonner sa fille. Elle essaie même de lui parler en tête à tête : « En tout cas, tu ne me feras pas le coup que j'apprenne ton départ par la télévision. » Une tentative désespérée. Christiane balaie tout

d'un geste et tient même des propos d'une rare violence :
« L'innommable (Huguenin) saura quelle justice lui est réservée.
Ce qu'il dit est ignoble et puant », écrit-elle à sa mère.

Le ton est si menaçant que Thierry Huguenin est discrètement prévenu. Le 24 août, à une table du Buffet de la Gare de
Genève, un émissaire de confiance envoyé par Mme Bonet mère
lui fait lire la lettre. Celui-ci raconte : « Plusieurs fois, en par-
courant ces lignes, il s'est interrompu en disant : " Ça, c'est le
langage de Jouret, ça, c'est le style de Di Mambro. " Il avait l'air
complètement ébranlé, bouleversé. [7] »

Pour Thierry, il n'y a pas de doute possible : un nouveau
massacre est clairement annoncé. Christiane Bonet ne va-t-elle
pas jusqu'à écrire : « Le moment venu, ce sera le retour au paradis. Mes frères et sœurs ont déjà fait ce retour, ont laissé ici leur
véhicule terrestre. (...) Je veux les rejoindre bientôt. (...) De
l'autre côté du voile, la mort est illusion. »

Elle ajoute même : « Jo (Di Mambro) me permet d'être
celle que j'ai à être. »

Thierry Huguenin promet de ne rien dire mais, effrayé par
ce qu'il vient de lire, il ne peut tenir sa parole. Il décide aussitôt
de transgresser le secret et court téléphoner à deux inspecteurs
de la Sûreté de Fribourg qui l'ont interrogé quelques mois plus
tôt. Le rescapé de Salvan les avait trouvés alors plutôt sympathiques. Mais là, il n'obtient qu'une réponse amusée et rassurante : « Voyons M. Huguenin, ce sont de vieilles histoires.
L'OTS est maintenant une affaire classée... [8] »

Le même été, comme Christiane Bonet, un autre adepte
écrit lui aussi mais rédige plus prosaïquement... son testament. Il
s'appelle André Friedli. Un homme calme en apparence, peu
bavard, taciturne. Friedli est architecte dans une entreprise de
construction de la banlieue lausannoise. Quelques années plus
tôt, il a participé à la rénovation de la gare d'Orsay, à Paris : il y
a rencontré son épouse, Jocelyne, une attachée de presse de dix
ans son aînée, qui l'a entraîné dans la secte.

Totalement sous l'emprise de Luc Jouret, le couple a vécu
au Canada de 1987 à 1989, dans la ferme de survie de l'OTS, à
Sainte-Anne-de-la-Pérade. Une vidéo promotionnelle vantant les
mérites des cultures biologiques nous les montre à cette époque :
le « responsable du marketing », André Friedli, parle très sérieusement à la caméra, avec son bon accent jurassien. Sur d'autres
images, Jocelyne, elle, sourit, visiblement en pleine harmonie au
milieu des jardins potagers. L'expérience canadienne marqua
aussi une crise au sein du couple : Jocelyne confia qu'André ne

l'attirait plus physiquement. Qu'à cela ne tienne, le gourou Luc Jouret se chargea d'y remédier : Rose-Marie Klaus (qui dénoncera plus tard à la presse canadienne les agissements de la secte, bien avant les massacres) se retrouva tout naturellement dans le lit d'André Friedli, qui ne lui plaisait guère, tandis que Bruno, son époux légitime, tomba dans les bras de Jocelyne Friedli, ce qui avait l'avantage de plutôt lui convenir... De retour en Suisse, le couple Friedli, plus ou moins réconcilié, en tout cas aux yeux des proches, s'établit à Fribourg, avant de déménager à Lausanne en mai 1995.

Quelques semaines avant de rédiger leur testament, André et Jocelyne confient à un proche qu'« ils vont partir, qu'ils quitteront bientôt la Terre et qu'ils attendent un appel ». À l'automne, les époux Friedli participent encore à une fête de famille, dans le Jura suisse, là où André, vingt ans plus tôt, a été membre actif du groupe Bélier, le mouvement de libération qui conduisit à la naissance du 23e canton suisse. « Je n'ai alors rien constaté d'anormal lors de ces retrouvailles familiales, se souvient son frère, Michel Friedli[9]. Ils étaient là, avec nous, mais je crois qu'ils savaient... Lorsque nous nous sommes quittés, le soir, j'ai dit à André : " On remettra ça l'année prochaine. " Il m'a regardé dans les yeux et il n'a rien dit. Il devait savoir qu'il allait partir... »

Dans les premiers jours du mois de décembre 1995, la Peugeot 405 grise d'André Friedli est aperçue dans le massif du Vercors, sur les hauteurs de Saint-Pierre-de-Chérennes, peu après le hameau du Faz. Derniers repérages avant de passer à l'acte * ?

L'endroit du « sacrifice » ayant été balisé, il ne manque plus que les armes du crime. Selon les gendarmes qui ont mené les premières investigations à Saint-Pierre-de-Chérennes, ces armes vont être fournies par deux policiers français, Jean-Pierre Lardanchet et Patrick Rostan. Le premier est barbu, grand, baraqué, « des allures de baba cool bien élevé », témoigne un proche. Complètement ruiné, il doit 400 000 francs au Crédit agricole et est harcelé par les huissiers. Le second, plus petit, blond, portant des lunettes, paraît plus fragile. C'est Lardanchet qui l'a attiré dans la secte où Di Mambro les avait tous les deux désignés pour être l'« œil armé » de l'Ordre du Temple solaire.

---

* La famille d'André Friedli retrouvera plus tard, à son domicile de Lausanne, des cartes de géographie très détaillées du Vercors. Elles ne semblent pas avoir intéressé les enquêteurs français.

Le nom de ces deux hommes étaient déjà apparu lors de l'enquête menée après les massacres d'octobre 1994. Ils se trouvaient tous les deux en Suisse au moment du drame. C'est sans doute eux qui se trouvaient à bord de la Ford Fiesta rouge, descendant précipitamment de la ferme de Cheiry le 3 octobre au matin. Le véhicule, on le sait aujourd'hui, avait été loué quelques jours plus tôt auprès d'une agence de Montreux. Patrick Vuarnet en avait payé la location. L'enquête l'a démontré : Lardanchet était bien en Suisse au moment des massacres de Cheiry et de Salvan. Bien qu'il clamât son innocence, Lardanchet avait craint d'être poursuivi « de façon très sérieuse en qualité d'auteur des crimes commis en Suisse[10] ».

Mardi 12 décembre 1995. Une dernière fois, Christiane Bonet réunit ses disciples dans son cabinet de psychothérapeute à Genève. Tout le monde, ou presque, a répondu présent. Seuls les deux policiers français Lardanchet et Rostan ainsi que Dominique Masson, 43 ans, une naturopathe de Lausanne, n'ont pu se déplacer.

Il y a ce soir-là André Friedli et son épouse, Emmy Anderson, Mercédès Faucon, les purs et durs. Est là aussi le clan Vuarnet : Édith, 61 ans, l'épouse du champion olympique de ski alpin, son fils Patrick, 27 ans – c'est lui, on s'en souvient, qui a posté les lettres-testaments de Jo Di Mambro au lendemain du premier drame. Il est venu avec sa nouvelle compagne, Ute Verona, 35 ans, elle aussi membre de l'OTS. Cette secrétaire de direction genevoise, mère d'une petite fille de 6 ans, Tania, est une des anciennes conquêtes de Luc Jouret. Derniers « élus », Enrique Massip, 46 ans, ancien infirmier chef à la clinique Butini, une maison de retraite à Genève d'où il avait été licencié en raison de son appartenance à la secte, et un couple, les époux N., qui, on l'a vu, échapperont mystérieusement à la tuerie.

Que se passe-t-il lors de cette ultime séance médiumnique ? Rien de particulier, si l'on en croit les dires du couple survivant. À l'issue de la réunion, il aurait simplement été décidé de se retrouver au même endroit trois jours plus tard, la journée fatidique où tout va basculer dans l'horreur.

Vendredi 15 décembre 1995, tout le monde vit dans la fièvre des préparatifs de Noël. Sauf Christiane Bonet qui prépare le massacre. Le matin, elle téléphone aux époux N. dans le canton de Vaud. Elle les avise qu'en raison d'un contretemps la réunion du soir même « est annulée ». « Je n'ai rien constaté d'anormal dans sa voix, elle semblait même gaie et enjouée », se souvient son interlocutrice qui n'était peut-être pas prête pour le « fabuleux voyage »...

Les autres vont avoir moins de chance. Les uns après les autres, les futurs « élus » sont appelés au téléphone. Ute Verona informe sa famille qu'elle passera les fêtes de Noël à Morzine dans le chalet de la famille Vuarnet avec sa petite Tania. Édith Vuarnet, elle, se rend dans une succursale de l'UBS : elle retire 10 000 francs suisses qu'elle change aussitôt en francs français. André Friedli quitte son travail à midi : « J'étais en réunion avec lui vers midi lorsqu'il nous a dit qu'il partait pour raison de maladie. Il était franchement bizarre. J'ai trouvé son comportement perturbé, mais j'ai pensé à la grippe », témoigne un de ses collègues [11]. Sa femme Jocelyne, vendeuse chez Manuel, un traiteur de Lausanne, reçoit un coup de téléphone au magasin, en fin de matinée. Ses collègues lui trouvent un air préoccupé. Elle demande à partir à 19 heures au lieu de 22 h 30 comme prévu, puisque c'est un soir d'ouverture nocturne.

À Bussigny, en banlieue de Lausanne, la naturopathe Dominique Masson prépare un gâteau pour la réunion du soir, passe à la bibliothèque municipale de Lausanne pour prolonger le prêt d'un livre, puis disparaît elle aussi pour son mystérieux rendez-vous à 19 heures au volant de sa Subaru sur laquelle figure ce curieux autocollant : « Je suis un aventurier. Je ne sais pas où je vais. Mais suivez-moi ! » Dominique Masson a probablement rendez-vous avec les époux Friedli : sa voiture sera retrouvée dans une rue voisine de leur domicile lausannois. « Feu, flammes, sang », annonce pour ce même vendredi un petit livre, une sorte d'horoscope ésotérique au jour le jour qu'elle a offert à sa fille Stéphanie qui doit fêter ses 20 ans deux jours plus tard. Une table a d'ailleurs été réservée au restaurant Le Dragon, à Saint-Sulpice, pour marquer l'événement.

À 21 h 30, Patrick Vuarnet est encore à Genève, au domicile de sa compagne Ute Verona. De là, il appelle son père à Morzine simplement pour lui demander s'il sait où se trouve sa mère. Dernier appel connu : à 21 h 50, de son téléphone portable, André Friedli appelle Christiane Bonet, histoire sans doute de régler un dernier point de détail. Peut-être est-ce lui qui va chercher Édith Vuarnet sur le parking de la discothèque Le Macumba, à la frontière franco-genevoise.

Les principaux membres du groupe quittent Genève dans la nuit, peu après 22 heures. Les trois véhicules s'engagent sur l'autoroute à Cruseilles (Haute-Savoie) à 22 h 52 et 22 h 55. Le policier Jean-Pierre Lardanchet, sa femme et ses deux fils, partent de Sarrians, dans le Vaucluse, en laissant la lumière et la télévision allumées *. Ils passent au péage de Bollène (Vaucluse) à 22 h 07. Tous prennent la route du Vercors, traversent le village de Saint-Pierre-de-Chérennes puis montent, par d'étroits lacets, sur le plateau du Faz **.

Arrivés sur place, vers 1 heure du matin, ils ferment soigneusement les portières de leurs voitures, puis s'enfoncent dans la forêt. Jusqu'à la clairière de l'ultime sacrifice, il faut marcher un bon kilomètre et demi, par un sentier pentu. On a de la peine à imaginer la scène, tant elle semble effrayante : ces treize adultes, sains de corps, mais l'esprit malade, marchant lourdement dans la neige, par un froid glacial, en pleine nuit noire, à la seule lueur de quelques lampes de poche, des bidons d'essence à la main, entraînant dans leur sillage trois enfants innocents : Tania, 6 ans, Aldwin, 4 ans, et Curval, 2 ans...

Savent-ils tous qu'ils vont mourir ? Certains pensent-ils participer à une simple cérémonie ? « À mon avis, analyse aujourd'hui Thierry Huguenin, il y en a quatre qui devaient savoir ; quatre qui ont dû programmer et planifier ce nouveau Transit. C'est mon avis personnel. Pour moi, les autres adeptes ont cru se rendre dans le Vercors à la rencontre d'un phénomène. Je reste persuadé qu'on leur a dit qu'il y avait un " créneau " exceptionnel et que Di Mambro, là, dans cette clairière, allait se matérialiser sous leurs yeux. C'était la seule solution pour attirer autant de personnes vers le même endroit. [12] »

Les nouveaux élus arrivent dans une petite clairière et descendent au fond d'une cuvette cachée par les arbres. Pensent-ils vraiment rencontrer Jo Di Mambro ? Il est 2 heures du matin. Autour d'un feu, assis en cercle, tous vont mourir, les uns après les autres. Abrutis de sédatifs et de tranquillisants, eux qui ne prenaient jamais que d'innocentes potions homéopathiques, ils

---

* Jean-Pierre Lardanchet travaille à Annemasse, mais sa femme et leurs deux enfants vivent à l'Ermitage, à Sarrians. C'est là que réside depuis 1991 Christian-Marie Le Gall, médecin homéopathe, associé de Luc Jouret. Ce médecin a toujours nié appartenir à l'OTS. Son nom apparaît pourtant sur la liste des 576 membres de l'ordre. La police a perquisitionné le cabinet médical où il continue d'exercer. La plupart des rescapés du premier massacre étaient ses « clients ». En octobre 1994 puis en décembre 1995, il a été le témoin du départ précipité d'adeptes vivant à ses côtés, à l'Ermitage.

** La suite du récit repose sur les premières conclusions des gendarmes de la section de recherches de Grenoble. Ils ont échafaudé une hypothèse apparemment cohérente qui, hélas, ne répond pas à toutes les questions.

sombrent rapidement dans un profond sommeil avant d'être abattus à coups de pistolet par deux exécuteurs présumés, le policier Jean-Pierre Lardanchet et très certainement André Friedli*. Au moment des tirs, les victimes sont couchées sur le dos. Pour les trois enfants : une balle chacun, en plein front. Les adultes sont tués d'une balle 22 long rifle tirée à bout portant dans la tête et d'une balle dans le cœur. L'un d'eux reçoit trois balles dans le thorax. Les exécuteurs répandent ensuite de l'essence sur les cadavres de leurs amis et y mettent le feu. Puis ils retournent le canon d'une arme de gros calibre – du 9 mm – contre eux, sous le menton, et tirent une dernière fois. C'en est fini : les âmes de seize sacrifiés s'en sont allées rejoindre Jo Di Mambro et Luc Jouret dans un monde meilleur.

Pour Thierry Huguenin, il n'y a pas l'ombre d'un doute, Di Mambro a été l'organisateur post mortem de ce nouveau charnier : « Pour moi, il est mort en laissant des instructions très précises à quelques personnes clés, dont certainement Christiane Bonet. Je suis persuadé qu'il a laissé un testament, verbal ou écrit, pour ce second voyage. Je connaissais trop bien l'homme. Il était tellement machiavélique. »

Le 18 décembre 1995, Mme Gisela Schleimer se rend à la police de Genève. Elle n'a plus de nouvelles de sa fille Ute ni de sa petite-fille Tania depuis trois jours. Elle est inquiète. Elle signale qu'Ute était très liée avec des membres de l'OTS. La police prend note. Un avis de disparition est enregistré sous le numéro 976.

Deux jours plus tard, la police genevoise se décide enfin à contacter l'employeur d'Ute Verona. Une de ses collègues de travail, elle aussi proche de l'OTS, les informe alors que d'autres adeptes sont également introuvables et qu'ils semblent eux aussi avoir disparu...

La machine policière se met enfin en marche. Au total, huit Français et huit Suisses se sont volatilisés. Mais dans un premier temps, la police se tait. Elle veut garder le secret, comme à la grande époque, à l'intérieur de l'OTS. Heureusement, il y a une fuite : *La Tribune de Genève* publie l'information, relayée ensuite par l'ensemble des médias.

Le 22 décembre, en regardant la télévision, Robert Arnaud,

---

* Comme nous l'a fait remarquer Michel Friedli, le corps de son frère André a été retrouvé avec une arme déposée à sa droite. En fait, les enquêteurs semblent avoir ignoré qu'il était gaucher.

un chasseur de Saint-Romans, dans l'Isère, a des doutes. Quelques jours plus tôt, le 16 décembre, vers les 9 heures du matin, sur les hauteurs de Saint-Pierre-de-Chérennes, il a aperçu quatre voitures immatriculées dans le Vaucluse et en Suisse. Il a vu, dans la neige, de nombreuses traces de pas s'enfonçant dans la forêt, en direction du nord. Il a senti aussi une drôle d'odeur, une odeur « de cuir brûlé ou de chair humaine ». « Ça sentait la mort, témoignera-t-il, j'en ai eu des frissons. [13] »

Robert Arnaud prévient immédiatement la police. Vérification faite, les voitures aperçues sur ce parking au milieu de la forêt appartiennent bien aux membres de l'OTS. L'alerte est donnée, la police boucle le secteur. Plusieurs hélicoptères, quatre cents à cinq cents gendarmes sont mobilisés et ratissent sous la pluie le massif du Vercors à la recherche des disparus, dans une forêt extrêmement dense et truffée de gouffres.

Le lendemain, 23 décembre, veille de Noël, le chasseur conduit les policiers là où il a cru sentir ces odeurs de « cuir ou de chair brûlée » quelques jours plus tôt. Peu avant 9 heures, ils découvrent seize corps carbonisés disposés en étoile, au fond d'une cuvette, dans une clairière, au lieu-dit « Serre du page » ; un endroit difficile d'accès au cœur du massif des Coulmes. « Un spectacle épouvantable, confiera plus tard Robert Arnaud, je me suis reculé, ces corps de gosses carbonisés c'était trop affreux. » Quatorze cadavres reposent sur le dos, la tête tournée vers l'extérieur du cercle, des sacs en plastique enveloppant leur tête. Non loin d'eux, deux autres cadavres gisent sur le dos, la tête dirigée vers le centre du cercle, deux revolvers Manhurin 357 magnum à leur pied.

À proximité du charnier, un amoncellement d'objets divers : des cartables, des lampes de poche, des fioles, des médicaments, des bouteilles en plastique, mais aussi deux carabines de calibre 22 long rifle, deux pistolets 9 mm, dont l'un est muni d'un silencieux – les armes de service des policiers Lardanchet et Rostan. Dans l'une des voitures abandonnées sur le parking en contrebas, on retrouve une feuille de papier sur laquelle est dessiné un cercle où figure l'emplacement de chacune des victimes...

Dans les heures qui suivent, le procureur de la République de Grenoble, Jean-François Lorans, ouvre aussitôt une information judiciaire pour « assassinats et association de malfaiteurs ». Il déclare : « Nous considérons que les circonstances dans lesquelles ces assassinats ont été commis impliquent un degré de préparation, de délibération, de préméditation qui relève de la notion de criminalité organisée. Nous avons affaire à une véritable organisation criminelle.[14] »

Cela signifie-t-il pour autant, comme on a tenté de nous le faire croire en Suisse, un nouveau huis clos total où les assassins se sont, là encore, donné la mort après avoir abattu tout le monde ?

Deux témoignages viennent, à notre connaissance, mettre en cause cette hypothèse. Un habitant de Saint-Pierre-de-Chérennes, Christian Ferrary-Berthelot, affirme avoir vu, dans la nuit du 14 au 15 décembre, trois Mercedes noires, immatriculées en Suisse, traverser le village à vive allure. Peu crédible : la tragédie a eu lieu le lendemain, dans la nuit du 15 au 16 décembre 1995... En revanche, le second témoignage est beaucoup plus troublant. Il s'agit de celui d'un couple de Grenoble. Le mari est avocat et possède une résidence secondaire sur les hauteurs du massif du Vercors. Ils ont déclaré aux gendarmes avoir croisé trois grosses voitures qui descendaient du plateau du Faz vers Saint-Pierre-de-Chérennes entre 0 h 45 et 1 heure du matin le 16 décembre 1995, mais reconnaissent n'avoir pu distinguer les marques des véhicules car ils ont été éblouis par leurs phares. Selon les gendarmes, les occupants de ces mystérieux véhicules n'auraient pas eu le temps d'assister ou de participer au massacre : on sait aujourd'hui que celui-ci s'est déroulé après 1 heure du matin. Ils auraient pu, en revanche, accueillir les adeptes sur le parking du foyer de ski de fond où ont été retrouvées les quatre voitures des victimes pour, par exemple, leur annoncer le départ vers Sirius...

Dans les heures qui suivent ce nouveau drame, les regards se tournent vers le juge fribourgeois André Piller, le magistrat qui a été en charge du premier drame de Cheiry et de Salvan. L'homme est sous pression. Il doit maintenant répondre aux médias, principalement français, qui s'étonnent de la légèreté de la justice helvétique. Il apparaît un soir en direct à la Télévision suisse. On lui demande : « Ce drame était-il évitable ? » Mal à l'aise, le regard figé, le juge cherche ses mots : « Rien, absolument rien, ne laissait penser que des personnes allaient reprendre le flambeau et organiser un tel drame. »

Devant son téléviseur, Thierry Huguenin enrage. Le 10 janvier, il sort de sa réserve. Il rappelle qu'il a pressenti ce nouveau drame et qu'il a alerté la police de Fribourg cinq mois auparavant après avoir eu connaissance de la fameuse lettre de Christiane Bonet. « Rien, absolument rien... », prétendait le juge Piller quelques jours plus tôt. Contraint à une nouvelle – et laborieuse – séance d'autojustification, le magistrat, toujours à la Télévision suisse, tente d'argumenter tant bien que mal : « Christiane Bonet a été placée sous écoute durant un mois. Patrick Vuarnet a été auditionné pendant 33 heures, Jean-Pierre Lardanchet pendant 27 heures. Quatre cent onze auditions ont eu lieu depuis le début de l'instruction dont aucune n'a permis d'entrevoir un nouveau drame. Thierry Huguenin n'a pas pu donner aux enquêteurs d'indices concrets, mais il nous a rendus attentifs à des dates importantes pour la secte. Nous avons alors exercé des surveillances jour et nuit à ces moments, notamment à Salvan et à Cheiry. »

Au même moment, le chef de la police genevoise, Urs Reichsteiner, déclare exactement le contraire devant les caméras de TF1 : « Nous touchons à la problématique des convictions religieuses. Nous n'avons pas le droit de contrôler, de surveiller les convictions religieuses des personnes. C'est ce qui explique que nous n'avons pas suivi, écouté, enregistré et contrôlé les adeptes du Temple solaire. »

Quelques mois plus tard, invité au « Petit déjeuner » de la Radio suisse romande, le juge André Piller avouera s'être posé la question de sa responsabilité dans ce nouveau drame. Il en résulta qu'il avait « fait son examen de conscience » et il conclut : « Je peux vous dire que cet examen de conscience s'est soldé par une réponse très claire. Non, nous n'avons, ni le juge d'instruction ni les policiers, une quelconque responsabilité dans la mort de ces seize personnes en France. [15] »

Peu après le drame, dans l'appartement de Christiane Bonet, route de Saint-Julien à Genève, on découvre, bien en évidence sur un bureau, un dossier contenant une feuille sur laquelle est écrit : « Page blanche, tout est dit. » À côté, une enveloppe, une lettre adressée à son fils : « La mort n'existe pas et est pure illusion. Puissions-nous par la vie intérieure nous retrouver toujours. »

Sur le palier voisin, chez Emmy Anderson, des roses rouges, disposées partout dans l'appartement. La police trouve là aussi un testament. Sa lecture ne laisse plus planer aucun doute : l'inséparable amie de Christiane Bonet est allée consciemment vers la mort. Voici ce qui était écrit [16] : « À tous ceux qui peuvent encore entendre et comprendre, la vie est un mouvement éternel, un va-et-vient infini. L'Éternel présent nous place dans un temps relatif à la terre et pour une durée qui appartient à l'inspir et l'expir du souffle de vie. Moi, porteur de lumière depuis la nuit des temps, le temps qui me fut assigné sur Terre est RÉVOLU et je retourne librement et volontairement d'où je suis issue, à l'aube des temps ! (...) Il est difficile pour l'homme de la terre de comprendre un tel choix, un tel geste, de poser volontairement son véhicule terrestre ! Il en est ainsi de tous ceux qui portent la lumière et la conscience cosmique qui savent où ils retournent ! Puisse la conscience de l'homme s'ouvrir toujours plus et s'enrichir subtilement par un tel vécu ! Le travail est accompli et nous ramenons avec nous toute la quintessence d'une riche expérience vécue sur la planète Terre.

Mon cœur s'ouvre et envoie de puissants rayons d'amour à tous ceux que j'ai aimés et chéris.

Ne soyez pas tristes mais réjouissez-vous de notre propre retour conscient !

Puissent la lumière et la paix nous habiter à jamais.

Un être de lumière vous salue dans l'amour. »

Les parents et amis d'une autre victime, Enrique Massip, ont fait figurer en tête de son faire-part mortuaire publié par les journaux helvétiques la petite phrase suivante : « Même si nous ne comprenons pas sa décision, efforçons-nous de la respecter et de nous souvenir d'un homme bon et généreux à la recherche de sa vérité. »

La tragédie du Vercors – plus effrayante encore que la première tuerie, puisqu'elle s'est auto-organisée en l'absence de Di Mambro et Jouret – marque-t-elle la fin de la sinistre épopée du Temple solaire ? Peut-être pas. Il semble que les derniers fidèles réagissent aujourd'hui encore en fonction de leur logique pervertie : ce nouveau « Transit » prouverait une fois de plus la force d'attraction des gourous disparus. Et donc la crédibilité de leur « foi ». Les rumeurs circulent toujours, principalement au Québec. Seule certitude, confirmée par la police canadienne : des adeptes se sont retrouvés après le massacre du Vercors, tous les vendredis, dans une auberge des Laurentides. Ils envisageaient un grand rassemblement au solstice d'été, quelque part autour de la ville de Québec : une salle de près de deux cents places avait même été aménagée dans ce but dans une vaste villa retirée. Mais les filatures exercées plus ou moins discrètement à ce moment-là par la Sûreté du Québec contrarièrent leurs plans...

Se retrouvent-ils encore aujourd'hui ? Y aura-t-il de nouveau des élus s'en allant rejoindre Jouret et Di Mambro ? Il reste aujourd'hui encore des adeptes convaincus : une vingtaine au moins entre la Suisse et le Québec. Jusqu'où iront-ils ? En mai 1996, une main anonyme a déposé des roses sur la tombe de Christiane Bonet, dans le cimetière de Boudry, face au lac de Neuchâtel. Son fils, lui aussi proche de la secte, a écrit une lettre mystérieuse et très triste à un proche : « La mort est pour bientôt... » Un signe ?

8

Autopsie d'une enquête

M. Piller est un homme déroutant.

Le juge d'instruction itinérant du canton de Fribourg a cru son jour de gloire arrivé lorsque, le 5 octobre 1994, il découvre les vingt-trois morts de Cheiry puis les vingt-cinq cadavres de Salvan.

Les projecteurs semblent le fasciner comme la lumière attire l'éphémère volant dans la nuit. Mais c'est bien connu, l'insecte en perd tous ses repères et se cogne partout. Les journalistes accourus du monde entier pour tenter de comprendre ces morts mystérieuses vont assister, médusés, à un grand spectacle d'improvisation.

C'est d'abord la cohorte macabre des vingt-trois corps recouverts d'un linceul blanc et déposés sur l'herbe mouillée, dans un champ, tout près de la ferme de « La Rochette ».

Le sympathique Dr Krompecher, médecin légiste de Lausanne, a dû s'arracher les cheveux quand on lui a demandé de déterminer l'heure de la mort des victimes de Cheiry. Le rapport Hélios reste d'ailleurs très vague à ce propos : « Sur la base des différentes conditions indispensables à une telle datation, les médecins légistes estiment que la grande majorité des victimes sont décédées un à deux jours avant la levée des corps, le 5 octobre 1994 au matin. » Un à deux jours, l'écart est énorme. L'enquête ne pouvait commencer plus mal. D'autant plus que le rapport Hélios laisse entendre que des personnes ont commencé à mourir dès le 2 octobre.

André Piller, au cours des multiples conférences de presse qu'il animera quotidiennement, durant la semaine qui suit la découverte des massacres, apparaît d'emblée très sûr de lui, annonçant qu'on ne peut parler que de suicide collectif, que les résultats des premières investigations sont étonnants, que la secte brassait des sommes considérables.

Il entretient parfaitement le suspense, puis tout bascule. Quarante-huit heures à peine après la découverte des corps, il ordonne la crémation des éléments du décor du sanctuaire de Cheiry. Plaques de bois peintes, glaces, symboles, tout doit être brûlé. L'initiative a de quoi étonner quand on songe aux empreintes digitales dont ces éléments sont certainement couverts. Certes, les premières traces avaient été relevées. Le juge est d'ailleurs catégorique, le sanctuaire n'apportera rien de plus aux enquêteurs.

Dès la découverte des vingt-trois corps de Cheiry, il est pourtant évident qu'il y a eu mise en scène. Des victimes ont été déplacées après leur mort, une fillette a été découverte nue sous sa cape de templier. Tout semble indiquer que les assassins ont maladroitement tenté de faire croire à un ultime rituel, avant le « Transit » de tout le groupe vers Sirius. Le sanctuaire où reposaient vingt et un corps restait donc un élément essentiel au début de cette enquête.

M. Piller expliquera qu'il ne voulait pas choquer les croyants ou attirer les curieux. Personne ne l'a cru. Il suffisait de protéger le lieu et d'autoriser les spécialistes à recueillir tranquillement les indices et les empreintes. Cela aurait évité les conclusions approximatives.

À propos des empreintes digitales, relevons un extrait du rapport Hélios, qui ne peut que nous laisser perplexes : « Une empreinte digitale a été relevée sur une bouteille dans l'appartement de Territet (une des résidences des membres de l'OTS). Cette trace est identique à deux autres, relevées sur une bouteille de champagne retrouvée à Cheiry. À ce jour, cette empreinte n'a pu être attribuée à quiconque.

« Il faut préciser sur ce point que les empreintes des principaux protagonistes de cette affaire, soit Di Mambro et Luc Jouret, habitués à se rendre à Territet, n'ont pu être relevées, car l'état de leurs cadavres ne le permettait pas. »

Les enquêteurs suisses devraient savoir que les empreintes digitales de Jo Di Mambro sont disponibles depuis plus de vingt ans en France, où il a été condamné à six mois de prison. Quant aux empreintes de Luc Jouret, il est certainement aisé de les retrouver au Canada où, rappelons-le, le médecin a été condamné pour trafic d'armes, en 1993, ou encore dans son dossier militaire en Belgique.

Dans une affaire aussi complexe, où chaque indice peut être déterminant, un certain nombre de négligences ont pourtant été commises :
– les scellés n'ont été apposés sur l'appartement de certaines victimes que dix jours après le drame ;
– l'analyse d'une tache de sang sur un drap, retrouvé dans ce même appartement, n'a jamais été faite ;
– l'analyse des mégots trouvés dans le logement d'une victime qui ne fumait pas n'a pas non plus été effectuée ; les mégots sont toujours à la même place en mars 1995 ;
– enfin, les lieux des crimes n'ont pas été protégés.

À Morin Heights, au Canada, nous avons pu pénétrer sans problème dans la maison où la famille Dutoit a été massacrée. Nous y avons retrouvé des documents comptables appartenant à Jo Di Mambro, des cassettes audio, des photographies.

À Salvan, plus d'un an après le premier massacre, le chalet de Di Mambro est accessible à n'importe quel visiteur. Il nous a suffi de pousser une porte pour accéder à l'appartement dévasté, où quinze corps furent découverts, le 5 octobre 1994.

L'impression est étrange. Une émotion irrépressible. Comme si le drame venait de se produire. Tout est recouvert de suie, la pagaille est indescriptible. Nous retrouvons des livres, des documents internes de l'OTS, des produits pharmaceutiques intacts qui permettent l'identification de l'officine de Draguignan qui les a fournis. Le réfrigérateur contient encore les restes des victuailles consommées par Di Mambro et ses proches, quelques jours, quelques heures avant leur mort. Aucun de ces éléments n'a été relevé pour expertise.

Le juge Piller, interrogé à ce propos, a qualifié nos découvertes de « ridicules ». Selon lui, tout ce qui peut servir à la manifestation de la vérité a été étudié.

Admettons donc que l'opération portes ouvertes au chalet de Salvan ne soit qu'une négligence sans conséquences. Mais peut-on dire la même chose à la lecture des interrogatoires menés par le juge et les policiers travaillant sous ses ordres ?

Les témoignages de Patrick Vuarnet et de sa mère Édith, de Jean-Pierre Lardanchet et de Patrick Rostan, les deux policiers français membres de l'OTS, ceux de Christiane Bonet, d'Emmy Anderson ou de Christiane H., de Michel Tabachnik ou de Constantin K., sont édifiants. Ces pièces sont essentielles pour bien comprendre la stratégie déroutante du juge Piller.

Quelques parents de victimes qui ont pu rencontrer ce juge, le 3 avril 1996, à Fribourg, ont reçu une première explication.

À la question : « Pourquoi n'a-t-on pas interrogé plus sérieusement et plus longuement les personnes qui ont été appelées au téléphone avant le drame (d'octobre 1994) et qui sont toujours vivantes ? », le juge Piller a eu cette réponse étonnante : « Pas possible, je me suis déjà fait taper sur les doigts par un supérieur parce que j'ai interrogé quelqu'un pendant trois jours. » Voilà qui est clair.

Le résultat des interrogatoires des principaux témoins apparaît ainsi plus limpide. « Patrick Vuarnet affirme renoncer à poursuivre cette démarche, sans renier ce qu'elle lui a apporté, et ne plus s'y sentir lié spirituellement ou par quelque serment. » Quand Jean-François Mayer, l'expert désigné en octobre 1994 pour épauler les enquêteurs, rédige son rapport après avoir auditionné Patrick Vuarnet, il est sûr de lui. Le jeune homme est guéri. Or l'attitude qui consiste à croire d'emblée l'adepte d'une organisation criminelle, encore sous influence, sans émettre le moindre doute sur sa sincérité, relève d'une méconnaissance grave du phénomène sectaire. Car pour l'adepte d'une secte, le secret est sacré. Le trahir peut entraîner les pires représailles pour celui qui a oublié son serment.

À l'OTS, comme dans toute autre secte, les chevaliers sont entraînés à se taire et à obéir. Dans les sanctuaires ou au cours des réunions secrètes, bien sûr, mais également à l'extérieur, dans leur vie en société. Comme des espions, ils doivent rester insoupçonnables et, pour ce faire, maîtriser à la perfection une arme redoutable : le mensonge.

Tous les jours, la nuit parfois, Jo et Luc caressent et humilient, rassurent et effraient, testent ou ignorent, disent vrai ou mentent, et le chevalier, quel que soit son degré de résistance, perd tout repère.

Le temps dans l'ordre ne s'écoule pas comme dans le monde profane. Les mots non plus n'ont pas le même sens. Le « Transit » des Templiers leur ouvre la porte d'une autre vie, loin des tourments terrestres, alors que le mystère demeure après la mort de l'homme sans cape.

La disparition de Jouret et de Di Mambro est le sacrifice suprême aux yeux de leurs fidèles, et leur départ ne peut que renforcer la détermination, le fanatisme de ceux qui restent. À trop vouloir l'ignorer, Jean-François Mayer s'est trompé, ainsi que les juges qu'il était censé conseiller. Était-il bien raisonnable de relâcher, sans autre forme de procès, Patrick Vuarnet et sa mère, Jean-Pierre Lardanchet et Patrick Rostan, les deux policiers templiers ?

À cet égard, les deux cents pages du rapport Hélios sont très instructives.

À propos de Patrick Vuarnet, les enquêteurs notent « qu'il était membre convaincu de l'OTS, comme sa mère. Que le mardi 4 octobre 1994, vers 7 heures, il s'est trouvé à Salvan, à la demande de Jo Di Mambro. Celui-ci lui a remis les fameuses enveloppes qui ont été postées le lendemain. Le même jour, en fin d'après-midi, il est revenu à Salvan pour rapporter les clés de la voiture dans laquelle Di Mambro avait oublié des affaires. Vers 17 heures, il aperçoit Thierry Huguenin qui quittait les chalets de Salvan ».

En résumé, Patrick Vuarnet est en permanence sur les lieux d'un drame effroyable, mais on le laisse repartir libre le 13 octobre. Il avait été interpellé deux jours plus tôt.

La suite du rapport concernant Vuarnet est de la même veine : « Par la suite, il est apparu que Patrick Vuarnet avait joué un rôle prépondérant dans l'affaire qui nous occupe, notamment en relation avec Jean-Pierre Lardanchet et Patrick Rostan, deux inspecteurs de police en France. »

À l'évidence, les enquêteurs s'aperçoivent de leur erreur, mais un peu tard. Nous sommes déjà le 26 janvier 1995, et Patrick Vuarnet a eu tout le temps de préparer sa défense et un alibi éventuel. Il restera incarcéré jusqu'au 3 février 1995.

À la page 65 du rapport des policiers suisses, une phrase déterminante semble avoir été négligée par les magistrats. À propos de Lardanchet, Rostan et Vuarnet, on peut lire ceci : « Patrick Vuarnet a également parlé du rendez-vous qu'il avait eu avec Lardanchet et Rostan, le mercredi soir 5 octobre à Genève. En effet, tous trois se considéraient comme les successeurs potentiels de l'OTS. » Les trois hommes estiment donc qu'ils doivent reprendre le flambeau à la tête de l'ordre. Or seuls Di Mambro ou Jouret avaient le pouvoir de rédiger un tel testament, avant leur propre mort. Comment imaginer alors que Vuarnet et les deux policiers ignorent tout de l'organisation criminelle en cours entre le 3 et le 5 octobre 1994 ?

Si, comme l'estiment les magistrats suisses, Di Mambro et Jouret ont organisé le massacre, on peut raisonnablement penser qu'ils ont aussi prévu la survie de l'OTS après leur mort, et tenu au courant de leurs projets « leurs successeurs potentiels ». En outre, si ces mêmes enquêteurs avaient pris la peine de relire attentivement les déclarations des trois hommes, en les comparant, en effectuant de simples recoupements, ils se seraient aperçus que l'un d'entre eux, voire deux sur trois, mentaient.

En effet, si Patrick Vuarnet parle de succession potentielle à la tête de l'OTS, Lardanchet et Rostan, interrogés le même jour à Genève et à Paris, ne déclarent rien de tel.

Lardanchet reconnaît avoir participé à plusieurs réunions, dont la dernière, le 30 septembre 1994, à Montreux. Mais il affirme « qu'il n'a jamais été question de Transit ». On peut en déduire que la mort éventuelle de Jouret et Di Mambro n'était pas programmée, et que leur succession n'était donc pas à l'ordre du jour.

Rostan, en revanche, déclare « qu'au fur et à mesure de ces réunions, il avait pensé que le terme passage pouvait signifier la mort et que celle-ci pouvait être provoquée ».

Les contradictions sont flagrantes chez trois des hommes qui semblent avoir été identifiés dans la même voiture, une Ford Fiesta rouge, descendant précipitamment le chemin menant à la ferme de Cheiry, le 3 octobre au matin, jour de la mort présumée de vingt-trois personnes. Qui a menti? On ne le sait toujours pas.

Pourquoi les magistrats suisses n'ont-ils pas entendu les policiers français avant le 31 janvier 1995, près de quatre mois après les massacres suisses?

Dans le rapport Hélios, il est écrit : « Nous n'avons pas pu établir la présence de Jean-Pierre Lardanchet à Cheiry ou à Salvan, le dimanche 2 ou le lundi 3 octobre 1994. Il a été relaxé le 3 février 1995. » S'il n'était pas sur les lieux du crime, où était-il, avait-il un alibi pour ces deux jours-là? Cette question et sa réponse n'apparaissent pas dans le rapport de synthèse des policiers suisses.

Vuarnet, Lardanchet et Rostan seront remis en liberté sans avoir à s'expliquer sur leurs versions des faits. Quatorze mois plus tard, ils mourront sur le plateau du Vercors.

Si les magistrats suisses avaient fait preuve d'une plus grande curiosité, ils auraient pu, avec l'aide de la police française, reconstituer la vie parisienne de Lardanchet et de Rostan. À l'époque, les deux hommes travaillaient à Paris, au 6e Cabinet de délégation judiciaire, chargé des étrangers. Leur mission consiste à traquer les immigrés en situation irrégulière ou à démanteler les ateliers clandestins. Jean-Pierre Lardanchet est un policier véreux mais, aux yeux de Patrick Rostan, son disciple, il reste un modèle. Indics, commerçants rackettés composent le réseau de corruption mis en place par Jean-Pierre Lardanchet. Rostan, lui, obéit aux ordres, aveuglément.

Lorsqu'un patron hors la loi est repéré, Lardanchet propose, moyennant finances, de fermer les yeux. Quand les impôts menacent d'étouffer une autre entreprise, le policier s'arrange pour faire disparaître le dossier.

Aujourd'hui, les enquêteurs qui tentent d'expliquer le drame du Vercors voudraient bien identifier les complices des deux policiers templiers. Ils ne comprennent pas non plus l'attitude étrange de certains confrères des deux hommes après le massacre du Vercors. Souvenons-nous de ce commandant de police, Jacques A., qui a averti les journalistes de l'imminence d'une opération de prévention, en janvier 1996. Les enquêteurs craignent un nouveau massacre et décident de surveiller quelques adeptes de l'OTS, éventuellement exposés. Jacques A., ne supportant pas ce qu'il appelle « la chasse aux sorcières », tente de faire capoter l'opération en alertant les médias. Un policier choqué par une opération « attentatoire à la liberté de pensée », voilà qui est plutôt rassurant. Le problème est que ses collègues ne l'ont pas cru. On a retrouvé chez lui, sur sa table de chevet, le livre de Thierry Huguenin, *Le 54e*, et deux cartes routières, l'une de Genève, l'autre d'Annecy. Troublant.

Troublante aussi cette information, donnée par plusieurs témoins, à propos de l'inquiétude de Rostan évoquant des transferts de fonds vers Monaco, en relation avec l'OTS. Or Rostan, aussi naïf soit-il, ne pouvait faire de telles révélations qu'à un homme de confiance. Un avocat, un commerçant et un policier étaient dans la confidence. La piste devient intéressante lorsqu'on songe que Monaco abrite une structure templière très importante, officiellement reconnue par la Principauté.

Que dire enfin de cet événement déterminant vécu par le Turc Mehmet*. Un homme qui a croisé Luc Jouret, en juillet 1994, trois mois avant le premier massacre, et qui témoigne aujourd'hui. Mehmet nous a donné rendez-vous à une terrasse de restaurant, quelque part dans Paris.

L'homme est âgé d'une quarantaine d'années. Il tire nerveusement sur une cigarette et semble tendu, aux aguets. « La police m'a ordonné de me taire », dit Mehmet. L'entretien est mal engagé. « Mais je dois parler, en mémoire de mes amis », ajoute-t-il.

Mehmet est installé à Paris depuis seize ans et il dirige deux ateliers de confection. En 1990, pour une affaire de travail-

---

* Mehmet est le pseudonyme d'un témoin désirant garder l'anonymat.

leur clandestin, il est convoqué dans un commissariat de quartier. Ce jour-là, il se trouve en présence d'un policier baraqué, barbu et plutôt sympa, Jean-Pierre Lardanchet.

Mehmet ne quittera plus le policier, qui l'emploiera régulièrement comme interprète. Mehmet ignore l'appartenance de son nouvel ami à une secte. Tout juste s'étonne-t-il, un jour, que celui-ci lui commande une centaine de mètres de tissu de couleur rouge. Il ne pose pas de questions, car les affaires qui lient les deux hommes sont d'une autre nature : « Jean-Pierre m'a trouvé suffisamment silencieux pour m'approcher et m'utiliser dans les magouilles qu'il faisait. Je lui trouvais des clients. Cela commençait par des contraventions qui sautaient contre des caisses de champagne, pour finir par des réductions d'impôts obtenues moyennant quelques dessous de table. »

En 1991, il fait la connaissance de Patrick Rostan, « un gamin qui considérait Lardanchet comme son Dieu ».

Au tout début du mois de juillet 1994, Rostan vient chercher Mehmet à son atelier : « Viens avec moi, Jean-Pierre arrive ce soir avec quelqu'un d'important. » Mehmet dépose Rostan devant la gare de Lyon, puis retourne à son travail. Vers 22 heures, le policier revient et lui demande de l'accompagner. Alors qu'ils sont assis dans un café, Lardanchet arrive avec un inconnu et fait les présentations : « Voici mon ami Luc. »

Mehmet, qui voit Luc Jouret pour la première fois, découvre un « baratineur extraordinaire ». Lardanchet demande à Mehmet de les accompagner au Novotel de la porte de Bagnolet, où Luc a un rendez-vous. Rostan les y mène, mais n'entre pas dans l'hôtel. Après un court préambule, c'est Lardanchet qui prend la parole : « Bon, tu es là parce que Luc a besoin de toi, il va t'expliquer. »

« Luc m'a expliqué qu'il me proposait 2 millions de francs pour tuer la comptable de son association. Il prétendait qu'elle les avait volés. Je suis tombé de haut, je n'en croyais pas mes oreilles. J'ai refusé en disant que je n'étais pas un tueur. » Les trois hommes conviennent alors de se retrouver une semaine plus tard : « Réfléchis bien », conseille Jouret.

Peu après, Lardanchet revient voir son ami et lui demande de trouver « des somnifères pour endormir un éléphant et un pistolet 22 long rifle avec un silencieux, pour aller à la chasse ». Il refuse une nouvelle fois.

Trois mois plus tard, Mehmet découvrira la photo de Luc Jouret à la une de tous les journaux. L'homme qui lui a proposé un contrat est accusé d'avoir organisé le massacre de cinquante-trois personnes. Il est abasourdi. Mehmet tente d'avoir une explication auprès de « ses amis », Jean-Pierre et Patrick.

Un soir, les deux hommes se présentent chez lui : « Ils étaient venus me faire la peau. Mais Jean-Pierre, qui devait être impliqué dans le massacre en Suisse, savait qu'il se dénoncerait en me tuant. J'avais enregistré une de nos conversations et je le lui ai dit. »

Après le drame suisse, Lardanchet demande sa mutation à la Dicilec (ancienne police de l'air et des frontières). Et comme par hasard, il est affecté au poste frontière d'Annemasse, aux portes de la Suisse. Pour ses petites magouilles parisiennes, Mehmet travaille donc avec Rostan. Il ne remarque rien, sinon que le jeune policier se rend à Genève tous les week-ends.

Puis, un matin de décembre 1995, c'est l'annonce d'un nouveau massacre, celui de seize personnes, sur le plateau du Vercors. Ce jour-là, Mehmet avoue avoir perdu ses repères : « Je ne peux pas croire que Jean-Pierre ait tué sa femme et ses enfants. Il les aimait trop, ce n'est pas possible... »

Aujourd'hui, Mehmet essaie de remettre de l'ordre dans ses souvenirs, de trouver un mot, une phrase, une anecdote, qui pourrait l'aider à comprendre. Est-il possible que son ami Jean-Pierre Lardanchet ait été une taupe infiltrée dans l'OTS, comme le prétend Di Mambro dans un document retrouvé à Salvan ? « C'est possible, dit Mehmet. Ce qui est sûr, en tout cas, c'est que Lardanchet connaissait quelqu'un de très important au ministère de l'Intérieur. Je l'ai conduit là-bas au moins une dizaine de fois. »

Après les soixante-neuf morts inexpliquées de l'Ordre du Temple solaire, ce témoignage éclaire l'enquête d'un jour nouveau. Luc Jouret n'hésitait pas à payer « une main extérieure » pour accomplir certaines basses besognes. Mehmet sait d'ailleurs qu'après son refus Jouret a trouvé l'homme qu'il recherchait.

En avril 1995, le juge Piller déclare : « Je conçois difficilement qu'on ait pu organiser une telle apocalypse sans qu'une ou plusieurs personnes, encore vivantes, n'aient rien su, rien vu, rien entendu. » Un an plus tard, il dit le contraire.

Une question de plus vient s'ajouter à une liste déjà longue : le réseau de corruption parisien de Jean-Pierre Lardanchet servait-il à remplir les caisses de l'OTS, et certains de ses amis ont-ils porté la cape des Templiers ?

Les enquêteurs français vont tenter de le vérifier. Jusque-là, cette piste n'avait pas été explorée.

Autre attitude déroutante des enquêteurs, à propos de Michel Tabachnik cette fois.

En page 67 du rapport Hélios communiqué aux parties civiles, les policiers, qui s'interrogent sur le rôle du chef d'orchestre, écrivent : « À la suite des éléments recueillis et du visionnement des cassettes vidéo découvertes à Cheiry et à Salvan, nous pouvions raisonnablement penser que Michel Tabachnik aurait pu d'une manière ou d'une autre inciter, par ses propos, certains membres dirigeants, tourmentés par la dissolution de l'OTS ou par la situation financière difficile du mouvement, à entreprendre le voyage final. »

Michel Tabachnik a toujours nié catégoriquement être au courant d'un éventuel « Transit ».

À propos de son appartenance à l'OTS, le chef d'orchestre a fait des déclarations à géométrie variable.

Au tout début, il affirme n'avoir jamais fait partie de l'OTS. Les journalistes travaillent, découvrent des documents de la Fondation Golden Way. Michel Tabachnik finit par avouer qu'il a présidé cette association, qu'il a animé quelques conférences, mais qu'il n'a jamais adhéré à l'OTS. Hélas, les journalistes fouillent encore et dénichent des photographies de Michel Tabachnik portant la cape de Templier et animant un rituel de l'ordre. Le chef d'orchestre est obligé de changer de partition : « Certes, explique-t-il en substance, j'ai porté la cape, mais c'était par respect pour l'assistance. [1] »

Ce n'est qu'en juin 1996 qu'il reconnaîtra son appartenance à l'ordre templier. Quelques phrases prononcées au gré des entretiens qu'il a accordés sont explicites. Dans un premier temps, il avoue qu'il a « participé à quelques conseils de l'Ordre du Temple solaire, à ses débuts ». En fait, Tabachnik sera désigné comme « ambassadeur de l'OTS ». Il s'agit là d'une première contradiction puisque le chef d'orchestre affirme dans le même temps : « Je n'appartiendrai jamais aux structures de l'OTS. » Plus tard, il va préciser : « Je fréquentais beaucoup ceux de l'OTS dans ce que je faisais. » Puis enfin, l'aveu. Michel Tabachnik reconnaît avoir « toujours eu un pied dehors, un pied dedans » et, après quelques hésitations, il lâche : « Mais, dans la réalité, je veux admettre que j'appartenais à l'ordre. [2] »

Aujourd'hui, nous produisons d'autres pièces, démontrant la position de Michel Tabachnik dans la structure templière, incompatible avec l'image du naïf abusé qu'il essaie de donner de lui. Il s'agit de photographies, prises durant ces cérémonies de l'ordre à Genève, où il apparaît clairement que Michel Tabachnik est un membre à part entière de l'ordre templier, un de ses membres dirigeants. Et sa position à genoux devant Jo Di Mambro n'est pas celle d'un conférencier. Il s'agit bien d'un chevalier faisant allégeance.

Mais la pièce essentielle, qui vient jeter le trouble, est ce procès-verbal d'interrogatoire de Michel Tabachnik, rédigé le 7 octobre 1994, et qui est barré d'un tampon en gros caractères : « À NE PAS JOINDRE AU DOSSIER ».

Lorsque nous avons découvert ce document, nous ne voulions pas le croire. Pourquoi a-t-on voulu protéger Michel Tabachnik ? Pourquoi le chef d'orchestre et l'architecte genevois Constantin K., dont le procès-verbal est également orné du même tampon, auraient-ils bénéficié d'un traitement de faveur ? Craignait-on de ternir la réputation de deux notables, ou voulait-on éviter de suivre une piste un peu trop audacieuse sur laquelle ces deux membres de l'OTS auraient pu mener les enquêteurs ? Comment le juge Piller a-t-il pu écarter ce témoignage capital de son dossier ?

Michel Tabachnik reconnaît ce jour-là qu'il a téléphoné lui-même à Jo Di Mambro, le 3 octobre 1994, alors que vingt-trois personnes sont déjà mortes à Cheiry, affirmant qu'il s'inquiétait de ne pas avoir vu Jo à son concert de la veille. Son inquiétude n'était-elle pas d'une autre nature ? Le juge n'insistera pas. Et ce n'est qu'après les révélations de la presse que Michel Tabachnik sera officiellement entendu par les enquêteurs suisses, neuf mois après le premier massacre.

Le travail des juges helvétiques et des policiers ayant travaillé sous leurs ordres laisse perplexe. Le plus souvent, ils semblent se contenter d'enregistrer les propos des personnes interrogées, sans leur opposer d'arguments. La lecture de quelques interrogatoires dans le rapport Hélios est très instructive.

Celui de Christiane Bonet, par exemple.

Entendue le 11 octobre 1994, cette femme qui a tout donné à la secte livre un certain nombre de détails sur le drame que les policiers se sont contentés de prendre en note sans en évaluer l'importance.

Depuis juillet 1993, Christiane Bonet vit en communauté avec Daniel et Madeleine Jaton et leurs deux enfants.

La veille du drame, le dimanche 2 octobre 1994, au soir, Daniel Jaton passe chez lui et repart avec sa femme. Dans la nuit, les enfants vont disparaître à leur tour. Le lendemain, le lundi 3, Christiane Bonet ment à l'employeur de Daniel Jaton qui s'inquiétait, en inventant une histoire de voiture en panne. Elle aurait improvisé cette explication « pour ne pas dramatiser la situation ». Une situation, hélas, déjà dramatique : selon les médecins légistes, Daniel Jaton et les victimes de Cheiry sont vraisemblablement mortes le 3 octobre 1994. Le mardi 4 octobre, elle reçoit un coup de téléphone de Jouret qui « lui souhaite beaucoup de joie », dit-elle.

Christiane Bonet ment ou oublie de préciser qu'entre le 2 et le 4 octobre elle a reçu au moins dix appels téléphoniques, dont huit de Luc Jouret, depuis un téléphone portable. Quelle est la teneur de ces conversations, à quelques heures de la mort de quarante-huit personnes ? Jouret souhaitait-il tant de joie à Christiane qu'il ne cesse de l'appeler pendant deux jours, ou bien la tenait-il au courant du déroulement des opérations ?

Pas de réponse de Christiane Bonet. Ce qui est logique, puisqu'on ne lui a pas posé la question. Christiane Bonet devait savoir ce qui se tramait.

Le rapport Hélios est clair à ce sujet. Selon les policiers, « quelques semaines avant le drame, la possibilité d'un " transit " avait été évoquée et elle était relativement préparée psychiquement à cette éventualité. Elle aurait souhaité faire partie des appelés ».

Voilà donc une femme qui ment pour protéger les organisateurs d'une opération criminelle, et qui repart libre. Sa déposition se résume à deux feuillets dactylographiés, et à quelques lignes dans le rapport Hélios.

Le témoignage d'Emmy Anderson, autre future victime du massacre du Vercors, est surréaliste.

Pendant sept heures, le 10 octobre, elle sera entendue par un inspecteur de police et par Jean-François Mayer, l'expert. À propos de la mort de ses amis, elle déclare tout d'abord : « J'estime que la plupart sont allés là en se préparant à ce Transit. Le choix du jour et du lieu n'avait rien à voir avec le hasard. Si on m'avait appelée, j'aurais été prête aussi. »

Le niveau extrême de l'engagement de Mme Anderson

dans l'OTS est évident, on peut parler de fanatisme. Cette femme connaît parfaitement l'ordre et ses principaux acteurs. Elle était prête à mourir et se permet de cacher des noms aux enquêteurs qui l'interrogent. Ainsi à propos d'une secrétaire de l'OTS, chargée de relever le courrier au cours des dix derniers jours précédant le drame, elle déclare : « La seule personne possédant la clé de la case postale est une secrétaire dont je ne désire pas donner le nom. » Pas de problème, madame !

Plus loin, elle évoque la fameuse réunion du Novotel d'Avignon, le 24 septembre 1994 : « Je ne désire pas, pour des raisons éthiques, citer le nom des personnes qui dirigeaient la réunion. »

D'autres morceaux choisis sont extraordinaires :

« Quelle est votre définition d'un Transit ou d'un passage ?

– Une mort consciente et libre, dans le but d'accéder consciemment à une autre dimension.

– Le thème du suicide collectif a-t-il été envisagé dans l'ordre ?

– Non, jamais. »

Emmy Anderson ne cesse de se contredire, affirmant d'abord que les victimes ont choisi de mourir, de transiter dans un lieu précis, rien n'étant laissé au hasard, avant de déclarer qu'un tel départ n'avait jamais été envisagé par des personnes dont elle veut taire les noms.

Le policier enquêteur et son acolyte expert laisseront repartir Emmy Anderson, non sans lui avoir demandé si cet interrogatoire concernant la mort de cinquante-trois personnes ne l'avait pas trop dérangée.

« Avez-vous une remarque à formuler sur le déroulement de la présente audition ?

– Je n'en ai pas. »

Dans le rapport Hélios, l'audition d'Emmy Anderson, adepte de l'OTS depuis quinze ans, se limite à cinq lignes.

Autre témoignage édifiant, celui d'une certaine Christiane H., encore en vie aujourd'hui. Entendue le 10 octobre 1994, cette femme, qui vivait sous le même toit que la famille Jaton, témoigne du départ précipité des deux enfants avec leur père dans la nuit du 2 au 3 octobre 1994, et ne se pose pas de question en ne les voyant pas réapparaître.

Les policiers, eux, auraient pu s'en poser en lisant l'agenda de Christiane H. qui, en date du 4 octobre, écrit de sa main :

« Avis mortuaires (nuit du 4 au 5 ?). » Une phrase stupéfiante conclut la synthèse de l'interrogatoire de Mme H., dans le rapport Hélios : « À ce sujet, elle a précisé qu'elle s'était certainement trompée de date en inscrivant ce texte. »

Voilà donc un témoin, qui vivait auprès de certaines victimes, qui connaîtra l'imminence du drame et l'écrira sur son agenda, et qui repartira sans être inquiétée après avoir inventé une histoire abracadabrante.

Les enquêteurs suisses sont, en revanche, beaucoup plus prolixes dès qu'il s'agit de déterminer le rôle tenu par un des adeptes de l'ordre, Joël Egger. Ancien toxicomane, très marqué par le suicide de son père, Egger était l'homme à tout faire de la secte et, selon les policiers helvètes, il aurait tout fait !

Egger a été retrouvé mort, empoisonné et en partie carbonisé à Salvan.

Dans le rapport Hélios, Joël Egger nous est présenté comme le bras armé, l'exécuteur des basses œuvres de Jouret et de Di Mambro. C'est le tueur d'un ordre templier où le secret est de rigueur, mais un tueur qui fait preuve d'une absence de discrétion étonnante.

Possesseur de plusieurs armes qu'il a achetées dans une armurerie de Granges-Paccot, il est surtout le propriétaire du 22 long rifle Smith et Wesson, utilisé pour abattre vingt personnes à Cheiry. Egger, tireur fou, aurait appuyé soixante-cinq fois sur la détente de son arme pour éliminer ses frères templiers.

Selon les enquêteurs, c'est Egger également qui aurait acheté, dans un magasin de Martigny (Suisse), ainsi qu'à Carpentras (France), le matériel électrique qui servira au déclenchement des incendies des maisons de Cheiry et de Salvan.

En juin 1994, quatre mois avant le massacre, il aurait accompagné un homme se faisant appeler Comtat (en réalité, il s'agissait de Martin Germain, un adepte mort à Salvan). Germain est identifié par le vendeur. En ce qui concerne l'homme qui l'accompagnait, ce sont les enquêteurs qui concluent « qu'il s'agit probablement de Joël Egger ».

« Un certain Egger » qui téléphonera à plusieurs reprises à ce même magasin de Martigny pour des renseignements, qui paiera les factures, laissera ses numéros de téléphone, comme s'il faisait tout pour être identifiable. Or personne ne le reconnaît formellement, puisque personne ne l'a vu.

Enfin, notons l'imprécision des enquêteurs à propos des empreintes digitales laissées par Egger sur une minuterie de la ferme de Cheiry. En page 28 du rapport Hélios, il est écrit que « deux empreintes digitales relevées sur l'emballage d'une minuterie, à Cheiry, ont été attribuées à Joël Egger, décédé à Salvan ». En page 185 du même rapport de police, on peut lire : « On retrouve une de ses empreintes digitales sur l'emballage d'une minuterie, à Cheiry. »

Deux empreintes de Joël Egger, puis une seule. Approximation ou faute de frappe ?

Mais le fait le plus troublant est sans doute cette conversation, dans la nuit du 4 au 5 octobre 1994, à 23 h 26, entre une personne se trouvant à Salvan, dans le chalet de Luc Jouret, et son interlocuteur qui répond depuis Cheiry, autre lieu du drame. La conversation durera six minutes et trente-quatre secondes.

Avec qui pouvait bien parler Luc Jouret (ou quelqu'un utilisant son téléphone) quelques minutes à peine avant le déclenchement de l'incendie de la ferme de Cheiry ? Question essentielle quand on sait que les victimes de Cheiry étaient toutes mortes depuis vingt-quatre heures au moins, si l'on en croit les médecins légistes. Qui était cet interlocuteur mystérieux, prenant la fuite après avoir pris soin de refermer la porte derrière lui ?

Pour les enquêteurs, pas de doute, c'est certainement Joël Egger ! Or c'est impossible. À 23 h 33 précisément, Egger se trouve dans le secteur de Salvan et il téléphone à Jo Di Mambro.

De même, semble-t-il improbable qu'une des futures victimes de Salvan ait donné ce coup de téléphone, et ce pour quatre raisons :

– À l'exception des gourous et de leurs proches, les adeptes de Salvan étaient déjà morts à cette heure-là.

– Pourquoi aurait-on pris le risque de déclencher, par téléphone, la mise à feu à Cheiry vingt minutes à peine après la fuite de l'auteur du mystérieux appel téléphonique, sans être sûr que celui-ci pourrait regagner Salvan ?

– Pourquoi l'auteur du coup de téléphone a-t-il eu besoin de parler plus de 6 minutes avec Jouret (ou un autre) s'il devait le rejoindre peu après pour participer au « suicide collectif » ?

– Enfin, aucune des clés de la ferme de Cheiry n'a été retrouvée, alors que l'auteur du coup de téléphone de 23 h 26 est reparti après avoir fermé toutes les portes. Où sont passées ces clés ?

On peut donc légitimement penser qu'une personne extérieure, ayant échappé aux massacres, était à Cheiry cette nuit-là. Qui était-elle ?

Jean-Pierre Lardanchet, Christiane Bonet, Patrick Vuarnet ou André Friedli (un des personnages clés du drame du Vercors) auraient pu répondre à cette interrogation. La question ne leur a pas été posée et, quatorze mois plus tard, leurs corps étaient découverts dans une clairière, à Saint-Pierre-de-Chérennes.

Le 3 avril dernier, le juge Piller eut beau jeu de déclarer sentencieusement : « Aucun élément ne nous permet de croire à la survivance d'un auteur, à la survivance d'un témoin direct ou indirect, et encore moins de le prouver. »

La pensée unique des gardiens du Temple

Après examen des documents que nous avons retrouvés au cours de notre enquête, après avoir rencontré des dizaines de témoins, anciens membres de l'OTS et familles de victimes, après avoir écouté les spécialistes – parfois acteurs – de la résurgence templière, le malaise ne se dissipe pas.

Bien sûr, les enquêteurs suisses ou canadiens sont allés vite en besogne, ont oublié quelques pièces à conviction sur les lieux des crimes, ont négligé de nombreuses pistes.

Bien sûr, l'attitude du juge Piller déconcerte. Il annonce d'énormes surprises aux premiers jours de l'enquête avant d'avouer, très rapidement, qu'il ne comprend rien à cette affaire. Le juge fribourgeois Piller a tout simplement été dépassé.

Le malaise provient de la présence dans ce dossier d'un homme, choisi comme expert pour la circonstance, que nous retrouvons en permanence, tout au long de la procédure suisse, et qui aujourd'hui diffuse « sa » vérité sur l'affaire. Il se nomme Jean-François Mayer.

Certes, M. Mayer est historien, son curriculum vitae en fait foi. Il est, en outre, spécialiste de ce qu'il nomme, avec un art consommé de la litote, les nouveaux mouvements religieux. Jean-François Mayer répugne à employer le mot secte. Pour lui, l'OTS est une représentation de ces nouveaux mouvements, oubliant que l'ordre templier représente surtout une organisation criminelle.

M. Mayer est employé du Département militaire fédéral, à l'Office central de la défense à Berne, une structure chargée d'élaborer les bases de la politique de sécurité de la Suisse. De quelle mission Jean-François Mayer était-il donc précisément chargé en participant à cette enquête dès le mois d'octobre 1994 ?

Depuis plusieurs années, il se présente comme chasseur de sectes. Curieusement, il revient toujours bredouille. Confident de gourous (il rencontre Luc Jouret dès 1987), explorateur de communautés spirituelles, il ne voit dans la prolifération des sectes que la manifestation des libres choix des individus.

Plusieurs aspects, pourtant essentiels, du phénomène sectaire ne l'intéressent pas : les manipulations mentales, l'enrichissement des dirigeants de sectes et les dérives parfois meurtrières des adeptes. Lui n'est passionné que par l'exégèse la plus neutre possible.

Le parcours personnel de Jean-François Mayer n'est pas banal. Dans les années 70, lui-même en recherche spirituelle, il approche l'Opus Dei. Le jeune homme qu'il est à l'époque semble séduit par ces soldats de Dieu, ces laïques qui rêvent de prendre le contrôle de l'économie, de la politique et de la pensée.

Plus tard, il fréquente les traditionalistes rassemblés autour de Mgr Lefebvre, puis l'Église du Christ, secte très active dans les milieux étudiants. C'est justement en étudiant l'histoire à Lyon que Jean-François Mayer va animer quelques clubs et groupuscules d'extrême droite, comme Horizons européens.

En 1977 et 1978, il écrit notamment dans *Défense de l'Occident*, une revue où s'expriment les révisionnistes.

M. Mayer édite en 1979, à Fribourg, sous le signe de la roue solaire – la croix celtique – la revue odiniste *Skuld* (*Notre Europe*, n° 10, avril 1979).

Désormais repéré, M. Mayer doit penser à son image. Il change donc de créneau : désormais, il sera docteur ès sectes. Jean-François Mayer est un chasseur extravagant qui réussit à se faire aimer de ses proies. Ainsi est-il invité à des séminaires organisés par les moonistes de l'Église de l'unification. « C'est pour la recherche [3] », dit-il.

Un chercheur a des frais. Ils lui seront remboursés ! Durant les années 80, ce jeune homme à la barbe bien taillée est le conférencier préféré du moonisme. Sur tous les continents, il rejoindra ses amis de Causa, la branche la plus anticommuniste de l'Église de l'unification du révérend Moon.

Plus récemment, M. Mayer se fait une nouvelle fois épingler. En 1988, il apparaît sur les fichiers de l'Église de scientologie, au chapitre « target defence », c'est-à-dire « appuis potentiels ». Experte en matière d'infiltration des cercles de pouvoir, la scientologie tient donc M. Mayer en haute estime.

Ce spécialiste du renseignement a beaucoup d'amis là où on ne les attend pas.

Alors, pourquoi a-t-on nommé cet homme expert dans l'affaire criminelle la plus mystérieuse de cette fin de siècle ? Pour ses compétences en la matière, pour ses démarches objectives, pour ses talents d'exégète ?

Non. Dans cette enquête, M. Mayer donne plutôt l'image d'un expert placé là pour éviter aux juges de s'aventurer dans la galaxie templière, politique et mafieuse dont faisait partie l'OTS.

Le 3 avril 1996, les journalistes le découvrent, paradant au milieu des juges suisses qui présentent le résultat de leur enquête. Depuis, tel un missionnaire porteur de vérités, il parcourt le monde, flanqué d'un petit bonhomme au fort accent italien, au sourire nappé de miel, Massimo Introvigne.

Fondateur d'un centre d'études sur les nouvelles religions, Massimo est un curieux personnage. Il est proche de tout, mais ne touche rien. Proche du Vatican, il aurait des relations dans l'entourage du pape. Proche de l'Opus Dei, il n'en est pas membre, mais il rêve de l'être. Proche des catholiques intégristes, il fait partie de l'Allianza Catholica. Il n'hésite pas à s'afficher avec des militants d'extrême droite, en France et ailleurs.

Massimo Introvigne est un homme indulgent avec les sectes, un peu moins avec ceux qui se battent pour aider les victimes. Ses cibles préférées : l'ADFI – Association de défense de la famille et de l'individu – et les journalistes.

Homme modéré, comme son confrère Jean-François Mayer, il se refuse à utiliser le mot secte, trop connoté à son goût. En fait, Massimo Introvigne se dépense sans compter pour aider ses amis sectaires. En septembre 1996, au cours d'un procès à Lille, il témoigne en faveur des Témoins de Jehovah.

Quand Massimo Introvigne écrit sur les sectes, c'est en général pour relativiser, excuser, remettre en perspective. Le résultat de ses cogitations est parfois surprenant. Il affirme, entre autres, qu'il n'y a pas d'inceste chez les Enfants de Dieu, en dépit de témoignages accablants. Il défend la réputation, injustement attaquée, de Gilbert Bourdin, le messie cosmoplanétaire, gourou du Mandarôm, accusé de viol par d'anciens adeptes. Il prétend que Raël, autre leader de secte, n'est qu'un « gentil utopiste ».

En octobre 1996, Massimo Introvigne franchit un pas décisif. Il témoigne à la barre du tribunal correctionnel de Lyon devant lequel comparaissent vingt-trois responsables de l'Église de scientologie, accusés d'escroquerie. Témoin à décharge, convié par les scientologues, le chercheur de Turin va tenter de démontrer que la secte fondée par Ron Hubbard n'est qu'une « religion charitable ». Il explique que les scientologues vivent en société, « en accord avec leurs convictions d'affirmation de la vie ».

L'un des vingt-trois scientologues poursuivis est accusé d'avoir poussé au suicide un adepte, mort défenestré. Appelé à la rescousse par les avocats de la défense, Massimo Introvigne explique que la chose lui paraît impossible, et il ironise, se demandant « s'il y a plus de suicides dans la scientologie que dans la police française ».

S'agissant de l'Ordre du Temple solaire, le numéro de MM. Mayer et Introvigne est assez bien rodé. Avant que Massimo Introvigne fustige les ignorants, Jean-François Mayer a bien préparé l'auditoire par un long exposé où il présente son analyse de quelques textes internes de l'OTS qu'il s'est procurés auprès des enquêteurs suisses. Son exposé est un mélange de pédanterie et de préciosité, usant d'une technique élaborée dans le choix des mots clés. Au milieu d'une cascade de formules maintes fois entendues, extraites des propos délirants de Jouret et de Di Mambro, émergent quelques traits propres au dialecticien de Fribourg.

Tout ce qu'on a pu écrire ou dire jusqu'à présent sur l'OTS va du « fantasme » au « mythe sulfureux ». Lui seul détient la vérité. Le « contrôle mental » ou « lavage de cerveau » n'est pas à prendre en compte dans cette affaire. À plusieurs reprises, tout en soulignant le fanatisme et la mythomanie des chefs, Mayer persiste à parler de « mouvement religieux » en présentant l'OTS. En août 1996, au cours d'une conférence consacrée à l'OTS, il ne prononcera qu'une fois le mot secte en une heure et demie.

Lorsqu'il évoque les racines de l'OTS et sa filiation avec Jacques Breyer, cet occultiste qui, en 1952, reçoit la mission de ressusciter l'Ordre du Temple, il oublie de préciser dans quel contexte les mouvements templiers se sont multipliés, à quels besoins cette résurgence répondait pendant la guerre froide. Par ailleurs, sa connaissance du passé de Di Mambro et de Jouret est approximative, alors qu'il s'agit d'un élément essentiel.

De même, au cours de sa conférence, ne prononce-t-il jamais le nom de Michel Tabachnik, dont le rôle était pourtant déterminant dans la secte et qui présida la réunion du 24 septembre 1994, à Avignon. L'enterrement de l'OTS et le baptême de l'Alliance Rose-Croix, ce jour-là, sont « un point de détail » pour M. Mayer, alors que tous les participants ont remarqué le silence de Di Mambro et l'isolement évident de Jouret. Jean-François Mayer donne une version si simple du drame qu'on peut se demander pourquoi les juges suisses ont mis autant de temps à ne pas résoudre cette énigme.

Quelques points d'histoire que Jean-François Mayer n'évoque pas donnent une tout autre dimension aux drames de l'OTS, et démontrent que ces soixante-neuf morts ne sont pas seulement dues à l'implosion d'un groupe de fanatiques entraînés par deux mythomanes paranoïaques.

Les hommes du Glaive

Le 8 novembre 1990, un motard de la police se faufile dans les rues de Rome et se dirige vers le palais présidentiel. Dans ses sacoches, un pli expédié de Venise, adressé au président de la République, Francesco Cossiga. En réalité, il s'agit d'une convocation rédigée par un juge vénitien qui enquête sur un dossier déjà ancien : l'explosion, en 1972, d'une voiture bourrée de dynamite, à Peteano, un petit village du Frioul.

Comment ce petit juge ose-t-il citer comme témoin le président de la République italienne ?

La raison en est simple : le juge de Venise, qui se nomme Felice Casson, a mis au jour une organisation internationale, qu'il soupçonne être à l'origine de l'attentat de Peteano, organisation qui a sévi en Italie en toute impunité puisqu'elle était couverte par le pouvoir.

Le juge, avec ses airs d'étudiant attardé, cache derrière ses épaisses lunettes une détermination qui se lit dans ses yeux sévères. À 36 ans, il est convaincu de tenir l'affaire de sa vie. En enquêtant sur quelques bâtons de dynamite, il vient de dénicher l'un des réseaux les plus secrets du monde occidental, le réseau Gladio, le Glaive.

Après la Deuxième Guerre mondiale, après Yalta et le partage du monde, les Américains n'ont qu'une crainte, qui confine à l'obsession : les velléités d'hégémonie de l'Union soviétique.

L'essentiel du travail de leurs services secrets sera désormais de contenir l'avancée communiste. Pour ce faire, les Américains ont besoin de la coopération des pays européens qui se trouveraient en première ligne si les Soviétiques décidaient d'envahir l'Ouest. Pour s'opposer à la marée rouge, il fallait donc organiser la résistance. La CIA va s'en charger.

Dès 1947, les Américains multiplient les communications aux services spéciaux occidentaux sur l'imminence d'une invasion soviétique. La résistance devait s'appuyer sur un groupe d'hommes et de femmes triés sur le volet, capables de gêner l'avancée des troupes russes par des actes de renseignement, d'infiltration, de sabotage, voire de guérilla.

Ces hommes et ces femmes ont pour point commun la haine du communiste. On compte donc parmi eux des « patriotes » qui furent des premiers combats contre les Allemands, mais aussi des agents de renseignement que les nazis ont oublié de rapatrier dans leur fuite en 1945.

En 1947, l'Italie inquiète au plus haut point les militaires et les agents américains. Le Parti communiste italien est puissant et bénéficie d'une aide régulière du grand frère soviétique. En France, des grèves menées par la CGT se multiplient. Mineurs et dockers sont sur le pavé. Les gaullistes s'affolent et les Américains ne sont pas très rassurants. La Belgique, qui fut balayée par l'armée allemande quelques années plus tôt, est jugée fragile elle aussi.

En France, le Service de documentation extérieure et de contre-espionnage, le SDECE (aujourd'hui DGSE), se met en rapport avec la CIA et, dès les années 50, un réseau d'agents dormants, des taupes, est mis en place en Italie, en France, en Belgique et en Allemagne. En fait, la plupart des pays de l'Otan seront dotés de cette structure qui prendra un nom de code : Gladio, le glaive des gladiateurs.

Les membres du réseau Gladio vont donc multiplier les lieux secrets, les caches d'armes et d'explosifs, repérer les militants communistes dans leurs régions respectives, et attendre les ordres.

Le recrutement est délicat : ces agents très spéciaux ne doivent pas être des militants, trop voyants ou trop bavards, ni des gens mentalement fragiles, ils ne doivent pas se connaître, seuls leurs chefs assurant la liaison entre eux. Ces insoupçonnables doivent être autonomes financièrement, ce qui leur permet de se déplacer, à la demande, sans que cela intrigue. La « couverture » doit être parfaite.

En France, le premier nom du réseau, immédiatement après la guerre, sera Rose des Vents. La Rose, déjà. Dans ce service d'action, on trouve pêle-mêle d'anciens résistants, des gaullistes, des militaires, mais aussi quelques aventuriers d'extrême droite.

Dans la lutte contre le nouvel ennemi, le communiste, il s'agit d'être efficace, et donc pas très regardant. La CIA engagera, par exemple, Klaus Barbie, s'apercevra de sa bévue, mais ne dira rien tant que l'ancien tortionnaire de Lyon pourra lui rendre service.

Les gladiateurs européens sont régulièrement convoqués pour des séances d'entraînement en Sardaigne.

Dans le réseau, la formation des hommes au maniement des armes et des explosifs est certes déterminante, mais elle n'est pas exclusive. Le travail idéologique, destiné à éviter la contamination communiste et à favoriser l'émergence d'un Occident chrétien, n'est pas moins important. Un ancien du Glaive se souvient « que les Américains étaient persuadés qu'en cas de poussée soviétique la population collaborerait avec l'envahisseur. Les gladiateurs devaient donc être les premiers résistants ».

Dans ce travail de propagande rampante, les services secrets des pays concernés n'hésiteront pas à jouer avec le diable. Le réseau Gladio, financé par la CIA, va donc infiltrer quelques groupes occultes – et donc discrets – chargés de la préparation psychologique de leurs troupes.

Ainsi en Italie, le réseau Gladio se rapprochera-t-il, dans les années 70, de la Loge P2 de Licio Gelli. Gelli, le militant fasciste, se souvient que le glaive était l'emblème du dernier carré de fidèles autout de Mussolini, et il admire ces taupes qui ont su garder leur secret.

Après le scandale de la Loge P2, en Italie, et la révélation des liens entre cette secte et les services secrets italiens, il est apparu évident que Gladio et la secte du « Vénérable » Gelli étaient les pièces complémentaires d'un même puzzle.

Gelli était le modèle et l'ami d'Origas, qui fut celui de Raymond Bernard, qui fut celui de Di Mambro, qui fut celui de Jouret...

En 1990, l'Italie s'est souvenue des seize morts dus à l'explosion d'une bombe sur une place de Milan, en 1969, des

quatre-vingt-cinq victimes de la gare de Bologne et, plus géné-
ralement, de la stratégie de la terreur qui aurait pu justifier un
durcissement du régime et éloigner le danger communiste.

En France, après 1968, les hommes de Gladio seront
rejoints, et parfois supplantés, par le SAC – déjà rencontré dans
notre enquête – et dont on sait l'intérêt qu'il portait aux sectes
templières qu'il a investies avant d'en prendre le contrôle. Le
recrutement massif de ces militants de l'ordre à la française donnera des résultats catastrophiques. Les Américains vont très vite
s'apercevoir que le réseau français sert à d'autres tâches et
devient incontrôlable.

En réalité, depuis que la France est sortie du commande-
ment intégré de l'Alliance atlantique en 1966, elle se méfie
autant de la menace rouge que des prétentions hégémoniques
des Américains paranoïaques. L'indépendance du pays sera
alors la nouvelle mission des gladiateurs et des chevaliers réunis.

Hélas, nul n'est à l'abri d'une crise de mégalomanie, maladie très répandue dans les groupes occultes. On ne sait plus qui
travaille pour qui, qui donne les ordres. À la fin des années 60,
en France, le réseau aurait pu être rebaptisé « pétaudière ».

En 1990, Jean-Pierre Chevènement, alors ministre de la
Défense, reconnaît l'existence du réseau Gladio en France. Un
réseau en sommeil depuis si longtemps qu'on avait presque
oublié sa présence. Il omet de préciser qu'un des responsables
de Gladio en France s'appelait François de Grossouvre, conseiller de François Mitterrand, retrouvé mort dans son bureau de
l'Élysée en 1994.

La Belgique, empêtrée durant les années 80 dans une vague
terroriste sans précédent, fera très vite le rapprochement entre
cette organisation clandestine et certaines opérations sanglantes
visant à la déstabilisation de l'État. En évoquant Gladio, on
reparlera des « tueurs fous du Brabant », cette poignée
d'hommes cagoulés qui entraient dans les supermarchés et
tiraient dans le tas : vingt-huit morts entre 1982 et 1985.

Et que dire du groupe néonazi Westland New Post, infiltré
par des agents de la Sûreté de l'État belge, essentiellement
composé de militaires belges de l'Otan, qui sera démantelé. Son
chef, avant d'être retrouvé pendu dans sa cave, avait eu le temps
d'avouer qu'il était financé par la CIA.

Lorsque le scandale Gladio éclabousse la Belgique, on
découvre que la plupart des hommes formant le réseau sont des
militaires de haut rang ou des policiers, qui font tous partie d'un

ordre chevaleresque qu'on appelle Ordre de Saint-Jean-Baptiste, l'Ordre du Rouvre, très marqué à l'extrême droite, ou Ordre souverain et militaire du temple de Jérusalem, dont nous avons déjà noté l'implantation en France.

En octobre 1996, dans le cadre d'une enquête sur les ramifications de l'OTS en Belgique, la police belge a effectué une dizaine de perquisitions, à la demande du juge bruxellois Bruno Bulthé. L'une de ces opérations policières concerne un commandant de réserve de l'armée belge, un ancien para-commando âgé de 42 ans, ami très proche de Luc Jouret. Cet homme a fait partie des ESR, Équipes spéciales de reconnaissance, régulièrement utilisées par les services de renseignement belges. Spécialistes des missions choc et de l'infiltration, ces unités d'élite ont été très actives dans le réseau Gladio en Belgique, durant quarante ans. « L'honorable correspondant » des services secrets belges, qui intéresse tant la police aujourd'hui, rencontre son ami Luc Jouret quinze jours à peine avant le massacre d'octobre 1994. Jouret semble épuisé et lui avoue se sentir menacé : « Ils vont me flinguer », dit-il. L'ancien militaire ne reverra jamais Luc Jouret.

Dans un livre passionnant, *Chevaliers du xxᵉ siècle*, des journalistes belges racontent une entrevue avec un de ces hommes dont le discours est sans équivoque, même si à l'époque, en 1986, on ne parlait pas encore de Gladio dans les journaux.

« La croisade entamée par Hitler, disait ce chevalier, n'était pas aussi absurde qu'on veut bien le dire. Nous sommes dans l'impasse. La décadence est en route... Le but de l'Ordre (OSMTJ) est d'entamer une nouvelle croisade contre l'homme sans âme ni conscience, contre le marxisme et le communisme. » Une recrue de choix pour la branche belge de Gladio.

Officiellement, le réseau Gladio est dissous depuis 1958. C'est faux, bien sûr.

Avant et après la chute du mur de Berlin, des taupes dormantes ont continué d'agir. Un ministre belge avouait, en 1990, qu'une réunion de Gladio s'était tenue à Bruxelles quelques mois auparavant.

Toutes les caches d'armes n'ont pas été retrouvées. En juin 1996, une équipe du magazine de TF1, « Le Droit de savoir », révèle, images à l'appui, l'existence de Templiers de l'Otan animant une cérémonie dans l'église américaine de Paris en mai 1996. On adoube aussi, ce jour-là, quelques jeunes recrues de l'armée française.

Ces hommes, venant du monde entier, représentent la famille dans laquelle a grandi l'Ordre du Temple solaire.

Le Gladio apporte quelques éléments de réponse à nos questions, car gladiateurs et templiers ont fait cause commune pour participer, à leur manière, à la lutte anticommuniste, engagée par les Américains. Leurs structures, leur fonctionnement, leur idéologie, ont de troublants points communs.

La naissance de l'Ordre du Temple solaire apparaît ainsi plus logique et l'évolution du groupe plus explicite.

L'ombre du Temple

Au Temple solaire, la hiérarchie n'était pas de forme pyramidale, mais composée de cercles concentriques.

Dans un de ces cercles, dont la grande majorité des adeptes ignorait l'existence et qui englobait tous les autres, on trouvait Jo Di Mambro. En fréquentant le fameux Cercle doré italien *, Jo est en relation directe avec des hommes de la haute finance, de la politique, de l'armée, des services secrets et de la mafia.

Par Jo Di Mambro, l'OTS était ainsi lié à une structure supérieure qui n'a plus rien de templière.

En 1982, la publication de la liste des amis de Licio Gelli fit apparaître des noms de généraux, de financiers, d'agents de la CIA, d'hommes politiques d'Italie ou de Sicile, et de parrains de la mafia, tous unis par une même conception de la bonne marche du monde. Ces hommes consacraient quelques soirées secrètes à leur initiation. Par la magie qu'on leur enseignait, par les rites inconnus qu'ils découvraient, en portant la cape et la cagoule, ils pensaient donner une légitimité à leurs projets criminels. Investis d'une mission divine, ils pouvaient tout se permettre.

Gelli, pour sa part, rêvait d'une internationale de l'extrême droite qui aurait ses fonds secrets, ses armes cachées, ses sanctuaires interdits aux non-initiés, une organisation sans faille prête à prendre le pouvoir après l'échec provoqué des systèmes démocratiques.

Origas avait créé l'Ordre rénové du Temple sur ce schéma, avec cette même idéologie. Di Mambro et Jouret, dont la marge de manœuvre était faible dans ce domaine, obéissaient, et

---

* Voir chap. 2, p. 43.

l'Ordre du Temple solaire est, par bien des aspects, un clone de l'ORT.

Le Templier est un homme au service, disait-on. Au service de qui ? La manipulation est telle que, pendant des années, les membres du Temple solaire vivent en circuit fermé, ne pouvant plus parler sinon par la bouche de leurs maîtres, loin de l'homme qu'ils veulent sauver. Leur cercle à eux est une prison psychologique ou affective.

Les adeptes de base de l'OTS ignorent, bien sûr, les buts secrets de l'ordre.

Quand on leur parle de combat, il s'agit de celui du maintien des valeurs spirituelles qui président aux destinées de l'homme depuis des siècles, et que les Templiers modernes doivent préserver. À l'origine, l'OTS, avatar de l'ORT, possède tous les atouts d'un ordre templier traditionnel : les textes ésotériques, les rites, les tenues et les grades. Autant de recettes pour favoriser l'adhésion d'hommes en quête d'idéal.

Les voyages incessants de Di Mambro et de Jouret apparaissent donc comme la démarche normale de maîtres spirituels en quête de terres promises, havres de paix, à l'abri des secousses inévitables que va connaître le monde. Dans toute organisation sectaire, la mégalomanie du leader se nourrit chaque jour du regard idolâtre des adeptes. Dans ce monde récréé, en trompe l'œil, les plus anciens deviennent des chiens d'aveugles pour les nouveaux chevaliers. Ils sont des exemples pour tous ceux qui adhèrent et rêvent de connaître un jour « la vérité ».

Nul ne peut imaginer que sous les masques du sage et du séducteur se cachent l'escroc et l'extrémiste de droite.

Jo et Luc vont se prendre au jeu, au double jeu.

Les deux hommes vont peu à peu se persuader qu'ils sont sur terre pour accomplir une mission et, dans le groupe, personne ne mettra en doute leur légitimité. Derrière le rideau de fumée des hologrammes et du chantage affectif qu'exerce Di Mambro, au-delà des délires christiques de Jouret, Jo et Luc obéissaient à d'autres maîtres que ceux de la Loge blanche de Sirius ou de la Loge de Zurich.

Pendant quarante ans, de 1950 à 1990, alors que l'ennemi communiste est clairement désigné, tout va bien. Les ordres chevaleresques travaillaient en secret pour sauver l'Occident chrétien, la mafia payait son tribut à cette lutte et achetait sa tranquillité, l'argent sale et les armes circulaient et, dans cette jungle, l'OTS rendait quelques services.

Ces organisations étaient hors la loi, mais discrètes et donc tolérées ou protégées. Après tout, ces entreprises criminelles servaient une noble cause.

La chute du mur de Berlin, puis l'éclatement de l'empire soviétique allaient bouleverser la donne.

Le combat avait changé d'âme.

Au début des années 90, Di Mambro et Jouret semblent ne plus rien maîtriser, pas même leurs propos. Jouret parle du règne programmé de la race blanche sur la terre, Jo est de plus en plus aigri. En outre, Jouret est déjà trop connu. En Bretagne, dès 1987, des familles inquiètes avaient signalé des changements bizarres dans l'attitude de leurs filles, tombées sous l'influence d'un homéopathe. Le conférencier serait-il un manipulateur?

La découverte du trafic d'armes au Canada, le scandale Hydro-Québec, les révélations de l'ancienne adepte Rose-Marie Klaus sur les dérives inquiétantes au sein de la secte, vont décider les employeurs-protecteurs de l'OTS à lâcher le groupe. Une organisation secrète perd toute sa valeur dès que les noms des chefs s'impriment en caractères gras à la une des journaux.

Désormais complètement incontrôlables, Jouret et Di Mambro devenaient dangereux et des enquêteurs un peu curieux auraient pu facilement remonter la filière noire jusqu'aux Grands Maîtres, les vrais leaders de cette internationale templière terroriste.

Luc et Jo, chevaliers errants, comprennent qu'ils ont fait leur temps, qu'ils ont failli à la règle immuable du secret et que la curée va commencer. C'est alors que tous les dossiers accumulés depuis des années par les services secrets de différents pays, sur tous les continents, tous ces rapports rédigés sur l'Ordre du Temple solaire et ses satellites, jusque-là classés sans suite, ressortent, comme par miracle.

C'est ainsi qu'on apprend que les transferts de fonds opérés par Jo Di Mambro étaient connus depuis très longtemps. Subitement, on retrouve trace de versements réguliers, au début des années 90, à la BCCI. Quelle surprise! Di Mambro avait la même banque que les plus grands trafiquants de drogue internationaux.

En France, en Suisse, au Canada, aux États-Unis, Jo et Luc sont surveillés comme le sont tous les blanchisseurs d'argent sale. Les opérations bancaires à la Banque royale du Canada, à la Commonwealth Bank de Sydney, sont soigneusement notées.

Mais personne ne donne l'ordre d'arrêter Jouret et Di Mambro, comme si à un certain niveau des services de police des hommes étaient muselés.

Pendant des années, Di Mambro peut se déplacer sur tous les continents. Il possède cinq passeports. Qui lui a fourni ses vrais-faux documents ?

Dans une note confidentielle, les services du Quai d'Orsay constatent simplement que « lors de ses séjours à Toronto, Ottawa ou Genève, le couple Di Mambro a chaque fois obtenu l'établissement d'un passeport par les autorités françaises. Le dernier en date révèle un nombre impressionnant de voyages " éclairs ", vers la Malaisie, par exemple ».

Dans cette même note, on trouve trace des 93 millions de dollars transférés de la Suisse vers l'Australie en 1993, que les juges suisses n'ont pas retrouvés, affirmant qu'Interpol, qui a transmis cette information, avait dû se tromper d'un zéro.

Les enquêteurs helvétiques devront se contenter de l'argent de poche des chefs du Temple solaire, fruit de leur spéculation immobilière. D'énormes sommes d'argent ont disparu dans les méandres des circuits financiers internationaux, vers quelque paradis fiscal. Le trésor de guerre des honorables employeurs de Jo Di Mambro est à l'abri, voilà l'essentiel.

Il ne reste plus qu'à finir la lessive.

Certes, elle pourrait se faire au grand jour, en arrêtant tout simplement Jo, Luc et quelques-uns de leurs fidèles lieutenants. Mais c'est prendre le risque de faire tomber tous les masques, que, de cercle en cercle, on dévoile les projets inavouables de quelques chevaliers paranoïaques nous préparant un monde nouveau, et qu'apparaissent tous ceux qui les ont soutenus au plus haut niveau de certains États, pendant cinquante ans.

Mieux vaut compter sur la paranoïa de Luc et Jo.

Tous les hommes sur lesquels ils ont pu s'appuyer durant toutes ces années leur tournent le dos.

Dans un document retrouvé dans l'ordinateur de Joselyne Di Mambro et que nous nous sommes procurés, il apparaît que Jo et ses proches sentent la fin venir. « Nous ne savons pas quand ils peuvent refermer la trappe sur nous, écrit Joselyne. Nous sommes suivis et épiés dans nos moindres mouvements. Le jeu a été ainsi fait que la concentration de haine contre nous va nous donner l'énergie suffisante pour partir. »

Délire de persécutés ? On pourrait le croire, les enquêteurs suisses l'ont cru. C'était tellement facile. Trop facile.

Reprenons les éléments objectifs.

L'Ordre du Temple solaire était connu des services spécialisés, et leurs leaders fichés.

Leurs acrobaties financières n'ont pas échappé aux services compétents, aux douanes en particulier.

Ils bénéficient de passe-droits surprenants. Avec ses cinq passeports, Di Mambro est mieux pourvu qu'un diplomate.

Ils font du trafic d'armes au Canada. Trois d'entre eux, dont Jouret, sont simplement condamnés à une amende de 1 000 dollars, en juillet 1993.

Le système totalitaire mis en place au sein de l'ordre est dénoncé par Rose-Marie Klaus dès le mois de mars de cette année 1993. Elle parle du « délire morbide des chefs », de la peur des adeptes « d'être descendus », mais rien ne bouge.

À qui fera-t-on croire que l'OTS n'était pas traqué ?

Pendant des mois, selon les enquêteurs et les faux experts suisses, Di Mambro et Jouret vont préparer le « Transit ». Pourquoi auraient-ils décidé d'en finir ?

Certains adeptes, ou anciens Templiers, réclament le remboursement de l'argent qu'ils ont prêté à l'ordre, répondent ces mêmes enquêteurs. Certes, on peut imaginer que, lâchés par leurs protecteurs extérieurs à l'ordre, puis par leurs adeptes, Di Mambro et Jouret aient été très déstabilisés. Ils sont paranoïaques et leurs délires apocalyptiques sont connus. Alors, pourquoi ne pas imaginer que les protecteurs machiavéliques de Jouret et Di Mambro aient fait comprendre aux « solariens » que la partie était perdue pour eux ?

Tout ce que nous avons découvert, qui compose l'univers mafieux du Temple solaire et de ses dirigeants, laisse à penser que Jo et Luc savaient qu'ils ne s'en sortiraient pas. Et leurs « Maîtres » savaient qu'ils savaient.

Dans la tradition mafieuse, celui qui a fauté, qui a trahi le secret, doit partir, honorablement. Le parrain s'approche du coupable, lui donne un revolver et lui indique le chemin d'une pièce discrète. L'homme comprend, saisit l'arme et referme derrière lui la porte de la pièce où il doit mourir. Un coup de feu confirme au parrain que justice est faite et qu'un gêneur a disparu.

Jo Di Mambro et Luc Jouret, poussés au suicide, voudront partir en beauté. Abus de pouvoir ultime, après avoir trafiqué les âmes, ils vont s'attribuer le pouvoir de tuer. Les plus fidèles, fanatiques irrécupérables, pourront porter les armes ou recruter des tueurs – ainsi Lardanchet, par exemple – puis il suffira de choisir le jour du départ.

Pour faire bonne mesure, les Templiers diront au monde qu'il ne mérite pas que des hommes consacrent leur vie à le sauver. Des courriers seront envoyés à tous ceux qui connaissaient l'existence de l'Ordre du Temple solaire.

Aujourd'hui, les enquêteurs français recherchent les hommes qui connaissaient les projets fous de Di Mambro et de Jouret, et qui n'ont rien fait. Cherchent-ils aussi ceux qui les ont peut-être aidés à mourir dignement, dans la tradition templière ?

Un policier, spécialiste du renseignement, nous a avoué que l'OTS était surveillé, et le climat de tension extrême au sein du groupe connu..

À l'Ordre du Temple solaire, certains membres de la hiérarchie ou des proches de Di Mambro et de Jouret n'ignoraient pas le sens du mot Transit, qui revenait de plus en plus souvent dans les conversations, en particulier depuis le 24 septembre, le jour où Michel Tabachnik a annoncé la mort de l'OTS et son remplacement par l'Alliance Rose-Croix.

Une étude approfondie du rapport d'enquête suisse démontre que Jean-Pierre Lardanchet, Patrick Rostan, Patrick Vuarnet et, dans une moindre mesure, Édith, sa mère, Christiane Bonet et Emmy Anderson devaient savoir ce qui se tramait, même s'ils ne connaissaient pas tous les détails sordides de la mort des « élus ». Les premiers sont vus à plusieurs reprises sur les lieux du drame, les autres ne cessent de mentir au cours de leurs interrogatoires.

Ils vont mentir mais repartiront libres.

Quatorze mois plus tard, seize personnes, dont trois enfants, sont morts assassinés dans la neige du plateau du Vercors.

Sans doute ne saura-t-on jamais qui a massacré soixante-neuf personnes à Morin Heights, Cheiry, Salvan et Saint-Pierre-de-Chérennes.

Après tout, ce ne sont que quelques illuminés qui ont choisi leur mort, peut-on entendre aujourd'hui.

Certes, mais qui a donné le revolver aux « suicidés » pour ne pas se salir les mains ?

Épilogue

Où furent donc enterrés Joseph Di Mambro et Luc Jouret ? Depuis le début de l'affaire, le juge André Piller a gardé le silence, se plaisant à répéter aux médias trop curieux que l'endroit était classé top secret. Surtout pour éviter, suggéra-t-il, la manifestation de fidèles fanatiques sur leur sépulture, à l'instar des néonazis défilant chaque année sur la tombe de Rudolf Hess.

En remontant les pistes, nous avons fini par apprendre où reposent les deux maîtres de l'Ordre du Temple solaire. Après leur autopsie, les corps de Jouret et de Di Mambro furent incinérés au crématorium de Montoie, à Lausanne. Personne, parmi leur entourage, ne vint les réclamer*. La loi suisse en la matière indique que le canton sur le territoire duquel le décès a été constaté est compétent. Ne sachant que faire de ces cendres bien encombrantes, les autorités du canton du Valais décidèrent finalement de les enfouir en catimini dans le cimetière de Sion.

C'est donc là, au cœur des Alpes suisses, sous une dalle anonyme, que Joseph Di Mambro (1924-1994) et Luc Jouret (1947-1994), les deux gourous de l'Ordre du Temple solaire, reposent aujourd'hui en paix. Et comme le dit la formule, pour l'Éternité.

---

* Il en fut de même pour six autres victimes de la tragédie d'octobre 1994. Personne ne voulut du tueur Joël Egger et de son épouse Annie, de Bernadette Bise, d'Odile Dancet ainsi que des Québécois Jean-Pierre Vinet et de sa compagne Pauline Lemonde, qui reposent eux aussi, fidèles jusqu'au bout aux gourous disparus, au cimetière de Sion. À signaler encore que personne ne réclama les dépouilles des époux Genoud, auteurs de la tuerie de Morin Heights au Canada. Ils furent eux aussi incinérés et l'urne se trouve aujourd'hui sous une dalle anonyme dans le cimetière de Laval, dans la banlieue de Montréal.

Notes

Prologue

1. *Sunday Times*, Londres, 29 janvier 1995.
2. Rapport du coroner Pierre Morin, Québec, 1996.
3. *Libération*, Paris, 6 octobre 1994 ; *Le Matin*, Lausanne, 6 octobre 1994 ; *24 Heures*, Lausanne, 6 octobre 1995.

Chapitre 1

Le mystère des cinquante-trois morts

1. Entretien avec l'auteur, Berne, juillet 1996.
2. *Le Monde*, Paris, 7 octobre 1994.
3. *Le Nouvelliste du Valais*, Sion, 6 octobre 1994.
4. Thierry Huguenin, entretiens avec l'auteur, 1995-1996.
5. Thierry Huguenin, *Le 54ᵉ*, pp. 12 et 13, Éd. Fixot, 1995.
6. Michel Tabachnik, première audition, 7 octobre 1994.
7. *L'Express*, Paris, 20 octobre 1994.
8. AFP, 13 octobre 1994.

Chapitre 2

Jo Di Mambro, le maître enchanteur

1. Gilbert F., entretien avec l'auteur, août 1996 (des pp. 22 à 30).
2. Roger Facon, entretiens avec l'auteur, août-septembre 1996.
3. Entretien avec l'auteur, août 1995.

Chapitre 3

Luc Jouret : itinéraire d'un enfant blessé

1. Bernard Jouret, entretien avec l'auteur, septembre 1996.
2. Bernard Jouret, entretien avec l'auteur, octobre 1996.
3. Marcel Voisin, entretien avec l'auteur, septembre 1996.
4. Gilbert Leblanc, entretien avec l'auteur, septembre 1996.
5. « Question de temps », Antenne 2, 6 avril 1977.
6. « L'Événement », TF1, 21 octobre 1976.
7. Pr Jean Dierkens, entretien avec l'auteur, septembre 1996.
8. RTBF, octobre 1976.
9. *Médecine et Conscience*, pp. 133-134, Louise Courteau éditrice, Montréal, Canada, 1989.
10. *Op. cit.*, p. 24.
11. *L'Express*, 29 mai 1978.
12. *Op. cit.*, p. 42.

Chapitre 4

De la Golden Way à l'OTS, un chemin vers la mort

1. Jean-Philippe Göbbels, entretien avec l'auteur, septembre 1996.
2. Témoignage inédit.
3. Thierry Huguenin, entretien avec l'auteur, janvier 1995.
4. Michel Simon, entretien avec l'auteur, septembre 1996.
5. Francis Demasy, entretien avec l'auteur, septembre 1996.
6. Abbé Philippe Moline, entretien avec l'auteur, septembre 1996.
7. Philippe Kesseler, entretien avec l'auteur, septembre 1996.
8. Père Roger Kauffmann, entretien avec l'auteur, septembre 1996.
9. Nathalie Göbbels, entretien avec l'auteur, septembre 1996.
10. Témoignage recueilli par Jean-Marie Deleau, TF1, octobre 1994.
11. Thierry Huguenin, entretien avec l'auteur, novembre 1996.
12. Michel Tabachnik, entretien pour la Télévision suisse romande, mars 1996.
13. Marthe, entretien avec l'auteur, janvier 1995.
14. Thierry Huguenin, *op. cit.*, p. 135.
15. Catherine Origas, entretien avec l'auteur, octobre 1994.
16. Paul, entretien avec l'auteur, janvier 1995.
17. Agnès D., témoignage inédit.
18. Témoignage inédit.
19. *Paris-Match*, 17 avril 1996.
20. *Le Figaro*, 13 janvier 1996.
21. Témoignage inédit.
22. Claudine, entretiens avec l'auteur, octobre 1994 et février 1995.
23. Témoignage inédit.
24. Anne, entretien avec l'auteur, janvier 1995.
25. Henri, entretien avec l'auteur, janvier 1995.
26. Thierry Huguenin, entretien avec l'auteur, novembre 1994.

27. *Le Journal de Montréal*, 11 mars 1993.

28. Donald Moor, entretien avec l'auteur, novembre 1996.

29. Richard Glenn, entretien avec l'auteur, octobre 1994.

30. Archives vidéo Richard Glenn, novembre 1983.

31. *Le Soleil*, Québec, 10 avril 1985.

32. *La Tribune de Genève*, 17 décembre 1984.

33. *Le Courrier,* Genève, juin 1983.

34. *Le Courrier de l'Ouest*, 8 octobre 1984.

35. *Le Courrier de l'Ouest*, 11 juillet 1984.

36. *Le Dauphiné libéré*, 28 septembre 1984.

37. AFP, 15 janvier 1995. *La Secte du Temple solaire*, Christophe Leleu, Claire Vigne éditrice, avril 1995.

38. Guy Barbédor, *Ouest-France*, 8 juin 1984.

39. Claude Giron, entretien avec Hervé Ciret, TF1, octobre 1994.

40. *Ouest-France*, 21 septembre 1985.

41. Pierre Celtan, entretien avec Marie-Claude Slick, TF1, octobre 1994.

42. Michel Branchi, entretien avec Marie-Claude Slick, TF1, octobre 1994.

43. Christiane Chanol, entretien avec Marie-Claude Slick, TF1, octobre 1994.

Chapitre 5

Les lézardes du Temple

1. Claude Giron à Hervé Ciret, TF1, octobre 1994.

2. *Info-Matin*, 13 octobre 1994.

3. Roger Reybaud, entretien avec l'auteur, juin 1995.

4. Michel Brunet, entretien avec l'auteur, Montréal, septembre 1995.

5. Témoignage inédit.

6. Audition des enregistrements réalisés par la Sûreté du Québec, 1993.

7. Hermann Delorme, entretien avec l'auteur, Granby (Québec), 1995 et 1996.

8. Dossier Luc Jouret, Palais de Justice de Montréal, 1993.

9. *L'Illustré*, Lausanne, 19 octobre 1994.

10. Pr Jean Dierkens, entretien avec l'auteur, septembre 1996.

11. Témoignage inédit de Fernande Jouret.

12. Entretien avec l'auteur, août 1996.

13. Entretien avec l'auteur, Montréal, septembre 1995.

14. Audition des enregistrements réalisés par la Sûreté du Québec, 1993.

15. *L'Illustré*, Lausanne, 23 novembre 1994.

16. Entretien avec l'auteur, août 1996.

17. Témoignage inédit.

18. Entretien avec l'auteur, septembre 1996.

19. Document communiqué à l'auteur.

20. Cité par Jean-François Mayer, *Les Mythes du Temple solaire*, Éditions Georg, 1996.

21. Lettre inédite communiquée à l'auteur.

22. Document inédit communiqué à l'auteur.
23. Merci au journaliste Yves Lassueur de *L'Hebdo* (Lausanne), qui a révélé ces conversations, de nous avoir communiqué l'intégralité de ses notes.
24. Document inédit communiqué à l'auteur.
25. Entretien avec l'auteur, septembre 1996.
26. Paul Falardeau, entretien avec l'auteur, Montréal, juin 1996.
27. Témoignage inédit.
28. Témoignage recueilli par l'auteur.
29. Témoignage inédit, 1996.
30. Témoignage inédit, 1996.
31. Témoignage inédit.

Chapitre 6
Dernières heures avant l'Apocalypse

1. Témoignage inédit.
2. Cité par Jean-François Mayer, *Les Mythes du Temple solaire, op. cit.*
3. Témoignage inédit.
4. Faire-part de naissance retrouvé par l'auteur dans les décombres des chalets de Morin Heights.
5. *La Presse*, Vevey, 7 octobre 1996.
6. Témoignage inédit.
7. Témoignage inédit.
8. Selon le rapport Hélios.
9. Rapport Hélios, p. 187.
10. Rose-Marie Jaton, entretien avec l'auteur, Épalinges, septembre 1995.
11. Gérald Thierrin, entretien téléphonique avec l'auteur, octobre 1996.
12. Témoignage inédit.
13. Témoignage inédit.

Chapitre 7
Vercors, les oubliés du sacrifice

1. Témoignage inédit.
2. Entretien avec l'auteur, Genève, janvier 1996.
3. Témoignage inédit.
4. Entretien avec l'auteur, Suisse, janvier 1996.
5. Témoignage inédit.
6. Thierry Huguenin, *Le 54ᵉ, op. cit.*
7. Entretien téléphonique avec l'auteur, février 1996.
8. Thierry Huguenin, entretien avec l'auteur, janvier 1996.
9. Michel Friedli, entretien avec l'auteur, publié dans *L'Illustré* de Lausanne du 10 janvier 1996.
10. Témoignage de l'avocat de Jean-Pierre Lardanchet, maître R., Paris, début 1996.

11. Témoignage recueilli par Isidore Raposo pour le *Journal du Nord-Vaudois*, Yverdon, Suisse.

12. Thierry Huguenin, entretien avec l'auteur, publié dans *L'Illustré* de Lausanne du 10 janvier 1996.

13. Robert Arnaud, témoignage recueilli par l'auteur dans le Vercors, 23 décembre 1995.

14. Propos recueillis par l'auteur. Conférence de presse improvisée du procureur Jean-François Lorans sur les lieux du drame, 23 décembre 1995.

15. « Le Petit Déjeuner » de Patrick Ferla, Radio suisse romande, 1er février 1996.

16. Document inédit.

Chapitre 8
Autopsie d'une enquête

1. *Paris-Match*, 17 avril 1996.
2. Témoignage inédit.
3. Interview de Jean-François Mayer à *L'Hebdo* (Lausanne), mai 1993.

ANNEXE I

Les 69 victimes du Temple solaire

ANDERSON **Theodora Emmy.** Née Rijksen. Morte dans le Vercors, à l'âge de 52 ans. D'origine hollandaise. Elle était très autoritaire. Voisine de palier de Christiane Bonet à Genève, elle regrettait comme elle de ne pas avoir été « élue » pour participer au « premier voyage ». Atteinte de tuberculose durant sa jeunesse, elle avait passé deux ans dans un sanatorium près de Grenoble... dans le Vercors. Arrivée en Suisse en 1966, elle travailla notamment comme guide, agent de conférences à l'ONU à Genève, puis assistante de direction dans une grande banque. Depuis septembre 1992, en raison de problèmes cardiaques, elle avait cessé toute activité professionnelle et vivait d'une pension d'invalidité. Dans la secte depuis 1979, elle en fut longtemps la trésorière.

BELANGER **Françoise.** Née Rebmann. Morte à Cheiry, à l'âge de 55 ans. Née à Genève, cette Suissesse devenue canadienne par mariage, a été fondée de pouvoir dans une grande entreprise genevoise ; elle avait fait valoir son droit à la retraite anticipée en 1993. Longtemps domiciliée à Genève, elle vivra ensuite à Sainte-Anne-de-la-Pérade (Canada) puis à Salvan. Depuis 1989, elle habitait officiellement à la résidence Arc-en-ciel à Territet, dans le canton de Vaud : en fait, elle servait de prête-nom à Jo Di Mambro qui résidait là avec sa famille. Membre fondateur de la Golden Way, elle était aussi l'une des responsables des finances de l'OTS. Preuve de son fanatisme jusqu'au-boutiste : après la réunion d'Avignon le 24 septembre 1994, elle avait été nommée membre du comité directeur de l'ARC. On l'a retrouvée morte dans la salle du Seuil à Cheiry, une balle dans la tête.

BELLATON **Dominique.** Morte à Salvan, à l'âge de 36 ans. D'origine lyonnaise, elle était devenue canadienne en 1985, après son mariage blanc avec Roger Giguère, grand argentier de l'ordre au Québec, dont elle divorça en 1992. Dominique Bellaton traîna toute sa vie un vécu douloureux marqué par plusieurs tentatives de suicide : elle considérait Jo Di Mambro comme la personne qui l'avait sauvée en lui offrant une nouvelle famille. Maîtresse de Jo Di Mambro durant plusieurs années, elle donna naissance en 1982 à une petite fille, Emmanuelle, le fameux enfant « cosmique », que son père reconnut quelques années plus tard, en 1986. Elle habitait Salvan où elle avait créé une petite agence qui proposait des « voyages hors du temps ». Elle était également l'auteur d'un livre ésotérique, paru au Québec, *Les Cahiers de Sara*. À plusieurs reprises, elle avait manifesté son intention de quitter la secte, notamment à l'été 1994. À une amie proche, elle confiait alors : « C'est fini, je ne tiendrai plus, mais tu te rends compte, si je m'en vais, je vais me retrouver n'importe où. » Durant les derniers mois de sa vie, Dominique Bellaton avait été la compagne de Patrick Vuarnet, future victime du Vercors. Elle apparaît sur l'une des dernières vidéos de l'OTS, montrée aux adeptes à Cheiry quelques jours avant la tragédie : durant quatre heures, on la voit lire un « testament de la Rose-Croix ». Selon la Sûreté du Québec, il semble que cette jeune femme séduisante a servi d'appât pour attirer les époux Dutoit dans la maison de Morin Heights où ils seront massacrés.

BÉRENGER Caroline. Morte à Salvan, à l'âge de 4 ans. Elle était l'unique enfant de Madeleine et Guy Bérenger. Elle a été retrouvée morte dans son lit, son nounours dans les bras. Marie-Christine Pertué, l'ex-femme de Jouret, s'était occupée de son éducation.

BÉRENGER Guy. Mort à Cheiry, à l'âge de 60 ans. Il était le plus vieil ami de Jo Di Mambro : ensemble, dans les années 1968-1970, les deux compères avaient été responsables de la loge de l'Amorc à Nîmes. Il fut notamment l'un des conférenciers de la secte. Né à Aubagne (Bouches-du-Rhône), Guy Bérenger avait passé toute sa jeunesse dans le Var. Jusqu'à l'âge de 15 ans, il avait fréquenté une école religieuse de frères maristes à Seyne et passa son baccalauréat au lycée de Carpentras. Technicien nucléaire, il avait longtemps travaillé au CERN à Genève. Au moment de la tragédie, il était établi officiellement à Sarrians dans le Vaucluse. En 1988, il avait épousé Madeleine Bérenger et était le papa d'une petite fille, Caroline : toutes les deux sont mortes à Salvan. Bérenger, lui, a été retrouvé à Cheiry, trois balles dans la tête.

BÉRENGER Madeleine. Née de Brot. Morte à Salvan à l'âge de 38 ans. Épouse de Guy Bérenger. Genevoise, très dévouée à la secte depuis son entrée en 1984. Elle avait, notamment, été secrétaire dans un cabinet d'avocat à Genève. Elle avait quitté sa maison du Vaucluse environ quinze jours avant le drame pour se rendre en Suisse.

BISE Bernadette. Morte à Salvan, à l'âge de 58 ans. Elle était la mère de Joël Egger. Ancienne serveuse à la cafétéria de l'hôpital de Fribourg, elle vivait à la ferme de Cheiry où elle s'occupait du jardin. Totalement acquise à l'idéologie de l'OTS : « Déjà ailleurs dans sa tête », selon une proche.

BONET Christiane. Morte dans le Vercors, à l'âge de 50 ans. Membre de l'OTS depuis 1989, cette psychothérapeute suisse a joué un rôle déterminant avant et après la tragédie d'octobre 1994. C'est elle qui, en octobre 1994, avait passé de curieux appels téléphoniques aux employeurs de Daniel Jaton (son compagnon « cosmique ») et d'Élie Di Mambro pour prévenir que ceux-ci étaient retardés sur la route, alors que tous les deux étaient déjà morts à Cheiry et Salvan. Fanatique, déterminée, c'est chez elle, dans la banlieue de Genève, qu'ont commencé à se retrouver les membres de la secte après le premier massacre. Elle a laissé un testament à son fils : « La mort n'existe pas et est pure illusion. Puissions-nous par la vie intérieure nous retrouver toujours. »

CABRERA GIL Leopoldo. Dit Paco. Mort à Cheiry, à l'âge de 39 ans, d'une balle dans la tête. Espagnol, né à Santa Cruz de Tenerife (îles Canaries), il était l'inséparable ami du Canadien Robert Falardeau, Grand Maître de l'OTS, qui le présentait même comme son futur successeur. Quelques semaines avant les massacres, il semble qu'ils essayaient tous les deux de monter une branche de la secte en Espagne.

CADORETTE Carole. Morte à Salvan, à l'âge de 39 ans. Cette Québécoise très séduisante – elle avait travaillé dans une agence de mannequins montréalaise – était la dernière maîtresse en date de Luc Jouret. Elle apparaît sur les enregistrements des écoutes téléphoniques de la Sûreté du Québec en 1993 : son amant lui demandait alors de s'entraîner au tir, avec « de vraies balles ». Après cette affaire, Carole Cadorette quitta le Canada et s'établit en Suisse.

DANCET Odile. Morte à Salvan, à l'âge de 48 ans. Née en Haute-Savoie, longtemps employée de banque à Genève, elle était la secrétaire particulière de Jo Di Mambro. Exaltée et dévouée à l'extrême, elle était complètement sous son emprise. En mai 1994, elle racheta le chalet de Camille Pilet. En 1987, sur ordre de Jo Di Mambro, elle avait épousé Thierry Huguenin, futur rescapé du premier massacre, pour obtenir la nationalité suisse.

DI MAMBRO Siegfried, dit Élie. Mort à Salvan, à l'âge de 25 ans. Né à Tel-Aviv (Israël), fils de Jo Di Mambro et d'Hélène Ghersi. Domicilié depuis 1990 à Couvet (Suisse), il travaillait à Môtiers comme chef du personnel et comptable à l'entreprise Etel. En 1989, il a été le premier à mettre ouvertement en doute la sincérité de son père : il dénonça les manipulations et les trucages lors des cérémonies. Il décida alors de quitter l'OTS. Dès lors, Jo Di Mambro le considéra comme un traître, mais continua d'exercer sur lui un chantage affectif. Le vendredi précédant le drame, Élie raconta à ses collègues de bureau qu'il partait passer le week-end avec son père en Italie. On ne le revit jamais vivant.

DI MAMBRO Emmanuelle. Dite Doudou. Morte à Salvan, à l'âge de 12 ans. Fille de Dominique Bellaton et de Jo Di Mambro ; adoptée par le couple Di Mambro qui l'élevait. Jo affirmait aux adeptes que sa fille avait été conçue « par théogamie, sans que sa mère soit touchée ». Elle était pour lui un « enfant cosmique ». Il parlait d'elle au masculin car, expliquait-il, elle était un garçon dans un corps de fille. Pour lui, Doudou représentait l'avenir du mouvement : elle était appelée à devenir le Christ de la nouvelle génération. L'enfant ne fréquenta jamais une école publique : des leçons lui étaient dispensées par des adeptes de l'OTS. Di Mambro ne dit jamais à ses fidèles qu'il reconnut la petite Emmanuelle, le 29 janvier 1986, au consulat de France à Québec.

Di Mambro Joselyne. Née Duplessy. Morte à Salvan, à l'âge de 45 ans. Née à Lyon, elle était l'épouse de Jo Di Mambro depuis 1977. Totalement acquise à la cause, entièrement dévouée à son mari. Son drame : elle ne pouvait avoir d'enfant et, les dernières années, était rongée par un cancer du sein. Dans le canton de Zurich, dans des actes notariés, elle se déclarait psychologue. Dans des documents canadiens et australiens plus récents, elle se présentait comme écrivain. À ce titre, elle a tenu un rôle important dans les dernières heures du mouvement, en participant notamment à l'élaboration et à la rédaction de documents capitaux, notamment les fameux « testaments » qui allaient être postés par Patrick Vuarnet.

Di Mambro Joseph. Mort à Salvan, où il vivait depuis 1991, à l'âge de 70 ans. Dit « le parrain » ou « le petit dictateur ». Tantôt joailler, tantôt psychologue, tantôt compositeur de musique, selon les passeports et les années. Soupçonné d'avoir entretenu des liens avec la mafia italienne. On retrouve notamment sa trace en Belgique, en Israël, au Canada, en Australie et en France. Escroc devenu gourou, il est condamné, en 1972 à Nîmes (France), à 1 000 francs d'amende et six mois de prison pour escroquerie, abus de confiance et chèque sans provision. Il fut aussi le créateur, en 1978, de la fondation Golden Way à Genève. Vieux et malade, financièrement aux abois (il ne restait que 3 000 francs suisses sur son compte bancaire personnel), il apparaît comme l'homme-clé de la tragédie. On a retrouvé son cadavre sur la mezzanine du chalet de Salvan, près des corps de sa nouvelle famille, Emmanuelle Di Mambro (sa fille), Maryse Severino (sa maîtresse) et la fille de cette dernière, Aude, 15 ans.

Dutoit Antonio (Tony). Mort à Morin Heights (Canada), à l'âge de 36 ans. Son corps a été retrouvé dans un petit réduit, sous un escalier, enroulé dans des couvertures et la tête recouverte d'un sac en plastique. Il a été sauvagement assassiné de cinquante coups de couteau, le 30 septembre, par Joël Egger et Jerry Genoud, après avoir reçu plusieurs dizaines de coups de batte de base-ball sur la tête. Tony

Dutoit vivait d'artisanat et de tissage. Il résidait depuis 1987 au Canada, à Saint-Sauveur-des-Monts, à quelques kilomètres de Morin Heights, avec sa femme et son bébé. Il fut très lontemps l'un des plus proches de Jo Di Mambro qui le considérait comme son fils adoptif. Il effectuait pour lui de petits travaux de gardiennage, jardinage, nettoyage, mais surtout il était chargé des « effets spéciaux » durant les cérémonies. Il avait, selon sa famille, complètement pris ses distances avec la secte dès 1991, date à laquelle il avait dénoncé les duperies dont étaient victimes les membres de la secte : il avait même menacé de dévoiler le pot aux roses.

DUTOIT **Suzanne.** Née Robinson, dite Nikki. Morte à Morin Heights, à l'âge de 35 ans. D'origine britannique, elle était née au Canada. Comme son mari et son bébé, elle a été sauvagement assassinée : quatorze coups de couteau. Habile couturière, elle continuait de confectionner les capes de l'OTS, malgré les distances qu'elle avait prises avec la secte. Pendant un moment, elle s'était occupée de l'éducation d'Emmanuelle, l' « enfant cosmique » : « Nikki, c'était comme une petite fée », témoigne une ancienne adepte, « c'était vraiment une fille très très gentille, tout le temps de bonne humeur, elle était restée comme un enfant. C'était la personne idéale pour s'occuper d'un enfant comme ça. Elle acceptait toutes les conditions, ne pas la toucher, ne pas l'approcher, tout en jouant avec elle, il n'y en a pas beaucoup qui étaient capables de vivre ça... »

DUTOIT **Christopher Emmanuel.** Mort à Morin Heights à l'âge de 3 mois. Fils de Suzanne et Antonio Dutoit, ce nourrisson, né le 6 juillet à la Cité de la Santé de Laval (Québec), a été poignardé en plein cœur avec un pieu. Aux yeux de Joseph Di Mambro, ce bébé était « l'antéchrist » et il fallait l'éliminer.

EGGER **Joël.** Mort à Salvan à l'âge de 35 ans. Il vivait à la ferme de Cheiry depuis janvier 1992 avec sa femme et sa mère, Bernadette Bise, elle aussi membre de l'OTS. Il était l'homme à tout faire de la secte, mais il fut aussi son principal « exécuteur ». C'est lui qui se chargea de tuer sauvagement la famille Dutoit au Canada. C'est lui qui acheta le pistolet utilisé lors du carnage à Cheiry. C'est aussi lui qui s'en est très probablement servi. Enfin, c'est lui encore qui installa les systèmes de mise à feu automatique dans les différents lieux que l'OTS voulait voir disparaître à jamais. Joël Egger vient d'un milieu très modeste. Son adolescence est marquée par des problèmes de drogue et par le suicide de son père. Il avait notamment fait partie d'un petit groupe de rock et avait même sorti un disque. Après avoir été mécanicien puis camionneur dans une maison de meubles, au moment du drame il travaillait dans une société de recherches géologiques en Suisse.

EGGER **Annie.** Née Brunelle. Morte à Salvan à l'âge de 30 ans. Née à Montréal, fille de Pauline Lemonde, décédée elle aussi à Salvan, elle avait épousé Joël Egger en septembre 1991 et vivait avec lui à la ferme de Cheiry. Auparavant, elle avait suivi des études d'anthropologie à Montréal et travaillé comme vendeuse dans une boutique de vêtements. C'est dans cette ville qu'elle avait rencontré Luc Jouret avec lequel elle a très probablement entretenu une liaison.

FALARDEAU **Robert.** Mort à Cheiry à l'âge de 47 ans. Surnommé Fafa par le clan Di Mambro, ce Canadien était comptable au ministère des Finances du gouvernement du Québec. Depuis 1991, il était Grand Maître de l'OTS, à la suite de Luc Jouret. Son itinéraire de templier passe par l'Amorc, de 1974 à 1982, date de son entrée dans l'ORT de Julien Origas, avant de suivre en 1984 Luc Jouret et Jo Di Mambro dans l'OTS. Peu de temps avant la tragédie, Falardeau déclarait à un journaliste de *La Presse* à Montréal : « Jouret est un chic type, mais il est dur à contrôler. » Les derniers mois, Falardeau apparaît comme l'un des principaux dissidents de l'OTS : il cherchait à remettre de l'ordre dans les finances de la secte. On retrouvera son corps criblé de trois balles : abattu dans le petit bureau jouxtant la salle des Agapes, il fut traîné par les pieds jusque dans la salle du Seuil. On découvrira dans ses poches de la petite monnaie de différents pays où il n'avait jamais mis les pieds.

FAUCON **Mercédès.** Morte dans le Vercors, à l'âge de 62 ans. Professeur de dessin, elle vivait discrètement en Haute-Savoie, près de Genève. Fidèle entre les fidèles de la secte, elle participa à un rituel à la ferme de Cheiry quelques jours seulement avant les massacres d'octobre 1994.

FRIEDLI **André.** Mort dans le Vercors, à l'âge de 39 ans. L'un des deux exécuteurs présumés du Vercors. Architecte, employé dans une entreprise de construction près de Lausanne, ce Suisse avait vécu auparavant à Paris où il avait travaillé à la rénovation du Musée d'Orsay. C'est là qu'il rencontra Jocelyne, qui l'entraîna dans l'OTS et qu'il épousa en 1984. De 1987 à 1989, le couple vécut au Québec, dans la ferme biologique de Sainte-Anne-de-la-Pérade. Durant cette période, André Friedli forma un « couple cosmique » avec Rose-Marie Klaus.

FRIEDLI **Jocelyne.** Morte dans le Vercors, à l'âge de 49 ans. D'origine parisienne, dès 1983 elle entraîna son mari dans la secte. Depuis début novembre 1995, elle travaillait comme vendeuse chez un célèbre traiteur de Lausanne.

GENOUD **Jerry.** Mort à Morin Heights, à l'âge de 35 ans. Avec son épouse, nettement plus âgée que lui, ce Genevois louait également un appartement à Aubignan (France) où l'on a retrouvé un fusil à pompe et deux armes de poing. Il avait été, pendant un temps, le compagnon « cosmique » de Christiane Bonet, future victime du Vercors. Fidèle de Luc Jouret, il s'est empoisonné après avoir participé au meurtre des Dutoit. Il était officiellement jardinier et commis de régie. Son corps a été retrouvé près de celui de son épouse, assis sur le plancher de la chambre à coucher, le dos appuyé contre le mur. À l'instar de son épouse, il était vivant au début de l'incendie.

GENOUD **Colette.** Née Rochat. Morte à Morin Heights, à l'âge de 63 ans. Cette Suissesse travailla longtemps à la Maison du Caviar à Genève. Comme son mari, elle s'est suicidée en avalant des barbituriques au petit matin du 4 octobre 1994. Trois semaines plus tôt, le couple Genoud était revenu en Suisse pour liquider ses affaires. Ils annoncèrent à leurs proches : « Nous allons définitivement nous établir au Canada. » Son corps a été retrouvé calciné et carbonisé, couché sur le lit de la chambre à coucher du 199A chemin Belisle, dans le lit de Jo Di Mambro. On a retrouvé 28 mg d'alcool dans son sang : elle avait bu énormément avant d'absorber différents médicaments. On retrouva sa voiture en Suisse, près de la ferme de Cheiry : à l'intérieur, un testament destiné à son fils.

GERMAIN **Martin.** Mort à Salvan à l'âge de 54 ans. Électricien dans l'entreprise familiale Germain, à Vanier (Québec), il avait notamment fait partie de la communauté agricole que la secte avait fondée au Canada à Sainte-Anne-de-la-Pérade. Décrit par d'ex-membres de l'OTS comme « très attaché à la secte », le Québécois avait quitté le Canada en février 1993 avec son épouse pour voyager en Europe. Peu avant sa mort, il avait remis un testament à l'une de ses filles : « Prends-le, on ne sait jamais ce qui peut arriver. »

GERMAIN **Cécile.** Née Raymond. Morte à Salvan à l'âge de 53 ans. Québécoise, mère de trois enfants, elle avait notamment travaillé comme infirmière dans un hôpital au Canada. L'une de ses filles a rapporté au *Journal de Montréal* : « Mon père et ma mère m'avaient dit qu'un jour ils devraient partir pour Vénus et qu'il ne fallait pas être triste quand ils allaient disparaître. »

GIACOBINO **Albert.** Mort à Cheiry à l'âge de 72 ans. Ancien président de l'OTS-Europe. Riche propriétaire terrien genevois à la retraite, il habitait la ferme de Cheiry depuis 1990, après avoir résidé quatre ans au Canada puis quelques mois en Australie. Il adhéra à l'ordre en 1978-1979. Il était l'un des bailleurs de fonds de la secte : il a ainsi dilapidé plusieurs millions de francs suisses. Peu de temps avant sa mort, il tentait de récupérer son argent et voulait quitter l'OTS. Son corps, au contraire des vingt-deux autres, a été retrouvé très à l'écart, au premier étage de la ferme de Cheiry, dans une chambre verrouillée de l'extérieur, qui n'était pas la sienne, allongé sur un lit, la tête recouverte d'un sac en plastique, sans aucun impact de balle.

GRAND'MAISON **Jocelyne.** Née Giroux. Morte à Cheiry à l'âge de 44 ans, de deux balles dans la tête. Ancienne adepte de l'ORT, cette Canadienne avait rejoint l'OTS en 1982. Journaliste au *Journal de Québec*, elle était très liée au couple Germain, décédé lui à Salvan. Elle débarqua le 22 septembre en Europe pour participer à la fameuse « conférence » d'Avignon, tenue par Michel Tabachnik, avant de gagner la Suisse où, le 30, elle participa à une nouvelle réunion à l'hôtel Bonivard, près de Montreux.

JATON **Daniel.** Mort à Cheiry, à l'âge de 49 ans. Cet employé des Télécom suisses était entièrement soumis à Jo Di Mambro ; les policiers suisses le soupçonnent même d'avoir participé activement à la préparation des massacres de Cheiry et Salvan. Séparé de sa famille, il vivait dans un studio dans la banlieue de Genève avec sa compagne « cosmique », Christiane Bonet, futur cerveau du second drame du Vercors. Très autoritaire, ne supportant pas la contradiction, Daniel Jaton avait été désigné comme la réincarnation de Nostradamus par Jo Di Mambro. En février 1993, il confiait sur le ton de la plaisanterie à l'une de ses sœurs : « Je risque de me faire descendre. Mais ça m'est égal, Lionel [son fils] est là pour la relève. » Son corps a été retrouvé criblé de sept balles.

JATON **Madeleine.** Née Berger. Morte à Cheiry à l'âge de 47 ans. Née à Payerne (Suisse), très discrète, professeur de français, elle était passionnée par la diététique et s'était occupée d'un magasin de produits naturels à Lausanne, aujourd'hui disparu. Elle est aperçue pour la dernière fois le dimanche 2 octobre. Son corps présentait neuf impacts de balles.

JATON **Armelle.** Morte à Cheiry à l'âge de 16 ans, de trois balles dans la tête. Fille de Daniel et Madeleine, elle était la première de sa classe à l'École d'horticulture de Lullier, près de Genève.

JATON **Lionel.** Mort à Cheiry à l'âge de 18 ans. Premier enfant de Daniel et Madeleine. Étudiant au Collège de Staël à Genève, il s'apprêtait à passer son bac. Le jeune homme était tout à fait convaincu par l'idéologie de l'OTS. Peu de temps avant le drame, il avait fait un voyage en Égypte avec d'autres membres de la secte. On retrouvera son corps, cinq balles dans la tête.

Jouret Luc. Mort à Salvan à l'âge de 47 ans. Le gourou de l'Ordre du Temple solaire. D'origine belge, né à Kikwit au Zaïre. Médecin homéopathe et conférencier, auteur de nombreuses cassettes d'enseignement ésotérique et d'un livre, *Médecine et conscience*, publié au Canada en 1989. En 1974, après avoir fréquenté l'Université libre de Bruxelles, il obtient son diplôme de docteur en médecine. À la même époque, il est fiché par la police belge comme proche d'un petit groupe communiste. En mai 1978, il prend part au raid sur Kolwezi qui permit de libérer 2 700 Européens retenus au Zaïre. En 1976, il découvre les guérisseurs philippins. Il fera de nombreux voyages à Manille, accompagnant des malades. Au cours des années 70, il effectue des séjours en Chine, au Pérou et en Inde. Au début des années 80, il quitte la Belgique et part pratiquer l'homéopathie à Annemasse. C'est à cette époque qu'il rencontre Jo Di Mambro : les deux hommes ne vont plus se quitter.

Kesseler Josiane. Morte à Salvan à l'âge de 43 ans. De nationalité belge, elle était l'ex-femme de Jean-Léon Paulus, mort à Cheiry. Ensemble, ils vécurent de 1975 à 1981 à Warnach, province du Luxembourg, dans une petite communauté alternative, « la Source ». Ils y rencontrèrent Joseph Di Mambro et Luc Jouret, et les rejoignirent en Suisse, à la fondation Golden Way. Josiane Kesseler deviendra peu à peu « l'ombre » de Di Mambro qu'elle suivait en permanence, s'occupant principalement de l'éducation de la petite Emmanuelle Di Mambro. Autour des années 90, et pendant quelques mois, elle entretiendra une liaison amoureuse avec Luc Jouret.

Koymans Nicole. Morte à Cheiry à l'âge de 66 ans de deux balles en pleine tête. Née à Nice, elle vivait à Genève depuis la fin de la Seconde Guerre mondiale. Devenue veuve en 1991, elle partagera dès lors la vie de son inséparable amie Renée Pfaehler. Ancien professeur de yoga, elle fut un des membres fondateurs de la Golden Way en 1978. Totalement acquise à la cause de Jo Di Mambro, elle fut active à différents échelons de la secte : recrutement, finances et enseignement. Elle avait également la mission particulière, mais très importante, d'entretenir le lien entre Di Mambro et la base : elle était chargée de maintenir les fidèles dans le sillage de Di Mambro et de les convaincre, en cas de doute, de la justesse de leur croyance. Nicole Koymans était également responsable de la convocation de certains membres influents à des cérémonies. Elle aurait par ailleurs « investi » plus de deux millions de francs suisses dans l'OTS. Mère de Fabienne Paulus, décédée elle aussi à Cheiry.

Lardanchet Jean-Pierre. Mort dans le Vercors, à l'âge de 36 ans. L'un des deux exécuteurs présumés du massacre du Vercors. Policier français, né à Paris, il fut recruté par Di Mambro pour être l'œil de la secte. Terne, très renfermé, il était en poste, depuis septembre 1993, à la police de l'Air et des Frontières à la douane de Gaillard, à la frontière genevoise. Il logeait depuis quelques mois dans un studio attenant à la propriété des Vuarnet près de Genève. Le 3 octobre 1994, au lendemain des premiers drames en Suisse, il aurait été aperçu à Cheiry dans une Ford Fiesta rouge, en compagnie de son collègue Rostan et de deux personnages non identifiés.

LARDANCHET **Marie-France.** Morte dans le Vercors, à l'âge de 34 ans. Française, épouse de Jean-Pierre Lardanchet. Elle était passionnée de numérologie et de sciences occultes dont elle ne cessait d'émailler ses conversations.

LARDANCHET **Aldwin.** Mort dans le Vercors, à l'âge de 4 ans. Fils de Jean-Pierre et Marie-France.

LARDANCHET **Curval.** Mort dans le Vercors, à l'âge de 2 ans. Deuxième enfant du couple Lardanchet.

LEMONDE **Pauline.** Morte à Salvan à l'âge de 56 ans. Québécoise, mère d'Annie Egger-Brunelle et dernière compagne de Jean-Pierre Vinet, décédés également à Salvan, elle était à la tête des Éditions Amenta à Montréal (cassettes et livres de l'OTS). Elle avait travaillé jusqu'en septembre 1993 à Hydro-Québec comme secrétaire de Jean-Pierre Vinet.

LÉVY **Jacques.** Mort à Salvan à l'âge de 37 ans. Né à Paris, informaticien dans une banque, il était un fanatique de l'OTS, « un peu détraqué », aux dires d'anciens adeptes. Il semble avoir joué un rôle de premier plan dans la préparation et l'exécution des massacres. Sa mère reçut son testament, le matin du 6 octobre 1994, dans lequel il expliquait que volontairement, avec joie et conscience, il allait faire une transition sur un autre plan en quittant la terre. Il précisait que ce n'était ni un suicide, ni une fuite, ni un acte de désespoir. Il possédait également un domicile à Sarrians, dans le Vaucluse.

LÉVY **Annie.** Née Borlet. Morte à Salvan à l'âge de 42 ans. Née à Chambéry. Elle était l'épouse de Jacques Lévy : on retrouvera son corps à côté de celui de son mari. Deux anciens membres de l'OTS la décrivent comme « désaxée psychiquement ». Sa fille, Séverine Vullien, qu'elle avait eue d'un premier mariage, est morte, elle, à Cheiry.

LHEUREUX-BOD **Line.** Morte à Salvan à l'âge de 56 ans. Martiniquaise, elle vivait à Aubignan (Vaucluse) et travaillait comme médecin anesthésiste à l'hôpital de Carpentras. Elle avait quitté Fort-de-France en 1987-88 pour suivre Luc Jouret, chassé de l'île par un comité d'action indigné par son attitude et sa rapacité financière. Il apparaît aujourd'hui comme certain que Line Lheureux a joué un rôle important dans les drames de Cheiry et Salvan. Elle a probablement préparé les substances médicamenteuses absorbées par les adeptes.

BOD-LHEUREUX Vanina. Morte à Salvan, à l'âge de 10 ans, avec sa mère Line Lheureux. Elle devait fêter ses 11 ans le 9 octobre 1994. Elle avait quitté définitivement la Martinique en juillet 1992 pour Belfort, avant de gagner le Vaucluse en septembre 1994.

MASSIP Enrique. Mort dans le Vercors, à l'âge de 46 ans. D'origine espagnole, ce Suisse vivait à Genève. Voisin de palier d'Emmy Anderson et de Christiane Bonet, il était infirmier-chef dans une maison de retraite, la clinique Butini à Genève, dont il avait été licencié en raison de son appartenance à la secte après le premier massacre. Il avait très mal vécu cette mise à l'écart.

MASSON Dominique. Morte dans le Vercors, à l'âge de 43 ans. Suissesse, elle habitait la banlieue de Lausanne avec ses trois enfants. Masseuse, elle exerçait parallèlement la naturopathie. À ce titre, elle soigna plusieurs adeptes de l'OTS. Bien que cela ait un temps été mis en doute, elle fut effectivement membre de l'OTS. Elle avait un goût prononcé pour l'ésotérisme et était très amie avec Christiane Bonet.

NOIRJEAN Fabienne. Morte à Salvan à l'âge de 35 ans. Infirmière, cette Suissesse était membre de l'OTS depuis 1987 au moins, date à laquelle elle partit avec son mari vivre dans la ferme de la secte au Canada. Elle revint en Suisse en 1991 et s'installa à la ferme de Cheiry. En 1993, son époux la quitta et entama une procédure de divorce. Motif : l'influence exercée par Joseph Di Mambro sur sa femme.

OSTIGUY Robert. Mort à Cheiry à l'âge de 50 ans, de deux balles dans la tête. Maire de la ville de Richelieu (Québec) depuis fin 1993. Il apparaît le plus souvent comme secrétaire dans l'organigramme de l'OTS au Canada. Il travailla au sein de la quincaillerie familiale avant de prendre sa retraite. Il avait quitté le Canada le 31 août 1994 pour se rendre en Suisse où il disait vouloir s'établir définitivement. Robert Ostiguy avait « investi » plus de 400 000 dollars canadiens dans l'OTS : il espérait en récupérer 50 000, raison de son déplacement en Suisse.

OSTIGUY Françoise. Morte à Cheiry à l'âge de 47 ans, de deux balles dans la tête. Sur l'insistance de son époux, elle avait quitté Montréal le 27 septembre, en achetant un aller simple à destination de la Suisse. Des rumeurs au Québec rapportent qu'elle serait venue

« acheter la libération » de son mari auprès de la secte. Peu après son arrivée en Suisse, elle rédigeait son testament et l'envoyait à l'une de ses amies au Canada.

PAULUS **Fabienne.** Née Koymans. Morte à Cheiry à l'âge de 38 ans. Épouse de Jean-Léon Paulus, fille de Nicole Koymans, eux aussi décédés à Cheiry. Les semaines précédant le drame, elle était souvent aperçue dans le chalet de Di Mambro à Salvan dont elle louait le rez-de-chaussée. Aide-soignante, elle avait notamment travaillé pour la Croix-Rouge à Genève. Son corps a été retrouvé à côté de celui de son mari, dans la chapelle de Cheiry : son visage présentait quatre impacts de balles. Elle avait les poignets liés.

PAULUS **Jean-Léon.** Mort à Cheiry, à l'âge de 49 ans. On retrouva son corps portant trois impacts de balles. Belge, comme Luc Jouret, il s'était séparé de Josiane Kesseler, morte à Salvan, pour épouser Fabienne Koymans. Paulus était le « décorateur » de la secte. Il avait rencontré Jouret et Di Mambro en Belgique au début des années 80. Il avait notamment illustré de sérigraphies un livre de poèmes de Christian Péchot, mort lui aussi à Cheiry. Un mois avant le drame, le 6 septembre 1994, il avait envoyé un testament à son fils, resté en Belgique.

PÉCHOT **Christian.** Mort à Cheiry à l'âge de 49 ans, de quatre balles dans la tête. Potier, peintre et écrivain français, né à Combrée (Maine-et-Loire). Après avoir résidé un temps en Anjou, il arrive en Suisse en 1968 où il rencontre Sabine Reuter avec laquelle il se marie en 1970. En 1981, il épouse Christine, l'ex-femme du chef d'orchestre Michel Tabachnik qui, lui, épouse Sabine Péchot... Christian Péchot est en outre l'auteur de plusieurs recueils de poésie parus chez des éditeurs suisses, et avait reçu le prix Espace 2 de la nouvelle en 1989. Il travailla à la Banque Royale du Canada à Genève comme opérateur en informatique jusqu'au printemps 1993. Il annonça alors à son employeur son intention de déménager dans le sud de la France où l'on retrouve effectivement sa trace à Sarrians, au Clos de l'Ermitage, chez le Dr Legall.

PÉCHOT **Christine.** Née Meylan. Morte à Cheiry à l'âge de 50 ans. Suissesse née à Genève, elle était passionnée de botanique et de géologie. Membre de la première heure de l'OTS. Elle était l'ex-femme du chef d'orchestre Michel Tabachnik, avec lequel elle avait eu deux enfants. Diplômée de l'université de Cambridge, elle avait été secrétaire dans un cabinet d'avocat jusqu'en 1989. On a retrouvé son corps à côté de celui de son mari et de son fils : deux balles en pleine tête.

Péchot Sébastien. Mort à Cheiry, de deux balles. Il avait 12 ans. Il était le fils de Christian et Christine Péchot.

Pertué Marie-Christine. Morte à Cheiry à l'âge de 42 ans. Tuée de deux balles dans la tête. Née au Mans, elle était sophrologue. Elle avait épousé Luc Jouret au Mans en 1980 et en avait divorcé en janvier 1985 à Thonon. Au moment du divorce, elle avait déclaré à sa famille qu'elle continuerait à vivre auprès de Luc Jouret et à le suivre dans ses activités, malgré leurs divergences. Elle quitta le Clos de l'Ermitage, à Sarrians, dans le Vaucluse, environ quinze jours avant le drame pour gagner la Suisse.

Pfaehler Renée. Morte à Cheiry, à l'âge de 79 ans. Pure et dure de l'OTS, elle est l'une des plus anciennes adeptes. Institutrice à la retraite, née à Sumatra, elle était considérée comme « la maman de l'ordre » par les autres membres de la secte. Dès 1977, passionnée par l'astrologie, elle avait enseigné le « rêve éveillé ». Elle était l'amie inséparable de Nicole Koymans : toutes deux formaient un « couple cosmique » et habitaient ensemble à Genève. Son corps ne portait aucune trace de balle. Selon l'autopsie, son « décès est attribué à l'asphyxie » : elle pourrait bien être la dernière à être morte à Cheiry.

Pilet Camille. Mort à Cheiry à l'âge de 68 ans. Un des personnages clé de l'OTS. Très fortuné, ce vieux garçon discret a travaillé et beaucoup voyagé pour la prestigieuse entreprise d'horlogerie Piaget SA à Genève, avant de devenir le pourvoyeur de fonds de l'OTS. Propriétaire d'un des chalets de Salvan et de nombreuses résidences ou appartements au Canada, à Monte-Carlo et en Australie. Il voyageait toujours avec son attaché-case relié à son poignet par une chaînette. Il a dépensé plus de dix millions de francs suisses (environ quarante millions de francs français) dans la secte. En 1981, il fit la connaissance de Luc Jouret auquel il voua une vénération indéfectible, jusque dans la mort. À partir du printemps 1990, il entretiendra même avec lui une relation homosexuelle. Bon vivant, très attentif à sa santé, Camille Pilet savait se montrer généreux avec les personnes qu'il aimait mais pouvait aussi faire preuve de mépris envers les adeptes qu'il considérait comme ses laquais. Il est très rapidement parvenu à un degré élevé dans la hiérarchie de l'OTS : réincarnation de Joseph d'Arimathie, il était parmi les rares à pouvoir « émettre des messages en direct ». Ainsi que le souligne le rapport Hélios de la police suisse, « il est probable que Camille Pilet a dirigé la cérémonie la nuit du drame à Cheiry. [Alors qu'il est vraisemblablement mort à Salvan, comme le prouve le film vidéo tourné par Di Mambro, le 1er octobre.] Avec Renée Pfaehler et Albert Giacobino, Camille Pilet est la seule personne à ne pas avoir été tuée par balle. Il devait donc être consentant pour le " départ " et devait assumer selon leur rituel la transition entre notre vie terrestre et celle de Sirius ».

REBAUDO Marie-Louise. Morte à Cheiry à l'âge de 52 ans. D'origine italienne, née à Mont-Saint-Aignan (Seine-Maritime), ex-coiffeuse devenue astrologue, elle habitait Vandœuvres, à la périphérie de Genève et travaillait à mi-temps chez un antiquaire. Compagne d'Albert Giacobino, elle avait quitté la secte depuis plus d'un an. Elle fut convoquée le dimanche 2 octobre à Cheiry pour « signer des papiers ». Elle est la seule victime de Cheiry et de Salvan à n'avoir absorbé aucun poison : il semble même établi, vu le nombre d'impacts de balles (cinq) sur différentes parties de son corps, qu'elle ait résisté et cherché à s'enfuir.

ROSTAN Patrick. Mort dans le Vercors, à l'âge de 29 ans. Policier français, né à Marseille, décrit comme timide et très fragile. Il appartenait au 6ᵉ Cabinet de délégation judiciaire à Paris depuis 1990. Il habitait un studio dans le XXᵉ arrondissement de Paris. Il serait entré dans l'OTS en 1993 par l'intermédiaire de son ami Lardanchet.

SEVERINO Maryse. Née Renault. Morte à Salvan à l'âge de 46 ans. Dernière maîtresse de Joseph Di Mambro : ils ne se quittaient plus depuis des mois. Ensemble, ils avaient notamment voyagé en Australie en 1993-1994. Née dans l'Orne, elle avait vécu à Ambilly (Haute-Savoie) travaillant comme assistante de direction dans une maison d'import-export à Genève. Elle était veuve de Donald Severino, citoyen américain, victime d'un accident de la route à Genève en 1983. Maryse Severino perçut alors une forte indemnité de la société d'assurances, qu'elle engloutit plus tard dans la secte. En 1990, elle entreprit un voyage en Égypte : c'est sans doute à cette occasion qu'elle rencontra Jo Di Mambro. C'est en tout cas à cette date qu'elle cessa tout contact avec sa famille. Elle avait une fille, Aude, née en 1979, décédée elle aussi à Salvan.

SEVERINO Aude. Morte à Salvan à l'âge de 15 ans. Fille de Maryse Severino. Elle avait fréquenté l'école de la Planète bleue à Peillonnex, en France (près de la frontière suisse), dont la directrice était membre de l'OTS.

VERONA Ute. Née Schleimer. Morte dans le Vercors à l'âge de 34 ans. Genevoise, secrétaire de direction, elle était la compagne de Patrick Vuarnet depuis février 1994. Divorcée, elle s'était intéressée aux médecines parallèles en constatant l'impuissance de la médecine traditionnelle à guérir son mari hémiplégique.

VERONA **Tania.** Morte dans le Vercors à l'âge de 6 ans. Elle vivait à Genève avec sa mère et Patrick Vuarnet.

VINET **Jean-Pierre.** Mort à Salvan à l'âge de 55 ans. L'inséparable ami de Luc Jouret, l'un des plus fidèles chevaliers de l'OTS, d'un « fanatisme agressif » disent certains adeptes. Ancien cadre de la société Hydro-Québec, il a dû démissionner de son poste en 1993 après qu'il eut cherché à acheter des armes pour l'OTS. Avec Luc Jouret et Hermann Delorme, il fut d'ailleurs condamné à Montréal, en été 1993, à verser 1 000 dollars d'amende à la Croix-Rouge pour achat d'armes prohibées.

VUARNET **Édith.** Née Bonlieu. Morte dans le Vercors à l'âge de 61 ans. Ancienne championne de France de ski alpin (1955, 1958, 1960), elle était mariée avec le champion olympique Jean Vuarnet et mère de trois garçons. Elle serait entrée dans l'OTS en 1990, probablement attirée par Renée Pfaehler (morte à Cheiry) qui l'avait invitée à une conférence de Luc Jouret à Genève sur « l'hygiène de vie ».

VUARNET **Patrick.** Mort dans le Vercors à l'âge de 27 ans. Fils du champion olympique Jean Vuarnet, il vivait avec Ute Verona (morte dans le Vercors), après avoir un temps partagé sa vie avec Dominique Bellaton (morte à Salvan). C'est lui qui, en octobre 1994, avait posté les lettres-testaments que lui avaient remises Jo Di Mambro quelques heures avant les drames de Cheiry et Salvan. Il était entré dans l'OTS au début des années 90, peu après sa mère dont il était très proche. Décrit comme un « garçon assez immature » mais « sincère et motivé ». Il rêvait d'être golfeur professionnel.

VULLIEN **Séverine.** Morte à Cheiry à l'âge de 23 ans : son corps portait trois impacts de balles. Cette jeune Française, née à Saint-Julien-en-Genevois, était la fille d'Annie Borlet, morte à Salvan. Fille de parents divorcés, Séverine avait passé son enfance avec sa mère à Bonneville (Haute-Savoie) et avait notamment fréquenté l'école des Arts décoratifs à Genève avant de commencer un apprentissage de couturière. À partir de 1993, on la retrouve au Canada et en Australie, suivant les dirigeants de la secte. Avec sa mère, elle vivait au sein de l'OTS depuis 1989.

ANNEXE II

Fac-similé du premier procès-verbal d'audition de Michel Tabachnik par la Sûreté de Genève, le 7 octobre 1994, deux jours après la tragédie, qui porte ce bien curieux tampon « À ne pas joindre au dossier. »

REPUBLIQUE ET CANTON DE GENEVE

Genève, le 7 octobre 1994

Département de justice et police

CORPS DE POLICE

SÛRETÉ

204

DÉCLARATION

Je me nomme **TABACHNIK** Michel Bernard, né TABACHNIK fils de f/Armand TABACHNIK et de fe Suzanne née GAILLE, né le 10 novembre 1942 à Genève, originaire de Genève, marié, chef d'orchestre, domicilié 1985 **LA SAGE/VS**, tél privé 027/83.14.09.

Je prends note que je suis entendu dans les bureaux de la police de sûreté en qualité de témoin, concernant mes relations avec la société GOLDEN WAY, DI MAMBRO Joseph et JOURET Luc.

J'accepte de rester en vos bureaux et de répondre librement à vos questions.

D'emblée je tiens à dire que j'ai toujours été intéressé par la philosophie et l'ésotérisme. En 1977, j'ai fait la connaissance de DI MAMBRO par l'intermédiaire de mon ex-épouse MEYLAN Christine, remariée PECHOT. DI MAMBRO est devenu un ami. Il venait très souvent à mes concerts. Je lui ai fait part de mon désir d'entrer en franc-maçonnerie, car nous partagions les mêmes aspirations. En 1978, il me convainc d'entrer dans un ordre rosicrucien L'AMORC. J'ai hésité pendant plusieurs mois. Il m'a alors proposé d'entrer dans l'ORT (L'ORDRE RENOVE DU TEMPLE) qui est un schisme de L'AMORC. A cette époque le grand maître de l'ORT était Julien OREGAS. Selon ce dernier il y aurait eu six mille membres à l'époque. Je me suis rendu à plusieurs cérémonies, conférences et des ateliers et cela ne m'a pas plu. En parallèle, il m'a proposé de créer une fondation à but culturel : la fondation GOLDEN WAY. Il avait besoin d'une figure de nationalité suisse et c'est ainsi que j'ai été nommé président. Je n'ai jamais vu de statut et je n'ai jamais signé de document au nom de la fondation. Je peux aussi vous préciser que je ne connais pas le montage financier de cette fondation. Lorsque j'ai été nommé président, DI MAMBRO avait déjà organisé une société pour l'achat de la résidence MONTFALCON au 107 - 109 rte de Saconnex-d'Arve. J'ai habité au 107, rte de Saconnex d'Arve pendant environ 5 ans soit de 1979 à 1984 sauf erreur. J'ai encore résidé officiellement à cet endroit, pendant que je séjournais à TORONTO/Canada, où j'étais attaché à l'opéra de TORONTO. DI MAMBRO m'a suivi au Canada, où il a d'ailleurs acheté une propriété à TORONTO.

Lorsque j'ai connu DI MAMBRO en 1977 - 1978, j'écrivais un livre sur le monde, la philosophie, la métaphysique et la science, mais pas ésotérique. Lorsque je lui ai montré mes écrits, au début des années 1980, il a trouvé ça formidable. Il m'a demandé de publier ces écrits, ce que j'ai accepté sous forme d'articles. Je donnais mes écrits à l'ordre qui les publiait et qui les distribuait aux membres de l'ordre. Ces textes étaient très compliqués et nécessitaient de ma part des explications orales que je donnais régulièrement, sous forme de conférence, à une assemblée dont j'ignorais l'appartenance précise. J'ai fait la même conférence à plusieurs reprises à divers endroits. J'ai fait trois ou quatre conférences au CANADA, une à CHEIRY, trois dans le sud de la FRANCE. Ces conférences se sont étalées de 1983 à 1990 et étaient parfois suivies d'une cérémonie organisée par l'ordre et à laquelle j'étais invité.

En 1988, j'ai quitté le CANADA et je me suis établi à MONTREUX. DI MAMBRO, m'a suivi. Il a occupé un appartement dans le même immeuble où je résidais. Depuis ce moment j'ai cessé d'écrire des articles pour l'ordre suite à des divergences au sein de l'ordre. Depuis ce moment nous avons beaucoup espacé nos rencontres. En 1993, il est parti une année en AUSTRALIE, ce qui a dans mon esprit, complètement arrêté notre relation. Je n'avais pas ses coordonnées et il n'a pas donné signe de vie pendant une année. Au mois de juin sauf erreur, il a tout à coup débarqué à mon chalet à LA SAGE/VS. J'étais très méfiant. Depuis je le revis occasionnellement. Le 31 juillet 1994, il est venu à mon concert à VERBIER/VS et il m'a dit qu'il devait me voir absolument. J'ai accepté de le revoir et il m'a demandé de refaire des textes. Il m'a proposé de refaire quelques conférences pour relancer l'affaire. A la suite de ça j'ai fait deux conférences publiques à AVIGNON, la première sur la rose-croix et la seconde sur l'alchimie. Dans l'esprit de DI MAMBRO ces conférences étaient destinées à relancer les enseignements et d'autre part à faire passer les membres de l'ordre du temple chez les rose-croix. La deuxième conférence a eu lieu le 24 septembre 1994. C'est à cette occasion que j'ai vu pour la dernière fois DI MAMBRO. Il était accompagné de JOURET. Au sujet de ce dernier je ne le fréquentais que par force, car ses idées ne correspondaient pas du tout aux miennes. Mes conférence portaient sur la métaphysique, l'origine du monde, l'alchimie, etc., alors que les sujets de JOURET ne parlaient que de la fin du monde.

Lundi 3 octobre 1994, je lui ai téléphoné car il devait venir à mon concert dimanche 2 octobre à GENES/I. Il m'avait appelé pour me dire qu'il était malade. Je l'ai contacté comme je le faisais toujours, sur son natel (077) 24.47.92. Depuis mardi en fin de journée, ce natel ne répondait plus, car j'ai essayé à plusieurs reprises de l'appeler depuis le Danemark.

Pour répondre à votre question, je peux vous donner mon emploi du temps exact. Après la conférence du 24 septembre 1994, je suis allé d'AVIGNON à PARIS. Le 26 au soir j'ai fait PARIS - GENES et le trois au matin, j'ai fait GENES - AARHUS/Danemark, d'où je suis venu ce matin, expressément, pour faire cette déposition. Je tiens à préciser que lorsque j'ai appris par les médias le drame qui s'est déroulé en Suisse, j'ai contacté téléphoniquement vos services pour savoir ce que je devais faire du fait que je connaissais bien DI MAMBRO et que je craignais pour ma première femme. De plus, mon nom a été cité sur diverses chaînes de télévision. Je tiens à dire que je n'ai strictement rien à voir avec la secte, soit le noyau dur qui entourait JOURET et DI MAMBRO.

Il est vrai que j'ai donné de l'argent à la fondation. Les sommes peuvent varier de Fr 500.- à Fr 10'000.--. Je suis incapable d'articuler la somme investie. Je n'ai jamais été rémunéré en ma qualité de président de la fondation GOLDEN WAY.

Je suis choqué de ce qui s'est produit. Je réalise que depuis 15 ans, j'ai été la caution de DI MAMBRO et que j'ai été manipulé dans un objectif dont je n'ai jamais soupçonné la portée.

Je n'ai rien d'autre à déclarer et vous ai dit toute la vérité. Après lecture, persiste et signe :

Décl. WANNER, IPa & KOHLER U., insp.

RÈGLES DE L'ORDRE TS *

PHILOSOPHIE TS

————

I. NOM ET BUT

ARTICLE 1

Dans son fonctionnement interne, l'Ordre du Temple auquel vous êtes juridiquement affiliés est désigné par le vocable

« ORDRE TS »

ARTICLE 2

Les objectifs manifestes de l'Ordre TS sont les suivants :

1. Reconnaître et rassembler une Élite spirituelle afin de la préparer, par l'étude des Hautes Sciences, à participer à des Travaux, en vue de perpétuer la Conscience UNE et la Vie dans le temps et l'espace.

————

* Ce document est publié ici pour la première fois dans son intégralité. Il a été révélé par *Le Matin* de Lausanne le 22 octobre 1994, mais amputé des articles 2 à 4 ; il a ensuite été repris tel quel dans de nombreuses publications. Certains « observateurs » ont beaucoup écrit sur ces trois articles « secrets », supposant même qu'ils n'avaient jamais été rédigés ou alors qu'ils devaient forcément contenir la clé des massacres : il n'en est rien, ainsi qu'on peut en juger ici.

2. Prendre une part prépondérante et active à l'édification des Centres de Vie.

3. Former à travers le monde une chaîne de fraternité véritable, au service des forces positives et du Temple unifié, constitué par l'Ordre TS.

II. APPLICATION DES RÈGLES DE L'ORDRE TS

ARTICLE 3

Les Statuts et les Règles Administratives de l'ORDRE TS règlent les questions d'ordre légal et administratif général ; les présentes Règles définissent le fonctionnement interne de l'Ordre TS. Elles font partie intégrante de la Philosophie du Temple.

ARTICLE 4

Le présent Règlement est confidentiel. Il ne peut être divulgué à des tiers.

Tout responsable de l'Ordre a le devoir de le connaître parfaitement et doit s'y conformer rigoureusement.

III. DÉFINITION ET PRINCIPES

ARTICLE 5

L'Ordre TS est en vérité un Ordre Chevaleresque Mystique et Initiatique authentique. Le nom des responsables, son organisation interne, ainsi que les activités qui s'y déroulent ne doivent en aucun cas être divulgués par des membres à des tiers et même à d'autres membres à l'intérieur des structures de l'Ordre TS, sans y être autorisés expressément.

ARTICLE 6

Les enseignements, disciplines et pratiques, que divulgue l'Ordre TS à ses membres font partie intégrante et inaliénable du patrimoine spirituel du Temple et ne peuvent par conséquent être dévoilés à des tiers.

ARTICLE 7

L'Enseignement, les principes d'organisation, le fonctionnement des activités de l'Ordre TS forment une unité opérative appelée « Philosophie TS ».

IV. DIRECTION ET COMPÉTENCES

ARTICLE 8

L'ORDRE TS est placé sous l'obédience absolue de la Synarchie du Temple. A cet effet, la Synarchie détient les pouvoirs les plus étendus ; ses membres sont et resteront secrets.

La Synarchie du Temple est seule compétente pour nommer les responsables et dirigeants de l'Ordre TS.

La Synarchie agit par l'intermédiaire d'un ou plusieurs porte-parole chargés d'assurer la liaison entre elle et l'Ordre TS pour tout ce qui touche la « Philosophie TS ».

ARTICLE 9

Le ou les porte-parole de la Synarchie du Temple sont chargés de la mise en œuvre pratique des directives, ordres et consignes transmis par Elle. Ils peuvent opérer à tous les niveaux de l'Ordre TS qui s'engage à fournir sans délai tout document ou renseignement.

ARTICLE 10

Afin d'éviter toute imposture, les personnes dûment mandatées par la Synarchie du Temple devront, pour entrer en contact physique avec les responsables, être en mesure de présenter un document de légitimation comportant – outre la photo, le nom, le prénom – le titre et le sceau connus des seuls responsables de l'Ordre TS.

ARTICLE 11

Le Conseil de l'Ordre TS agissant selon les directives de la Synarchie est seul compétent pour déterminer les admissions et les exclusions de membres.

Le Conseil de l'Ordre TS est responsable de la mise en œuvre au sein de l'Ordre de la « Philosophie TS ».

ARTICLE 12

L'Ordre TS ne fournit aucun renseignement à ses membres ou à des tiers, relatif à ses effectifs, à savoir la liste des membres, leur appartenance à telle ou telle catégorie, degré ou grade, leurs noms et adresses, etc., pour quelque usage que ce soit.

V. HIÉRARCHISATION

ARTICLE 13

L'Ordre TS fonctionne à trois niveaux distincts :

– 1er degré, composé des Frères du Parvis
– 2e degré, composé des Chevaliers de l'Alliance
– 3e degré, composé des Frères des Temps Anciens

ARTICLE 14

A l'intérieur de chaque degré, les membres progressent par grade :

0.1 Postulants

1er Degré – Frères du Parvis

1.1 Frères du 1er Parvis
1.2 Frères du 2e Parvis
1.3 Frères du 3e Parvis

2e Degré – Chevaliers de l'Alliance
2.1 Chevaliers de la 1re Alliance
2.2 Chevaliers de la 2e Alliance
2.3 Chevaliers de la 3e Alliance

3e Degré – Frères des Temps Anciens
3.1 Profès I
3.2 Profès II
3.3 Frères de l'Oratoire

Les Frères de l'Oratoire, étant rattachés directement à la Synarchie du Temple, ne sont pas membres de l'Ordre TS sur le plan Administratif.

Chaque nouveau membre affilié est redevable de son entrée effective au sein de l'Ordre TS à l'intervention d'un parrain; il s'assure que le candidat a les qualités requises pour être admissible.

ARTICLE 15

Sauf décision contraire de la Synarchie, tout nouveau membre de l'Ordre TS est d'abord admis au sein des Frères du Parvis comme Frère du 1er Parvis.

ARTICLE 16

La progression d'un grade à un autre, le passage à un degré supérieur, sont conditionnés par :

a) L'étude d'un Enseignement, donné notamment sous forme de séminaires organisés par l'Ordre TS et auxquels les membres doivent participer, mais seulement dans la mesure où ils acceptent de changer de grade;

b) La participation active des membres à la vie de l'Ordre TS sous ses différents aspects, ainsi que les services rendus dans le cadre de son fonctionnement.

ARTICLE 17

Les conditions de progression énoncés à l'Article 16 lettre b) sont laissées à la libre appréciation des membres. Chacun étant seul juge en son âme et conscience de savoir s'il estime avoir servi le Temple selon ses possibilités réelles.

ARTICLE 18

En aucun cas la progression d'un membre ne peut être déterminée et conditionnée par l'avis d'un autre membre, responsable ou dignitaire, portant un jugement personnel dans un sens ou dans un autre.

ARTICLE 19

Seule la Synarchie du Temple peut en tout temps appeler un membre à un grade ou degré supérieur.

Le Conseil de l'Ordre TS se réserve le droit de retarder ou refuser l'accès à un grade ou degré supérieur sans avoir à justifier sa décision.

ARTICLE 20

L'accès au grade de Profès II, au nombre de membres limité, n'intervient que sur appel direct de la Synarchie du Temple.

Le passage exceptionnel au haut grade de Frère de l'Oratoire, dont le nombre est très restreint et constant, ne peut intervenir que si un membre est appelé et ceci dans la mesure où une place se libère au sein du Cercle.

VI. ENSEIGNEMENT

ARTICLE 21

L'Ordre TS reçoit les Enseignements qui, dans leur globalité, restent la propriété inaliénable du Temple.

La forme, l'adaptation de ces Enseignements au niveau de l'Ordre TS, incombe à la Direction de l'Enseignement constitué par un Collège de Dignitaires de Haut-Rang indépendants des structures de l'Ordre TS.

Les membres de l'Ordre TS reçoivent l'Enseignement d'une part sous forme écrite pour une étude individuelle et, d'autre part, sous forme orale et collective.

La diffusion et la répartition de cet Enseignement au sein de l'Ordre TS sont à la charge de ce dernier.

ARTICLE 22

La Direction de l'Enseignement, en accord avec la Synarchie du Temple, peut à tout moment retirer l'autorisation d'utiliser son Enseignement, au cas où les circonstances ne permettraient plus de garantir les conditions d'un juste emploi de celui-ci.

ARTICLE 23

Hormis l'enseignement donné – et expliqué par les responsables dûment mandatés – aucun autre enseignement, doctrine, théologie, philosophie, théorie ou concept à caractère spirituel, initiatique, ésotérique ou métaphysique, ne peut être propagé, dispensé ou introduit par quiconque à l'intérieur de l'Ordre TS.

ARTICLE 24

L'enseignement écrit est subdivisé de la manière suivante :

1er degré = Plagium (1 - 12)
2e degré = Épîtres (1 - 21) + Viatiques
3e degré = Archées + Viatiques + Profès + Voie Royale

Les Plagium et les Épîtres sont délivrés de la main à la main aux membres, qui vont les chercher sur avis, auprès du Commandeur de Région, selon un plan d'études élaboré par la Direction de l'Enseignement.

Les Viatiques, liés aux circonstances du moment et aux créneaux, sont remis aux membres concernés en fonction de leur parution.

L'enseignement des Archées est enrichi et complété par des Ateliers et séminaires particuliers.

ARTICLE 25

L'Enseignement oral est organisé sous forme de séminaires d'un ou plusieurs jours par l'Ordre TS. Chaque séminaire est destiné aux membres d'un grade déterminé. Les membres d'un grade supérieur peuvent cependant y assister en tant qu'auditeurs libres.

C'est seulement à la suite de ces séminaires que les participants concernés sont élevés au grade supérieur au cours d'une cérémonie.

La participation à ces séminaires d'Enseignement est indispensable (cf. Art. 16, lettre a). Tous les participants s'inscrivent dans les délais prescrits. Une contribution monétaire est fixée pour chaque séminaire en fonction des frais de passage, de cérémonie et de la valeur des signes distinctifs propres au grade concerné.

ARTICLE 26

L'Enseignement individuel ou par séminaire est complété par des réunions de réflexion collectives destinées à l'ensemble des membres, dénommées « Cénacles ».

Les Thèmes de Réflexion sont fournis par la Direction de l'Enseignement et les rencontres ont lieu à raison d'au moins une par mois, à l'exception de juillet et août. Les Cénacles sont organisés localement ou régionalement selon les circonstances et les directives de l'Ordre TS. Le nombre de participants est limité au maximum à 22 afin que chacun puisse s'exprimer et tisser des liens d'amitié réels. En cas de surnombre, l'organisation des groupes est laissée à l'évaluation des responsables désignés.

Le principe des Cénacles veut que ces réunions soient présidées par les participants eux-mêmes. Un ou plusieurs membres désignés au sein du 3e degré assistent aux Cénacles particuliers des 1er et 2e degrés. Ils sont chargés de garantir l'Esprit du Temple en leur sein et de répondre aux éventuelles questions qui leur sont posées.

La participation aux Cénacles n'est pas imposée, mais recommandée, car les Thèmes traités au cours de ces rencontres constituent un complément indissociable de l'Enseignement TS.

VII. RÈGLES RELATIVES AUX RENCONTRES

ARTICLE 27

L'appartenance à l'Ordre TS implique une discipline individuelle et collective avec la possibilité d'être convoqué à des réunions ou assemblées loin de son domicile. Chacun devra donc respecter l'heure des convocations pour ne pas être en retard, ni trop en avance.

ARTICLE 28

Sauf instruction spéciale, la tenue vestimentaire normale pour toutes les réunions et assemblées est le costume/cravate bleu marine pour les hommes et la robe ou ensemble blanc pour les femmes (tenue dite « de ville »).

En plus de la tenue vestimentaire normale, des tenues dites de cérémonie sont obligatoires. Elles doivent être acquises auprès de l'ordre selon les instructions données en temps voulu.

Les tenues de cérémonie doivent être amenées à toutes les rencontres à caractère cérémoniel et sur instructions particulières.

Un soin particulier est apporté à l'entretien et au maintien de ces différentes tenues pour les garder en parfait état en toutes circonstances.

ARTICLE 29

Lors de toute réunion, les membres se conforment aux règles et protocole de l'Ordre TS. Les participants, quels que soient leur grade, fonction ou titre, acceptent les instructions et directives données par le responsable en place ou ses adjoints avant et pendant la rencontre.

Le responsable s'assure qu'aucun enregistrement sonore ou audiovisuel ne soit effectué sans l'accord formel des Instances de l'Ordre.

ARTICLE 30

Toute réunion doit se dérouler dans le calme et de manière ordonnée. L'entrée, le placement et la sortie des participants se déroulent selon les dispositions protocolaires de l'Ordre TS.

Chaque participant qui désire prendre la parole au cours d'une rencontre manifeste son intention en se levant, se « mettant à l'ordre » et attend l'autorisation que lui donne l'animateur ou le responsable.

Aucune discussion ou intervention n'est possible par les participants durant les cérémonies à moins d'y être expressément invités par le responsable mandaté.

Tout membre de l'Ordre TS se garde de convoiter les Enseignements et Travaux d'un degré supérieur au sien.

ARTICLE 31

Des réunions ou entrevues concernant l'organisation ou la Philosophie de l'Ordre TS en dehors de celles du cadre des activités normales, sont formellement proscrites.

ARTICLE 32

Les animateurs d'Ateliers, de Cénacles ou Séminaires conduisent les réunions et ne répondent qu'aux questions relatives à l'Enseignement du jour. A l'issue de ces rencontres, ils se retirent. Ils ne sont pas avalisés pour développer d'autres matières ou questions sans en avoir reçu l'autorisation formelle du Conseil de l'Ordre TS.

VIII. ATTITUDES ET DEVOIRS DES MEMBRES

ARTICLE 33

L'Esprit Chevaleresque s'acquiert par une discrétion, une loyauté et une fidélité absolues. Chaque membre s'engage sur l'honneur et contribue à l'établissement et au maintien d'une Fraternité authentique entre tous les membres de l'Ordre TS et ceux des Organismes Frères pour édifier la Jérusalem Céleste. Cette Fraternité et cette solidarité s'expriment dans des actions positives pour le bien du Temple et de toutes ses composantes.

ARTICLE 34

Tout membre a l'obligation morale de veiller à ce que son adhésion à l'Ordre n'entraîne aucune difficulté insurmontable dans sa vie familiale ou professionnelle. Partant du principe que chacun est libre, il doit assumer ses choix et décisions en toute conscience.

Tout membre doit défendre les intérêts de l'Ordre en respectant et appliquant les règles de la Chevalerie.

Si pour une raison ou une autre, un membre n'est plus en mesure de respecter ses engagements, il doit savoir se retirer de l'Ordre dans l'honneur.

ARTICLE 35

Les membres qui accèdent au 3e degré de l'Ordre TS ont une responsabilité et des devoirs accrus, tant à l'égard de l'Ordre TS qu'à l'égard des autres membres. Il leur est demandé de participer davantage en occupant des fonctions d'encadrement. Leur présence, leur attitude, leur don de soi, au service de la noble cause de l'Homme, doivent à tout instant être perçus comme exemplaires par les membres. Par un juste retour des choses, les membres leur doivent respect et considération.

IX. DISPOSITION TERRITORIALE

ARTICLE 36

Le Conseil de l'Ordre TS regroupe localement les membres de l'Ordre TS des différents degrés sous forme de « Loge » (Loge de..., Loge Régionale de...).

Un tel regroupement n'intervient que dans la mesure où un nombre suffisant de responsables issus du 3e degré peuvent être mis en place pour assurer les différentes tâches d'encadrement.

Sauf décision contraire du Conseil de l'Ordre TS, les Loges ne sont pas autorisées à se constituer en entités légalement reconnues.

ARTICLE 37

Les membres des Loges se réunissent ponctuellement et exclusivement dans les circonstances suivantes :

a) Cérémonies de Pleine Lune (une par degré)
b) Les Cénacles, au moins une fois par mois (sauf juillet et août)
c) Les réunions de Loge, (Offices Templiers, visites de Dignitaires, activités extraordinaires).

ARTICLE 38

Afin d'assurer la bonne coordination des activités à tous les niveaux de l'Ordre et au sein des Loges, les responsables suivants sont nommés par le Conseil de l'Ordre TS :

1) un Commandeur de Région, appartenant obligatoirement au 3ᵉ degré, chargé :

    a) de la liaison entre le Centre Administratif de l'Ordre TS et les responsables des Loges ;

    b) de contrôler l'envoi des rapports au Siège ou à la Direction de l'Enseignement ;

    c) de l'application rigoureuse des instructions émanant du Conseil de l'Ordre TS et du respect des dispositions statutaires et réglementaires par les membres et autres responsables de la Loge ;

    d) de la planification, de la coordination et de la supervision des activités de la Loge et de toute autre mission ou tâche qui pourront lui être confiées par les Instances Dirigeantes de l'Ordre TS ;

    e) du choix et de la conformité des locaux de réunion ;

    f) de la mise en place des Officiants pour les différentes Cérémonies organisées au sein de la Loge, en veillant à leur permutation régulière ;

g) de l'organisation des Cénacles des Loges placées sous sa juridiction ;

h) de la conservation des documents, textes d'Enseignement et
de Cérémonies, ainsi que des objets cérémoniels ;

i) de la remise de l'enseignement aux membres des 1er et
2e degrés.

2) Trois Veilleurs, appartenant en principe au 3e degré, soit un par
degré.
Ils sont responsables :

a) de la convocation de tous les membres du degré concerné au
minimum dix jours avant la date fixée par le Commandeur de
Région ;

b) de la préparation du lieu de rencontre ;

c) d'obtenir les textes nécessaires auprès du Commandeur de
Région ;

d) du bon déroulement des activités ;

e) de l'établissement de la liste des présences, ainsi que d'un
rapport à l'issue de chaque cérémonie et Cénacle, à envoyer
au Siège de l'Ordre ou à la Direction de l'Enseignement...

3) Au 3e degré, les membres décident entre eux des responsables à
leur niveau : choix du Veilleur pour Cénacles et cérémonies.

Tous les responsables sont nommés pour la durée d'un an renouve-
lable. Ils doivent recommander un successeur qu'ils formeront
après confirmation officielle par le Conseil de l'Ordre TS.

Article 39

Chaque fois qu'un nouveau membre participe pour la première
fois à une réunion ou une cérémonie au niveau de la Loge, le Veilleur
de la réunion le présentera aux autres membres et lui souhaitera la
bienvenue. Le parrain du nouveau membre veillera ensuite à ce qu'il
soit présenté personnellement aux « anciens ».

ARTICLE 40

Les Loges réunissent leurs membres, par degré séparé, à chaque Pleine Lune. Les réunions peuvent être avancées ou retardées de trois jours au maximum. La participation aux cérémonies est facultative.

- 1er degré : Les 4 Éléments
- 2e degré : Les 7 Gloses
- 3e degré : Les 11 Univers

A l'issue des cérémonies, les participants organisent des agapes fraternelles.

X. PROTOCOLE ET CÉRÉMONIES

ARTICLE 41

a) Les tenues de cérémonie pour les différents grades sont fixées comme suit :

1er degré – Frères du Parvis
1.1 Frère du 1er parvis Sans (tenue de ville)
1.2 Frère du 2e Parvis   Talare blanche, chaussures d'intérieur blanches (réservées à cet effet)
1.3 Frère du 3e Parvis   Surplis (porté sur la Talare)

2e degré – Chevaliers de l'Alliance
2.1 Chevaliers de la 1re Alliance Cape blanche (sur tenue de ville)
2.2 Chevaliers de la 2e Alliance Cape blanche
2.3 Chevaliers de la 3e Alliance Cape blanche

3e degré – Frères des Temps Anciens
3.1 Profès I Cape blanche
3.2 Profès II Cape blanche
3.3 Frères de l'Oratoire Cape blanche

b) Selon leur grade, des tenues spéciales sont portées par les Frères des Temps Anciens (3e degré), mais cela uniquement au cours des Cérémonies qui leur sont tout spécialement réservées.

c) En plus des différentes tenues, les signes distinctifs suivants sont portés :

– Tous les membres jusqu'aux Chevaliers de la 3ᵉ Alliance : Croix-pendentif du Temple (dès le grade de Frère du Parvis, quelle que soit la tenue et lors de toute réunion, rencontre, séminaire, cérémonie, etc. sans exception);
– Chevaliers de la 2ᵉ Alliance : l'Épée de Cérémonie
– Chevaliers de la 3ᵉ Alliance : Sceau-pendentif avec chaîne
– Profès I : Sceau-pendentif avec cordon vert
– Profès II : Sceau-pendentif avec cordon rouge
– Frère de l'Oratoire : Sceau-pendentif avec cordon noir

d) Dès le grade de Chevalier de la 2ᵉ Alliance, les membres sont dotés d'une épée qu'ils utilisent pour certaines cérémonies.

e) Des tenues particulières d'Officiant sont exclusivement portées par les Officiants au cours des différentes Cérémonies ou Offices.

f) Les Hauts-Dignitaires de l'Ordre TS portent, selon les circonstances, des tenues de cérémonie conformes à leur rang. Aucune tenue, hormis celles fixées par les Hautes Instances du Temple, n'est portée au sein des Loges, exception faite lorsqu'il s'agit d'invités appartenant à d'autres Ordres.

ARTICLE 42

L'Ordre TS connaît trois sortes de cérémonies :

a) Les Cérémonies Initiatiques (passage à un degré supérieur)
b) Les Cérémonies Rituelliques (Pleine Lune, etc.)
c) Les Cérémonies Liturgiques propres à l'Ordre et de toutes confessions (Office Essénien, etc.)

La Direction de l'Enseignement est seule compétente pour définir leur contenu (protocole, texte, déroulement), les accessoires, la configuration des lieux, etc.

Les textes strictement confidentiels concernant le déroulement des cérémonies sont mis à la disposition des Veilleurs désignés. Il est absolument interdit d'en faire des copies additionnelles.

Les exemplaires de textes sont remis aux officiants avant les cérémonies ou répétitions de manière à leur laisser un temps suffisant pour l'étude.

Personne n'est autorisé à emporter des exemplaires hors du lieu de la Cérémonie ou de les garder, même momentanément, en sa possession.

A la fin des Cérémonies, les textes doivent être restitués en mains propres aux Commandeur de Région ou Veilleur responsables.

Il est formellement interdit d'apporter la moindre modification à ces textes hautement confidentiels.

Les instructions qui y figurent, relatives à la préparation, au déroulement, ainsi que les fonctions des Officiants, doivent être scrupuleusement respectées et appliquées.

Les Cérémonies Initiatiques sont effectuées exclusivement au sein de l'Ordre, par les Officiants (Équipe initiatique) désignés par la Synarchie du Temple.

XI. DIVERS

ARTICLE 43

Tout document ou objet relatif à l'Ordre TS en général et à son Enseignement en particulier, quels qu'en soient la forme ou le support, doit être restitué sans délai dès la première demande. Il en va de même en cas de retrait d'un membre de l'Ordre TS.

ARTICLE 44

Les documents confidentiels remis aux membres à titre individuel par l'Ordre TS doivent être conservés de manière à les mettre totalement à l'abri de tout regard indiscret et profanateur. Il est formellement interdit d'en faire des photocopies ou de les recopier en partie ou en totalité, pour un usage personnel ou autre. De même, il est formellement interdit de faire lire, de prêter ou donner ces documents à des tiers.

ARTICLE 45

La communication entre l'Ordre TS et les membres ne se fait, en règle générale, que par écrit. En cas d'urgence, les membres peuvent être contactés par téléphone, ou peuvent s'adresser à leur Commandeur de Région qui fera le nécessaire.

XII. DISPOSITIONS FINALES

ARTICLE 46

Les présentes Règles Internes ne prétendent pas prévoir toutes les situations ni résoudre les cas particuliers. Si un doute surgit relatif à leur application, il est d'usage de s'adresser d'abord à son supérieur hiérarchique et, seulement en dernier ressort, au Siège de l'Ordre TS.

ARTICLE 47

Toute infraction aux dispositions des présentes Règles Internes, ainsi que toute désobéissance à des ordres ou instructions donnés, entraînent des mesures disciplinaires pouvant aller du simple avertissement jusqu'à l'exclusion pure et simple de l'Ordre TS.

ARTICLE 48

Les présentes Règles Internes adoptées par le Conseil de l'Ordre TS lors de sa séance du 3 juin 1990, Jour de Pentecôte, sont en vigueur immédiatement.

ANNEXE IV

Fiche de mensurations des adeptes

MEASURES POUR LES VETURES
MEASUREMENTS FOR
CEREMONIAL DRESS

Formulaire à remplir au moment de l'inscription

Form to be filled in upon admission

1. Nom *Name* ....
   Prénom *First Name* ....

2. Sexe *Sex*   ☐ F ☐ M

3. Taille   ☐ P ☐ M ☐ G
   Size   ☐ S ☐ M ☐ L ☐ XL

4. Encolure *Collar* ....

5. Hauteur encolure/sol ....
   Length collar to heel ....

6. Epaules *Shoulders* ....

7. Longueur bras ....
   Arm length ....

Poids en kg								
	− 47	54	61	68	75	85	92	
− 155								5'1"
160								5'3"
165								5'5"
170								5'7"
175								5'9"
180								5'11"
185								6'1"
+ 185								6'3"
	−104	119	134	150	165	190	205	
	Weight (pounds)							

Hauteur totale en centimètres / *Height (feet, inches)*

Veuillez indiquer par une croix la case correspondant le plus à vos mèsures.
Place a cross in the box which corresponds the closest to your height and weight.

Formulaire d'adhésion à l'Ordre du Temple solaire. Où l'on s'enquiert, en passant, du revenu du futur adhérent.

ORDRE T.S.

3 Photos

Bradson Business Centre, suite 359
440, Laurier Ave. West
OTTAWA, ONT. Canada K1R 7X6

DEMANDE D'ADMISSION

Nom : .... Prénom : ....
Rue : ....
Lieu (Code postal) : .... Pays : ....
Tél. privé : .... Tél. prof. : .... Fax : ....
Nationalité : .... Etat civil : ....
Date de naissance : .... Heure et lieu de naissance : ....
Religion : .... Pratiquant ☐   Non pratiquant ☐
Etudes : ....
Niveau secondaire   ☐   Diplôme : ....
Niveau second. sup. ☐   Diplôme : ....
Niveau universitaire ☐   Diplôme : ....
Autres langues parlées : .... très bon ☐ moyen ☐ passable ☐
Autres langues écrites : .... très bon ☐ moyen ☐ passable ☐
Profession et diplôme : ....
Emploi ou situation actuelle : ....
Salaire ou revenu mensuel actuel brut : ....
Personnes à charges : ....
Quels sont vos loisirs et vos intérêts dans la vie ? : ....
....
Quels sont vos engagements actuels dans la société (politique, culturel, sportif, religieux, etc.) ? : ....
....
....
Quelles sont vos compétences, connaissances, autres que professionnelles ? : ....
....
....
Nom/Prénom de la personne qui parraine votre admission à l'Ordre T.S. : ....
....
Etes-vous ou avez-vous été membre d'autres organisations initiatiques, mystiques, ésotériques, philosophiques ou fraternelles ? Si oui, lesquelles : ....
....
....
Nombre d'années d'affiliation et degré atteint : ....

Libre de toute contrainte et dûment informé(e) des conditions d'admission, je demande à être admis comme membre associé au sein de l'Ordre T.S.

Au cas où mon affiliation cesserait, quelle qu'en soit la raison, je m'engage à retourner tout document appartenant à l'Ordre T.S. et à garder le silence absolu quant à leur contenu.

Lieu et date .... *Signature* ....

Tournez s.v.p.

ANNEXE VI

Procédure d'admission à l'OTS

A. Demande d'information d'une personne intéressée :

1. Toute personne intéressée, complète une formule « Demande de renseignements » et l'envoie au secrétariat OTS
Si la personne intéressée remet sa formule au membre OTS qui l'a approchée et recrutée, le membre envoie lui-même le formulaire au secrétariat de OTS.

2. Réception de la « Demande de renseignement » par OTS
   a) Le secrétariat inscrit dans ses registres les coordonnées de la personne
   b) remet le formulaire au comité d'extension (habituellement à son président).

3. Rôle du comité d'extension
   a) identifier le plus rapidement possible un parrain
   b) garder en dossier copie du formulaire
   c) effectuer un suivi mensuel de ces demandes d'information
   d) exercer un suivi des parrains qui ont des filleuls
   e) se coordonner constamment avec OTS.

B. Les parrains

1. Pré-requis :

   1) avoir atteint le degré 1.2
   2) avoir suivi le séminaire des parrains
   3) avoir été recommandé par le comité d'Extension et accepté par OTS.

2. Deux types de parrain :
   – de service : nommé par l'OTS comme parrain officiel
   – d'aimantation : quelqu'un qui voudrait parrainer une personne qu'il a recrutée (doit remplir les pré-requis).

3. Rôle et attitudes du parrain un document en ce sens est émis par OTS couvrant les aspects administratifs (procédures, vêtures, cotisations, etc.), informatifs (OTS, Loge, cotisations, etc.), et spirituels (rituels, attitudes, prières, etc.).

ANNEXE VII

*Les testaments de l'OTS**

*TRANSIT POUR LE FUTUR***

Ni les races, ni l'Évolution humaine ne sont le fruit du hasard. Elles sont régies par une Fraternité Occulte constituée de 33 Sages (Les Frères Aînés de la Rose + Croix), ainsi que par quelques Adeptes regroupés en petites fraternités discrètes.

Ayant terminé leur cycle évolutif terrestre, leur entité utilise des corps d'emprunt pour se manifester en ce monde et accomplir les Desseins Divins. Au-delà du temps et de l'espace, ces Initiés de haut rang se reconnaissent et se retrouvent toujours pour organiser les mutations, modifier la structure de la Nature, transformer la Matière brute afin que la Conscience des règnes évolue harmonieusement, toujours vers un état supérieur.

Bien que leur appartenance à cette Fraternité demeurât totalement occultée, ils marquèrent par leur présence, leur rayonnement et leur action les grands tournants de l'Évolution.

Hors temps, ils ne sont d'aucune époque particulière, leur nom ou l'étiquette de leur organisation importent peu, nous dirons simplement qu'ils apparaissent et disparaissent dans un temps précis, toujours aux moments critiques des civilisations.

Jusqu'à ce jour, ils ont maintenu un juste équilibre entre l'Ombre et la Lumière, ce que les alchimistes appellent Solvë et Coagula.

Hélas, ce n'est qu'après leur départ que les hommes prennent conscience, en partie et souvent de façon déformée, de la réelle valeur de leur Message.

Particulièrement lors du passage difficile de l'ère des Poissons dans le Verseau, l'Expérience supérieure qu'ils rayonnaient, fut refusée par toutes les races de la Terre.

---

* Jo Di Mambro et Luc Jouret en sont les auteurs présumés. Ces lettres-testaments, rédigées sur ordinateur et photocopiées, furent remises quelques heures avant le drame par Di Mambro, le 4 octobre 1994, à Patrick Vuarnet qui eut pour mission de les poster ; ce qu'il fit le lendemain matin, vers 11 heures, depuis la poste des Eaux-Vives de Genève. Les lettres étaient adressées à plus de trois cents personnalités des médias et de la politique ainsi qu'à des adeptes survivants. Une étiquette collée au dos de chaque enveloppe mentionnait le nom de l'expéditeur : « D.Part, 33 Golden Strasse, 8011 ZURICH ». On appréciera le jeu de mots « D.Part » pour « départ » ; puis les allusions « 33 » pour les 33 Frères Aînés de la Rose+Croix, « Golden Strasse » pour « Golden Way » ; quant à la ville de Zurich, c'est là, on l'a vu, que Jo Di Mambro prétendait rencontrer les maîtres invisibles.

** La première partie de ce texte est un ancien message : c'est en effet le texte d'une conférence qu'avait faite Dominique Bellaton plusieurs années auparavant.

Les hommes, se cachant derrière de fausses vérités, élaborées par eux, violent les Lois Naturelles, se sécurisent dans des conforts illusoires et passagers. Oubliant la Grande Loi de l'Échange, ils s'intéressent uniquement aux profits personnels, aux jouissances immédiates, toujours au détriment de l'autre, négligent les plaisirs nobles et enrichissants que la Nature leur offre.

L'Humanité dans son ensemble rejette tout modèle de référence capable de l'éduquer vers une noblesse de l'âme. Elle ne se complaît que dans l'anarchie, la dégradation, la dispersion qu'elle subit, impuissante, s'étant elle-même enlevée toute volonté et tout discernement. Elle se réclame d'une liberté illusoire, mais cède à l'esclavage le plus complet.

Tous les hommes de valeur sont réduits au silence par un chantage immonde pouvant aller jusqu'à l'assassinat lorsqu'ils ne veulent pas servir les intérêts de ce monde.

L'illusion béate de ceux qui croient que le monde s'améliore et que l'homme progresse, ne peut voir le jour, car ils restent victimes de leur division et de leur propre illusion.

La situation planétaire actuelle échappe irréversiblement à tout contrôle humain. Le refus d'un processus de mutation accélérée engendre la dégénérescence de toutes les valeurs religieuses, familiales, sociales, politiques, économiques, policières...

Toutes les forces positives et créatrices sont jugulées. L'homme est devenu un loup pour l'homme. Incapable de se respecter lui-même et de respecter la Nature, il récoltera le fruit de sa propre déchéance.

Tout a été dit, tout a été fait afin de révéler l'homme à lui-même. Il reste sans excuse. Reniant son Origine et son Devenir, il commence déjà à récolter ce qu'il a semé.

Aucune force, aucune volonté, ne retiendront l'accomplissement de la Justice Divine qui n'est autre que la Grande Loi de Cause à Effet.

Les Frères Aînés de la Rose + Croix et leurs Adeptes, assimilés à tort à des sectes manipulant des Forces dites noires..., agirent selon des paramètres qui ne sont pas de ce monde.

Connaissant trop bien les Lois Naturelles et surtout les Lois Cosmiques, à aucun moment, ils ne se sont fourvoyés dans des déviations ou des pratiques douteuses.

Ils ont tout tenté pour assumer et maintenir l'équilibre des Forces qui aujourd'hui, ne peuvent plus être contenues, le nombre des porteurs, conscients et responsables, diminuant à mesure que la race s'abâtardit.

Les humains ne cherchent plus qu'à détruire, par n'importe quel moyen, l'Œuvre de ceux qui ont tout entrepris pour leur apporter la liberté et le bien-être véritables, par une connaissance appliquée et par le respect des lois, ceci en leur enseignant :

- à manger une nourriture où la Conscience vivante des Règnes peut encore s'assimiler ;
- à développer une discipline de vie, une maîtrise des événements et des énergies pour être des Hommes Libres ;
- à acquérir une volonté forte leur donnant les moyens de penser par eux-mêmes sans se laisser manipuler par les intérêts et les pouvoirs ;
- à vivre dans l'esprit d'une fraternité humaine ayant la conscience du respect et de l'interaction de tous les règnes et de toutes les races ;
- à s'unir, non pas d'une façon superficielle, dans des amusements stériles et abêtissants, mais en conciliant les antagonismes inhérents à la dualité humaine ;
- à accroître la Connaissance des Lois Universelles en œuvrant, au-delà de l'intellectualisme et selon l'Esprit de la *grande tradition*, dans les milieux sociaux liés aux contingences géographiques et temporelles du moment ;
- à élever leur conscience et dépasser le stade des croyances faites d'imageries et d'idolâtries en se sentant une partie intégrante d'un Tout Cosmique, car l'homme est multiple dans la forme, mais demeure UN en Esprit, UN en Essence.

Quoi que pourront en penser ceux qui entendront cet ultime Message, les Frères Aînés et nous-mêmes, affirmons que : quels que soient les moyens utilisés, nous avons travaillé dans l'impersonnel, noblement mené le Combat, sans jamais utiliser les armes de l'Adversaire, ni la destruction, ni la violence, ni la haine, ni le fanatisme... mais en plein état de conscience et en parfait accord avec les lois de l'univers.

Notre action a dépassé le contexte matériel et humain de notre environnement pour atteindre les Plans de la Vie même, afin de définir le Chemin du Retour de toute une Évolution Cosmique.

Ayant transmis toutes les Connaissances et les Moyens pour permettre à l'Homme d'être un être Créateur et Universel, les Frères Aînés et nous-mêmes, refusant de participer à l'assassinat de notre porteur la Terre, nous nous retirons de ce monde où nos voix ne peuvent être entendues.

Notre Transition Consciente et volontaire entraîne avec elle, tous ceux qui partagent, consciemment ou non, ce noble héritage et acceptent en eux le Feu Christique d'une façon vivante.

Parce que nous savons qui nous sommes, d'où nous venons, où nous allons, conscients de notre futur, nous concrétisons aujourd'hui les conditions d'un Plan préétabli en d'autres temps.

Nous quittons cette Terre pour retrouver, en toute lucidité et en toute liberté, une Dimension de Vérité et d'Absolu, loin des hypocrisies et de l'oppression de ce monde, afin de réaliser le germe de notre future Génération.

Ainsi les Prophéties s'accomplissent selon les Écritures et nous n'en sommes que les humbles et nobles Serviteurs.

Appartenant depuis toujours au Règne de l'Esprit, nous incarnant sans rompre le lien subtil qui unit la Créature au Créateur, nous rejoignons notre Demeure.

Toutes les preuves nous furent données durant notre incarnation pour authentifier la véracité de notre démarche. Certains penseront à un suicide ou à une lâcheté face aux difficultés, d'autres à une dépression devant les épreuves dont chacun fut accablé, ILS SE TROMPENT.

Nous laissons la preuve que notre transit aura été vécu dans la joie et la plénitude, qu'il s'est effectué dans la discrétion, la connaissance vécue d'une science exacte et en accord avec les règles naturelles de la Matière et de l'Esprit qui sont « UNES » en vérité.

La race va irréversiblement vers son autodestruction. La Nature entière se retourne déjà contre ceux qui ont abusé d'elle, l'ont corrompue et profanée à tous les niveaux. L'homme en payera le lourd tribut car il n'en demeure pas moins le seul responsable.

Attendant les conditions favorables d'un Retour possible, nous ne participerons pas à l'anéantissement du règne humain, pas plus que nous ne laisserons nos corps être dissous par la lenteur alchimique de la Nature car nous ne voulons pas courir le risque qu'ils soient souillés par des fous et des forcenés.

Souvenez-vous de Sodome et Gomorrhe !...

Il en sera bientôt de même !...

LA ROSE+CROIX

Décidément la Rose+Croix n'a pas fini de vous surprendre *.

Depuis des temps immémoriaux, elle n'a cessé, un seul instant, de manifester sa Présence :

- Derrière les plus grands Initiés, comme derrière les plus humbles, au Service du TOUT, tantôt discrète, tantôt provocante.
- A pied, en limousine ou en Boeing 747, omniprésente et insaisissable, elle « EST » !

Elle a séduit les personnalités les plus marquantes de la Science, de la Philosophie et de la Religion. Elle a appelé les hommes à la générosité, à l'altruisme et à la fraternité.

Elle a prêché la non-violence, l'internationalisme ; elle a rêvé

---

* Cette phrase, ainsi que les dix paragraphes qui suivent reprennent, presque mot pour mot le début du chapitre XV d'un livre de Roger Facon, *Les Roses-Croix vont-ils en enfer ?* (Paris, Henri Veyrier, 1989).

d'une science forte et sereine, au service de l'homme, pour le bien de tous.

Elle a rêvé d'un pouvoir fondé sur la Justice, la Paix, la tolérance.

Elle a rêvé d'une Religion, basée sur la raison, la sagesse, la compréhension, la charité et aussi l'amour.

Ceci, sans enfer, sans bûcher, ni excommunion.

Elle a promis depuis toujours, à ceux qui rejoindraient ses rangs, le plus formidable des cadeaux : « L'IMMORTALITÉ ».

Elle est toujours là, curieusement infatigable, obstinément présente envers et contre tout.

Elle n'est pas essoufflée, elle semble même prête à passer à la vitesse supérieure.

Il en est ainsi parce que trois d'entre eux, un certain vendredi 13 août, partirent pour Sydney d'où ils furent envoyés à Ayers Rock.

Le rocher d'Ayers Rock, monde des Premiers Nés ne correspondrait-il pas à la montagne des Prophètes ? Cette montagne des Prophètes, ainsi appelée, est censée abriter le peuple qui l'a sanctifiée, parce qu'elle détient le Secret des Secrets.

Les trois envoyés, après un séjour de trois jours, s'en revinrent à Sydney. Au cours d'une veillée inattendue et insolite, l'un d'entre eux fut habité par l'un des Trois Mystérieux d'En Haut.

Les secrets qui lui furent révélés sont une lourde charge à porter. C'est pourquoi, à trois, inconscients mais vrais, ils portent le dépôt.

Au prix de dures et pénibles épreuves, leur mission est d'assurer la préservation de la Tradition en créant, par intérim, un centre qui assurera le relais de ce qu'ils n'ont pu terminer, ne laissant pas ignorer que la direction de l'Agartha s'effectue de façon Collégiale.

Elle vise à assurer la Justice et le maintien de l'équilibre pour la rédemption de notre planète.

Engagée par un serment solennel, elle demeure fidèle à son Idéal.

Aujourd'hui, la mise en sommeil prématurée des Frères Aînés de la Rose+Croix est dû à l'incompréhension, la médisance, les chantages de toutes sortes, la pression policière, les calomnies odieuses d'une humanité dégénérée dont les attaques absurdes et insensées, toujours grandissantes, sont maintenant dangereuses et destructrices pour ce qu'il reste à sauver.

Les pouvoirs en place, corrompus au plus haut degré, ne poursuivent qu'un seul but : étouffer ce flambeau, trop gênant pour leur quête de despotisme et d'intérêts personnels et privés ; ceci, au détriment d'une humanité manipulée et exploitée par les pouvoirs précités.

Outre la légende, qu'il nous soit permis de déclarer que le monde de la Victoire ne sera franchi que par ceux qui l'auront mérité.

Sachez, vous qui attendez sur le Portique, avant d'être NOMMÉS, que la découverte réelle est qu'il faut descendre trois niveaux pour parvenir au Sanctuaire.

Ces trois niveaux sont : le Ciel, la Terre, l'Enfer.

Comme les trois aspects de l'homme sont : l'Esprit, l'Ame, le Corps.

Pour enfin remonter par les trois églises qui sont celle de Pierre, celle de Jean et celle du Christ et de Melkisédek.

Enfin, pour achever l'Œuvre, il faut que les 22 marches de l'escalier, chargé de conduire le néophyte vers la Lumière, indique que la Sagesse doit être maîtrisée totalement pour connaître l'Illumination et qu'il est dangereux de ne pas être prêt, par ses actes justes, lorsqu'on veut s'introduire dans le Sanctuaire.

Préservant la Tradition, favorisant l'évolution spirituelle de l'humanité, l'Éternelle Rose+Croix se perpétue dans le Temps et l'Espace en surveillant l'évolution des êtres et des mondes.

C'est pourquoi, lorsque de sourds roulements sembleront passer dans le lointain horizon, l'Écriture s'accomplira.

Il est dit, que lorsque l'Enfant aux Étoiles sera dans sa quatrième année, trois d'entre eux, qui l'ont précédé, quitteront ce monde pour regagner le lieu qui leur est assigné *.

C'est ainsi que fonctionne la barque solaire d'Osiris.

Rien ne se perd, rien ne se crée, tout se transforme et tout se renouvelle dans un continuum Espace-Temps.

Tour à tour pourchassée ou adulée, l'Immortelle Rose+Croix poursuivra sa route plus que jamais.

Sa mission restera de toujours et à jamais.

C'est dans son univers étrange et prodigieux qu'elle vous invite tous à pénétrer.

AUX ÉPRIS DE JUSTICE

Cette lettre est destinée à ceux et celles qui, dans ce monde en décomposition, demeurent épris de Justice et de Vérité.

Puissent-ils lire ces lignes dans la paix intérieure, libérés de tout parti-pris et avec un esprit ouvert.

Puissent les événements qui défrayèrent la chronique canadienne pendant plusieurs mois, permettre à chacun de prendre conscience que partout dans le monde, des responsables politiques, financiers et judiciaires se complaisent dans le mépris de la démocratie, dilapidant les ressources publiques, manipulant par l'intermédiaire de mass-médias avides de scandales et d'événements sensationnels, des foules entières qu'ils ont eux-mêmes rendues totalement inconscientes et passives.

---

* « L'enfant aux étoiles » était la petite Caroline Bérenger (morte à Salvan) née en 1990. Il est permis de penser que les trois « qui l'ont précédé » sont Sébastien Péchot (12 ans), Aude Severino (15 ans) et Emmanuelle (12 ans) dite Doudou, l'enfant cosmique, tous morts tragiquement en octobre 1994.

Une fois de plus notre Action déchaînera sans doute bien des passions. Ceci, alors que se déroulent partout dans le monde, des crimes et des génocides les plus barbares, dans une indifférence quasi totale.

Feindrons-nous toujours d'oublier que nous sommes tous et toutes partie prenante dans l'évolution humaine ? Nul ne peut aujourd'hui ignorer sa responsabilité dans la destruction irrémédiable de notre terre et de l'héritage légué à nos enfants. La dégénérescence actuelle confirme toutefois qu'au-delà du simple vouloir humain, qu'au-delà des apparences, un chaos destructeur et régénérateur se prépare à engendrer un nouveau lendemain qui va naître des cendres de notre civilisation décadente.

Dans ce contexte, l'année 1993 fut marquée au Québec par le scandale politico-judiciaire * perpétré à l'encontre de l'Ordre du Temple Solaire et de l'ARCHS. De nombreux membres ainsi que leurs principaux responsables, monsieur Jean-Pierre Vinet et le Docteur Luc Jouret, furent durant plusieurs mois les victimes de calomnies et d'accusations mensongères des plus sordides, telles que : pratiques débauchées, manipulations individuelles ou collectives, escroqueries diverses, trafics illicites de drogues, d'armes, etc.

C'était beaucoup, surtout pour des hommes et des femmes dont l'action n'a toujours été motivée que par un désir profond d'aider les Etres en quête de Justice et de Vérité à réveiller en eux l'Esprit d'une Chevalerie Éternelle au travers de l'Ordre auquel ils appartiennent.

Rappelons que plus de 80 agents de la Sécurité du Québec ** furent affectés à une enquête générale sur les activités des organisations susmentionnées. Durant toute cette affaire, l'attitude de la Sécurité du Québec fut particulièrement douteuse, équivoque et lâche. L'enquête et les différentes opérations policières (utilisation de voitures blindées, mitraillettes, arrestations intempestives...) menées à grand renfort de publicité, ont coûté aux contribuables québecquois (*sic*) et canadiens plus de 6 millions de dollars. Si ce n'était pour son aspect tragique et pitoyable, on souhaiterait rire du burlesque de l'affaire.

Tout au long de l'enquête, des journalistes sans scrupules excellèrent dans des manipulations perfides consistant à mésinformer l'opinion publique. Citons particulièrement monsieur Pelchat ***, dont les responsabilités furent grandes durant toute cette sombre et nauséabonde mise en scène.

Comme aucune preuve n'existait, des responsables du gouvernement et de la police se sont évertués à fabriquer un mauvais scénario

---

* Voir p. 185 et suiv.

** A noter que l'auteur du texte écrit : « Sécurité du Québec » au lieu de « Sûreté du Québec ».

*** Il s'agit du journaliste Martin Pelchat, de *La Presse* de Montréal, qui a enquêté sans relâche et révélé cette affaire nébuleuse durant l'année 1993.

d'un « complot de terroristes dont les activités subversives étaient commanditées par de dangereuses sectes... »

De nombreux membres de l'OTS et de l'ARCHS furent ainsi soumis à des harcèlements odieux (interrogatoires prolongés, arrestations publiques, chantages, pressions de la part des mass-médias, utilisations de faux documents...). Leurs enfants eux-mêmes ne furent pas épargnés.

Toute cette opération ainsi que les procès intentés ont finalement débouché sur une absolution conditionnelle pour délits mineurs à l'encontre de messieurs Delorme, Vinet et Jouret. Les prévenus ont été invités à faire un don à la Croix-Rouge de 1 000 dollars.

Posons ouvertement et sans détours les questions suivantes :

1) Pourquoi la Sécurité du Québec s'est-elle évertuée à poursuivre une enquête vide de sens, ses informateurs, eux-mêmes ayant confirmé dès le début de l'affaire que n'existait aucun délit suspect, à quelque niveau que ce soit. Même le Responsable des écoutes téléphoniques de la région de Montréal a confirmé que les informations furent délivrées aux journalistes durant l'enquête directement par des responsables haut placés dépendant du Ministre de l'Intérieur, monsieur Ryan en personne.

2) Pourquoi avoir identifié monsieur Jouret à un certain André Massé, dirigeant du « Q 37 », hypothétique réseau de plus de 37 terroristes dont les desseins étaient soi-disant d'attenter à la vie de plusieurs hommes politiques entre autres Messieurs Bourassa et Ryan, personnages dont le Docteur Jouret connaissait à peine le nom ?

3) Pourquoi avoir révélé dans la Presse, à grand renfort de publicité, l'existence du Q 37 alors que rien n'a jamais pu être établi quant à l'existence même de ce groupe ? Rappelons que c'est sur cette base que les mandats de perquisition ont été abusivement et illégalement délivrés.

L'ensemble des arguments avancés par les autorités policières et politiques démontre à suffisance leur volonté d'invoquer un pseudo complot afin de pouvoir intervenir en toute impunité à l'encontre de l'OTS, de l'ARCHS et de leurs dirigeants.

4) Pourquoi avoir divulgué ostensiblement de fausses informations (avec montages audio-visuels à l'appui) concernant l'existence d'un trafic d'armes à La-Fleur alors que les autorités de la Sécurité du Québec savaient pertinemment que toutes ces allégations étaient sans fondement ?

5) Pourquoi avoir poussé madame Rose-Marie Klaus * de Saint-Anne-de-La-Pérade * à intervenir longuement à de multiples émissions télévisées, radiophoniques ou par voie de presse pour affirmer les pires mensonges, calomnies, accusations rageuses et grossières ?

---

* La Suissesse Rose-Marie Klaus fut la première, dès 1993, à révéler publiquement les supercheries de l'OTS : voir p. 190.

Certains responsables des mass-médias ont ainsi délibérément abusé d'une personne au psychisme visiblement précaire.

6) Pourquoi les journalistes ont-ils prêté leur concours à une telle violence diffamante à notre égard ? Pourquoi toutes les voix qui s'élevèrent pour tenter de rétablir la vérité furent systématiquement étouffées ou bafouées ? Le scénario ressemble étrangement aux manipulations médiatiques orchestrées par certaines dictatures.

Rappelons l'étrange similitude entre l'affaire du Québec et celle qui eut lieu aux USA (cf. *Nexus*, annexé). N'est-ce qu'une simple coïncidence ou ne s'agit-il pas plutôt d'une mise en scène établie par des responsables politiques ou judiciaires dont les agissements criminels leur font redouter la mise au grand jour de certaines vérités dérangeantes ?

7) Pourquoi avoir systématiquement passé sous silence durant tout le scandale, le contenu des enseignements de l'OTS, de l'ARCHS et de ceux dispensés publiquement par le Docteur Jouret au cours de conférences, séminaires, émissions télévisées ou radiophoniques, articles de presse, cassettes, documents audiovisuels, livres etc. Nos détracteurs savent trop bien que ces enseignements n'ont pour objectif que d'ennoblir la conscience de l'homme.

8) Pourquoi toutes les mass-médias qui avaient organisé le scandale en collaboration avec les autorités judiciaires et politiques se sont-elles obstinément abstenues de faire état clairement et sans ambages des décisions de la Cour à l'encontre des trois personnes accusées.

9) Pourquoi les autorités d''Hydro-Québec, après avoir mené une enquête minutieuse et onéreuse quant au soi-disant noyautage de leur compagnie par l'OTS, se sont-elles débarrassées de monsieur Vinet, un de leurs meilleurs cadres, alors que toutes les enquêtes ont prouvé son innocence ?

Pourquoi, une fois de plus, la Presse a-t-elle passé sous silence les résultats des investigations menées au sein d'Hydro-Québec ?

10) Pourquoi la Sécurité du Québec s'est-elle acharnée à intimider systématiquement un certain nombre de membres de l'Ordre du Temple après avoir déstabilisé cette organisation, alors que des sectes dangereuses, manipulatrices, parfaitement connues des autorités judiciaires, s'adonnent librement à leurs activités, mettant en péril l'équilibre mental, émotionnel ou physique de leurs membres et de la société en général ?

11) Pourquoi les autorités ont-elles permis, sans aucune réaction, à certains Mohawks d'intervenir longuement à la télévision pour décrire ouvertement et sans scrupules, les divers trafics (cigarettes, drogues, etc.) auxquels ils se livrent ?

Pourquoi avoir permis à ces êtres dangereux, hors la loi, d'exhiber ouvertement toutes les armes (y compris des fusils d'assaut) dont ils sont en possession sans encourir la moindre poursuite judiciaire ?

Pourquoi le silence coupable de la Sécurité du Québec ou des autorités politiques, entre autres de monsieur Ryan à leur encontre ? La lâcheté de la Sécurité du Québec n'a d'égale que son incompétence à maîtriser certains groupes particulièrement dangereux qui s'adonnent en toute impunité à une violence des plus horribles.

La simple évidence, une fois de plus, montre clairement que des liens étroits existent entre la Sécurité du Québec et des groupes criminels tels que la Mafia entre autres.

Bien sûr, il est tellement plus facile de s'attaquer à des gens honnêtes, non rompus aux exactions de toute une structure sociale déviée, appauvrie humainement et matériellement par la drogue, l'alcoolisme, la pornographie et autres perversions qui sont la honte de nos sociétés dites démocratiques.

Certes, chacun savait que la Sécurité du Québec, à la veille de l'octroi de certains crédits, devait se revaloriser après avoir été impliquée dans plusieurs erreurs grossières, échecs patents face au banditisme, implication de certains agents dans certains trafics illicites...

Les faits qui se sont déroulés nous obligent à nous poser la question de savoir au service de qui, les forces dites de la Sécurité, originellement au service du citoyen, sont mobilisées.

Ainsi, nous dénonçons avec force toutes les autorités en place qui ont fait preuve durant ce scandale, de tant de cynisme et de tant de lâcheté.

Un article paru dans la revue Australienne *Nexus* de février 1994 et intitulé « Towards the New World Order – Vers le nouvel ordre mondial, la force policière secrète des États-Unis » – décrit la situation qui prévaudrait à l'heure actuelle aux USA.

Une coïncidence particulièrement troublante avec le scandale du Québec et l'affaire Waco, doit nous faire réfléchir quant aux mobiles véritables des pouvoirs en place.

C'est pourquoi, devant cette sombre affaire, nous affirmons que Messieurs les politiciens, entre autres Monsieur Bourassa et principalement Monsieur Ryan sont responsables d'avoir commandité une opération particulièrement sale et douteuse pour masquer certains de leurs propres agissements. Il apparaît au vu des révélatations survenues progressivement après la fin du procès, que Monsieur Ryan aurait été en personne manipulé et commandité par l'Opus Dei. Ce groupe secret, dont les activités partout dans le monde relèvent plus du banditisme organisé à grande échelle que de celles d'élever les âmes en quête de Justice et de Vérité. Sans pour cela nier que d'éventuelles autres organisations secrètes aient pu intervenir de manière illicite (nous étions prévenus de l'existence de pouvoirs policiers officiels et d'autres pouvoirs parallèles qui cherchaient à nous détruire) pour organiser le scandale. Celui-ci visait avant tout à désorganiser une structure dont certains membres, fidèles serviteurs de la Rose+Croix, avaient au cours du dernier cycle d'éveil du Temple, eu accès aux Mystères du Graal dans les sanctuaires des dernières Maisons Secrètes de la R+C.

Nous affirmons aussi, que dans d'autres pays, entre autres en France, en Australie, en Suisse ou en Martinique, des accusations aussi mensongères ont été proférées sans qu'aucune preuve n'ait jamais pu être fournie.

Nous affirmons, que pour masquer leurs faillites politiques, économiques, sociales et policières, à l'échelle mondiale, les gouvernements utilisent les mêmes moyens et procédés de désinformation, d'intimidation et de manipulation qu'aux périodes les plus noires de l'Histoire.

Il suffit de constater toutes les tergiversations aussi futiles, mensongères que stériles des instances internationales concernant les conflits en cours dans le monde, pour être convaincu de l'existence à l'échelle mondiale d'une organisation secrète maléfique, soutenue par la grande finance et décidée à faire taire ou à détruire tous ceux qui seraient susceptibles d'interférer à l'encontre de ses intérêts.

Prévenus de longue date de l'existence de cet ordre, nous avons pu ainsi parvenir à déjouer ses plans nous concernant. Ainsi, envers et contre tout, par-delà les apparences, les authentiques porteurs d'une ancestrale sagesse ont pu perpétuer l'Œuvre.

Aussi, face à cette incapacité généralisée de la part de l'ensemble des responsables des nations, devant la malhonnêteté outrancière et la cupidité de ceux-là mêmes qui s'affirment en tant que défenseurs de la Liberté et des Droits de l'Homme, devant la valorisation systématique du mensonge et de la manipulation, devant la dilapidation de plus en plus accélérée et anarchique des ressources de la Terre et de son biotope, devant le refus de l'homme d'accéder à sa Royauté en tant que Couronnement de l'Œuvre, devant la persécution systématique des Porteurs de Lumière (J.F. Kennedy, Gandhi, Martin Luther King, etc.), devant l'avilissement général de la race humaine, incapable de juguler ses pulsions destructrices, devant la montée grandissante des périls écologiques, climatiques, chimiques, nucléaires, militaires... et surtout devant les intimidations policières et de tous ordres dont nous sommes victimes continuellement, partout où nous avons œuvré ou partout où nous nous sommes évertués à dévoiler les Mystères de la *grande tradition*, nous avons décidé de nous retirer de ce monde, en toute lucidité et dans la plénitude de notre conscience.

Nous quittons ainsi cette société où l'Homme de Cœur et d'Esprit est systématiquement bafoué et banni en raison de sa Foi et de son Appartenance à un Ordre Universel dont les paramètres ne sont pas de ce monde.

Mais nous accusons directement et avec force les responsables de la Justice, de la Police, des Mass-médias et des Gouvernements, qui par leur attitude scandaleuse nous ont poussés à quitter prématurément cette terre où toute activité empreinte de Justice et de Vérité, de Noblesse et de Dignité, est devenue impossible.

Nous les accusons d'un assassinat collectif.

Mais peut-être nous sommes-nous simplement rendus coupables d'avoir tenté de prévenir l'homme une ultime fois des effets destructeurs qu'il induisait sur l'ensemble de la Vie par ses comportements égoïstes.

Les Justes ont de tous temps été la cible des pouvoirs de ce monde.

Nous nous sommes maintenant libérés d'un fardeau qui, de jour en jour, devenait insupportable. Sachez cependant que nous continuerons à œuvrer en d'autres lieux, en d'autres temps.

En vérité, rien ne se termine mais tout se renouvelle selon l'Évolution propre de toute structure de l'Univers.

Aujourd'hui, en dépit des attaques dont nous fûmes les victimes la voie est désormais tracée.

A vous maintenant – si vous le désirez – de vous reconnaître en tant qu'Homme et de vous affranchir enfin, permettant ainsi à votre Être Intérieur de prendre la place qui lui était impartie de toute Éternité.

A TOUS CEUX QUI PEUVENT ENCORE ENTENDRE LA VOIX DE LA SAGESSE... NOUS ADRESSONS CET ULTIME MESSAGE

Le chaos actuel conduit inéluctablement l'homme face à l'échec de sa Destinée.

Au cours du temps, les cycles se sont succédé selon des rythmes et des lois précises. Différentes civilisations disparurent au cours de cataclysmes destructeurs, mais régénérateurs, toutefois aucune n'atteignit une décadence telle que la nôtre.

Soumise aux effets dévastateurs d'un égocentrisme personnel et collectif, marquée d'une ignorance absolue des Lois de l'Esprit et de la Vie, elle n'échappera plus désormais à une autodestruction précipitée.

Depuis des temps immémoriaux, philosophes, prophètes, avatars se sont succédé pour aider l'homme à prendre sa place de créateur. Son refus de Voir et d'Entendre à chaque fois fait dévier les Plans prévus par l'Évolution Cosmique.

Nous, Serviteurs de la Rose+Croix, détenteurs d'une authentique et ancestrale Sagesse, affirmons avoir œuvré de tous temps pour l'Évolution de la Conscience. Philosophies, sciences, sites sacrés et temples en demeurent les témoignages vivants.

Le plan d'action de ces Êtres fut capté et programmé au sein de cryptes ou de sanctuaires, selon des paramètres précis, occultés au monde profane mais reconnus des initiés.

Nous, Serviteurs de la Rose+Croix, déclarons que de toute éternité, le Temple Solaire et Universel se manifesta au milieu des hommes selon des cycles d'activité et de sommeil. Après avoir solennellement entrouvert ses Portes le 21 mars 1981, à Genève, dans une Maison Secrète, ancien domaine de l'Ordre de Malte, sa dernière action ésotérique dura onze ans.

Durant ce cycle, le Graal, Excalibur, le Chandelier à Sept Branches et l'Arche d'Alliance se sont révélés aux témoins vivants, derniers et fidèles Serviteurs de l'Éternelle Rose+Croix.

A la suite de quoi, des calomnies mensongères et des trahisons de toutes sortes, un scandale judicieusement orchestré par différents pouvoirs en place, ont sonné le glas d'une ultime tentative de régénération des Plans de la Conscience.

Ceux qui ont enfreint notre Code d'Honneur, sont considérés comme des traîtres. Ils ont subi et subiront le châtiment qu'ils méritent dans les siècles des siècles.

Tout est accompli selon les données d'une Justice Immanente. Nous affirmons, ici, que nous sommes en vérité, des justiciers mandatés par un Ordre Supérieur.

Devant la situation actuelle irréversible, Nous, Serviteurs de la Rose+Croix, réaffirmons avec force, ne pas être de ce monde et connaître parfaitement les coordonnées de nos Origines et de notre Devenir.

Nous proclamons, sans vouloir créer de vaines polémiques que :

– la Grande Loge Blanche de Sirius a décrété le Rappel des derniers Porteurs authentiques d'une Ancestrale Sagesse ;
– Justice et Sentence seront appliquées selon les paramètres d'un Ordre Supérieur Universel avec la rigueur imposée par la Loi ;
– Les Sept Entités de la Grande Pyramide de Ghizeh ont quitté la Chambre Secrète dans la nuit du 31 mars 1993, emportant avec elles le capital Énergie-Conscience des sept planètes fondamentales de notre système solaire ;
– les derniers Frères Aînés de la Rose+Croix ont planifié leur transit selon des critères connus d'eux seuls. Après avoir transmis à leurs Serviteurs les moyens d'achever l'Œuvre, ils ont donc quitté ce monde, le 6 janvier 1994 à 0 h 04 à Sydney, pour un nouveau cycle de Création*.

Nous, Serviteurs de la Rose+Croix, devant l'urgence de la situation présente, affirmons :

* Il s'agit bien évidemment de « frères invisibles » que Jo Di Mambro était notamment allé « retrouver » à Sydney au début 1994. Voir p. 197.

- que nous refusons de participer aux systèmes mis en place par cette humanité décadente;
- que nous avons planifié en plein état de conscience et sans fanatisme aucun, notre transit qui n'est en rien un suicide au sens humain du terme;
- que selon un décret émanant de la Grande Loge Blanche de Sirius, nous avons fermé et fait éclater volontairement tous les sanctuaires des Maisons Secrètes afin qu'ils ne soient pas profanés par des imposteurs et des ignorants;
- que, des Plans où nous œuvrerons désormais et par une juste loi d'aimantation, nous serons à même de rappeler les derniers Serviteurs capables d'entendre cet ultime message.

Toute calomnie, mensonge ou médisance quant à notre geste ne feront que traduire, une fois de plus, le refus de comprendre et de pénétrer le Mystère de la Vie et de la Mort.

L'espace est courbe, le temps s'achève. C'est avec un Amour insondable, une joie ineffable et sans aucun regret que nous quittons ce monde.

Hommes, ne pleurez pas sur notre sort, mais pleurez plutôt sur le vôtre. Le nôtre est plus enviable que le vôtre.

A vous qui êtes réceptifs à cet ultime message, que notre Amour et notre Paix vous accompagnent dans les terribles épreuves de l'Apocalypse qui vous attendent. Sachez que de là où nous serons, nous tendrons toujours les bras vers ceux et celles qui seront dignes de nous rejoindre.

Lettre à Charles Pasqua *

« Très Cher Charlie,
Une dernière mise au point était nécessaire pour rétablir la vérité quant aux faits qui ont précipité notre départ.

En ces temps particulièrement graves, temps de tous les scandales, de toutes les manipulations, de toutes les hypocrisies, de tous les trafics, de toutes les violences, notre action en tant que Templiers et Adeptes de la Rose+Croix a eu sa raison d'être pour permettre à l'homme de vivre pleinement sa mutation. Notre choix d'agir dans ce monde en perdition imposait rigueur, volonté et détermination. Notre œuvre, dictée par les principes d'un Ordre Universel fut empreinte de

---

* Le titre est de l'éditeur. Cette lettre – très peu reproduite jusqu'à aujourd'hui – n'était jointe qu'à quelques envois. Un exemplaire était bien sûr destiné à Charles Pasqua, alors ministre de l'Intérieur, accompagné des différents passeports de Jo et Joselyne Di Mambro.

dignité, de noblesse et devait nécessairement nous exposer à un combat de tous les instants.

Une fois de plus, les pouvoirs en place ont tout orchestré pour nous détruire, obstinément et sans retenue. Partout où nous avons œuvré, les autorités policières et para-policières ont systématiquement établi un système d'intimidation permanente – dont nous ne fûmes jamais dupes – sous forme de menaces, surveillances constantes (téléphone, courrier, filatures), d'accusations mensongères, de manipulations médiatiques exécrables, de harcèlements et de pressions constantes, d'infiltrations d'indicateurs, enfin de procès tels que celui qui eut lieu au Québec en 1993.

Des sommes d'argent considérables furent dépensées au détriment du contribuable intoxiqué par des mass médias directement commandités par les pouvoirs en place. L'enquête qui eut lieu au Canada a coûté au contribuable québécois plus de 6 millions de dollars. Tout cela en pure perte car il fut impossible aux autorités de tous ordres de prouver le soi-disant caractère dangereux, sectaire ou dévoyé de notre Ordre.

La rage au cœur, Charlie, vous-même (dont le passé semble peu reluisant), vos sbires et vos semblables dans les autres pays ont dû reconnaître la noblesse et la dignité de notre action alors que vos propres services sont pour la plupart corrompus, au service de pouvoirs manipulateurs et sans scrupules.

Mais notre détermination resta intacte, soutenue par une parfaite connaissance de notre destin et de notre responsabilité. Nous savions depuis le départ que nous dérangions les autorités en place, politiques, économiques, religieuses et policières, soucieuses avant tout de préserver leurs privilèges en méprisant les lois les plus élémentaires d'un État qui se déclare être un État de droit.

Votre silence et votre hypocrisie, Monsieur Pasqua, ainsi que ceux de vos amis, face aux menaces qui se généralisent en Afrique et ailleurs (où les services secrets occidentaux sont partie prenante, faut-il le rappeler), face à la violence, face à la destruction de la vie sur notre terre (au nom du profit immédiat) n'ont d'égale que la perfidie de vos intentions de manipuler au nom de la justice, de la fraternité, de la liberté et de l'égalité les gens honnêtes égarés dans ce tumulte général. Les références du dossier du *Canard Enchaîné* sont évocatrices quant à vos méthodes et votre volonté perfide d'imposer un État de plus en plus répressif, à la seule fin de préserver les privilèges d'une super-mafia qui espère en son ultime heure de gloire.

Nous vous accusons d'avoir délibérément voulu détruire notre Ordre et d'en avoir fait une raison d'État.

Vous, Monsieur Pasqua, avez, au mépris de toutes les lois, refusé le renouvellement du passeport de Madame Di Mambro à l'Ambassade de France d'Ottawa. Par cet acte grotesque et malveillant, vous avez délibérément cherché à traumatiser une personne honnête qui a voué sa vie au service d'une cause noble.

Décidément Monsieur Pasqua, vous semblez exceller dans l'art de manipuler certains passeports en fustigeant les droits les plus élémentaires de ceux qui vous gênent alors que vous vous êtes révélé capable de fraudes crapuleuses pour couvrir certains de vos amis compromis avec vous dans des dossiers peu reluisants (cf. *Canard Enchaîné* pages 17 à 19). Par l'acte perpétué à l'encontre de Monsieur Di Mambro, vous avez affirmé votre vraie nature : celle d'un truand, blanchi par les rênes du pouvoir.

Par la suite, les intimidations policières n'ont fait que se multiplier, les harcèlements nous ont poussés dans les limites du supportable.

Nous vous accusons, Monsieur Pasqua, d'avoir prémédité un assassinat collectif.

Quant à nous, nous nous refusons de nous soumettre et de nous laisser berner par les pouvoirs en place, qui méprisent dans la réalité des faits, toute conscience humaine véritable et toute expression de l'unicité de la vie.

Nous avons par conséquent décidé de quitter les plans terrestres prématurément car nous sommes conscients de votre volonté de détruire l'œuvre que nous avons accomplie en cette phase ultime de l'évolution humaine.

Ne nous accusez pas de tricher. Nous sommes parfaitement sains de corps et d'esprit, mais notre écœurement vis-à-vis de la saleté et de la pourriture politique, économique, religieuse et policière a atteint son paroxysme.

Un dernier point : si nous avons dû appliquer notre justice nous-mêmes, c'est en raison du fait que la vôtre est pourrie et corrompue. Vous avez délibérément laissé agir impunément tous ceux qui nous ont volés, calomniés ou soumis aux chantages les plus sordides. Il nous appartenait, avant de quitter ces plans terrestres nauséabonds, de réduire au silence certains traîtres, que vous et vos services ont manipulés directement ou indirectement (hypocrisie oblige) pour détruire notre honneur et notre action.

Nous sommes partis, heureux d'avoir osé faire ce que tant d'autres feraient s'ils connaissaient les paramètres de leur destin.

Mais sachez aussi, Monsieur Pasqua, ainsi que tous vos semblables, que le temps de votre gloire humaine est désormais compté.

P.S. : Il apparaît clairement que la détermination des services de police ou des services parallèles tels que l'Opus Dei, à détruire l'Ordre du Temple, est motivée par le fait que nous avons toujours refusé de collaborer aux manœuvres frauduleuses d'un certain nombre d'hommes politiques dont vous-même, Monsieur Pasqua. Votre collaboration avec le SAC qui aurait infiltré la plupart des Ordres dits Templiers (dont celui de l'ORT à Auty, dirigé à l'époque par Monsieur

Orégas *) a dû être profondément perturbée par l'arrivée à la tête de l'ORT du Grand Maître, Luc Jouret. Celui-ci a d'emblée, à l'époque, démarqué l'action de l'Ordre du Temple de l'ancienne organisation après avoir découvert un certain nombre de manipulateurs racistes, xénophobes ou terroristes organisés par les services spéciaux de la police.

Dernier message **

Suite au tragique transit de Cheiry ***, nous tenons à préciser, au nom de la Rose+Croix, que nous déplorons et nous nous désolidarisons totalement du comportement barbare et aberrant du Docteur Luc Jouret. Prenant la décision d'agir de sa propre autorité, à l'encontre de toutes nos Règles, il a transgressé notre Code d'Honneur et est la cause d'un véritable carnage qui aurait dû être un Transit effectué dans l'Honneur, la Paix et la Lumière. Ce départ ne correspond pas à l'éthique que nous défendons face à la postérité.

---

* Il faut bien sûr lire « Origas » et non « Orégas ». Sur Julien Origas, lire p. 39.
   ** Le titre est de l'éditeur. Ce court texte a été écrit par Joselyne Di Mambro, probablement sous la dictée de son mari. Rédigé à la hâte, il n'a été adressé qu'à une vingtaine de destinataires : le temps a dû manquer pour l'envoyer à tous.
   *** Rappelons qu'à Cheiry, 20 des 23 cadavres portaient des traces de balles, contrairement à Salvan, quelques heures plus tard, où périrent Jouret, Di Mambro et le noyau dur de l'OTS.

Testament de Joël et Annie Egger

22.02.1444

COPIE

La présente vise à vous communiquer nos dernières volontés en cas de décès...

Joël et moi-même ne désirons ni messe, ni exposition dans un salon funéraire, ni enterrement, ni fleurs, ni pleurs, ni dons d'organes.

Nous souhaitons être brûlés et que les cendres soient dispersées aux quatres points cardinaux.

Nous nous sommes efforcés pendant notre vie à vivre le moment présent et à diriger nos pas vers un Avenir de conscience, de Paix, de Liberté, d'Amour et de Lumière et c'est pourquoi nous demandons à ceux qui nous aiment de ne pas nous retenir par des pensées de tristesse car c'est avec une Joie infinie que nous continuons notre route qui nous rapproche un peu plus de l'Unité retrouvée au sein du Père.

Qu'il en soit ainsi et que
la Paix soit avec vous !

ANNEXE IX

Cette note a été retrouvée dans un des chalets de Salvan, en Suisse. Elle est de la main de Luc Jouret. Où quand le bon docteur mettait son savoir au service du « Transit »...

Mode d'emploi

1. Pour créer l'euphorie (ou amnésie).
   1/2 Ampoule à 1 ampoule HYPNOVEL (év. « ou autre... »)
   ou mettre le contenu s/la langue
   on peut injecter 1/2 ampoule (IV *..... ? ?)
   NARCOREN ensuite
   Attention les enfants sont plus résistants – doubler les doses

2. Faire suivre par 1 ampoule de FENTANYL ou PALFIUM en IV

3. Faire suivre par 2 ampoules de NORCURON ou 2 ampoules de PURUCLON
* On peut aussi injecter 5 grammes de chlorure de potassium ou chlorure de calcium (Ca_2cl) et (Kcl)
   IV direct (injection rapide) après l'HYPNOVEL ou le NAR-COREN ou le FENTANYL (blocage du cœur).

                                                            TSVP

---

* IV = intraveineuse.

* On peut aussi injecter rapidement 2 ampoules de Valium (10 mg) +
  1 ampoule de l'Argactyl (5 mg) en IV rapide
  ... (arrêt + dépression ?? respiratoire)

   Suivie de 2 ampoules de NORCURON ou 1 ampoule de Kcl ??
en IV

SCHEMA

HYPNOVEL : 1/2 ampoule IV
1. NARCOREN : 1 à 2 ampoules

2. FENTANYL : 1/2 ampoule IV ou PALFIUM

3. NORCURON : 1 à 2 amp. IV
              ou PAVULON 1 ampoule
                    OU

1. 1 ampoule VALIUM 10
   +   IV
   1 ampoule LARGACTYL 5

                        B
2. 1 à 2 amp. NORCURON IV rapide ou 2 amp. Kcl IV rapide

ANNEXE X

Compte rendu d'une conférence de Luc Jouret *

Un homéopathe parle de la mort
Un hymne à la vie

Une belle maison, un parc superbe de verdure et de fleurs des champs : c'est dans ce cadre paradisiaque du centre culturel de Saconnex-d'Arve que se tenait, ce week-end, un séminaire organisé par le club Amenta et animé par le Dr homéopathe Luc Jouret, sur le thème de la mort.

Alors même que la médecine conventionnelle se dote, quotidiennement, d'un arsenal toujours plus agressif pour tuer la mort, constate le Dr Jouret, la vie agonise sur toute la surface d'une terre elle-même torturée. Chaque 2 secondes, un enfant meurt dans le monde, sans ébranler l'indifférence générale. A l'hôpital, on isole les mourants... la mort fait peur.

La vie est régie par des lois fondamentales que l'homme ne peut transgresser impunément. C'est le mépris de ces lois cosmiques qui mène à la maladie de l'homme et de sa mourante planète. Le corps, support de la vie, est complètement négligé, comme tout le reste d'ailleurs, affirme l'homéopathe, en nous rappelant l'importance de l'alimentation. L'angoisse, la tristesse, la médiocrité de sa vie, l'homme n'ose pas y penser. La vue d'un mort le ramène à sa propre mort, qui pose le bilan de sa vie. Notre peur de la mort n'est que le reflet de notre peur de la vie : c'est aussi le signe d'un attachement pour les choses matérielles illusoires. L'évolution, qui se produit, entre le début et la fin du Moyen Age, où l'idée d'un jugement dernier prend des proportions terrifiantes, illustre le caractère culturel de notre angoisse de la mort, jadis publiquement acceptée et l'occasion d'une cérémonie de bilan et de pardon collectif. Plus proches de nous, les Bochimans de l'Afrique australe furent donnés en exemple, pour leur vie primitive en symbiose avec les lois de l'univers.

Le Dr Jouret exprima son profond intérêt pour les travaux du médecin américain Moody, dont l'ouvrage intitulé *La vie après la vie* offre les témoignages troublants de similitudes de personnes réanimées après une mort momentanée, dont ils se souviennent. Il fit allusion au livre *La vie avant la vie* traitant des souvenirs d'avant la naissance, puis au *Livre tibétain des morts* et enfin aux travaux du professeur Stewenson sur des gens, dont les cicatrices proviendraient

---

* Cet article est paru dans *Le Courrier*, Genève, le 26 avril 1983.

de vies antérieures, phénomène qu'il vérifie scrupuleusement... avec succès.

C'est avec virulence que le conférencier dénonça le commerce honteux, qui s'empare de notre refus de la mort. A travers une analyse des attitudes souvent hypocrites qu'on peut observer lors des enterrements, il constate le phénomène paradoxal, qui fait des croyants des gens souvent plus angoissés. Il mit en garde l'assemblée face à la flambée d'un spiritualisme dont les bases mercantiles ne se soucient guère du danger de certaines expériences ou de leur caractère chimérique.

Ce week-end passionnant se termina par la projection d'une étonnante vidéo de l'émission de fiction de la TV romande parue il y a plusieurs mois, intitulée : « L'immortaliste ». Lors de ce débat télévisé sur la réincarnation, un homme affirme soudain qu'il a 278 ans et que la mort est, en fait, psychosomatique. Il étale une suite d'arguments... presque... convaincants devant Georges Hardy * qui s'en arrache les cheveux.

Il faut noter la demi-heure d'exercices respiratoires animée par Nicole Koymans, professeur de yoga irano-égyptien, qui, avec les repas végétariens aux légumes du jardin, furent la mise en pratique de cet appel à la vie lancé par le Dr Jouret derrière le tableau explosif, qu'il trace de la réalité actuelle. Il cita, enfin, Elisabeth Kübler-Ross, dans son ouvrage *La mort* : « Apprendre à vivre chaque jour comme si c'était le seul qui restait. »

Le suicide, l'euthanasie, l'avortement ne furent traités que succinctement, mais quel sujet vaste que la mort, indissociable de la vie !

S.V.

---

* Georges Hardy était un célèbre animateur de la Télévision suisse romande. Il est décédé en 1996.

ANNEXE XI

« Nous sommes en dessous de la vérité*
Un texte de Joselyne Di Mambro

« Nous sommes en dessous de la vérité concernant la surveillance. Toutes les polices du monde (Interpol, G.R.C., Services généraux, etc.) sont concentrées sur nous. Notre dossier est codé, personne n'y a accès sauf les chefs (il est sur le bureau de Pasqua).

Ils cherchent à arrêter tout le monde d'une façon ou d'une autre (frontières, avions...) Ils veulent nous retenir en Europe, surtout en France, pour nous juger, etc.

Voyant que rien ne bougeait par moi, malgré mon éloignement, ils ont donné l'ordre à l'ambassade** de me donner le meilleur « nonos » possible pour « rejoindre son pauvre mari malade ». Ils considèrent que je suis plus ou moins victime, mais reste complice par mon mariage.

Ils pensent avoir trouvé un trafic d'argent énorme qui porte sur des millions, surtout que de l'argent a été transféré dans un pays ennemi (l'Australie sans doute ?).

Nous ne savons pas quand ils peuvent refermer la trappe sur nous... quelques jours ? Quelques semaines ?

Tous les comptes bancaires des personnes proches et concernées vont être bloqués sous peu, dès que tout sera lancé.

Lardanchet = taupe envoyée pour prendre des informations et nous piéger. Il leur a sûrement apporté beaucoup de preuves. ILS EN

---

* Le document que nous publions ici pour la première fois dans son intégralité a été découvert par la police suisse dans les ruines d'un des chalets de Salvan. C'est le résumé d'une conversation entre les adeptes du noyau dur de l'OTS, écrit par l'épouse de Jo Di Mambro, quelques semaines ou quelques jours seulement avant la tragédie d'octobre 1994. Non seulement il illustre la paranoïa qui s'était installée au sein du noyau dur de l'OTS, mais surtout il désigne clairement un homme, le policier français Jean-Pierre Lardanchet, comme étant une « taupe » chargée d'infiltrer la secte pour le compte du ministère de l'Intérieur, dirigé alors par Charles Pasqua. Après avoir longuement interrogé Lardanchet — aperçu à Cheiry le jour présumé du massacre —, le juge Piller n'avait finalement rien retenu contre lui. Pourtant Jean-Pierre Lardanchet est présenté aujourd'hui comme l'un des tueurs du second drame du Vercors : les enquêteurs français sont en effet persuadés que le policier a tué tout le monde, y compris sa femme et ses deux enfants, avant de se suicider d'une balle sous le menton. Question : une « taupe » se suicide-t-elle ou est-elle suicidée ?
** Allusion à la mésaventure que venait de vivre Joselyne à l'Ambassade de France d'Ottawa qui lui refusa durant de longues semaines la prorogation de son passeport l'empêchant ainsi de quitter le Canada.

ONT! (mais nous n'en connaissons pas la nature). Entre autres, preuves de mouvements monétaires.

FAFA * = aussi taupe (mouvements monétaires) et cherche information sur ZH**.

Nous sommes suivis et épiés dans nos moindres mouvements. Toutes les voitures disposent de dispositifs pour nous repérer et nous écouter. Tous les moyens les plus sophistiqués sont sur nous. Attention dans maison, surveillance caméra, laser et infrarouge. L.*** est considéré comme le plus grand criminel de la planète, pire que Carlos. Si J.P.V.**** le rejoint, ils vont penser que nous allons agir (le faire venir à la dernière minute).

C'est le dossier le plus chaud de la planète, le plus important des dix dernières années, si ce n'est du siècle.

Il n'y a pas de secret bancaire.

Quand ils penseront nous tenir, ils fermeront les frontières pour nous (avion, etc.).

Ne pas téléphoner à J.P.V. Il répondra froidement à cause des écoutes mais tous les deux sont enthousiastes pour le départ. Surtout, le jour où il vient, qu'il ne voit pas Annie*****, surtout pas L. et qu'il fasse comme s'il ne voulait pas le voir. Quoi qu'il en soit, le jeu a été ainsi fait que la concentration de haine contre nous va nous donner l'énergie nécessaire pour partir.

Nos atouts :
– la connaissance de l'information
– la rapidité
– la surprise
– le don de les envoyer dans tous les sens.

Faire des projets pour aller en France, voir avocat, faire bouger les choses, etc. officiellement par téléphone.

Parler de retourner au Canada****** le plus vite possible (prévoir un retour officiel au Canada pour mi-novembre car mon passeport sera échu le 29) ou pourquoi pas l'Australie

Toutes les personnes qui nous approchent sont fichées et sur écoutes, etc.

---

* Robert Falardeau, Grand Maître officiel de l'OTS.
** Zurich, la ville des maîtres invisibles.
*** Luc Jouret.
**** Jean-Pierre Vinet, l'inséparable ami québécois de Luc Jouret, lui aussi impliqué dans l'affaire des armes au Canada en 1993 (voir p. 185) et mort comme lui à Salvan.
***** Annie Egger, belle-fille de Jean-Pierre Vinet, décédée à Salvan. Elle était la fille de sa seconde épouse, Pauline Lemonde.
****** En effet, pour ne pas éveiller la suspicion de leurs familles ou de leurs amis proches, Di Mambro et son clan expliquaient qu'ils s'apprêtaient à partir en voyage au Canada alors qu'en fait, ce départ signifiait pour eux la mort inéluctable.

Denis * ne veut plus être l'avocat de J.P.V. mais ne peut refuser de rester son ami. Il ne veut pas se mouiller, il a la trouille. Il a rendu les cadeaux et veut sans doute détruire sa montre.

Il n'est pas question d'essayer d'approcher Denis ou l'avocat français de quelle que façon que ce soit.

Voilà en gros 2 heures de conversation résumées. Il y a sans doute d'autres détails, mais peu importe.

Savoir quoi faire avec FAFA et Lardanchet. FAFA cherche de l'argent pour nous piéger davantage. Avec l'autre, il faut lui donner des informations à plus long terme (allonger les détails d'action, etc.).

---

* Denis B., avocat à Montréal, avait défendu Vinet dans l'affaire des armes en 1993.

Bibliographie

1. Principaux ouvrages consultés

CAMPICHE, Roland J., *Quand les sectes affolent* (Genève, Éditions Labor et Fides, 1995).

DELORME, Hermann, *Crois et meurs!* (Saint-Alphonse-de-Granby, Québec, Éditions de la Paix, 1996).

FACON, Roger, *Vérité et révélations sur l'Ordre du Temple solaire* (Bruxelles, Éditions Savoir pour Être, 1995).

HAEFLIGER, Stéphane, *La Société d'excommunication. Salvan, les médias et l'Ordre du Temple solaire* (Sierre, Suisse), Éditions Monographic, 1996).

HUGUENIN, Thierry, *Le 54ᵉ* (Paris, Éditions Fixot, 1995).

JOURET, Luc, *Médecine et conscience* (Louise Courteau, Éditrice, Montréal, 1989).

MARHIC, Renaud, *Enquête sur les extrémistes de l'occulte* (Bordeaux, L'Horizon Chimérique, 1995).

MAYER, Jean-François, *Les Mythes du Temple solaire* (Genève, Éditions Georg, 1996).

VUARNET, Jean, *Lettre à ceux qui ont tué ma femme et mon fils* (Paris, Éditions Fixot, 1996).

2. Articles importants

AUCHLIN, Pascal et PAUCHARD, Pierre, « Les Dessous d'un massacre », *L'Hebdo*, Lausanne, 10 novembre 1994.

GONIN, Jean-Marc, « Le Glaive et les balances », *l'Express*, 15 novembre 1990.

HABEL, Robert, « Comment la secte s'est reconstituée à Genève », *L'Illustré*, Lausanne, 10 janvier 1996.

HALL, John R. et SCHUYLER, Philip, « The Mystical Apocalypse of the Solar Temple » Tapuscrit (inédit). Los Angeles, juillet 1996.

LALLEMAND, Alain, « OTS, perquisitions en Belgique », *Le Soir*, 31 octobre 1996.

LASSUEUR, Yves et AUCHLIN, Pascal, « Comment l'OTS se préparait au massacre », *L'Hebdo*, Lausanne, 4 avril 1996.

MILLER, Russel, « 53 morts à cause de ce bébé », *Marie-Claire*, Paris, avril 1995. (Traduction française du *Sunday Times* du 29-1-95.)

PELCHAT, Martin, « En route pour Sirius », *La Presse*, Montréal, 13 mai 1995.

3. PRINCIPAUX JOURNAUX ET PÉRIODIQUES CONSULTÉS

Le Soir (Bruxelles)
La Presse (Montréal)
Le Journal de Montréal
Le Soleil (Québec)
The Gazette (Montréal)
La Tribune de Genève
Le Matin (Lausanne)
La Liberté (Fribourg)
L'Illustré (Lausanne)
L'Hebdo (Lausanne)
Le Monde (Paris)
Libération (Paris)
L'Événement du Jeudi (Paris)
L'Express (Paris)
Info-Matin (Paris)
Le Courrier Genève (Genève)
Le Dauphiné libéré (Lyon)
Ouest-France (Rennes)
Le Courrier de l'Ouest (Angers)
Le Figaro (Paris)
Le Parisien (Paris)
France-Soir (Paris)

Agences de presse : Agence France-Presse, Agence Télé-
graphique Suisse, Associated Press, Reuter, Presse Canadienne.

4. DOCUMENTS CONSULTÉS

Rapport « Hélios » remis par la police suisse aux juges d'instruction suisses Piller, Jaquemet et Dumartheray, 1996.

Rapport d'investigation du coroner Pierre Morin, Québec,
1996.

Inventaire des objets et documents séquestrés à Morin Heights,
1994.

Inventaire des objets prélevés dans la ferme de Cheiry, 1994.

Écoutes téléphoniques de la Sûreté du Québec de Luc Jouret,
Jean-Pierre Vinet et Hermann Delorme, 1993. Huit heures
d'enregistrements, transcription des enquêteurs.

Dossier Luc Jouret. Palais de Justice de Montréal, 1993.

Rapports sur les disparus du Vercors. Police genevoise, 1995.

Différents documents relatifs à l'OTS remis par d'anciens
adeptes (règlements, lettres, convocations diverses, pro-
grammes, tracts, factures, écrits divers), 1977 à 1994.

Actes notariés, fiches des différentes sociétés de l'OTS, relevés
fonciers, Canada, France, Suisse.

Liste complète des membres de l'OTS. État de 1994.

Archives filmées de l'OTS (comprenant des vidéos de promotion, des conférences de Luc Jouret, des cérémonies et
rituels, etc.), 1983-1991.

Bandes audios (contenant différentes conversations entre
membres de la secte ainsi que des conférences, dont une de
Jacques Breyer), vers 1988/89.

Intégralité de l'interview, en grande partie inédite, de Michel
Tabachnik réalisée par Eric Bergkraut pour la chaîne de
TV suisse alémanique DRS (5 heures d'enregistrement),
1996.

Archives sons de la Radio suisse romande (différents entretiens
de Luc Jouret).

Documents inédits retrouvés dans les maisons de la secte à
Morin Heights (principalement relevés téléphoniques, cor-
respondances diverses, souches de chèques, relevés bancaires).

Documents inédits retrouvés dans les chalets de Salvan.

Testament d'Emmy Anderson, Genève, 1995.

Testament de Joël Egger et Annie Egger, 1994.

Correspondance de la secte avec Paco Rabanne.

Carnet d'adresses de Joseph et Joselyne Di Mambro.

« Nous sommes en dessous de la vérité », texte retrouvé sur l'ordinateur de Joselyne Di Mambro à Salvan.

Archives filmées Richard Glenn, Montréal, 1983.

Remerciements

À tous ceux qui, en France, en Suisse, en Belgique, au Canada, aux États-Unis et en Martinique, nous ont aidés dans nos recherches, nous ont ouvert leurs dossiers ou facilité l'accès à des documents, nous adressons nos plus vifs remerciements. Ils ont – anciens adeptes, familles des victimes, témoins, policiers, journalistes – grandement contribué à enrichir ce récit.

Des dizaines de personnes ont collaboré, directement ou indirectement, à la préparation de ce livre, la grande majorité désirant rester dans le nécessaire anonymat. À toutes vont, en priorité, notre infinie gratitude.

Nous sommes également redevables à quelques confrères dont les travaux nous ont été précieux : au magazine *L'Illustré* de Lausanne où notre reconnaissance va particulièrement à MM. Daniel Pillard, Robert Habel, Marc David et Christian Rochat, de même qu'à *La Presse* de Montréal, envers MM. Eric Clément et Martin Pelchat.

Nous tenons également à remercier :

Mesdames
Louise Courteau, Marie Friedli, Nathalie Göbbels, Rose-Marie Jaton, Rose-Marie Klaus, Carla Del Ponte, Micheline Simon, Janine Tavernier, Liliane Tempia, Anne-Marie Tougas, Joëlle Vernay,

et Messieurs

Jacques Barillon, Jacques-Marie Bourget, Eric Bergkraut, Michel Branchi, Michel Brunet, Gilbert Collard, Jean-Paul Crespi, Alex Décotte, Francis Demasy, José Dessart, Hermann Delorme, Pr Jean Dierkens, Philippe Dumartheray, Roger Facon, Paul Falardeau, Bruno Fouchereau, Guy Fournier, Michel Friedli, Maurice Gheri, Richard Glenn, Jean-Philippe Göbbels, Victor Guitard, François Houle, Thierry Huguenin, Bernard Jouret, père Roger Kauffmann, Philippe Kesseler, Thomas Krompecher, Yves Lassueur, François Lavergnat, Gilbert Leblanc, abbé Philippe Moline, Silvio Muller, André Piller, Jacques Poget, Michel Ponomareff, Urs Reichsteiner, Emile Rikir, André Romey, Jacques Saint-Pierre, Michel Simon, Jacques Trouslard, Marcel Voisin, Alain Vuarnet, Jean Vuarnet, Pierre Vuarnet, Dominique Warluzel, Jean-Franklin Woodtli, Lucien Zecler.

Table des matières

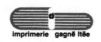

imprimerie gagné ltée

IMPRIMÉ AU CANADA